郑保卫文集

|第二卷|

大众传播理论与实践研究

郑保卫　著

学习出版社

图书在版编目（CIP）数据

郑保卫文集. 第二卷, 大众传播理论与实践研究 /
郑保卫著. -- 北京 : 学习出版社, 2025. 6. -- ISBN
978-7-5147-1327-5

Ⅰ. G206-53

中国国家版本馆CIP数据核字第2025053N0E号

郑保卫文集（第二卷）
ZHENG BAOWEI WENJI (DIERJUAN)
——大众传播理论与实践研究
郑保卫　著

责任编辑：李　琳
技术编辑：朱宝娟
装帧设计：壹读闻话

出版发行：学习出版社
　　　　　北京市崇外大街11号新成文化大厦B座11层（100062）
　　　　　010-66063020　010-66061634　010-66061646
网　　址：http：//www.xuexiph.cn
经　　销：新华书店
印　　刷：北京中科印刷有限公司

开　　本：710毫米×1000毫米　1/16
印　　张：33.25
字　　数：398千字
版次印次：2025年6月第1版　2025年6月第1次印刷

书　　号：ISBN 978-7-5147-1327-5
定　　价：115.00元

如有印装错误请与本社联系调换，电话：010-66064915

本卷序

　　本卷主要收录的是郑保卫老师在传播学基础理论及大众传播理论与实践研究方面的代表性论文，是他这些年一直倾心在作的民族新闻传播、气候传播、健康传播、危机传播和网络传播研究方面的相关成果。

　　郑老师是我国著名新闻学者，在他40多年的学术生涯中，其主攻方向和研究重点始终是新闻理论与实践，但这并不影响他对传播理论与实践的关注。自20世纪80年代起，郑老师就开始关注并研究传播学，并发表过一些传播学方面的论文。其中在《新闻传播》1987年秋冬季号上连载的《新闻传播控制论系统探析》就是其开篇文章。

　　尤为可贵的是，郑老师在年过六旬之后，又积极投入民族新闻传播、气候传播和健康传播等方面的研究，并且成为这一领域的知名专家。他自己说，这是他的"职务行为"。这要从他担任教育部人文社会科学重点研究基地——中国人民大学新闻与社会发展研究中心主任说起。作为基地负责人，郑老师为研究中心确立了"服务学科建设、服务传媒改革、服务社会发展"的工作宗旨和学术方向，正因如此，他总是瞄准国家战略发展和社会急需问题来部署研究项目，开展学术研究。

　　2009年，为了促进民族地区新闻教育、传媒改革和经济社会发展，在赵启正院长的倡导下，郑老师以新闻基地主任身份与学院领导一起，联合西藏民族学院（现西藏民族大学）等全国十几所民族地区新闻院校，共同创建了"中国民族地区信息传播与社会发展论坛"。他说，没有民族地区的稳定与发展，任何国家战略目标的最终实现都会受到制约。当年在中国人民大学举办首届论坛时，他就提炼出"民族、传播、团结、发展"8个字作为论坛主题。此后通过举办学术论坛、开展学术研究、打造研究团队等方式，逐渐搭建起了全国民族新闻传播研究的平台，培养了一批研究团队和骨干成员，在民族地区产生了积极影响，受到了民族地区新闻院校师生的真诚欢迎。这些年，郑老师还作为主编，指导论坛组委会出版了《中国少数民族地区新闻传播发展报告（1949—2010）》和《中国少数民族地区信息传播与社会发展论丛》等书刊，并且发表了一系列研究论文，对我国民族地区新闻与传播教育，以及传媒业发展的现实状况、取得成绩、存在问题、改革路径等进行了深入探讨，提出了很多颇具针对性的对策建议，为促进民族地区新闻与传播教育和传媒业发展，以及构建中国民族新闻与传播学科体系作出了积极贡献。他在《"一带一路"背景下西藏文化对外传播策略研究》一文中，就如何掌握"一带一路"建设背景下西藏文化对外传播的艺术和技巧所提出的6条建议："把握好对谁说、说什么；解决好谁来说、怎么说；早说话、多说话、会说话；循循善诱、娓娓道来；用真情讲述故事，用真诚拉近距离，用真心赢得受众；知己知彼，掌握话语主动权"，就是他长期调研和思考的结果，颇具操作性。

随着国际社会对气候变化问题的关注，郑老师看到，气候变化问题看似是环境问题，实际上却是涉及国家、民族、社会乃至全球和人类发展的一个重大问题，因此应该站在国家乃至全人类可持续发展的战略高度来关注和研究气候变化。2010年，他为了研究解决我国在国际气候变化领域的传播权和话语权问题，牵头组建了我国也是发展中国家第一个气候传播研究机构——中国气候传播项目中心（以下简称"项目中心"），从新闻与传播的角度介入气候变化研究，在我国开辟了一个全新的学术研究领域，他个人也成为该领域的领军人物，受到了大家的认可和尊重。

项目中心自成立以来的十几年中，始终秉持"两路并进、双向使力"理念，以寻求气候变化问题解决为行动目标，积极为推动全球应对气候变化鼓与呼。在国际层面，主动为我国政府、媒体、社会组织、企业、公众和智库"六位一体"的气候传播行为主体提供国际交流与合作平台，为促进气候变化全球共治发挥引领作用；在国内层面，努力为政府落实相关气候政策，提升媒体气候传播能力，引导社会组织和企业开展气候传播，普及公众气候变化认知提供理论指导，并积极推动气候传播进社区、进校园、进农村、进企业，使节能减排、生态保护、绿色发展成为社会共识和全民行动。他还将疾病健康与气候变化相联系，融通气候传播与健康传播，拓展了气候传播的研究领域，使其与公众关注的公共卫生与疾病健康、气候变化问题融为一体。

在项目中心成立以来的十几年中，郑老师连续出席了十届联合国气候变化大会和一届联合国可持续发展大会，并坚持每年在"中国角"主办气候传播边会，作了很多致辞和主题发言；先后编辑出版了《气候传播理论与实践——气候传播战略研究》《论气候变化与气候传播》《绿色发展与气候传播》《从哥本哈根到马德里——中国气候传播研究十年》《为气候行动鼓与呼——中国气候传播案例集萃》等著作，并且成功立项了国家社科基金重点项目"生态文明建设和绿色发展理念背景下我国气候传播的战略定位与行动策略"，带领团队成员发表相关论文百余篇，本卷收录了一些这方面的研究成果。

郑保卫老师在传播学领域的关注点很多，除气候传播、健康传播和民族新闻传播外，他对危机传播、网络传播、媒介技术、媒介批评、传播思想史、传播学研究方法、传播学学科建设等，都有一些研究和思考。

他在 2007 年发表的《浅谈传播学的学术定位与学科发展——一个新闻学者的传播学观察》一文中，就对传播学提出了要立足中国国情，从满足传媒业发展和适应国家政治、经济、文化及社会发展实际需要来开展传播学领域的学术研究；要处理好传播学与新闻学的关系，提倡新闻学与传播学相互学习、相互借鉴，以实现携手并进、双赢共荣等观点。这反映出他作为一个新闻学者对传播学研究及学科建设的独特思考。

《郑保卫文集》编委会

目 录

▶▶▶ 第三编　气候传播 ◀◀◀

✿ 论文、序言

✲ 致辞、短文

▶▶▶ 第四编　健康传播 ◀◀◀

▶▶▶ 第五编　危机传播 ◀◀◀

▶▶▶ 第六编　网络传播 ◀◀◀

第一编

基础理论

浅谈传播学的学术定位与学科发展

——一个新闻学者的传播学观察

▎**题注：** 本文分析了我国传播学发展的现状及存在的问题，提出了要实现科学发展，传播学需要进一步明确自己的学术定位，要立足于国情，从满足传媒业发展，以及国家政治、经济、文化和社会发展的实际需要出发来开展学术研究。首先，要为党和政府提高执政能力、促进和谐社会建设、落实科学发展观提供理论支持和咨询服务；其次，要提倡研究者有更多的独立思考，力求形成个人风格，鼓励形成不同学术流派；最后，还要处理好与新闻学的关系，提倡相互学习、相互借鉴，实现携手并进、双赢共荣。该文刊于《国际新闻界》2007 年第 9 期。

一、我国传播学的发展现状

西方传播学自 20 世纪 70 年代末传入我国之后，很快便以它那全新的知识框架、理论模式、学术观点、研究方法和生动案例，引起了新闻界的关注，激发了不少新闻学者的学习冲动和研究热情，使得他们自觉或不自觉地加入到传播学的研究队伍之中。

这是我国独有的一个奇特现象——最初研究传播学的人几乎是清一色的新闻学者，而最早引介传播学的也是两位大学新闻系的老师——人民大学新闻系的张隆栋先生和复旦大学新闻系的郑北渭先生。这和西方国家首先是由一批政治学者、心理学者、社会学者开展研究，并由他们进行传播学的学科理论创造是完全不同的。

我接触传播学是20世纪70年代末80年代初，在人民大学新闻系读研究生时。记得后来我还有幸在人民日报社，听过美国著名传播学家施拉姆的讲座。但真正去作研究则是在1987年。当年为参加在郑州召开的"全国传播学研讨会"，我撰写了一篇论文《新闻传播控制论系统探析》，尝试用传播学、信息论、系统论和控制论等学科理论与方法，研究新闻传播中的控制现象。遗憾的是，那次研讨会后来未能举行，这篇论文便发表在黑龙江省新闻研究所办的《新闻传播》，在当年的秋冬季号上连载。

进入20世纪90年代后，我国传播学的学术研究不断深入，研究成果不断积累，社会影响力不断扩大，学科地位也不断提升。1997年，传播学与新闻学一道被国家确定为一级学科，冠名为"新闻传播学"。

仅仅用不到20年的时间，就实现了新闻学奋斗了数十年才争取到的学科发展目标，传播学的发展速度不可谓不快，其学术魅力不可谓不大。

传播学的发展之所以如此迅速，依笔者之见，主要有以下几方面原因。

一是传播学研究的内容多涉及社会共同性问题，社会适用性强，扩散力和影响力大，容易引起社会关注。而新闻学囿于本学科的专业范围，不易引起社会关注，不易形成较大的社会影响力。

二是传播学研究队伍发展快，科研成果多，在学术界和社会上渐成气候。特别是近一二十年来，一批赴美国和欧洲学习和研修传播学的高层人员（多获得博士学位）在国内一些新闻院系成为教学队伍的主体和骨干，使传播学的教学与科研队伍迅速壮大，影响力日盛。

三是由于新闻学相较于传播学而言是一门"老学科"，在学科创新和学术突破上难度较大，从而使得许多新闻学研究者纷纷转入传播学研究，这样一来，传播学的力量壮大了，新闻学的力量却相对弱化了。

传播学快速发展而掀起的"传播学热"，可谓"有喜有忧"。"喜"的是，它可以为传播学的进一步发展奠定基础，带来机遇；"忧"的是，这一现象也可能会给传播学的深入发展带来某些"隐患"和负面影响。

本文正是从这一视角切入，试图提出一些当前我国传播学学术研究与学科发展中所存在的现象和问题，以引发传播学界朋友们的关注，并希望能对传播学今后的深入发展有所裨益。

二、传播学的学术定位

传播学的快速发展一方面带来了其学科地位的提升和学术水平的提高，但另一方面也引发了传播学的过度"膨胀"和盲目"扩张"。这些年出现了许多"怪现象"，令人有时真不知道到底应当怎样看待和评价传播学，怎样对其进行准确的学科与学术定位。

（一）"百货筐"？"汇贤堂"？

"怪现象"之一，传播学似乎成了一个"百货筐"，好像什么都可以往里搁、往里装。

近年来出现的"传播学热"，使得许多领域的研究者都想往传播学上靠，希望借助传播学来拓展本学科的研究领域。于是乎，各个领域的传播活动和传播现象都被纳入传播学的研究范畴，各种各样的传播学"分支"不断涌现，包括"政治传播学""文化传播学""艺术传播学""科技传播学""军事传播学""体育传播学"等。

不是说这些研究不该作，也不是说它们没有学术价值，而是说如果把各个领域的传播活动和传播现象都视为传播学的内容，如此"扩张"，无形中可能会导致传播学本身核心观念和本体理论的"迷失"与"混乱"。因为这些研究成果，充其量只能说是某一研究领域与传播学相交叉形成的边缘学科，它们毕竟还不是传播学"本身"。更何况还有一些根本与传播学不搭界的东西也冠上了"某某传播学"的名称。

"怪现象"之二，传播学似乎成了一座"汇贤堂"，好像哪路"圣贤"都可以往里请、往里进。

近年来，随着作为一级学科的"新闻传播学"的发展，新闻学与传播学作为二级学科，其下属的三级学科也都在急速扩张。由于传播学似乎更被认可，其"包容度"似乎也越来越宽泛，在划分二级学科的时候，很多人都愿意把一些原本归在新闻学范畴内的三级学科纳入传播学之中，如广告学、编辑出版学、广播电视学等。其实，按教育部的学科目录，它们都属于新闻学的范畴，但是现在许多新闻院校已经将它们归入了传播学之中。而新建立的"网络传播学"，以及新发展起来的"传媒经济学""公共关系学"等，也大多被划到了传播学中。

应当说，在目前状况下，这种划分对于新闻院校整合、平衡新闻学和传播学两个二级学科的资源及力量，保持两个学科的均衡与协调发展有着一定积极意义，但是无形中它也会模糊和混淆传播学本身的学科范畴与学科界限，不利于传播学的准确定位和科学发展。

（二）"圈占地盘"？"固守疆土"？

分析上述两种现象，其实很多情况并非出自传播学的自愿，而是其他学科出于学习和借鉴的需要往传播学上"靠"的结果。不过有些情况似乎也像是传播学在主动"圈占地盘"。例如，前些年有的传播学学者片面强调"新闻学是传播学的分支"，并提出要"用传播学取代新闻学"[①]的观点，就给人以这种感觉。

其实，作为新闻学和传播学交叉形成的"新闻传播学"，将其视为传播学的一个分支是可以的，因为它同时可以作为新闻学的一个分支。但是进而得出"用传播学取代新闻学"的结论就难免显得偏颇。

另外，像"传媒经济学"，也不一定非要归在传播学里，因为新闻学同样可以从传媒业管理和经营的角度去研究传媒经济现象。

笔者认为，如果确实是出于自身内涵发展的需要，去拓展学科范畴，扩大学科影响，这应当是无可非议的。但若从传播学科学发展的角度看，盲目地"圈占地盘"，不如立足于"固守疆土"，努力把好自己的门，守好自己的土，练好自己的功，办好自己的事，真正把属于学科自身范畴内的，能够确实体现自己的学术品质和学科内涵的东西琢磨透、研究深，特别是应当多在实现中国传播学的理论创新和本土化上下功夫。

上述存在的问题，应当说很多并不是传播学自身的问题，因为传播学自己并不一定想要成为"百货筐"和"汇贤堂"，任凭人家什么都往里"装"、往里"进"；也不一定非要急着"圈占地盘"，扩充领域，硬是要把人家往自己的"地盘"里"圈"。

以笔者之见，为学科的科学发展计，传播学自身应当注意分清哪些是属于学科本身的，或与学科相关的，有联系的，可以往自己的"箩筐"里"装"，往自己的"殿堂"里"进"，往自己的"地盘"里"圈"的东

[①]　唐远清：《对"新闻无学论"的辨析及反思——兼论新闻学学科体系建构和学科发展》，中国人民大学 2006 年博士学位论文。

西；哪些是不属于学科本身的，或与学科不相关的，没有联系的，不该往里"装"、往里"进"和往里"圈"的东西。总之，要注意对自己的知识体系、学术品质和学科内涵进行科学的定界和定位，要防止让那些似是而非的内容，"混淆"了自己的知识体系，"淡化"了自己的学术品质，"曲解"了自己的学科内涵。

三、传播学的学科发展

我国传播学要实现创新与发展，依笔者之见，关键需要在实现"本土化"和"个性化"两方面下功夫。

（一）国际化？本土化？

自传播学引进以来，我国出现了大量推介和评价国外传播学的学术成果，各种各样的传播学译著可谓琳琅满目，各类评介西方传播学的著作也是林林总总。一些传播学学者近年来纷纷走出国门，走上国际学术会议讲坛，发表论文和讲演。从这些方面看，可以说目前我国传播学研究，在"国际化"方面已经达到了一定程度。

但是仔细分析不难发现，在如此众多的传播学成果中，真正出自我国传播学学者的，能够体现其独立研究心得和创造性思维的东西相对较少，特别是能够结合我国国情，运用传播学的原理和方法，解决我国新闻传播和社会发展中的实际问题的高质量的研究成果更是凤毛麟角。

笔者认为，今后传播学要实现创新与发展，既需要继续在体现国际化方面下功夫，跟踪国外传播学最新研究动态，加强同国际传播学界的交流与对话，参与国际传播学领域热点问题和前沿问题的课题攻关等，更需要立足我国国情，从满足我国传媒业改革与发展，以及国家政治、经济、文化和社会发展的实际需要出发来组织科研课题，开展学术研究。要真正使传播学的研究成果能够服务于我国传媒业改革与发展，满足国家政治、经济、文化和社会发展的实际需要，真正为党和政府提高执政能力、促进和谐社会建设、落实科学发展观提供理论支持和咨询服务。只有这样，才能真正解决传播学在中国的"水土不服"问题，也才能真正形成具有自身特色的"中国传播学"。

（二）一般化？个性化？

我国传播学要在吸收和借鉴国外传播学的基础上有所创新，有所发展，减少"一般化"，实现"个性化"也是必然的选择。

我国传播学研究中的"一般化"现象较为突出，一是表现在推介国外传播学研究成果方面的大同小异，重复过多；二是表现在传播学研究中存在的题材、内容和方法上的雷同，缺乏创新及深度。总之，很多研究成果缺少新意，缺少自己独有的风格和特征，缺少"个性化"的东西。

所谓"个性化"，说白了就是要减少甚至祛除"一般化"，要形成真正属于自己的，能够体现个人的思想风格和理论特点的东西。

要达到和实现这种"个性化"，就需要提倡研究者有更多的独立思考，力求形成自己的个人风格及特色，鼓励形成不同的学术流派，要用"个性化"的成果来替代"一般化"的东西。当然，也只有有了大量"个性化"的研究成果，才能更好地促进传播学在中国实现"本土化"。

四、传播学与新闻学的协调发展

在研究我国传播学发展历程的时候，有一个不容忽视的问题，即传播学与新闻学的关系问题。两者之间到底是相轻相斥的关系，还是相依相存的关系？是相互独立的关系，还是携手并进的关系？这是需要传播学界和新闻学界共同思考的问题。

（一）相轻相斥？相依相存？

在对传播学与新闻学关系的认识问题上，近年来主要出现了3种观点：一种观点认为，新闻学是传播学的分支，传播学涵括了新闻学，有的人干脆提出要用传播学取代新闻学；另一种观点认为，新闻学是新闻学，传播学是传播学，两者相互排斥，难以相容共存；还有一种观点认为，传播学与新闻学既互有区别，又相互联系，应当是一种相依相存、合作共赢的关系。

要正确把握两者的关系，需要先从它们之间的区别和产生的过程来认识和谈起。

国家有关部门把新闻学和传播学作为两个并列的二级学科，这本身就说明它们不是简单的谁涵括谁、谁取代谁的问题。它们之间在研究对象、研究目的、研究课题、研究方法、研究人员以及人才培养目标与方式等方面，都有着许多区别。[①]

另外，从两者产生的时间上看，是先有新闻学，后有传播学。新闻学是传播学产生的基础，传播学是在新闻学的孕育及催助中产生和发展起来的。这是不容忽视的客观事实。

最早的新闻学研究是在报业出现之后开始的。随着报业的发展，新闻学的研究也不断深入，并且渐成体系，成为一门独立的学科理论。当广播、电视等新兴媒体作为一种新闻传播手段出现以后，新闻学的研究领域迅速扩及广播、电视等大众传播领域，形成更加完整、成熟的学科

---

① 郑保卫：《新闻长思录》第二卷，人民出版社2005年版，第29—36页。

体系。

传播学是新闻事业发展到广播、电视媒体阶段，形成社会性的大众传播业之后出现的。最初它是以研究大众传播的过程及效果为内容的，其中尤以研究大众传播对人与社会的影响效果为重点，由此而逐渐形成了初期的大众传播学。后来，随着研究的逐步深化，产生了理论层次更高、涉及传播行为的本质及其规律、领域更加宽阔的传播学。

由此可以看出，传播学从产生过程到研究内容，再到研究成果，都离不开大众传媒，离不开新闻现象，离不开人们的新闻传播活动。显然，传播学与新闻学之间存在着相互依存的关系。当然相对来说，传播学涉及的内容更加丰富，其外延也更加广泛，新闻学的有些内容是涵括在传播学之中的。但由此得出结论，说传播学可以替代新闻学，就有些脱离实际了，因为新闻学有很多内容是传播学所涵括不了的。

"用传播学取代新闻学"的观点，前些年曾流行一时。当时有人认为国内传统新闻学已陷入"穷途末路"，应当由传播学来取代。其实，这种思想脱离了学科发展的实际，不但不利于新闻学的发展，对传播学自身的发展也没有好处。因为，先于传播学出现的新闻学，有其自身的学科优势，虽然发展过程中出现一些挫折和困难，但是依然有着强大的生命力，要想取代它是不可能的，这已为近年来新闻学稳步发展的现实所证明。相反，新闻学的繁荣与发展还会对传播学的发展起到一定的促进作用。

因此，依笔者之见，今后传播学要想赢得更大发展，关键在于要提升自身内在的学术品质，拓展自身原有的学科内涵，增强自己对社会与公众的影响力，这才是正确的选择。

总之，传播学与新闻学互有区别，但又相互联系，各有其自身特点和科学内涵，有其独特的理论价值与实践意义。

（二）特立独行？携手并进？

既然传播学与新闻学互有区别，又相互联系，那么相轻相斥和特立独行的做法都不足取，而是需要相互借鉴，携手并进，实现双赢共荣。

传播学作为一门新兴学科，吸收了许多相关学科的理论原理和研究方法，形成了自己独特的研究方向和研究方法，其研究思路和研究方法很值得传统新闻学学习和借鉴。

因此，新闻学应当开阔思路，不断创新，冲破传统束缚，转变陈旧观念，在借鉴传播学及其他学科知识的过程中逐步完善和发展自己，建立起更加科学、系统的学科体系。

例如，新闻学可以借鉴传播学的研究思路，拓宽自己的研究视野，从更加宏观的范围和高度研究新闻传播对社会发展的作用及影响，研究社会政治、经济、文化等诸因素对新闻传播活动的制约和影响，以使新闻传播更好地为人类生活和社会发展服务。

新闻学还可以借鉴传播学等学科的研究方法，多采用一些定量分析方法、行为科学方法、过程与结构研究方法，来开阔自己的研究思路，增强研究的效果。

而传播学也应当借鉴新闻学的学科理念及研究成果，要注意调整自己的价值取向，防止急功近利行为，增强理论思维，提高学科研究的理论层次，增强系统性和科学性，不断充实和完善自己，巩固自身的学科地位。

我国的传播学研究尤其要注意加快本土化的步伐，要努力扩大能直接为我国新闻实践和社会主义事业服务的研究层面及研究成果，使来自西方的传播学能更好地为我国新闻事业及其他社会事业的改革与发展服务。

总之，传播学与新闻学应当各扬其长，携手并进，实现合作双赢，协调发展,一道为人类社会的发展服务。

上述观点仅是笔者以一个新闻学者的视角,观察我国的传播学研究,所提出的一些粗浅看法,当属于一家之说,一孔之见。由于自己对传播学本身的研究不多且不深,因此认识上恐多有不妥乃至错讹之处,谨以此文宣示于学界同人,意在引发大家对传播学和新闻学发展问题的关注与思考,并得到批评指教。

新闻传播控制论系统探析

┃ **题注**：本文是 1987 年为参加"全国传播学研讨会"准备的论文。当时传播学、信息论、系统论、控制论等新学科刚从国外引进，学术界不少人以极大的热情和强烈的求知愿望学习、研究和借鉴这些新知识、新理论和新方法。笔者也尝试运用传播学、信息论、系统论、控制论等学科知识，来梳理和探讨过去借助传统新闻学理论难以弄清楚的新闻传播过程中的控制现象，于是写下了自己第一篇有关传播学方面的论文。虽然认识还很粗浅，但它却反映了作者对新学科知识的一种学习接纳的愿望与态度。该文刊于《新闻传播》1987 年秋季号和冬季号连载刊发。收入文集时，笔者将两期的文章整合在了一起。

——

控制论是 20 世纪以来现代科学技术发展和进步的产物。它的诞生不仅为人们从更加广泛的意义上认识物质形式和运动规律的多样性的统一，深化对唯物辩证法的理解提供了更加丰富的理论依据，还对人们研究诸多学科领域提供了新的科学方法，帮助人们从自然科学与哲学、社会科学的联系上，从整体上来认识更加广阔的知识领域。

　　本文试图运用控制论的知识（同时涉及作为控制论的基础的信息论以及系统论、传播学的有关知识）对新闻传播活动系统中各个构成部分之间的控制关系及其活动特点作些粗浅的探讨和分析。

　　控制，按列尔涅夫的定义，是指"为了'改善'某个或某些对象的功能或发展，需要获得并使用信息，以这种信息为基础而选出的，加于该对象上的作用"。直观地说，所谓控制，就是指施控主体对受控主体的一种能动作用，这种作用能够使受控主体按照施控主体的预定目标而动作，并最终达到这一目标。

　　控制是一种作用，它一般是由作用者（施控主体）、被作用者（受控主体）以及将作用由作用者传递给被作用者的传递者这三个基本要素组成的。在一个控制系统中，不仅施控主体作用于受控主体，而且受控主体也可以反作用于施控主体，前一种作用是控制作用，后一种作用则称作反馈作用，它只出现在闭环控制系统中。

　　控制论研究的对象主要是带有反馈回路的闭环控制系统。这种控制系统的特点是能够根据反馈信号不断检出偏差，进而修正输出时的控制信号，使被控对象逐渐接近既定目标，达到控制目的。这种系统因为始终处在不断检测偏差、纠正偏差的过程中，往往处于一种不稳定、不平衡的状态，而一旦达到了目标，它就稳定、平衡了。所以，整个控制过程是一个从不稳定到稳定的过程。

　　控制论的创始人维纳曾给控制论下了这样一个定义：控制论是关于动物和机器中控制和通信的科学。根据这个定义，我们可以得出这样的结论：控制的实现是以信息传递为媒介的，控制系统实际上也是一个信息系统，控制论所说的反馈指的就是信息的反馈，信息反馈是实现控制和调节功能的必要的结构条件。因此，研究控制论必须以研究信息传递和交换规律的信息论作为基础。

　　新闻传播实际上是一种信息传播，它是新闻传播者将关于周围世界万事万物新近变动情况的各种信息进行采集、加工、制作和传播的一种社会活动。而这种信息传播过程也是一个控制过程。在这个过程中，新闻传播者是施控主体，新闻接受者（包括报刊读者、广播听众和电视观众，以下统称受众）则是受控主体。如果我们将新闻传播放在社会的整个大环境中来研究，还须考虑新闻传播的控制机关在这个过程中的作用，将这些因素综合、联系起来，新闻传播可以构成一个大的新闻传播控制论系统。这个系统可用图1来表示。

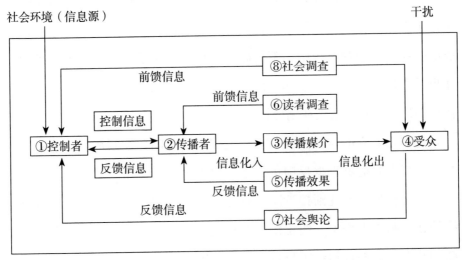

图 1　新闻传播控制论系统

　　根据控制论系统的知识，我们可以将上面的新闻传播控制论系统看作一个由多个子系统组成的大系统。各个子系统为了实现自己的控制功能构成一定的控制结构，而它们相互之间又形成一定的层次关系，从而体现出整个大系统内部结构的复杂性。

　　下面我们先将图1中的新闻传播控制论系统分解成3个子系统，逐一进行分析，然后再对整个系统进行总体评价。

第一个子系统由①②两部分组成。

在这个子系统中，控制者（指创办新闻传播机构的某一阶级、政党、政府机关、政治或经济集团、社会团体及其新闻宣传主管机关）是施控主体，传播者（指报刊社、电台、电视台、通讯社等新闻传播机构及其工作人员）是受控主体。控制者将自己的思想观点、政治主张和有关新闻宣传的方针、政策、指令等作为一种控制信息传输给传播者（当然这并不是它的终极目的）；而新闻传播者除接受这些控制信息外，同时将自己对这些信息的反馈意见、建议及其从受众那里收回的反馈信息回报给控制者。这个系统体现的是控制者和传播者间的关系。

第二个子系统由②③④⑤⑥五部分组成。

在这个子系统中，第一子系统中的受控主体——传播者变成了施控主体，由它将从控制者那里得来的控制信息和自身从社会环境中采集的社会信息（也是一种控制信息）进行加工，再由传播媒介将经过制作的信息传递给受众，而受众接受信息后的效果作为一种反馈信息回传给传播者。这个子系统与第一子系统的不同在于多了一个前馈信息，这是传播者为了使自己传播的信息更具指导性和可读性，以便达到更好的传播效果预先进行受众调查所得到的信息。这个系统体现的是新闻传播者和受众的关系。

第三个子系统由①④⑦⑧四部分组成。

这个子系统体现的是控制者和受众之间的关系。它们之间的信息传输关系在新闻传播之中，因为它的控制信息不是由传播媒介而是由控制者与受众直接对话或通过其他传播渠道（行政等）传输给受众的，它的反馈信息和前馈信息的传递也是借助其他渠道。但这个系统的存在对整个新闻传播系统却有着重要意义，它的前馈信息和反馈信息对于控制者掌握受众的心理、要求，从而调整和修正自己输出的控制信息，使受众更趋近自己的既定，以达到理想的控制目的是有极大作用的，所以我们仍然把它作为整个新闻传播控制论系统中的一个组成部分。

这3个子系统都服从于一个统一的目标——加强对受众的思想和行动的影响和控制，将其统一到一个共同的奋斗目标上来，并都在为这一控制目标的实现而行动。它们之间相互联系，并统一在信息传递和变换的过程之中，通过不断传递和变换真实、准确的信息起到调节和控制作用，从而达到整个新闻传播控制论系统最终控制目标的实现。

下面分别介绍新闻传播控制论系统中几个主要构成要素的功能及活动特点。

（一）施控主体

在整个新闻传播控制论系统中存在两个施控主体，一是控制者，二是传播者。

控制者指的是新闻传播和主管机关。它是作为新闻传播机构的所有者和领导者来履行控制职能的。它的任务是根据自己所代表的阶级、政党、集团和团体的总路线、总任务确定新闻报道的思想路线、指导方针，制定新闻工作的有关法律、政策规定，发布新闻工作的有关指示、命令，并将其传递给新闻传播者（第一子系统），使新闻传播者按照它制定的法律、政策和下达的指示、命令向受众宣传其思想和主张；或通过直接对话或其他信息传播渠道将自己所代表的阶级、政党、集团和团体的总路线、总任务传递给受众（第三子系统），用以影响公众的思想和行动，引导社会舆论，实现其奋斗目标。在整个系统中，控制者是主要的，也是最高施控者，它的控制作用主要是通过新闻传播者来体现的。

新闻传播媒介作为一种传播手段在整个新闻传播控制论系统中也具

有施控（对受众）和受控的双重职能，鉴于本文主要考虑人在新闻传播控制论系统中的作用，故将其作用略去不计。

（二）受控主体

在整个新闻传播控制论系统中存在两个受控主体，一是传播者，二是受众。

新闻传播者是第一子系统中的受控主体。对于控制者来说，它是被动、受控的，它必须接受控制者输出的控制信息，并尽量遵从其要求将这些控制信息再传输给受众，以保证整个控制系统目标的最终实现。

受众在整个新闻传播控制论系统中始终是作为受控者出现的。在第二子系统中，它接受由新闻传播者传输的来自控制者发出的控制信息和由传播者自身采集、加工、制作的社会信息。在第三子系统中，它则接受由控制者直接或通过其他信息渠道传递的控制信息。

（三）反馈

反馈是新闻传播控制论系统中的关键因素，它通过对输出信息的反输，起到发现偏差、纠正偏差、调节输出，以利于实现控制目标的作用。在3个子系统中都存在反馈。第一子系统中的反馈是由新闻传播者直接向控制者输回的反馈，它将传播者对控制者输出的控制信息的意见反映给控制者。这些反馈意见包括两部分内容，一部分是传播者本身根据自己对形势的判断和情况的了解所得出的，另一部分则是由受众回输给它的，这部分反馈信息来自第二子系统。第二子系统中的反馈是受众对自己所接受的由传播者传输给它的信息（包括控制者发出的控制信息和传播者输出的社会信息）作出的反馈。这些反馈信息是传播者改进新闻传播、提高传播质量和效果的依据。第三子系统中的反馈则是受众通过其他信息传播渠道对控制者发出的控制信息的反馈。这三种反馈最后都回输给控制者，成为它调节输出、改善控制的重要依据。

（四）前馈

在整个新闻传播控制论系统中有两个由前馈回路和反馈回路耦合构成的系统：第二子系统和第三子系统。第二子系统中的前馈是传播者在传播新闻前所作的受众调查，第三子系统中的前馈则是控制者在发出控制信息前所作的社会调查。这两处前馈对于传播者和控制者调整输出信息，以达到预期的控制效果都大有帮助。

（五）信息源

在整个新闻传播控制论系统中有两个信息输出者。第一个是控制者，它提供的是自己所属阶级、政党、集团或团体根据社会环境的变动，对国内外事变作出的决策信息和为实现这些决策而对公众进行思想与行为管理和控制的信息，以及有关新闻宣传的方针、政策和指令的信息。第二个是传播者，它除提供控制者发出的控制信息外，还提供自身从社会环境的变动中所采集到的社会信息。这两个信息发送者所发出的信息均依据社会环境的变动。因此可以说，变动不居的社会环境是新闻信息的源头。

（六）干扰

受众在接受新闻传播中受到的干扰主要来自3个方面。一是来自控制者。控制者决策的失误和对新闻传播实行的不适当的干预和限制都可能造成受众在接受新闻传播时的局限。二是来自传播者。传播者在采集、加工和制作新闻过程中的失误（如失实、失真等）将使受众无法接收真实、全面的新闻。三是来自传播媒介。传播媒介因设备简陋和技术生疏而产生的技术手段的差错也对新闻传播形成干扰。这些干扰都会影响传播效果，成为实现控制目标的一种抵消力量。

从以上分析来看，我们设计的这个新闻传播控制论系统在新闻传播实践中不仅是客观存在的，而且具有一定的科学性。

二

现实告诉我们，在科学技术迅猛发展的当前时代，只有承认并积极运用最新科学技术成果，才能求得各项工作的最佳效果，促进各项事业的发展。因此，目前摆在我们新闻战线每个理论工作者和实际工作者面前的一个重要课题，就是自觉地运用控制论的有关知识来解释新闻传播中的各种控制现象，总结新闻传播中的经验教训，实现新闻传播的最佳效果。在新闻传播中，我们首先应当承认新闻传播控制论系统存在的现实性和合理性，同时，要注意运用控制论（也包括信息论、系统论、传播学）的有关知识来认识新闻传播中的控制现象，促进新闻传播渠道的畅通，实现新闻传播过程中的最优化控制，争取最理想的传播效果，更好地为四化建设服务。为此，笔者认为，我们的新闻传播工作必须重视以下几点。

（一）重视新闻传播者的中心环节作用

传播者作为整个新闻传播控制论系统的中间介质，具有中心环节的作用。它既是控制者发出的控制信息和自身采集、加工、制作的社会信息（也是一种控制信息）的传播者，又是受众反馈信息的回报者，上情通过它可以下达，下情通过它可以上达，信息传递的直接控制权在它的手里。整个新闻传播渠道是否畅通，能否达到最佳传播效果，实现最优化控制，传播者都起着关键的作用。因此，要十分重视发挥它的作用，具体应该注意以下几点。

1. 尊重传播者的工作，支持其按新闻传播规律办事

传播者对控制者来说是受控者，它应当遵从控制者的意志，做好控制信息的传输工作。但对受众来说，它又是施控主体，拥有传输各种社会信息的权利。因此，控制者应当尊重传播者的工作，给它以及时的指导，传给它所需的信息，让其拥有必要的环境和条件，以便更好地按新闻传播的客观规律做好工作。一般情况下，控制者在新闻传播中不要对传播者进行过多的行政干预，要提倡独立负责精神，使其能在宪法和纪律的范围内，即在必要的控制下进行奋发有为、富有创造性的工作。特别要保障其信息反馈渠道（来信、内参等）的畅通，使其有充分的可能将来自受众的反馈信息及时、准确地回报上来。只有这样，才能保证新闻传播系统的良性循环，获得最佳传播效果。

2. 提高传播者的队伍素质

新闻传播的效果如何在很大程度上取决于传播者的质量，因此要注意提高传播者队伍的各项素质，包括思想素质、政治素质、理论素质、业务素质、身体素质等，使其具备一个传播者应该具备的思想政治水平和业务技能等条件。

3. 改善新闻传播者的工作条件

在现代科学技术已经在各个领域被充分利用的今天，技术装备的优劣已经严重影响到新闻传播的效果。因此，应当尽可能地改善新闻传播的技术装备。在条件允许的情况下，尽量用最先进的技术装备改善新闻传播者的工作条件。

（二）重视新闻传播中的反馈作用

新闻传播控制论系统中的反馈具有调节输出的功能，它的存在使控制者能够随时发现偏差，并及时纠正偏差，从而保证再输出信息的针对性和准确性。因此，它是实现新闻传播控制目标的重要因素，应当给予高度重视。在新闻传播过程中，一定要保证反馈回路的渠道畅通。要给受控主体以充分的条件，使其能将自己对所接受信息的反馈意见及时地、充分地回报给施控主体。这种反馈回路的渠道和形式很多，如读者（听众或观众）来信、读者（听众或观众）座谈会、读者论坛、内部情况反映等。重视信息反馈实际上就是体察民情、尊重民意、顺乎民心，只有站在这样的高度，一切新闻施控主体（既包括新闻传播者，也包括新闻控制者）才可能为新闻传播中的信息反馈创造最好的条件。作为受众来说，进行信息反馈也是他们行使自己对控制者（党和国家机关及其工作人员）批评和监督的民主权利的有效形式和重要渠道。充分行使这一权利是受众的正当要求，也是他们所应承担的社会义务。随着国家政治民主化程度的提高，信息反馈渠道应当越来越畅通，一切企图堵塞信息反馈渠道的做法都是有害无利的。若从控制论的角度看，信息反馈渠道的不畅，只会造成整个新闻传播控制论系统的失调，最终将导致控制目标难以实现。

（三）重视新闻传播中的前馈作用

前馈的作用是在系统发生偏差之前，施控者根据预测的信息，尽可能采取相应的措施，调整输出信息，以争取更好的控制效果。由此看来，在整个新闻传播控制论系统中，前馈的作用也是不可忽视的。加强前馈作用的关键在于搞好新闻传播前的调查。在新闻传播控制论系统中，这种调查有两种，一种是第二子系统中的受众调查，另一种是第三子系统中的社会调查。前者是由传播者在输出新闻信息前所作的受众调查，这种调查的目的是了解受众的各种需要，包括他们的呼声、愿望、兴趣、爱好、困难、问题以及对施控主体的意见和要求等。通过这些调查，增强对所传播信息的针对性和指导性，以满足受众的更大需要，获得更好的传播效果。后一种调查是由控制者本身或通过其他渠道进行的社会调查。这种调查的内容是现实生活中存在的各种问题、公众对这些问题的看法及其对施控机关的愿望、要求等。这些调查内容有助于控制者根据客观情况作出合乎实际、切实可行的决策，制定行之有效的行动计划和工作措施，同时，也有助于向受众发出更有针对性和指导性的控制信息，争取新闻传播的良好效果。由此可见，调查研究是新闻传播控制论系统中不可缺少的一环。施控主体（既包括传播者，也包括控制者）必须认真做好调查研究工作，在进行新闻传播前，尽可能掌握准确、可靠、及时的前馈预测信息，并采取相应的措施，以防止新闻传播中可能出现的偏差，保证控制目标的顺利实现。

（四）重视排除新闻传播中的干扰

新闻传播控制论系统中出现的干扰是造成受众无法及时获得真实、准确的信息，从而导致整个系统失控，无法达到预定控制目标的重要原因。因此，必须努力排除各种干扰，保证新闻传播渠道的畅通。其中，对于来自控制者自身的干扰应当高度重视，这种干扰主要表现在决策的失误和对新闻传播实行不适当的干预和限制上。前者将导致新闻传播中的严重偏差，受众获得的是使思想陷入混乱、工作造成失误的信息。在这方面，"大跃进"年代的浮夸宣传和"文化大革命"中的"假、大、空"报道给我们留下的教训是极为深刻的。后者对受众接受新闻信息形成的干扰也不容忽视。在新闻传播中，对那些涉及党和国家的重要政治、军事、外交、经济等方面机密的新闻信息进行保密限制是必要的，但如果任意扩大这类信息的范围，把一些本不属于保密范围，受众又很想知道的新闻信息压着不发，对于受众全面了解周围世界变动情况是极为不利的。信息不灵而造成行动失误，这不是控制者的真正目的，改变这种情况、排除这方面的干扰，是新闻传播工作的一项重要任务。

来自传播者的干扰，主要是由传播者在采集、加工和制作新闻信息过程中的失误造成的，其直接表现形式就是新闻传播中出现的失实报道。报道失实是新闻传播中的大忌，它不但使受众无法获得真实、准确的信息，从而影响正常的工作、学习和生活，而且会造成受众对新闻传播机构，甚至对新闻控制机关的不满，致使整个控制论系统受到冲击，直至完全被破坏。对此，应当十分警惕。排除这种干扰的方法就是要求传播者提高政治责任感和社会责任感，加强调查研究，尽力收集第一手的完整、真实的新闻事实材料，保证向受众提供经过正确加工的准确无误、真实全面的新闻信息。

由于新闻传播媒介技术手段方面的原因而形成的干扰也应引起重视。防止这种干扰的办法是改善新闻传播的技术装备，提高新闻传播的技术水平，随时保证新闻传播手段设备完善、渠道畅通、技术精湛、效果良好。

（五）重视满足受众的知闻需要

在整个新闻传播控制论系统中，受众虽然始终处在受控地位，但它却是新闻传播控制目标的实际体现者和最终检验者。只有受众完全接受了控制信息，才能最终实现控制目标；反之，若是控制信息不为受众所接受，那么控制目标也就无法实现了。从这一意义上讲，受众在新闻传播中又成了服务的对象。传播者和控制者都应把他们作为自己的工作目标和服务对象，要充分满足受众的知闻需要，将他们欲知、应知而未知的新闻信息及时地传输给他们。新闻传播中的控制信息不同于一般的行政命令式的控制信息，它不具有强制的力量，而是通过事实和逻辑的力量对受众的思想潜移默化地施加影响。因此，要使控制信息更好地为受众所接受，以便最终实现控制目标，必须通过前馈和反馈等渠道，仔细了解和认真研究受众的知闻需要，并尽可能满足他们的这种需要，提高服务水平。

（六）重视新闻事业控制者的决定性作用

在整个新闻传播控制论系统中，起主导作用的是新闻事业控制者。它不但控制着新闻传播系统中的各个部分，而且在整个新闻传播过程中始终起着控制作用，是整个控制论系统中的主体。对传播者和受众来说，必须明确并承认控制者的这一重要地位，自觉地接受它所施行的控制，并为实现它所确定的控制目标积极采取相应的行动。对我们社会主义新闻事业来说，认识这一问题更具有重要意义。在社会主义国家，控制者就是党和国家的某一领导机关，代表党和政府来行使对新闻传播的控制权。它所施行的控制，既包括路线、方针、政策的控制，也包括工作指令的控制。当然这些控制是通过它输出的各种控制信息来实现的，而这些控制信息是在经过预先调查研究掌握前馈信息，事后收集掌握反馈信息的基础上发出的，因而是能够代表民众意志、反映民众意见的，也是符合客观实际、有利于社会主义事业发展的。这些控制信息的传播都是为了将人民群众团结和吸引到党和政府的周围，共同为实现党提出的总任务而奋斗，这也正是控制目标之所在。服从和接受这种控制正是为了实现党和人民群众的共同奋斗目标，这于党于国于民都是有利的。因此，这种服从和接受应当是自觉的、自愿的。在我们社会主义国家，应当坚决反对任何摆脱、削弱和破坏这种控制（实际上是领导）的行为，应当坚决维护对新闻传播的控制，这就要求新闻传播机构要同新闻控制机关（党和政府的领导机关），特别是党的最高决策机关——中央委员会保持政治上、思想上和组织上的一致性，以使新闻传播有组织、有领导、有计划、有秩序地进行，确保控制目标能最终胜利实现。当然，对控制者来说，一方面要加强控制，组织好控制信息的传播；另一方面也要注意研究来自受控对象的反馈信息，不断修正偏差，改善控制，畅通新闻传播渠道。同时要注意尊重新闻传播的客观规律，尽量发挥新闻传播者的工作积极性、主动性和创造性，鼓励他们独立负责地进行卓有成效的工作。只有这样，才能使自己的控制目标得到顺利实现。

上面对新闻传播控制论系统的分析和研究基本限于社会主义新闻事业的范围内，主要是运用控制论的有关知识解释和探讨我国当前新闻传播过程中的一些控制现象，而对资本主义国家的新闻传播控制论系统则未作具体探讨。实际上，控制论的创立者是资产阶级学者，最早运用控制论的也是资本主义国家。在资本主义国家，特别是在西方发达的资本主义国家里，资产阶级新闻事业靠着先进的科学技术，可以迅速收集到大量准确的前馈信息和反馈信息，并用最快的速度、最好的传播技术及时地输出控制信息。为了实现控制目标，他们也十分注意满足（甚至是迎合）受众的需要，向受众提供各方面的信息。但是，由于资本主义国家中作为施控主体的是代表资产阶级利益的大垄断资本集团及其控制下的大报团，它们的控制目标是实现垄断资本集团的私利。为此，它们总是千方百计地企图隐瞒对它们不利的事实真相，有时甚至不惜用撒谎、造假等手段来蒙骗和愚弄受众，致使受众无法真实、全面地获取客观世界变动情况的信息，造成受众对控制信息的抵触和对控制者的不满，最终导致整个新闻传播控制论系统的失控。另外，资本主义国家固有的集团竞争状态也使新闻传播不可能完全在有组织、有领导、有计划、有秩序的情况下协调进行。虽然政府也采取种种措施加强对新闻传播的控制，但各垄断资本集团之间，各报团之间相互攻讦、相互争斗、相互倾轧，常常造成新闻传播系统失控。因此，从根本上说，资本主义新闻事业是难以实现新闻传播控制论系统的良性循环，顺利达到最终控制目标（维护资本主义制度，实现资产阶级的永久统治）的。在这方面，社会主义新闻事业有着无比的优越性。

新闻传播研究中的新方法

题注：百多年来，新闻传播研究在广度和深度上不断扩展，研究方法也不断开辟新的蹊径，为新闻传播理论与实践的丰富和发展提供了必要的条件。该文系统论述了新闻传播研究方法的演变过程，对近年来几种新兴的研究方法进行了评价，重点揭示了方法背后的一些原理。该文与中国新闻学院①姜秀珍老师合作完成，刊于《中国广播电视学刊》1991 年第 5 期。

一、新闻传播研究方法的演变过程

1845 年，《德国新闻事业史》一书的问世，揭开了人类研究新闻传播理论与实践的历史。百多年来，新闻传播研究在广度和深度上不断扩展，研究方法也不断开辟新的蹊径，为新闻传播理论与实践的丰富和发展提供了必要的条件。

人类对新闻传播理论与实践的研究，一开始主要借助于一般的定性叙述方法和历史研究方法。最早的一批新闻学研究专著大多是对报业历

---

① 1986 年由新华社创办的一所普通高校，2002 年停办。笔者在此校工作 16 年，该校停办后调入中国人民大学。

史和报人生平的描述，以及对新闻采访、写作、编辑等业务实践经验的概括。随着新闻传播在社会政治、经济和文化生活中作用的不断增强，人们开始对新闻传播的社会地位与作用、功能与效果进行研究。这些研究涉及新闻传播的一些基本原理、工作原则和一般规律，这就为新闻学作为一门独立的社会学科的形成奠定了理论基础。

近几十年来，随着科学技术的飞速发展和人类社会的不断进步，新闻传播活动空前活跃，传播技术已进入现代化阶段，社会与公众同新闻传播的联系日趋密切，对新闻传播内容、方式及效果的选择和要求也越来越高。新闻传播理论与实践的研究遇到了许多前所未有的崭新课题。

面对这种形势，新闻学及其他一些相关学科的专家、学者，开始从更广的范围、更宽的角度、更深的层次和更高的起点上，运用更新的科学方法，研究新闻传播现象、过程和效果。从 20 世纪 20 年代末起，一些政治学家、社会学家和心理学家开始运用数学的定量方法，对新闻传播的内容和效果进行统计分析和研究。如政治学家拉斯韦尔在 1927 年根据英德两国在第一次世界大战期间的宣传活动，发表了开创传播研究先河的专著《世界大战中的宣传技巧》。在此著作中，拉斯韦尔首次运用统计学的分析方法研究大众传播过程及效果。1928 年，盖洛普在《应用宏观方法衡量读者对报纸兴趣的一种新技术》一文中，为民意测验中所运用的统计分析方法作了理论上的阐述。

进入 20 世纪 30 年代后，对新闻传播媒介的使用及其效果的研究吸引了许多人文学者的兴趣。如美国社会学家拉扎斯菲尔德研究总统选举的专著《广播听众及他们的反应》，就是运用现代科学的统计方法，分析和证实新闻传播媒介影响选民意见的事实。

电视作为一种传播媒介问世之后，人们在对电视传播效果的研究中更是大量运用了内容分析、实地调查、控制实验和个案研究等科学方法。

近十几年中，人们除运用数学、统计学等定量分析方法外，又将一些现代科学方法论的原理和方法，以及与新闻学相关的一些学科的原理和方法吸收到新闻传播研究之中。

总之，当代新闻传播研究适应现代社会的实际需要，已从纯粹的定性分析方法转向定量分析与定性分析相结合的方法，从传统的人文科学方法转向行为科学方法，从简单的单学科研究方法转向兼容各种现代新学科方法的研究方法。借助这些方法，新闻传播理论与实践的研究正不断开拓新的领域和新的途径。

二、对一些新的研究方法的评介

（一）数学定量分析方法

这是一种运用数学语言表达新闻传播的某种状态、关系和过程，并加以指导、演算和分析，进而对问题作出解释、判断和预言的方法。具体包括数学和统计学两种方法。新闻传播研究中较多运用的数学模型有确定性模型和随机性模型两种。

运用确定性模型可以制定出能测量读者对某一作品是否能顺利阅读并理解接受的公式。美国学者鲁道夫·弗雷奇施于20世纪40年代末提出了一个后来被广泛运用的"易读性公式"作为测定作品是否贴近读者需要的方法。他还提出了著名的"人情味公式"，以100个词中对话性词语的多少及100个句子中写人的句子的多少来测定人情味的浓淡。

20世纪60年代，一些学者又提出了专供电子计算机使用的易读性公式。这些公式主要用于测定新闻传播内容被受众理解和接受的程度。

第一个将随机性模型成功地运用于新闻传播研究的是乔治·盖洛普。

20 世纪 20 年代，他运用随机抽样方法开展读者调查，为一些报纸研究读者兴趣、改进报道内容提供了有效依据。1936 年，他所创办的美国舆论研究所运用抽样调查方法对美国总统选举进行预测并大获成功。从此，盖洛普抽样调查方法开始受到人们重视，被广泛运用于受众调查和民意测验。

我国新闻界运用数学方法研究新闻传播现象、过程和效果始于 20 世纪 80 年代。1982 年，由北京一些新闻单位联合组织的"北京地区读者、观众、听众调查"，第一次采用了抽样调查方法。近年来，这种随机抽样方法常被用于受众调查和舆论调查。运用确定性模型研究新闻传播也日益引起重视。一些学者在研究新闻价值理论的过程中开始探索新闻价值的量化标准，提出了有关新闻报道价值量的测定公式。如范东生 1987 年在《关于新闻价值的定量分析》一文中就提出了测定新闻价值量的一个公式。这个公式显示了新闻报道价值与新闻的显要度、变动率、读者关切系数及新闻报道的相对时效之间的数量变化关系。

统计学方法也是一种数学定量分析方法。它主要借助统计学中的统计调查方法、资料收集和整理方法以及统计定量分析方法来测度新闻传播的效率、效果及社会功能，借以揭示新闻传播的本质及其内在规律。

新闻传播研究中常用的统计学方法主要有指标法、百分率法、平均数法、抽样法、因素分析法、相关回归法、因果分析法等。从 20 世纪初开始便有一些政治学者和社会学者运用统计学方法进行新闻传播效率和效果的研究。几十年来，这些方法在受众调查和舆论调查中被广泛运用，这对提高新闻传播研究的精确性和科学性起了重要作用。

（二）新方法论的原理和方法

新方法论是一种运用新的现代科学方法论的原理和方法研究新闻传

播理论与实践的方法。当前常用的有信息论、系统论、控制论等方法。

1. 信息论方法

借助信息论的信息概念与通信系统模型，研究新闻传播过程中新闻信息的产生、获取、变换、传递及反馈的一般规律，研究新闻信息被新闻受众接受后所产生的效果和作用；研究新闻信息的度量方法。根据信息论的原理和方法，可以把新闻看作一种信息，把新闻传播过程看作一种信息传播和转换过程，进而揭示新闻的本质特征，认识其信息性功能，明确新闻信息所具有的告知新闻接受者未知事理、消除其认识上的不确定性的作用。也可以运用信息论中的反馈概念，研究如何运用反馈自觉调整新闻传播行为，排除传播中的噪声干扰，用最大的速率传输最大的信息量，以实现新闻传播的最佳效果。还可以运用信息论中的通信系统模型，研究新闻信息在传输过程中的传播规律，把握新闻信息传播的效率及量变规律。运用信息论中的"熵"这一度量概念，可以表示新闻传播对象的不确定程度，用接受新闻信息后"熵"的减少来标志不确定性程度的减少，还可以通过信息量来度量新闻信息的传播价值量。信息科学于20世纪80年代传入我国后即被学术界用于新闻传播研究。一些学者提出将信息作为新闻学理论体系的逻辑起点，主张用"信息"一词作为基本要素来定义新闻。

2. 系统论方法

系统论方法着重研究新闻传播系统的整体性、相关性、开放性和层次性；研究它的有序结构和优化运行，研究新闻信息的传递、变换与反馈在新闻传播系统中的调节与控制作用。根据系统论的原理和方法，可以把新闻传播看作由互相依赖和互相作用的若干要素组成的有机整体，看作一个具有开放性的动态系统，进而研究这一系统中诸要素之间的整体关系、关联关系和择优关系，以确定实现最佳传播目标的有效模式和正确方法。

同时，还可以把新闻传播看作社会这一巨大母系统中的一个子系统，研究其在社会这一母系统中的地位和作用，研究社会其他子系统，如政治、经济、文化、科学、教育、伦理等对新闻传播的制约和影响，研究在开放的社会大系统中，社会的各种变动对新闻传播的制约和影响，也可以研究新闻传播对社会发展及社会成员的心理素质和行为方式的制约和影响，进而研究使新闻传播实现有序运行，达到预定传播目标的最佳方案。

3. 控制论方法

控制论方法主要基于控制论中的信息概念和反馈概念，着重研究新闻信息的内容与变换及其在系统调节、反馈和控制过程中的功能和作用，研究新闻传播的社会功能、活动方式和运行规律；研究新闻传播中的反馈规律，研究新闻传播系统的整体性和控制方法。新闻传播研究中可以运用的控制论方法主要有信息方法和反馈方法。信息方法可以解释新闻传播过程中信息的沟通和调节功能对整个新闻传播系统的调节与控制作用；反馈方法可以解释新闻传播中的反馈与前馈对整个新闻传播系统的调节与控制作用。

根据控制论的原理和方法，可以将新闻传播系统看作一个以信息传递为中介的控制系统。研究在这个系统中，由新闻施控者（传者）传出的控制信息如何顺利通过控制者到达新闻受控者（受众），研究新闻受控者的反馈信息如何对新闻施控者产生影响，并促使其及时发现并纠正传播偏差，调整和输出信息，增强输出信息的针对性和准确性，保证新闻信息输出渠道的畅通，以实现新闻传播的预期目标；研究新闻施控者如何运用前馈信息，增强输出信息的针对性和指导性，以争取更好的新闻传播效果。此外，还可以运用控制论中的黑箱方法进行新闻传播控制实验，通过对新闻传播方式与效果的分析研究，认识新闻传播的内在功能与特性。

（三）相关学科的原理和方法

近年来，大量与新闻学相交叉、渗透的学科的原理和方法被运用于新闻传播研究之中，其中主要有社会学、心理学、美学、政治学、文化学、语言学、经济学、伦理学等。

1. 社会学方法

社会学方法主要借助社会学的理论原理和实验方法，研究新闻传播的社会结构、社会功能和社会效果，研究新闻传播对人类及社会的影响，研究新闻传播对社会组织、群体和个人，对社会阶级、阶层以及对政党和国家的影响；研究新闻传播与社会的各种联系及互动关系，研究新闻传播中的具体现象和过程等。根据社会学原理，可以将新闻传播放在一定社会历史范围内，研究在一定社会历史条件下，新闻传播的形成、发展和变迁，研究不同社会结构对不同新闻传播结构产生的影响；研究不同新闻传播结构在不同社会结构中的地位和作用，研究新闻传播结构在未来社会中的发展趋势；等等。新闻传播研究还可将社会研究的具体方法，如调查方法（包括论谈法、观察法、问卷法、抽样法、个案法、典型法、比较法等），组织实施方法（包括研究设计、资料搜集、资料分析、结果分析方法）等直接用于新闻采访写作实践和新闻传播效果及趋势的调查分析。

1981 年 9 月，我国著名社会学家费孝通提出要从社会学角度研究新闻传播现象，建立一门新的新闻社会学。从那以后，我国一些新闻学者和社会学者开始将社会学的原理和方法运用于新闻传播研究，撰写了一批有一定学术价值的研究论文，所涉及的主要内容包括：新闻传播业在

促进社会良性运转中的教育作用；新闻传播业在传递社会信息，反映人
与人、人与社会各种关系并调节这些关系过程中的作用；新闻传播业在
运用揭露与批评手段消除社会不利因素中的作用；新闻传播业在发挥预
测与监察功能遏制社会不利因素中的作用；新闻传播业在社会良性循环
中的副作用及对这种情况的预防措施等。一些社会调查机构和舆论研究
机构也运用社会学的原理和方法调查分析新闻传播和新闻舆论（通过新
闻媒介所表达的社会舆论）对社会发展及社会成员的心态、意识和行为
的影响。

2.心理学方法

心理学方法主要通过研究新闻传播过程中传播者与接受者的心理活
动规律，研究新闻传播影响接受者的认识、情感、意志等心理过程的方
式和特点。根据心理学的原理，可以解释和认识新闻传播活动中的各种
"心现象"。具体来说，可以分析和研究受众在何种时候、何种状态、何
种环境下最容易受新闻传播的影响；分析和研究何种信息最容易为受众
所接受，影响新闻受众意识和行为的效果最好；分析和研究在各社会阶
层和社会群体中，哪些阶层和群体中的个体最容易被新闻传播说服；分
析和研究新闻传播对不同阶级、不同阶层、不同职业、不同年龄、不同
性别、不同信仰、不同爱好的受众会产生哪些不同的心理效应；分析和
研究新闻传播者在新闻采访、写作、编辑、制作和传播过程中的心理活
动特点；分析和研究被采访者的不同心理特征，以及采访者为适应被采
访者所应具备的心理素质和采访技巧；等等。

国外早在19世纪20年代便已开始运用心理学方法进行受众调查。
1824年由哈里斯伯特主持的《宾夕法尼亚人报》和罗里主持的《明星报》
随报印发"假选票"让读者填写寄回，通过对读者的态度分析来预测总
统选举结果。随后，一些心理学家制作的态度量表也被用来测量分析受

众的态度。

20 世纪 40 年代以后，一些大众传播学者开始运用心理学方法研究个人如何理解信息并将其整合成一定的知识结构；研究人际交往和人群交往的特点及规律；研究交往对个人和群体所起的作用以及宣传对个人和群体的心理影响；等等。著名美国传播学家拉扎斯菲尔德提出的"二级传播理论"（后发展为"多级传播理论"）和卡尔·霍夫兰关于说服能力和说服方法的研究也都借助心理学方法。我国学者对新闻传播中的心理现象研究也早已开始，这从早期一些新闻论文与专著中即可看出。但将心理学的原理和方法明确而又自觉地运用于新闻传播研究则是自 20 世纪 80 年代开始的，一些研究论文和专著相继问世，为新闻传播研究开辟了新的蹊径。

3. 美学方法

美学方法主要借助现代心理学、哲学、文学、社会学等学科原理和方法来透视新闻传播现象，研究新闻传播内容与形式的美学价值，以及新闻表现过程中的审美规律。我国新闻学界自 20 世纪 80 年代开始运用此种方法研究新闻传播现象，所涉及的内容主要包括：新闻的内容美，主要探讨如何把握新闻报道所涉及人物和事物的美的标准及类型；新闻的形式美，主要探讨新闻报道所运用的内、外形式（新闻作品的内在结构和外在表现形式）的美；新闻传播中的审美观，主要探讨传播者的审美意识及新闻美的创造能力以及接受者的审美理想和审美趣味；等等。

4. 政治学方法

政治学方法主要借助系统论功能分析理论，研究新闻传播系统同政治系统的关系，着重分析和研究公众意见的形成和表达方式，分析和研究新闻传播对群众与社会的影响和作用，分析和研究一定的社会政治制度对新闻传播的制约和影响等。从政治学角度看，新闻传播作为一种社会现象总要受到一定社会政治制度的制约和影响，新闻同政治有着特殊的密切关系，新闻传播很难完全摆脱政治的制约和影响，无论在哪种社会制度的国家，新闻传播都必须符合一定的政治背景，履行某种社会政治责任，因而新闻传播总是带有强烈的政治色彩。

运用政治学原理和方法研究新闻传播现象，关键在于坚持用辩证唯物主义和历史唯物主义观点客观地认识和分析新闻传播的性质、功能和作用，认识其立足于事实传播的客观性，考察其服务于政治目标的阶级性，揭示其依赖于社会经济发展的规律性。同时，探讨新闻传播对于人的心理情绪和社会行为的影响；探讨新闻传播在诱发和劝止暴力行为和社会动乱中的作用及规律；探讨新闻传播在政治宣传方面所担负的角色和所产生的作用；探讨各种社会政治力量，包括阶级、政党、国家等如何运用和控制新闻传播和社会舆论；等等。

国外一些政治学者于 19 世纪初即已开始运用政治学方法研究新闻同政治的关系，研究新闻舆论在政治活动中的运用。美国著名政治学家哈罗德·拉斯韦尔提出的"5W 传播模式"对新闻传播研究具有重要意义。我国学术界对新闻同政治的关系虽然早就有许多阐释，但近几年才明确运用政治学的原理和方法研究新闻传播同政党、国家及政治的关系，研究新闻舆论监督的功能与作用、内容与形式，等等。

5. 文化学方法

文化学方法主要借助文化社会学和文化人类学等理论原理，将新闻传播作为一种文化现象，并以此为逻辑起点，着重探讨新闻媒介的传播和沟通对人类文明的发展和社会的进步所起的巨大作用；探讨文化与新闻之间如何交互影响、交互发展；探讨（新闻）媒介作为一种文化现象的形成和发展；等等。

根据文化学的原理，新闻不仅可以作为文化的载体，而且可以作为文化的作用物，进而研究作为满足人们信息需要的新闻传播所具有的改造自然的能力及成果；研究作为一种文化现象的新闻传播在形成和改变人们之间的相互关系，形成和改变人们的各种行为规范和道德观念，形成和改变建立在一定社会关系之上的各种社会制度和组织形式方面的作用，从而从宏观上对新闻传播的构成形式、运行规则、管理结构和管理方式等作出更深刻的理论解释。

6. 语言学方法

语言学方法主要借助语言学中的符号概念，研究语言符号对新闻传播效果的影响；研究新闻语言符号同指说对象和新闻受众的关系，研究新闻语言的结构特点。近年来，一些新闻学者运用此种方法重点探讨新闻语言的结构特点及运用规律，探讨新闻受众对新闻语言的功能需求，探讨新闻语言的传播效应。一些学者还运用语言修辞方法研究新闻语言的修辞方式及其特点。这些研究不仅有助于更好地把握和认识新闻传播的功能和效果，而且有助于改进新闻写作，增强新闻语言的可读性。

7. 经济学方法

经济学方法主要借助经济学原理研究新闻传播的经济功能和经济效益，研究新闻传播业经营管理的方式方法及其运作规律。根据经济学原理，可以把新闻传播看作一种社会经济活动，认识它在国民经济发展中的地位和作用，把握新闻传播业作为一种文化产业，其经济活动的特点及规律。

近年来，我国学术界开始将此种方法运用于新闻传播研究，研究范围包括：新闻传播的经济功能和经济杠杆在新闻传播业中的运用，新闻信息的经济功能及新闻信息资源的开发和利用，新闻传播部门的经济管理及其体制改革，新闻传播业的投资及经济效益，报刊及新闻音像制品的推销与发行，新闻媒介的广告制作与管理，等等。

8. 伦理学方法

伦理学方法主要借助伦理学原理和方法，研究新闻传播者在新闻采访写作、加工制作和传播发行过程中应当遵循的行为准则，即新闻传播者对国家、对社会、对集体、对接受者所承担的义务和应当恪守的道德规范。具体内容包括：职业道德的作用和意义，新闻工作中的伦理原则；新闻传播者的行为规范，以及当前新闻职业道德规范及特点，社会政治、经济、文化诸因素对新闻传播者伦理道德的影响；新闻传播者同党政机关和社会团体的关系，新闻传播者同新闻接受者的关系，新闻传播者的法律观念与自律意识；等等。

当前中国媒介批评的几个问题

▌题注： 本文从中国本土视角，阐述了媒介批评的定义、内涵及外延，论述了当代中国社会环境下媒介批评的目的及意义，提出了目前中国媒介批评中的主要问题及其解决之道。该文刊于《现代传播（中国传媒大学学报）》2010年第4期。

自媒介批评理论被引入我国以来，相关研究已经取得很大进展。但实事求是地讲，目前我国的媒介批评依然处在起步和初始的阶段，社会与公众对其认识还相当不足，从一定意义上讲，媒介批评还只是一种囿于学者书斋里的"高雅理论"，是精英人物手中的一支待射却还没有真正对准目标的"利箭"。究其原因，关键在于这一理论尚未完成"本土化"的消纳过程，尚未实现理论与实践的有效对接，简言之，尚未被作为媒介批评主体的我国公众认识和掌握。

因此，当务之急应当是考虑如何加强对媒介批评理论内涵及实践意义的阐释与宣传，如何增进社会与公众对其理论内涵及实践意义的认识与把握，如何改善实施媒介批评的现实环境与社会条件，如何加快媒介批评理论本土化实践的进程，如何构建符合中国国情的媒介批评理论体系与实践模式，使其能够真正成为一种社会行动，成为公众的一种自觉行为。

本文试图在对媒介批评进行定义界定、内涵解读和意义分析的基础上，探讨当前我国媒介批评存在的问题及其对策，重点论述媒介批评实现社会化、大众化和本土化的意义。

一、媒介批评的定义及内涵

（一）媒介批评的定义

自媒介批评理论进入我国学者的视野以来，不少人对其定义展开了积极探索。许多学者从不同的视角，运用不同的理论原理和方法来观察媒介批评现象，研究媒介批评问题，提出了各种各样有关媒介批评的定义。下面是几个具有代表性的定义。

"媒介批评就是对大众传播媒介的批评，是对媒介产品以及媒介自身作用的理性思考"[①]；

"媒介批评是对大众传播媒介及其所有相关要素的批评。它包括了分析、判断、思考、反思等主体性活动，它通常是基于个人的社会体验和价值理想，所以强烈地显示出主观批判色彩"[②]；

"媒介批评在本质上是一种价值的判断，它是对新闻传播媒介系统及其各要素进行批评的过程"[③]；

"媒介批评是指在解读新闻及媒体的过程中评价其内在意义及对社会

[①] 吴迪：《媒介批评：特性与职责》，《现代传播（北京广播学院学报）》1995 年第5 期。

[②] 李岩：《媒介批评：立场 范畴 命题 方式》，浙江大学出版社 2005 年版，第210 页。

[③] 王君超：《媒介批评——起源·标准·方法》，北京广播学院出版社 2001 年版，第15 页。

的影响"①;

"所谓媒介批评,是指根据一定社会和阶级的利益与理想,并按照一定的标准,对大众传播活动所作的价值判断和理论鉴别"②。

分析上述定义可以发现,尽管这些定义的各自表述不同,如有的突出媒介批评的理性作用,有的强调媒介批评的主观色彩,有的注重媒介批评的社会属性,有的关注媒介批评的实现过程,等等。但也有一些带有共识性的东西,如大多强调媒介批评是一种价值判断,大多认为媒介批评是对媒介产品及其传播行为的一种评价活动,等等。

综合上述定义,笔者根据自己的理解,对媒介批评作如下定义:媒介批评,是社会与公众依据其价值判断,对媒介产品及其传播行为的一种社会评价活动。这一定义吸纳了上述定义中一些具有共识性的内容,对媒介批评的主体、客体、依据条件和基本属性作出简要概括,有助于把握媒介批评的基本属性及内涵,也有助于更好地为社会与公众所掌握和运用。

(二)媒介批评的内涵

如何理解媒介批评的内涵?如何认识媒介批评的基本属性?我们想通过对以上定义所涉及的几个关键词的解读来作出回答。

1. 媒介批评的主体:"社会与公众"

在此定义中,"社会与公众"所显示的是媒介批评的主体,它限定了媒介批评行为人的身份,告诉我们,只有社会与公众才是媒介批评的真正承担者,只有他们对媒介所作的批评,才能称作媒介批评。这里明确

---

① 刘建明:《媒介批评通论》,中国人民大学出版社 2001 年版,第 1 页。
② 雷跃捷:《媒介批评》,北京大学出版社 2007 年版,第 10 页。

将政府等权力机构对媒介所作的批评排除在外，因为它们的"批评"，实质上是一种行政或法律管理与规制的行为。

另外，在媒介批评中，媒体机构只是一种中介物，它为媒介批评提供物质手段，因而它不是，也不能作为媒介批评的主体。至于媒体机构及媒体行业组织为纠正自身缺点和失误所进行的自查、自纠，按理也不应包含在内，因为这种"批评"属于自律性质，而通常媒介批评应当属于一种社会性的他律行为。

不过，如果是媒体行业组织，吸纳其他社会组织及公众代表参加，共同组成兼有自律和他律两种职能的媒介评议机构，如新闻评议会组织等，所进行的批评应当属于媒介批评。

这里还有一个如何看待专家批评的问题。首先，专家也是"公众"的一员；其次，专家的意见往往会吸纳社会与公众的意见，不仅具有一定代表性，而且其批评的质量往往较高，能够起到舆论引领作用。因此，它应当属于媒介批评的组成部分，并且是其中值得特别关注的重要部分。

综上所述，将"社会与公众"作为媒介批评的主体在定义中凸显出来，有助于明确媒介批评是一种社会性行动和公众的自觉行为，需要借助社会与公众的参与来实现。

2. 媒介批评的客体："媒介产品及其传播行为"

在此定义中，"媒介产品及其传播行为"所显示的是媒介批评的客体，它限定了媒介批评的对象是"媒介产品"，以及媒介的"传播行为"。"媒介产品"指的是媒介所制作和传播的新闻与信息的内容成品，亦即"作品"，包括其优劣、得失及效果等。"传播行为"指的是媒介（包括媒介传播的行为人）在制作和传播新闻与信息产品的过程中所采用的方式、手段、途径，以及产生的效果等。对媒介批评客体的这一限定，有助于明确媒介批评的指向，将"媒介产品"及媒介的"传播行为"作为实行批评的对象。

3. 媒介批评的依据条件："价值判断"

在此定义中，"价值判断"所显示的是媒介批评的依据条件，它表明媒介批评有一定的价值标准，是批评主体依据这一标准所作的一种主观性判断。这一限定，强调的是媒介批评作为一种理性行为的特征，是社会与公众根据自身的利益诉求和价值理念所作出的判断。

当然，在现代社会中，作为批评主体的公众应当是具有理性的人群，其批评行为应当是对社会负责的。因此，其价值判断，按理说应当符合一定社会的主流价值观。而那些背离该社会主流意识形态和核心价值理念的东西，不应该成为这一社会媒介批评的主体和主流。

4. 媒介批评的性质："社会评价活动"

在此定义中，"社会评价活动"所显示的是媒介批评的性质，它说明媒介批评是批评主体对批评客体进行评价的一种有目的的社会性行动，它具有明确性、经常性和可参与性。

"社会"说明了媒介批评的社会性质，即它是社会与公众参与的一种社会性行动。"评价"指的是对批评客体，即批评对象行为的高低与优劣进行评估和评定，从广义上理解，它应当既包括指出问题、评点缺点和错误，也包括指出成绩、评点优点和长处；而从狭义上理解，则主要是指出问题，评点缺点和错误。依笔者之见，还是赞成从广义上来理解媒介批评，即应当把指出成绩、评点优点和长处也包括在媒介批评之内，因为表扬性的意见也是一种批评的方式，它可以为社会立标、为公众示范，在媒介批评中发挥积极作用。而"活动"一词，既说明媒介批评是一种有着明确目的性的行为，又说明它是一个动态的过程，是一种经常性行为，具有可参与性。

综合上述观点，我们把媒介批评作为一种社会与公众共同参与的，对媒介产品及其传播行为所作的价值判断和社会评价活动。

二、媒介批评的目的及意义

媒介批评作为一种社会性行动和公众的自觉行为，有着明确的目的性，它在规范媒介行为、提升传播质量、培育现代公民、促进社会进步等方面有着重要的意义。

（一）规范媒介行为

媒介批评的目的，首先在于规范媒介传播行为，即通过批评使媒介的传播行为更加规范有序，更加有益于社会与公众的利益和需求。

由于受主客观等各种因素的影响，大众媒介及其从业者在其新闻与信息传播的过程中，常常会出现一些行为失范现象，像近年来新闻界一直在反复整治的虚假报道、有偿新闻、低俗之风、不良广告，以及侵权报道等问题，就属于明显的行为失范现象。对这些失范现象作出评价、提出批评，以规范大众媒介及其从业者的行为，应当是媒介批评的一项重要任务。

（二）提升传播质量

媒介批评的另一目的是提升传播质量，即通过媒介批评使媒介的产品质量与服务质量得到保障并不断提升，以满足社会与公众的需求。

（三）培育现代公民

从媒介批评主体角度来看其意义，主要表现在它可以在培育现代公民和促进社会进步方面发挥积极作用。在现代社会中，特别是在每个公民个体都能够积极发挥自身作用的现代社会中，公民个人参与社会和公共事务的素质及能力，代表着一个社会的成熟程度。因此，培育具有公民意识，具备参与社会和公共事务的素质及能力的现代公民，是当前媒介批评的一项重要任务。

如果每个应当承担媒介批评职能的公民都知道，怎样才能借助大众媒介获取各种对维护自身利益有益的政府工作信息和社会公共信息，怎样才能更好地运用大众媒介表达自己的意愿、发表自己的见解、行使自己作为公民参政议政的民主权利，并且能够主动地对媒介在保障自己上述权利方面的行为及效果开展批评，行使监督权利，这对于培育现代公民将具有重要意义。因此，应当把吸引公众参与媒介批评，作为当前社会建设中的一项重要内容。

（四）促进社会进步

通常情况下，一个社会运用媒介批评的程度和水平，与这个社会的成熟与进步的程度有着密切关系。换言之，如果每个应当承担媒介批评职能的公民，都能够自觉地运用媒介行使自己参与社会和公共事务的权利，并且能够对媒介的行为进行批评和监督，这本身就折射出这个社会的成熟与进步。

另外，在如今现代社会中，大众媒介的作用日益显现，它可以通过信息传播和舆论引导引领社会思潮，促进社会发展与进步，而媒介批评则是确保大众媒介能够发挥其积极功能，实现其正向目标的重要条件。正是借助媒介批评，大众媒介才能够依据国家和人民的利益及意志，按照社会与公众的兴趣和需要，来规范自己的传播行为，实现自己的行动目标。

三、当前我国媒介批评的问题及对策

媒介批评的意义如此重要，然而分析一下当前我国的现实情况可以发现，要开展好媒介批评还面临着诸多问题和困难。因此，需要认清问题，寻找对策，以促进媒介批评工作顺利开展。

（一）认识媒介批评面临的环境及条件

如前所述，当前我国大众媒介的传播实践还存在不少问题，诸如质量低下、行为失范、道德滑坡等，特别是虚假报道、有偿新闻、低俗之风、不良广告这"四大公害"所带来的消极影响，使人们对大众媒介及其从业者的职业素养和道德水平产生强烈不满。这些问题一方面说明了媒介批评的必要性和紧迫性，另一方面也预示了媒介批评的难度。因为这些普遍存在的严重问题，将使得媒介批评面临巨大的压力和阻力。

另外，从现实情况看，当前我国民众主动承担媒介批评职责的条件还不具备。长期以来，我国公民素养教育的滞后，使许多群众缺乏作为现代公民应有的参与意识、主体意识和批评意识，在这种情况下，要想让他们主动担负起媒介批评的任务，显然难度很大，还需要做许多细致的工作。但是，当下社会与公众渴求健康、有益、规范的新闻作品和信息传播的愿望与需求，则成了开展媒介批评的一个有利条件。

在如今以信息化、数字化和媒介化为基本特征的现代社会中，媒介传播可谓"无处不在，无时不有，无所不及，无远弗届"。这种信息传播态势既带来了信息的多元和海量，为人们提供了各种劳动、学习和生活上的便利，也带来了信息的冗余和泛滥，使人们面对四处涌流的信息海洋和令人眼花缭乱的信息场景，常常感到盲目无措和力不从心，而那些夹杂其间的不良及有害信息，更是对社会造成污染，对群众造成毒害。

在这一背景下，人们希望通过媒介批评来规范大众媒介的传播行为，确保媒介产品及其服务的质量，这就为开展媒介批评提供了现实基础和社会条件。

（二）克服"玄化""神化""非本土化"倾向，实现社会化、大众化和本土化

媒介批评理论传入我国已有多年，但是，与中国国情、社情和民情相结合，实现本土化的过程却十分艰难。怎样找到一条符合中国国情、社情和民情，适应中国民众实际需要的媒介批评之路，这个问题一直没有解决好。迄今为止，媒介批评依然是停留在学者书斋里的一种"高雅理论"，还像是精英人物手中的一支待射却还没有真正对准目标的"利箭"。也就是说，虽然东西很好，但用不上，甚至有被逐渐"玄化"和"神化"的危险。

如果媒介批评的理论不能尽快地走向社会，不能有效地诉诸民众的实践，不能很好地为中国的社会发展与进步服务，那么可以断言，它就难以真正实现其社会价值。因此，当下的一项重要工作就是克服媒介批评"玄化""神化"和"非本土化"的倾向，尽快使之实现社会化、大众化和本土化。

这里需要指出的是，强调媒介批评的社会化、大众化和本土化，并不否认理论研究者为建构媒介批评理论一直以来所作的贡献，更不否认他们的理论对于指导公众开展媒介批评的有效价值和积极意义。

（三）将媒介批评作为一种实践模式、应用手段、社会性活动

要促进媒介批评的社会化、大众化和本土化，重要的是要把媒介批

评作为一种实践模式、应用手段和社会性活动，而决不能只是把它作为一种高深的传播理念、理论和传播学知识，当作一种只有精英人物才能具备的特殊技能和专门性活动。这就需要认真探讨其实践方式、操作方法及运用效果，尽快提高公众的媒介批评素养和水平，增强其效果。特别是要研究如何使媒介批评的理论原理和操作方法能够更好地为公众所把握，并能取得好的实践效果，达到预期的目的。

（四）重视加强对公众的媒介批评素养教育

媒介批评的最终效果，应当是通过检验公众掌握这一手段的素养和能力的水平来判断的。因此，要搞好媒介批评，就须大力提升公众媒介批评的素养和能力。

公众需要具备的媒介批评素养和能力，主要包括以下3个方面：一是媒介识别能力，即能够依据自己的价值判断，对媒介产品及其传播行为进行优与劣、益与害区分的能力；二是媒介评价能力，即能够依据自己的价值判断，对媒介产品及其传播行为进行优与劣和益与害评价的能力；三是媒介监督能力，即能够借助媒介批评理论，对媒介产品及其传播行为进行批评监督的能力。

（五）组建新闻评议会，加大媒介批评力度

新闻评议会是一种以加强新闻行业自律为主要任务的媒介监督机构。其基本职能和主要任务是处理新闻业内部，或新闻业与社会间因新闻传播行为所引发的矛盾纠纷。它以国家宪法及相关法律为依据，按照行业规约和评议会章程，对涉及新闻职业道德及新闻侵权所引发的矛盾纠纷进行评议和仲裁，并监督裁定决议的执行。它是新闻行业实行集体自律的一种有效组织机构，也是目前世界上许多国家通行的一种行业自律组

织形式。

从世界各国新闻评议会的组成情况看，其成员通常由行业组织、新闻机构、资深检察官和法官、新闻院校及新闻科研机构专家、群团组织代表等相关人士共同组成。从其成员的组成看，它是一种兼有行业自律和社会监督两种成分的新闻评议机构，这一性质决定了它可以承担媒介批评的一部分职责和使命。

作为一种兼有行业自律和社会监督两种功能，承担着行业自律和社会监督双重使命的机构，新闻评议会在实行媒介批评方面有着独特的优势。它既可以发挥行业的优势，又可以借助社会的力量，因此往往能够产生特殊的批评效果，这对于加大媒介批评的力度具有重要意义。

（六）构建中国特色媒介批评理论

媒介批评作为一种社会批评，离不开其依存的社会环境。因此，中国的媒介批评自然就需要适应中国新闻实践与传媒改革的需要，适应中国社会发展与公民进步的需要。而要适应这些需要，就须尽力实现媒介批评的本土化，即根据中国的国情、社情和民情，来研究中国媒介批评所应采用的内容、形式和手段，以及实现的途径、模式和方法等。因此，构建中国特色媒介批评理论，就成为一项不可忽视的工作。

中国特色媒介批评理论，顾名思义，应当充分体现出鲜明的中国化特征。这些特征主要集中在它的思想倾向、价值观念和文化传统上。所谓思想倾向方面的特征，是通过坚持马克思主义的立场观点方法来实现的。它体现在要以马克思主义新闻观作为指导思想，即坚持用马克思主义的立场观点方法来观察和评价新闻现象及媒介行为。所谓价值观念方面的特征，是通过坚持中国的核心价值体系来实现的。这个价值体系的内容包括"坚持不懈地用马克思主义中国化最新成果武装全党、教育人民，用中国特色社会主义共同理想凝聚力量，用以爱国主义为核心的民族精神和以改革创新为核心的时代精神鼓舞斗志，用社会主义荣辱观引领风尚"①。所谓文化传统方面的特征，是通过坚持中国的传统文化来实现的。这种文化传统崇尚爱国主义、集体主义和社会主义，注重诚信、讲求道德、强调责任、弘扬科学。

中国特色媒介批评理论就应当建立在这样的思想倾向、价值观念和文化传统之上。而按照这样的思想倾向、价值观念和文化传统建构起来的媒介批评理论，自然也就能够充分体现出中国特色，符合中国媒介批评实践的实际需要。

---

① 胡锦涛：《高举中国特色社会主义伟大旗帜　为夺取全面建设小康社会新胜利而奋斗——在中国共产党第十七次全国代表大会上的报告》，人民出版社 2007 年版，第34 页。

第二编

民族新闻传播

增强民族文化自信
创新民族文化传播

——学习贯彻党的二十大精神

> **题注:** 党的二十大以后,全国各族人民迈上了以中国式现代化全面推进强国建设、民族复兴伟业的新征程,党的民族工作面临新的形势和任务。该文就深入学习贯彻党的二十大精神,增强民族文化传播力影响力展开了论述,提出要把"增强民族文化自信"作为立足基础,不断创新民族文化传播理念、方式和手段。该文刊于《新闻论坛》2023年第1期。

党的二十大报告提出了"团结带领全国各族人民全面建成社会主义现代化强国、实现第二个百年奋斗目标,以中国式现代化全面推进中华民族伟大复兴"的新使命新任务,为全国各族人民奋进新征程提供了行动指南。

党的二十大报告第八部分以"推进文化自信自强,铸就社会主义文化新辉煌"为题,阐述了党中央对加强社会主义文化建设的殷切期待。民族地区宣传思想文化和新闻舆论工作者要自觉以党的二十大精神为引领，增强民族文化自信，创新民族文化传播，用更加丰硕的成果推进民族地区宣传思想文化和新闻事业更大发展。

一、增强民族文化自信

党的十九大报告指出，"文化自信是一个国家、一个民族发展中更基本、更深沉、更持久的力量"。党的二十大报告又把"推进文化自信自强"置于第八部分标题之中，足以体现出"自信"对于搞好社会主义文化建设的重要性。民族地区文化建设也须把"增强民族文化自信"作为立足基础。

中华民族文化是中华民族的思想之根、精神之魂、力量之源，也是其自信之本。中华文明延续了几千年，之所以能够经受住历史的磨砺并传承至今，就是因为中华民族文化有着独特的思想内涵和强大的凝聚力。因此，我们必须坚定不移地增强民族文化自信，既不崇洋媚外，也不自闭守旧，要信心满满地去展示和传播中华民族传统文化。

（一）凝聚民族文化共识

凝聚民族文化共识的核心问题，就是要把传承数千年的中华民族文化的思想精髓和精神品质总结提炼，并不断创新使之能够永续传承。中华民族是由 56 个民族融汇而成的整体，各个民族既要发展和传承好本民族的文化，更要共同维护和培育好作为各民族文化共同思想和基本品质基础的中华优秀传统文化。要努力把中华民族大家庭各个成员共同认可、接受和追求的精神品质、价值取向和道德规范融汇成一种人类社会优秀文化。

（二）突出民族文化特色

突出民族文化特色，就是要努力把中华民族文化独特的传统与特殊的品质挖掘出来和展示出去，并使之在与世界其他民族文化的交融互鉴中体现出自身的优势和力量。有言道"只有民族的，才是世界的"，越是有民族特色的文化，越能引发世界的关注，得到世界的认可。中华民族大家庭中的各个民族既要挖掘和展示好能够体现本民族特色的独特文化，又要挖掘和展示好能够体现中华民族文化共同特征的各种文化样态和形式。

（三）展现民族文化魅力

展现民族文化魅力，也是增强民族文化自信的重要环节。中华民族文化的许多样态和形式都有着独特魅力。譬如戏剧、武术、杂技，书法、剪纸、国画，以及茶艺、陶瓷、编织等，都是中华民族文化中的精华，其产生历史、制作工艺、表现手法、表达技巧等，都会引发世界各民族的关注、兴趣和青睐，因此需要我们深入挖掘、全面开发和大力传播，更好地发挥其文化传承和国家软实力展示的功能及作用。

二、创新民族文化传播

实践证明，再优秀、再有特色和魅力的文化，不借助传播也无法让世人所知晓，无法形成国家软实力。因此，不断创新民族文化传播理念、方式和手段，是实现最佳传播效果的必然选择。

（一）巧设民族文化议题

做好"议程设置"，是实现有效传播的重要条件，中华民族文化传播也须首先在巧设议题上练好基本功。无论是政府部门、新闻媒体，还是研究机构的民族文化传播都须精心设置好议题。其实，本文所论述的问题是一些关于中华民族文化的传播议题，而"推进文化自信自强，铸就社会主义文化新辉煌"是其主题。围绕这一主题来设置相关议题，才能使民族文化传播更好地为实现党的二十大提出的使命任务服务。

（二）讲好民族文化故事

讲好民族文化故事，也是创新民族文化传播的重要内容。其实，民族文化传播就是通过讲好民族文化故事来展示、推介和弘扬中华民族传统文化的。党的十八大以来，习近平总书记多次提出要讲好中国故事，传播好中国声音，并强调"要采用贴近不同区域、不同国家、不同群体受众的精准传播方式，推进中国故事和中国声音的全球化表达、区域化表达、分众化表达"。我们可以通过巧设传播议题、选择适当角度、注重运用细节、善用典型事例等方式讲好民族文化故事。

（三）凝练民族文化话语

历史经验证明，谁掌握了话语表达权力，谁就能在传播中赢得主动。正因如此，党的二十大报告提出了要"加快构建中国话语和中国叙事体系"的任务。在民族文化领域，我们所要凝练的民族文化话语，就是那些能够充分代表和反映中华民族文化的话语，并将其与民族团结、进步、交融、发展等行动目标联系起来，构建具有民族特色的文化话语和叙述体系，为铸就我国社会主义文化新辉煌而奋斗。

以铸牢中华民族共同体意识为主线
做好民族地区新闻宣传工作

> **题注**：铸牢中华民族共同体意识，是习近平总书记创造性提出的重大原创性论断，是马克思主义民族理论中国化时代化的最新成果，是我们做好新时代民族工作乃至各项工作的根本遵循。本文就宣传思想文化战线如何以铸牢中华民族共同体意识为主线，做好民族地区新闻宣传工作展开论述，提出要重点宣传好铸牢中华民族共同体意识、宣传好习近平总书记提出的做好民族工作12条根本遵循、新闻院校要配合学校党组织做好对学生的宣传思想工作等举措。该文刊于《新闻论坛》2021年第6期。

2021年8月28日，习近平总书记在中央民族工作会议上发表重要讲话，强调要准确把握和全面贯彻我们党关于加强和改进民族工作的重要思想，以铸牢中华民族共同体意识为主线，坚定不移走中国特色解决民族问题的正确道路，构筑中华民族共有精神家园，促进各民族交往交流交融，推动民族地区加快现代化建设步伐，动员和团结全党全国各族人民为实现全面建成社会主义现代化强国的第二个百年奋斗目标而团结奋斗。

习近平总书记关于加强和改进民族工作的重要思想为我们做好民族

地区新闻宣传工作指明了正确方向，特别是他提出要以铸牢中华民族共同体意识为主线，更是指出了民族地区新闻宣传工作的关键，是民族地区新闻宣传工作必须严格遵循的。

首先，我们要重点宣传好铸牢中华民族共同体意识。要让各民族群众真正认识到中华民族是一个由 56 个民族共同组成的共有精神家园，56个民族有共同的国家认同——中华人民共和国，共同的民族认同——中华民族，共同的文化认同——中华文化，共同的理想追求——实现中华民族伟大复兴的中国梦，共同的价值观——社会主义核心价值观，特别是要宣传好对中国共产党和中国特色社会主义道路的认同。通过宣传，要让各民族地区群众深刻认识铸牢中华民族共同体意识的重要意义，促进各民族之间的交往交流交融，使其在中华民族大家庭中"像石榴籽一样紧紧抱在一起"，团结得像一个人一样，共同去实现中华民族伟大复兴的宏伟目标。

其次，我们要宣传好习近平总书记在讲话中提出的把握民族问题、做好民族工作的 12 条根本遵循：一是必须从中华民族伟大复兴战略高度把握新时代党的民族工作的历史方位；二是必须把推动各民族为全面建设社会主义现代化国家共同奋斗作为新时代党的民族工作的重要任务；三是必须以铸牢中华民族共同体意识为新时代党的民族工作的主线；四是必须坚持正确的中华民族历史观；五是必须坚持各民族一律平等；六是必须高举中华民族大团结旗帜；七是必须坚持和完善民族区域自治制度；八是必须构筑中华民族共有精神家园；九是必须促进各民族广泛交往交流交融；十是必须坚持依法治理民族事务；十一是必须坚决维护国家主权、安全、发展利益；十二是必须坚持党对民族工作的领导。

这 12 条宝贵经验都是新中国成立 70 多年来，中国共产党民族工作理论和实践的智慧结晶，是马克思主义民族理论中国化的最新理论成果，是我们做好新时代党的民族工作的思想指南和根本遵循，需要我们完整、准确、全面地把握和贯彻。

民族地区新闻媒体和新闻工作者要带头学好习近平总书记的重要讲话精神，准确把握和全面贯彻党关于加强和改进民族工作的重要思想，坚持以铸牢中华民族共同体意识为主线，坚定不移走中国特色解决民族问题的正确道路，为构筑中华民族共有精神家园，促进各民族交往交流交融，推动民族地区加快现代化建设步伐，提升民族事务治理法治化水平，防范化解民族领域风险隐患，推动新时代党的民族工作高质量发展，贡献我们的智慧和力量。

民族地区新闻院校要配合学校党组织做好对学生的宣传思想工作，注意将习近平总书记的重要讲话精神融入课堂和日常思想政治工作之中。要让民族地区的大学生做好传承工作，自觉地把中国共产党几十年民族工作的经验、理念和理论学习好、理解好、把握好、贯彻好，成为铸牢中华民族共同体意识的宣传者、维护者和推动者，自觉地加入到党的民族政策的宣传之中，为做好新时代党的民族政策宣传工作贡献自己的力量。

我国民族地区新闻传播业发展现状及对策

▌ 题注：本文阐述了改革开放以来我国民族地区新闻与信息传播业发展的状况，即基础设施大为改善、数字化建设稳步推进、产业化发展拉开帷幕、新闻传播力和舆论引导力得到提升等。在此基础上提出了进一步更新发展理念、优化管理机制、完善传播体系、增强传播效果、加强对外交流和队伍建设的发展对策。该文与中国新闻出版研究院李文竹合作完成，刊于《现代传播（中国传媒大学学报）》2013 年第 5 期。

我国是一个统一的多民族国家，56 个民族和睦相处，共同生活在幅员辽阔的祖国大地上，共同创造了绚丽多彩的中华文化。在各民族生存与发展的过程中，信息是一个基础性的环境要素。信息传播提供了不同民族与文化之间相互了解、相互尊重、和谐共存的基本条件。

从 20 世纪中期开始，有关信息传播与社会发展之间的关系已成为西方学者关注的重要问题。2003 年联合国信息社会世界首脑会议通过的《原则宣言》提出：（各国政府）全力致力于将数字鸿沟转化为人人享有的数字机遇，特别是面临滞后和更加边缘化危险的人们能享有的数字机遇。（各国政府）要坚定不移地赋予穷人，特别是生活在边远地区、农村和边缘化城区的穷人，获得信息和使用信息通信技术的能力，使其借此摆脱贫困。①

在我国，20世纪80年代，经济落后地区信息传播的状况就引起了人们的关注。随着民族地区经济社会发展对国家整体事业发展和国家形象建构的重要性日益凸显，民族地区新闻与信息传播的地位、功能和作用问题，越来越受到党和政府以及全社会的关注，尽快缩小民族地区与内地的信息差距和数字鸿沟成为政府及全社会的共识。

2009年，由中国人民大学新闻学院和中国人民大学新闻与社会发展研究中心，联合西藏民族学院等全国十几家民族地区高校新闻院系，共同创办的"中国民族地区信息传播与社会发展论坛"，始终把关注和促进民族地区新闻传播业的发展，研究新闻与信息传播在促进民族地区经济社会发展及民族团结与社会和谐方面的功能和作用，作为自己的使命和任务。②

从2010年起，论坛组委会组织论坛理事会成员的数十名老师，用了两年多时间，完成了《中国少数民族地区新闻传播发展报告（1949—2010）》的撰写工作。这一报告全面梳理了新中国成立以来我国民族地区新闻传播业的发展历程，总结其发展成就及经验，分3析其存在困难及问题，探讨其发展趋势及策略，这对于我国民族地区新闻传播业在学习贯彻党的十八大精神过程中，以科学发展观为指导，开拓新的发展道路具有一定启示作用。

随着研究视野与领域的开阔，人们进一步明确了新闻与信息传播和

---

① 信息社会世界首脑会议（WSIS）突尼斯阶段会议在2005年11月18日举行的第八次全体会议上通过了此文件。

② 周德仓：《打造少数民族新闻传播团队　创建少数民族新闻传播学派——郑保卫教授关于少数民族新闻传播研究问题访谈》，《新闻论坛》2015年第2期。

民族地区社会发展存在必然的联系，对新闻与信息传播在社会发展中特别是民族地区社会发展中的重要性的认识已经日趋深入。本文将以《中国少数民族地区新闻传播发展报告（1949—2010）》为依据，对我国民族地区新闻传播业的发展现状及对策作简要分析和论述。

一、发展现状

新中国成立以来，我国民族地区的新闻与信息传播事业经历了从无到有、自小到大、由弱到强的发展历程，取得了令人瞩目的发展成就。特别是进入改革开放新时期以来，更是有了跨越式的发展。具体表现为以下几个方面。

（一）基础设施大为改善

新中国成立以来，党和政府一直关心和重视民族地区新闻与信息传播事业的发展。特别是进入新时期以来，国家制定了多项旨在缩小东西部地区信息与数字鸿沟的行动计划，以推进西部边远民族地区的信息传播硬件设施建设。政府通过"西新工程"、"村村通"工程等项目，给予民族地区新闻与信息传播事业有力支持。

在国家的大力扶持下，近年来我国民族地区新闻与信息传播事业的硬件设备不断更新换代，播出语种、播出机构、播出时间、发射台及转播台不断增加，广播电视节目覆盖率有了极大提高，部分民族地区已达到发达地区水平。

例如，相对地域偏远、信息传播自然环境较差的西藏自治区，目前已拥有省级广播电台1座，4个频率（其中3个卫星频率），节目播出语种3种，有地（市）级广播电视台3座，6个频道频率。全区有省级电视台 1 座，4 个频道，其中藏、汉语卫视频道各 1 个，有地（市）级电视台 4 座，4 个频道。全区广播电视有效覆盖率分别为 90.28% 和 91.41%。全区有 100 瓦以上调频广播转播台 79 座，50 瓦以上中波转播台 38 座，电视专用上行卫星地球站 1 座，"村村通"广播电视台（站）9704 座[①]。

其他民族自治区的情况同样得到明显改善，可以说民族地区新闻与信息传播基础设施的改善，架起了中央政府与民族地区，以及各级政府与少数民族群众之间的桥梁，为发挥新闻传媒在政府与民族地区群众之间的纽带作用奠定了坚实的基础。

（二）数字化建设稳步推进

近年来，新媒体的出现和信息技术的发展为我国民族地区的新闻与信息传播事业提供了新的发展契机。随着"中国西藏新闻网""西双版纳新闻网（傣文）"等一批少数民族语言新闻网站的开办，我国民族地区新闻与信息传播事业走上了发展的快车道。除建立新闻网站之外，民族地区的许多平面媒体也纷纷利用网络数字传播平台来改进传播方式，增强传播效果。例如，新疆维吾尔自治区，截至 2010 年年底，全区已备案网站 5930 个，是 2006 年网站数的 2.32 倍，其中包含 426 个少数民族语种网站。全区网民总数达 818.1 万，普及率为 37.9%[②]。可以说互联网正在成为我国民族地区最具传播优势和影响力的新媒体。

为了有效地运用新媒体，提高信息公开水平，我国民族地区政府部

[①] 周德仓等：《西藏自治区新闻传播发展报告》，《中国少数民族地区新闻传播发展报告（1949—2010）》，人民日报出版社 2012 年版，第 40 页。

[②] 韩强等：《新疆维吾尔自治区新闻传播发展报告》，《中国少数民族地区新闻传播发展报告（1949—2010）》，人民日报出版社 2012 年版，第 84 页。

门不断加大对政府网站少数民族文字版的建设力度。截至 2010 年 5 月，新疆各级维吾尔文版政府网站数量达到 9 个。其中省级维吾尔文版政府网站 1 个，18 个地州市政府（行署）里有 4 个政府建立了维吾尔文版，有 3 个自治区政府厅局部门维吾尔文版政府网站，另外有 1 个县级维吾尔文版政府网站[①]。

政府网、部门网、新闻网等各种网站相互协作，形成链接，并通过及时发布信息，使过去信息不畅的民族地区实现了信息的即时交流与沟通。民族地区信息传播数字化建设的推进，扩大了网络媒体的影响力和传播力，有力地推动了新闻与信息传播从理念、内容到方式、手段的革新与发展。

（三）产业化发展拉开帷幕

随着民族地区社会经济的发展，社会对信息的需求呈现多元化趋势，这就为民族地区新闻与信息传播事业提出了新的要求。为了解决新闻媒体传播内容单一、传播方式单调、市场开发能力薄弱等问题，尽快提高媒体的新闻与信息传播能力，激发媒体自身的造血功能，我国民族地区的新闻媒体开始尝试走产业化发展道路。一些民族地区开始在都市报、晚报、专业报刊、城市频道等媒体中试行市场化机制，在保证主流媒体承担思想宣传和舆论引导使命的前提下，开始跨媒体组建传媒集团，推进少数民族新闻传播业的产业化发展。

例如，为推动经营性文化事业单位转企改制，实行资源整合、集团化经营，2009 年 12 月，广西壮族自治区组建了广西日报传媒集团和广

---

① 韩强等：《新疆维吾尔自治区新闻传播发展报告》，《中国少数民族地区新闻传播发展报告（1949—2010）》，人民日报出版社 2012 年版，第 82 页。

西出版传媒集团有限公司，至 2010 年，该集团旗下共有 10 报 3 刊 4 网站①，实现了社会效益和经济效益的统一。2012 年 5 月，西藏传媒集团有限公司成立，标志着西藏文化体制改革发展迈出了实质性步伐，也为我国边远民族地区新闻与信息传播事业产业化发展提供了新的经验。

（四）新闻传播力和舆论引导力得到提升

由于民族地区在我国政治经济和社会领域的重要地位，国家对民族地区新闻媒体的新闻传播能力和舆论引导能力建设格外关注。以前，受新闻体制、传播观念和技术设备等因素的制约，在突发事件发生时，民族地区的一些新闻媒体往往反应比较迟钝，应对方式比较保守，造成了新闻传播和舆论引导上的滞后和被动，留下了许多深刻教训。

近年来，随着媒体政策的调整和政府信息公开条例的执行，我国民族地区的党委和政府进一步规范和加强了新闻发布工作，针对媒体关注的政府重点工作和突发事件，及时发布权威消息，加强了与新闻媒体的沟通和对社会舆论的引导工作。

与此同时，我国民族地区的新闻媒体在突发事件的应对能力上也有了较大提升，其报道内容与报道方式都有了不少调整和进步。许多新闻媒体已经能够在把握国家统一和民族团结大方向的同时，迅速对突发事件作出反应和报道，反映出民族地区新闻媒体应对突发事件能力的增强。

总之，经过几十年的发展，在国家改革开放和现代化建设大背景下，目前我国少数民族地区新闻与信息传播业已形成了一定的规模，达到了

---

① 商娜红等：《广西壮族自治区新闻传播发展报告》，《中国少数民族地区新闻传播发展报告（1949—2010）》，人民日报出版社 2012 年版，第 207 页。

一定的水平，具备了一定的发展基础，进入了全方位、多层次推进的新阶段。

这些成绩的取得是党和政府长期关心、扶持和帮助的结果，是民族地区新闻工作者不断改革创新和奋力进取的结果，它为我国民族地区新闻媒体在党的十八大精神指引下，坚持科学发展观，开创中国特色社会主义民族新闻传播业改革发展的新局面奠定了坚实的基础。

二、发展对策

当然，我们也要看到，我国民族地区新闻与信息传播事业虽然取得了很大发展，但其整体水平仍然远远落后于沿海发达地区。从民族地区新媒体发展状况可以看出，截至 2012 年年底，我国网民规模达 5.64 亿，互联网普及率为 42.1%。其中北京和上海的互联网普及率已经在 70% 左右，达到了北美国家、大部分西欧国家以及日本韩国等高普及率国家的水平；广东、福建、浙江和天津互联网普及率在 60% 左右，而内蒙古、吉林、黑龙江、广西、湖南、西藏、四川、安徽、甘肃、河南、贵州、云南、江西等省、自治区的互联网普及率还不到 40%，显示出我国不同地区的互联网普及程度存在着较大差距。

同时我们也要看到，当前时代的发展、科技的进步，以及国家全面建成小康社会的总体规划，对我国民族地区新闻与信息传播业来说也是个极好的发展契机。近年来，国家越来越重视发展民族地区新闻与信息传播事业。《2006—2020 年国家信息化发展战略》提出要坚持政府主导、社会参与，缩小区域之间、城乡之间不同社会群体之间信息技术应用水平的差距，创造机会均等、协调发展的社会环境。2009 年，国务院常务会议专门就繁荣和发展少数民族文化事业进行了研究，形成了《国务院关于进一步繁荣发展少数民族文化事业的若干意见》，其中，对发展少数民族新闻出版事业和广播电视事业提出了新的要求，作出了重要部署。

国家的重大战略部署为民族地区的经济社会发展，包括新闻与信息传播事业的发展提供了重大机遇。为此，民族地区一定要抓住机遇，振奋精神，坚定信心，从理念、制度、机制、人才等方面入手，坚持不断创新，借助国家全面深化改革的巨大推力，积极推进本地区新闻与信息传播事业的繁荣与发展。

（一）进一步更新发展理念

实践说明，在现代社会，只有遵循新闻传播规律，真正按照现代传播理念要求进行新闻与信息传播，才能切实提高新闻与信息传播的质量和水平，提高新闻媒体的公信力和影响力，促进新闻与信息传播事业的健康发展。

我国民族地区新闻与信息传播业是伴随着新中国成立而建立和发展起来的，属于社会公益事业的组成部分，国家在政策和经济上都给予了大力支持。这一方面有效地促进了民族地区新闻与信息传播事业的发展，另一方面也造成了民族地区一些新闻媒体习惯于"等米下锅"的依赖思想。

同时，一些民族地区的新闻机构没有处理好新闻媒体的意识形态属性和文化产业属性的关系，在发展过程中一味求稳、安于守成，缺乏应有的市场观念和创新意识，导致新闻与信息产品形式僵化、内容单一，无法满足民族地区受众对新闻与信息的多样化需求，更无法适应现代社会对新闻与信息的多元化需求。

因此，民族地区新闻媒体应当既尊重宣传规律，又尊重新闻规律，要做到在坚守政治立场的同时，学习和掌握现代传播理念，熟悉现代传播策略，驾驭现代传播方式，讲究现代传播技巧，摒弃简单说教和喊口号式的政治宣传方式，坚持用事实说话，努力改进新闻传播的方式，提高新闻传播的艺术水平，提升新闻传播的质量，增强新闻传播的效果。

（二）进一步优化管理机制

对于民族地区新闻与信息传播业来说，建立完善的、符合当代传播规律的媒体管理机制，是促使其健康有序可持续发展的重要内推因素。在媒体资源配置方面，要区分民族地区受众不同的信息需求，重新布局新闻传媒市场，有效整合新闻传媒资源；在人力资源管理方面，要建立更为完善合理的业绩考核机制，引导和激励更多高素质的新闻与传播人才献身民族地区的新闻与信息传播事业。要通过制度创新来激发传媒活力，提升传媒品质，拓展媒体的发展空间。

随着以互联网为标志的数字传播技术的发展，在科技、文化、市场三股力量的推动下，各种新型传媒形态和传播手段相继出现，这对我国民族地区新闻媒体的管理提出了严峻的挑战。目前，我国一些民族地区在媒体管理机制上尚未跟上技术发展的脚步，行政化、机关化的运行方式难以调动新闻从业人员的积极性，也限制了新闻媒体的进一步发展。因此，进一步优化管理机制，激发媒体发展活力，增强媒体发展动力，是摆在民族地区党和政府决策者以及新闻媒体经营管理者面前的一项重要任务。

（三）进一步完善传播体系

目前，我国民族地区新闻与信息传播业的数字化建设正在稳步推进，但是各地的发展很不均衡，一些民族地区的报刊、广播、电视还处于分化整合状态，新媒体建设还在进行之中，尚未构成科学、合理、完善的现代传播体系。

党的十八大报告明确提出要"构建和发展现代传播体系，提高传播能力"，这是党中央赋予全国新闻界的一项重要使命。要构建和发展包括传统媒体、都市类媒体和网络媒体在内的全方位、全覆盖、全功能的新闻与信息传播体系，在这个体系中，各类、各级新闻媒体既相互竞争，又相互配合，实现相辅相成、相互促进的传播效果。其中，传统主流媒体应起到主导和引领的作用。

按照这一要求，我国民族地区的新闻与信息传播事业需要进一步加强资源整合，在积极促进传统媒体继续发展的基础上，要努力促进新型媒体的发展，要善于借助新型媒体跨越时空的传播力量，构建和发展科学、高效的现代传播体系，并且要努力掌控新闻与信息传播的主动权和媒介话语的主导权，形成以我为主的积极传播态势，以更好地实现新闻与信息传播的既定目标。

（四）进一步增强传播效果

目前，我国民族地区的新闻与信息传播业对国家政策的依赖度依然很高，许多新闻媒体依然局限于传统的政治宣传和思想教育功能，而忽视了其作为大众传媒的新闻与信息传播的基本功能，这导致了新闻报道时效性不足、信息量有限、传播内容简单化等一系列与新闻传播规律相悖的现象滋生。

另外，一些民族地区新闻媒体未能真正树立起受众本位观念，新闻报道的接近性不强。如在一些少数民族语言媒体的发展中，体现本地化、特色化不够，有的几乎成了汉语媒体的翻译版，这就影响了少数民族受众的接受度，导致传播效果大打折扣，其既定的传播目标也难以实现。

为了增强传播效果，坚持服务受众的理念十分重要。在传媒产品的生产方面，新闻媒体应该立足于本地化和民族化，要重视开发地域性、民族性突出的节目、栏目，打造精品，形成品牌，改变千人一面的被动局面。同时，还要注意开发具有民族特色的信息资源，如民族教育、民族文化、民族经济信息、民族地区旅游等，在为少数民族群众提供信息服务的同时，还可以扩大少数民族文化的社会传播力与影响力。

（五）进一步加强对外交流

加强对外交流与合作，是扩大我国民族地区文化影响力的重要途径和手段，也是增强我国民族地区新闻与信息传播影响力，促进民族地区新闻与信息传播业发展的重要途径和手段。

因此，民族地区新闻与信息传播事业首先要积极推进跨区域合作，加强与其他省份和各民族自治地方的协作，争取建立跨区域的合作机制和媒介集团、文化产业集团等，扩大传播区域和传播影响力。其次要加强与国外新闻传播机构的交流与合作，积极吸纳国外先进的传播理念，交流沟通民族文化传播的经验，增强国外传媒对我国民族地区的了解。最后要与新闻院校、新闻研究机构建立交流与合作关系，借助其研究成果和研究力量来改进传播方式，提高传播质量，增强传播效果，提升民族地区的新闻与信息传播的质量和水平。

（六）进一步加强队伍建设

经过几十年的发展，如今我国大多数民族地区都已形成了具备一定规模和水平的新闻与信息传播专业队伍。但是从全国范围看，各个地区的情况很不平衡，有些民族地区的新闻与信息传播专业人才缺口还较大，人才的质量也存在明显差距，不少民族地区的新闻与信息传播专业人才十分匮乏，特别是熟悉与掌握民族语言的新闻与信息传播人才，以及广播电视和新媒体等技术要求较高的新闻与信息传播专业人才更显得不足。

之所以出现这种局面，一方面是由于我国民族地区大多地处边陲，经济相对落后，生活条件较差，导致人才流失严重；另一方面是由于少数民族语言媒体对新闻与信息传播专业人才的要求相对较高，人才培养难度较大。

人才缺乏严重制约了民族地区新闻与信息传播事业的发展，成为我国许多民族地区新闻与信息传播事业发展的瓶颈之一。针对人才缺乏的现实状况，民族地区的新闻与信息传播业首先要利用好本民族地区自有的新闻传播教育体系，加大对少数民族语言新闻与信息传播人才的培养力度；其次要建立民族地区新闻媒体与国内著名新闻与传播院系的合作机制，实行订单式的人才培养；最后要建立健全新闻媒体在职人员的培训机制，通过岗前培训和在职岗位培训等形式，尽快提高新闻从业人员的职业素养和专业能力，尤其要下功夫大力培养既熟悉民族语言文化，又掌握新的传播理念和技术的少数民族新闻与信息传播人才。

在国家政策和各级政府的大力扶持下，在新闻界广大同人的积极努力和各民族群众的真诚支持下，近年来我国民族地区新闻与信息传播事业得到了快速发展，呈现出欣欣向荣的崭新局面。今后，我们要在党的十八大路线指引下，抓住机遇，迎接挑战，发挥优势，正视困难，增强自信，坚持以科学发展观为指导，为促进中国特色社会主义民族地区新闻与信息传播事业发展，进一步提升我国民族地区新闻与信息传播能力，实现中华民族的团结与和谐而努力奋斗！

当前我国边疆民族地区
新闻事业发展中的问题及对策

题注： 边疆民族地区建设关乎国家安全、民族团结、对外开放、国土安全和生态安全等，是展示国家实力和形象的重要窗口。在维护民族团结和边疆安全，促进边疆民族地区经济社会发展的过程中，新闻事业担负着信息传播、新闻宣传和舆论引导的重要使命。本文系统论述了边疆民族地区新闻事业发展中存在的信息供给与需求不相匹配、经济发展总量过小、人才缺乏且流失严重等问题，并提出了从实际出发制定新闻业中长期发展规划、打造媒介融合平台、加紧培养民族语言新闻传播专门人才等相应策略。该文刊于《新闻论坛》2014 年第 5 期。

当前，在全球范围内，民族冲突愈演愈烈，而且有向我国境内渗透的趋势。在这一背景下，维护边疆民族地区的民族团结、经济发展和社会稳定，事关我国改革开放和社会主义现代化建设的全局，事关国家的长治久安，事关中华民族的伟大复兴。

2014 年 5 月，习近平总书记在第二次中央新疆工作座谈会上反复强调了民族团结的重要性。他指出："各族干部群众要像爱护自己的眼睛一样爱护民族团结、像珍惜自己的生命一样珍惜民族团结。"他还说，"民族团结是各族人民的生命线",希望"各民族要相互了解、相互尊重、相互包容、相互欣赏、相互学习、相互帮助,像石榴籽那样紧紧抱在一起"。习近平总书记的话为我们认识民族团结的重要性指明了方向。

在维护民族团结和边疆安全,促进边疆民族地区经济社会发展的过程中,新闻事业担负着信息传播、新闻宣传和舆论引导的重要使命。因此,国家要从战略发展的高度,把加快边疆民族地区新闻事业发展,提升其信息传播力和舆论引导力置于重要位置。

近年来,我国边疆民族地区新闻业立足当地实际,坚持用科学发展观作指导,以宣传和实现中国梦为目标,在改革新闻、拓展经营和完善管理等方面取得了很大成绩,逐步构建起了从省市自治区到地市(州、盟)、县(旗),包括报刊、广播、电视、互联网在内的多层次、多种类、多媒体融合并存的现代新闻传播体系,在维护民族团结和边疆安全,促进经济发展和社会进步等方面作出了重大贡献。

但是,受各方面条件的制约,我国边疆民族地区新闻事业在其发展过程中还存在许多困难和问题,需要国家进一步在政策、资金和人力等方面加大扶持力度。而边疆民族地区新闻业自身也应在国家全面深化改革,实施区域发展战略的大背景下,适时抓住机遇,加快发展,不断提升传播力、影响力、公信力和竞争力,为民族地区的经济社会发展和边疆安全稳定作出更大的贡献。

近年来,笔者利用主办"中国民族地区信息传播与社会发展论坛"以及参加国情考察的机会,先后对西藏、新疆、内蒙古、广西、云南等民族地区的媒体进行调研考察,对民族地区新闻事业在改革发展中取得的成绩和存在的问题有所了解,对其未来的发展也有一些思考。下面把相关情况作简单梳理,希望能够对民族地区新闻界的朋友了解情况、探讨问题、进行决策有所帮助。

一、边疆民族地区新闻事业发展中存在的问题

（一）新闻事业发展同当地民众的信息需求存在差距

由于边疆民族地区特殊的民族、宗教、文化和社会环境，政府对新闻业采取了一些更为严格的管理措施，这对促进民族团结、维护边疆安全、防止社会动荡起到了积极作用，但在一定程度上也给新闻工作带来影响。如信息的公开传播受到一定限制，新闻时效较为迟滞，信息量显得不足；新闻传播模式相对呆板，传播效果不理想等，而这与新闻媒体所应承担的社会功能相悖，与当地民众的信息需求与期待也存在差距。

（二）经济发展总量过小制约新闻事业发展

边疆民族地区地处祖国边陲，地广人稀，生产力相对落后，其经济社会发展总量过小，这在很大程度上制约了新闻业的发展。例如西藏，全区仅有 290 万人口，全年国内生产总值只有几百亿元。这样的经济规模和产值总量，使得新闻业的发展面临诸多困难。以报纸为例，不但发行量小，而且刊发广告困难，有的藏文报纸根本就没有广告。新疆、内蒙古等地也同样存在这方面的问题。

（三）新闻专业人才缺乏且流失现象严重影响新闻事业发展

尽管近年来边疆民族地区新闻专业人才得到一定补充，但总体来看，人才紧缺依然是新闻业发展中的一大难题。由于进人政策等方面的原因，一些媒体机构很难引进所需要的专业人才。一些原先引进的专业人才，

也因为工资待遇不理想等流失现象严重。一些地市州盟级媒体这方面的问题更加突出，不少媒体多年没有招聘到所需的业务人才，给事业发展带来严重阻碍。

（四）资金缺乏、设备简陋、条件艰苦等阻碍新闻事业发展

资金缺乏、设备简陋、条件艰苦等问题，严重阻碍了边疆民族地区新闻事业的发展，特别是新媒体的发展，更显得困难重重，内地已经大力推进的媒介融合在民族地区推开还存在很大障碍。由于在新闻与信息接受上的困难和不便，西藏一些农牧区的群众接受新闻信息还存在障碍。

在一些边疆民族地区，为了做好对少数民族群众的新闻传播和舆论宣传，新闻媒体需要分设汉文和民族语言文字编辑部，这无形中增加了媒体事业支出的成本。另外，由于西藏、新疆、内蒙古等民族地区地域广大，记者到基层采访，不但生活条件艰苦，而且因为距离遥远，采访时间拉长、费用加大，加之语言上存在的障碍，致使采访成本提高，这也是阻碍边疆民族地区新闻事业发展的因素之一。

（五）观念落后、创新能力不足妨碍新闻事业发展

观念落后、创新能力不足，也是妨碍边疆民族地区新闻事业发展的一个重要原因。一些媒体负责人及业务人员由于思想相对封闭，观念较为落后，创新能力不足，难以在工作上有所作为。有些人长期存在"等、靠、要"的心理——等上级给指示，靠人家帮自己，向上面要援助等。

此外，境外互联网的冲击以及一些内地媒体的进入，也在一定程度上给边疆民族地区媒体的生存与发展带来一些冲击和影响。

二、边疆民族地区新闻事业今后发展的对策建议

针对存在的上述问题，笔者提出以下对策与建议供参考。

（一）积极顺应时代需要，做好顶层设计，从实际出发制定边疆民族地区新闻事业中长期发展规划

在信息化时代，随着互联网等新媒体的出现，媒体格局和舆论格局发生了巨大变化，边疆民族地区党委、政府主管部门须积极顺应当前媒体格局变化新形势的需要，立足当地新闻工作实际，客观分析各自地区当前新闻传播的新特点和新规律，对新闻宣传和舆论引导工作进行顶层设计，尽快制定切实可行的中长期新闻事业发展规划，并要细化措施，逐步加以落实。

特别是要结合国家正在实施的涉及边疆民族地区的一些区域发展宏观战略，如西部大开发、"一带一路"等，立足区域发展的整体布局，制定出符合当地实际的中长期新闻业发展规划。

而处在"一带一路"建设沿线的边疆民族地区的新闻媒体，尤其要紧紧抓住国家实施向西推进，促进民族地区发展的难得的战略机遇，适时调整发展思路，重新设计发展规划，在新形势下，谋求新一轮的飞跃和发展。

由于历史的原因和现实的条件，边疆民族地区新闻事业的发展重在各级党委和政府的政策扶持，中央和地方有关部门应以战略眼光，着眼于边疆民族地区新闻媒体战略发展的长远需要，增强其自身造血功能，使其能够在政策的扶持下，在内地省市的支持下，通过自身的努力，不断提升传播力、影响力、公信力和竞争力，以适应新媒体环境下参与国

际新闻传播竞争的需要。

（二）全力推进网络媒体建设，打造媒介融合平台

事实证明，网络媒体依靠自己的传播特点，能够跨越地域限制，大大提升新闻传播的时效性和影响力，在地域广阔、人烟稀少的边疆民族地区，其传播范围及效果更是一些传统媒体所难以企及的。因此，政府应加大投入，全力推进边疆和民族地区不同层级门户网站的建设，打造多媒体融合平台，特别是要积极扶持西藏、新疆、内蒙古等的地市州盟级门户网站建设，增强基层网络传播的覆盖能力，以弥补报纸、广播、电视等传统媒体传播能力之不足。

为此，各级党委和政府应该在资金、设备、技术和人员上予以大力支持，提供有效帮助。特别是要借助中央推进传统主流媒体融合发展的政策，加快实施网络媒体发展计划，建设起实用、高效的媒介融合平台。

（三）努力加大内地对口支援单位对边疆和民族地区新闻事业的支持力度

近年来，中央连续召开西藏、新疆工作会议，制定了援藏、援疆的战略规划，加大了内地省市对口支援的力度。建议各内地对口支援省市，明确本省市媒体机构对口支援自治区内的媒体机构的要求，从经费、物质、设备到人才都列入支援计划之中，并真正将此工作落到实处。其他民族地区在必要的情况下，也应加强同内地媒体机构的联系与合作，实现借力发展。

（四）大力提升新闻媒体的信息传播力和舆论引导力

边疆民族地区的新闻媒体在促进当地经济社会发展、维护边疆安全

稳定，以及反对西方少数人借民族或宗教问题制造民族分裂、煽动反华舆论等方面负有神圣使命，这就需要边疆民族地区，特别是西藏、新疆等地的新闻媒体具备很强的信息传播力和舆论引导力。

边疆民族地区的党委、政府及各新闻机构须注意加强对新闻媒体重大宣传报道的组织和策划，在重大突发事件发生时，新闻媒体要及时发布信息，努力掌握信息传播的主动权、议程设置的主控权和媒介话语的主导权；评论文章要注意体现逻辑力量，善于用事实说话，同时要讲究语言艺术和传播技巧，力求实现好的传播效果。

边疆民族地区的党委和政府部门要尽快适应时代发展要求，努力提高同媒体打交道的能力，掌握借助媒体指导和推动工作的艺术，要做到善待、善用和善管媒体，为媒体遵循新闻规律，做好信息传播和舆论引导工作创造良好的政治氛围和社会环境。以往一些边疆民族地区党政机关及新闻宣传管理部门，由于担心公开报道会出现负面效应而习惯于对发生在当地的突发事件采取拖延缓报或有意回避的做法，有的甚至采取隐瞒和谎报的做法，结果不但受到群众非议，而且会贻误信息传播和舆论引导的最佳时机，造成政治上的被动。我们要善于总结以往的经验和教训，努力提高应对突发事件、处理舆论危机的能力，要做到在面对突发事件时心中有数、行动有力、措施得当，掌握新闻宣传和舆论引导的主动权。

在边疆民族地区从事新闻宣传工作需要具有强烈的政治意识，要坚持把正确的舆论导向放在首位，要胸怀大局、着眼全局，增强宏观意识，努力提升自己的新闻宣传水平和舆论引导能力，尤其需要把握好新闻宣传和舆论引导中的时度效，同时要尽可能满足各族群众的信息与新闻需要，增强新闻传播的效果，扩大新闻传播的影响力。

边疆民族地区的新闻媒体也要积极发挥自身的地域和民族优势，通过转变传播观念、革新传播机制、丰富传播内容、改进传播方式来增强新闻传播的效果，提高新闻传播的质量与水平。

（五）加紧培养民族语言新闻传播专门人才

加紧培养具有民族语言传播能力的新闻工作者，满足双语新闻传播的需要，是当前边疆民族地区新闻事业发展中的一项重要工作。各自治区的党委和政府有关部门可以委托区内新闻院系承担培养任务，也可以选拔一批具有较强民族语言能力的人才到中央民族大学等条件较好的区外高校进行专门培训。另外，对待这类人才要力求"引得进，用得好，留得住"，给予必要的政策扶持，尽可能提供较为优厚的工作和生活条件，使他们能够安心工作，发挥好作用。

与此同时，边疆民族地区的汉语言新闻传播也需要不断补充高质量、高素质的专业人才，以更好地服务当地汉族和其他民族群众。

（六）着力提高新闻工作者的专业素养及能力

着力提高新闻工作者的专业素养及能力，是边疆民族地区新闻事业发展中的重要一环。主管部门、媒体机构和新闻院校应当加强协调，通力合作，实施切实可行的人才培养计划，大力培养具有现代理念、专业素养和职业精神的新闻人才，以提高新闻传播的质量和水平。

边疆民族地区的新闻院系应在人才培养中起主导作用；新闻媒体应积极配合，为人才培养提供必要的财力、物力和人力支持；主管部门则要发挥好指导和协调作用，为人才培养提供切实保障。

目前正在实施的部校共建新闻学院工作应将新闻人才培养工作列为重点工作之一，借助这一工作的实施，在资金投入和人力保障等方面提供专项支持，要把党委政府、新闻院校、新闻媒体三股力量协调起来，共同推进边疆民族地区的新闻人才培养，为今后边疆民族地区新闻事业的发展提供有效的人才保障。另外，建议在具有办学资源优势的高校建立固定的边疆民族地区新闻人才培训基地，实施专门的边疆民族地区新闻人才培训计划，持续、保质保量地为边疆民族地区培养新闻业务骨干和媒体经营管理人才。

"一带一路"背景下西藏文化对外传播策略研究

题注："一带一路"倡议，是党中央提出的我国与"丝绸之路经济带"和"21世纪海上丝绸之路"沿线国家加强合作、共同发展的一项重要举措。本文从对外传播的角度探讨西藏文化传播在"一带一路"建设中的战略定位及行动策略，研究西藏文化传播如何用积极的姿态、有效的行动和科学的方法为国家"一带一路"倡议的顺利实施作出贡献。该文是作者作为西藏文化传承发展协同创新中心首席专家，在2013年"首届西藏对外传播高端论坛"上所作的主题发言。

"一带一路"倡议，是习近平总书记近年来提出的中国与"丝绸之路经济带"和"21世纪海上丝绸之路"沿线国家加强合作、共同发展的一种理念和举措。它借助"丝绸之路"这一历史符号，以发展经济、交流文化、开展合作、促进发展、广交朋友、实现共赢为行动目标，体现了以习近平同志为总书记的党中央高瞻远瞩的思路和眼光，是一种大视野、大思路、大智慧、大手笔。

在国家大力推进中华民族伟大复兴和社会主义事业现代化发展的大背景下，作为"一带一路"沿线地区的西藏自治区，如何抓住这个千载难逢的机会，促进自身经济社会发展，同时为我国和沿线国家实现共同发展作出贡献，是我们应该认真思考并努力解决的问题。

本文旨在从对外传播的角度探讨西藏文化传播在"一带一路"建设中的战略定位及行动策略，研究西藏文化传播如何以积极的姿态、有效的行动和科学的方法来为国家"一带一路"建设的顺利实施作出贡献。

一、"一带一路"背景下西藏文化对外传播的战略定位

所谓"战略定位"，指的是谋划某一事物在宏观视野和整体布局中所处的位置。具体来说，要认识西藏文化对外传播的战略定位，就是要弄清楚在"一带一路"背景下，西藏文化对外传播应该承担什么功能、发挥什么作用、达到什么效果、实现什么目标。下面是笔者对这一问题的一些思考。

（一）服务国家"一带一路"整体目标

"一带一路"倡议，本着和平发展与合作共赢的理念，主动发展与沿线国家的经济合作伙伴关系，共同打造政治互信、经济融合、文化包容的利益共同体、命运共同体和责任共同体。它是以实现中国自身发展为动力，带动和促进沿线国家共同发展的一个重大举措。

在"一带一路"背景下，西藏文化对外传播要服务于国家发展的整体目标，要为促进中国西藏文化与沿线国家文化的交流互鉴，促进我国藏族及其他民族与沿线国家各民族的交往互通，促进我国西藏与沿线国家的友好互联，做好新闻传播和舆论引导工作。

（二）促进西藏经济社会改革发展

"一带一路"建设为作为沿线地区的西藏经济社会发展带来了难得的机遇。因此，西藏要紧紧抓住这个千载难逢的历史机遇加快自身的经济社会发展。

在"一带一路"建设中，"文化"本身就是一条不可或缺的心灵和精神纽带，它可以串起"经济""社会"诸多要素，促进这些要素之间的交流和互动，而且可以促成不同民族、不同地区、不同国家之间心与心的连通与交汇，实现相互间的交融与互鉴。

因此，我们主张"文化先行、经济跟进"，要通过文化传播和舆论宣传营造良好的文化和舆论氛围，提供有效的思想和舆论引导，为"一带一路"倡议的全面实施鸣锣开道，为西藏经济社会发展提供舆论支持。

（三）扩大西藏文化国际影响

西藏文化历史悠久、内容丰富，具有很大的影响力和辐射力。我们可以通过对外传播更好地传播和展示丰富多彩的西藏文化，促进西藏文化与沿线国家各民族文化之间的交流互鉴，扩大西藏文化的国际影响，让世界更好地了解和认识西藏文化。

（四）提升西藏文化对外传播水平

目前西藏文化的对外传播从整体上看，能力还不是很强，水平还不是很高，整体实力还很弱。这主要表现在，无论是西藏的媒体机构和文化机构，还是全国性及其他地区的媒体机构和文化机构，有关西藏文化传播的数量和质量都还满足不了国内外受众的需求，而且传播的影响力有限，效果也不是太好。

因此，我们需要结合服务国家"一带一路"整体目标的具体实践，为提升西藏文化对外传播的能力和水平，多做些有益的工作。

二、"一带一路"背景下西藏文化对外传播的行动策略

西藏文化对外传播明确了自己在国家"一带一路"建设整体布局中的目标定位，还须确定自己的行动策略，认清自己所面临的形势，明确自己所肩负的任务，掌握相应的传播艺术和技巧。

（一）认清"一带一路"背景下西藏文化对外传播的形势和任务

西藏地处我国西南边疆，是连通尼泊尔、不丹、印度、巴基斯坦等南亚国家的桥梁和纽带。西藏与南亚诸国同属于一个地缘经济板块，在民族、宗教和文化等方面有着密切联系。这一区位优势，使之成为"一带一路"向南亚推进和拓展的无以替代的重要阵地。无论是发展经贸活动，还是开展文化交流，西藏都担负着重要使命，承载着艰巨任务。

西藏文化对外传播要把握好服务"一带一路"建设这一整体目标的基本定位，以对外传播西藏文化为依托、为中心、为根本，让西藏文化在"一带一路"建设中起到"黏合器""催化剂"和"播种机"的作用，促进西藏文化与域外文化的交融互鉴，播撒西藏文化的种子，使之在域外发芽、生根，并结出丰硕的友谊、合作之果。

在"一带一路"背景下，西藏文化对外传播在认清形势的同时，还要明确自己所承担的任务。概括起来，西藏文化对外传播的主要任

务，就是要讲好西藏故事，传播好西藏声音，促进西藏文化走向世界，让世界更好地了解和认识西藏文化，了解西藏的民族和经济社会发展状况。

西藏有说不完的民族、宗教和历史故事，有精美的建筑艺术和雕塑、绘画、装饰、工艺美术等造型艺术，有独具特色的音乐、舞蹈、戏剧、语言文字、书面文学、民间文学，还有藏医藏药、天文历算等，这些文化成果都有着很高的艺术水平。将西藏丰富、深厚、独特的文化挖掘、展示、传播出去，让世界知晓、认可和喜爱，是西藏文化对外传播的神圣使命和重要任务。

在"一带一路"背景下，西藏文化对外传播可以重点围绕"丝绸之路"以及与之相关联的"茶马古道"和"唐蕃古道"做文章，围绕"西藏与沿边国家友好交往"做文章；可以从西藏的文明起源、民族形成、宗教发轫做文章；可以在传颂千年的松赞干布、文成公主、格萨尔王故事的新开掘、新发现、新解读上做文章；可以从近代以来在促进西藏民族和睦、文化传承、社会进步，在促进西藏对外交往、国际合作、睦邻友好等方面涌现出来的典型人物和典型事件上做文章。

总之，西藏文化对外传播可做的文章很多，要讲好、讲足、讲精彩，要给人留下好印象，使人产生好联想，形成对外传播好效果。

（二）掌握"一带一路"背景下西藏文化对外传播的艺术和技巧

传播既是一门艺术，也是一种技巧，而艺术的优劣和技巧的高低，会直接影响传播的效果。在"一带一路"背景下，西藏文化对外传播要从当前实际出发，掌握必要的艺术和技巧，不断提升传播的质量和水平，唯有如此才能适应形势发展的需要。

第一，把握好对谁说、说什么。毛泽东同志曾经说过，说话和写文章要"看对象"，要"量体裁衣"，要学会"到什么山上唱什么歌"，指的就是说话和写文章要解决好"对谁说""说什么"和"怎么说"的问题。

"对谁说"，解决的是"说话对象"的问题。对外传播面对的是国外受众，具有多国家、多民族、多文化的特点，可以说情况复杂，因此需要我们区别对待。要分清不同国家、不同民族、不同文化和不同宗教信仰的受众的不同心理和信息需求，尽可能满足他们的需要。在"一带一路"背景下，西藏文化对外传播面对的是"一带一路"沿线国家的受众，特别是南亚地区一些国家的受众，我们在制订传播计划、方案时就须充分考虑他们的心理和信息需求，满足他们的需要。

"说什么"，解决的是"说话内容"的问题。民族地区对外传播要说的内容很多，民族、宗教、文化；经济、政治、外交；历史、现实、未来；成绩、经验、教训；友谊、合作、发展；等等。可以说包罗万象，凡是国外受众欲知、应知而未知的信息，都应该涵括在传播的内容之内。

第二，解决好谁来说、怎么说。"谁来说"，解决的是"说话人"的问题，这里的"说话人"，不是指"传播者"本身，而是指除传播者之外，让谁在对外传播中说话，让谁来做对外传播的问题。

在"一带一路"背景下，西藏文化对外传播要尽可能让西藏的老百姓，特别是藏族群众说话，让他们来讲述自己的生活经历、奋斗故事，特别是要注意让那些经历过西藏民主改革、农奴翻身做主人和改革开放的"老西藏"说话，说自己的感受、体验和思考。当然，也应该让政府官员、知名人士对西藏的对外开放、国际合作、"一带一路"建设的政策、做法作权威解读。

　　"怎么说"，解决的是"说话方式方法"的问题。对外传播怎么说，按现在常说的，就是要学会"讲故事"。特别是在"一带一路"建设中，我们面对沿线那么多国家情况不同、需求各异的受众，更应该善于讲好西藏故事，用生动的故事去吸引他们、联络他们，以求得他们的理解、认可和尊重。

　　在对外交往实践中，习近平总书记就很善于用讲故事的方式来赢得国内外听众的认可，收到了很好的传播效果。例如，2013 年 9 月，习近平总书记在哈萨克斯坦纳扎尔巴耶夫大学的演讲中，就以哈萨克斯坦姑娘瓦莲金娜与中国新疆青年绵延两代的爱情、亲情接力和哈萨克斯坦留学生鲁斯兰连续无偿义务捐献自己的"RH 阴性"珍稀血型血液救助中国病人的两则故事，反映了中哈两国人民宝贵的友谊，给人们留下很深的印象。

　　讲故事的好处，就是可以用感人的情节和真诚的话语，做到以诚感人、以心暖人、以情动人，拉近与国外受众的距离。因此，对外传播一定要讲艺术、讲技巧、讲效果，要善于用大家愿意听、听得进、能接受的传播内容和传播方式来进行传播。

　　第三，早说话、多说话、会说话。总结多年来西藏文化对外传播的经验教训，做到"早说话、多说话、会说话"十分重要。

　　所谓"早说话"，就是要善于在对外传播中抢占先机、掌握主动。如果对突发情况我们不作及时报道，便会贻误时机，致使西方国家一些媒体的不实报道得以肆意传播、混淆视听，造成了传播中的被动，这方面的教训需要吸取。

　　所谓"多说话"，就是要善于反复传播、讲透讲细。对外传播面对的国外受众，通常对我国的情况所知不多，有些东西要细说细讲，而且要反复地说，让他们真正听明白。特别是对那些与历史相关联的事情，更是要将其来龙去脉讲清楚，使他们了解事情的发生背景、演变过程以及未来走向，这样才能加深国外受众对我们的认识和了解。例如，讲到西藏今天的改革成果，就须说清楚西藏改革前的情况，包括 1959 年西藏民主改革前的情况，让他们有个比较，从比较中认识改革的意义。

所谓"会说话"，就是要善于讲求艺术、注重效果。说话是一门艺术，写文章、作报道更是艺术，要会说话，说明白话，就须讲求艺术，把握技巧，注重传播的效果。

第四，循循善诱、娓娓道来。对外传播面对的国外受众，应该是我们希望沟通和交往的朋友，这就需要我们在说话的时候要像同朋友谈心那样，不急不慢、不温不火，做到循循善诱、娓娓道来，要语融人心，以话语感人。

现实中，我们的一些媒体存在说"套话、空话、大话"的问题，这类语言往往显得生硬、呆板，容易让人闻而生厌，难以达到预期的传播效果。因此，要坚决摒弃此类语言，要用平实、生动、活泼的语言吸引人、感动人，要真正让我们的传播内容能够"入耳、入脑、入心"。

第五，用真情讲述故事，用真诚拉近距离，用真心赢得受众。对外传播要善于用真情感染人、用真诚打动人、用真心团结人。所谓"真情"，就是实实在在、不虚不掩的真实感情。唯有用充满真情实感的语言来讲述那些发生在西藏的真实、美好、接地气、通人情的故事，才能真正吸引和感染国外受众，也才能用我们的真诚去打动国外受众，用我们的真心去赢得国外受众的理解、认可和尊重。

在尊重并尽可能满足国外受众信息需求的过程中，对外传播要防止一味猎奇、求异和迎合国外受众的现象，要摒除传播中的"杂音""噪音"，要反对抹黑、丑化和妖魔化西藏文化的现象。总之，对外传播要坚持多传播正能量，多用积极美好、健康向上的东西去鼓舞、激励国外受众。

第六，知己知彼，掌握话语主动权。俗话说，知己知彼方能百战不殆，对外传播也是这样。只有了解和熟悉自己传播中的竞争对手，才能更有针对性地做好对外传播工作。在西藏对外文化传播领域。我们需要弄清楚竞争对手关于西藏文化传播的做法、特点及规律，研究和掌握他们的传播手段、方式及其采用的话语体系。在此基础上，努力形成自己的话语体系，改进自己的传播手段和方式，这样才能掌握话语主动权，实现有效传播。

《中国少数民族地区新闻传播发展报告（1949—2010）》序

——了解民族地区新闻传播发展状况　促进民族地区新闻传播更大发展

题注： 作者作为主编组织完成的《中国少数民族地区新闻传播发展报告（1949—2010）》，是我国第一部系统梳理和全面展现民族地区新闻传播发展情况的研究报告，于2012年由人民日报出版社出版。该报告涉及北京、西藏、新疆、内蒙古、宁夏、广西、辽宁、吉林、黑龙江、四川、贵州、云南、甘肃、青海14个地区，内容包括这些地区的民族新闻传播业发展状况、问题与对策，并附有大事记，全书约46万字。该报告对于全面了解我国民族地区新闻传播事业发展状况，进而有针对性地研究并推进民族地区新闻传播业进一步改革发展具有重要文献价值和实际应用价值。该序介绍了发展报告从确定意向、组织实施到完稿出版的整个过程，以及报告内容、写作分工等，有助于读者了解报告的价值和意义。

《中国少数民族地区新闻传播发展报告（1949—2010）》（以下简称

《报告》）经过编写组全体成员两年多的努力，今天终于同读者见面了！对全国关注民族地区新闻传播发展的朋友来说，这应当是一个喜讯。

我国是个多民族国家，汉、藏、维、蒙、回、壮等56个民族和睦相处，共同生活在辽阔的祖国大地上，共同创造了绚丽多彩的中华文化。由于历史、经济和文化等多方面的原因，我国少数民族大多居住在西部欠发达地区，其经济社会的发展相对滞后。新中国成立后，党和政府采取了一系列积极、有效的措施来扶持民族地区的发展，从而使得民族地区的面貌发生了翻天覆地的变化。特别是党的十一届三中全会以后，我国民族地区借助国家改革开放的好政策，经济、社会、文化得以快速发展，呈现出历史上从未有过的新变化、新气象。

实践证明，民族地区的经济社会发展，在我国经济社会发展的总体战略中占有极其重要的位置。在经济层面上，它是全面建设小康社会，确保现代化建设第三步战略目标顺利实现的重要保障；在社会层面上，它关系到民族团结和社会稳定，关系到边疆巩固和国家安全，进而关系到全国经济与社会发展的大局。

在民族地区经济与社会发展过程中，强化新闻与信息传播能力、优化舆论传播与引导环境十分重要。具备一定的新闻与信息传播能力，营造良好的舆论传播与引导环境，一方面有助于更好地促进民族地区的信息交流、新闻传播和舆论表达；另一方面则有助于更好地促进民族地区的经济发展、社会稳定和文化繁荣。

从目前状况看，虽然经过几十年的努力，我国民族地区的新闻与信息传播能力有所提升，舆论传播与引导环境也有了很大改善，但是新闻与信息传播的整体能力还不强，总体水平还不高，综合实力与东部发达地区的差距还很大，舆论传播与引导的环境也还有待进一步改善和优化。

从这一意义上看，了解民族地区新闻传播目前的发展状况，明确民族地区新闻传播未来的发展方向，探讨民族地区新闻与信息传播的特点规律，交流新闻与信息传播在促进民族地区经济与社会发展方面的成功经验，以便进一步提升我国民族地区新闻与信息传播能力，改善民族地区舆论传播与引导的环境就成为一项迫切而又重要的任务。

正是基于这一认识，2009 年，中国人民大学新闻学院和中国人民大学新闻与社会发展研究中心，联合全国十几个民族地区的新闻院校，共同发起组织了"中国民族地区信息传播与社会发展论坛"（以下简称"论坛"），希望借助论坛形式相互交流信息，总结经验，探讨问题，共同去实现大家所确立的奋斗目标。迄今为止，我们举办的以"传播·团结·和谐·发展"为主题的论坛已有 3 届，产生了积极的社会影响和良好的社会效益。

为了全面梳理自新中国成立以来，我国民族地区新闻传播发展的状况，总结其发展经验，探讨其发展趋势，从而为今后更好地做好民族地区新闻与信息传播和舆论引导工作提供借鉴，2009 年 12 月 19—20 日，在中国人民大学举行的首届论坛理事会上，经过理事们的充分讨论，决定组织编撰《报告》，并成立了编委会。

2010 年 10 月，在西安举办第二届论坛（由西藏民族学院承办）期间，《报告》编委会召开了工作会议，就《报告》的体例、内容、编写要求等达成共识，并对具体实施办法进行了部署。

2011 年 10 月 15 日，在昆明举办第三届论坛（由云南大学承办）期间，《报告》编委会再次举行会议，各撰稿人汇报了《报告》初稿的撰写情况，会议就今后的工作进展以及报告的修改问题进行了协商讨论，确定了修改的时间及要求。

2012 年 3 月 1—2 日，《报告》审定会在中国人民大学举行。审定会由《报告》编委会主任兼主编郑保卫教授主持,《报告》顾问、国家民委政策研究室副主任黄忠彩和中央民族大学教授白润生,以及副主编、西藏民族学院教授周德仓参加了审定会。审定人员就北京、西藏、新疆、内蒙古、宁夏、青海、甘肃、四川、广西、云南、贵州、辽宁、吉林、黑龙江14个省市自治区的分报告进行了审定,并就《报告》中存在的问题进行了梳理和讨论,同时提出了进一步修改的原则及要求。

2012年5月,《报告》交由人民日报出版社印行出版。

这部《报告》是中国首部系统介绍中国民族地区新闻传播发展状况的文献。它较为完整地梳理了中国民族地区新闻事业,特别是少数民族语言新闻事业发展的历史及现状,同时对不同民族地区新闻事业发展的特点及规律、成绩和经验、问题与不足等进行了概括总结,并提出了相应的对策建议。因此可以说,该《报告》既有重要的文献史料价值,又有重要的实际应用价值。

为了帮助读者更好地阅读和使用该《报告》,现将其体例及相关问题作如下说明。

一、涉及区域

本《报告》所涉及的区域主要包括我国各民族自治区,以及少数民族聚居的省级行政区。其中包括西藏自治区、新疆维吾尔自治区、内蒙古自治区、宁夏回族自治区、广西壮族自治区,以及北京、青海、甘肃、四川、云南、贵州、辽宁、吉林、黑龙江等14个省、直辖市和自治区,基本覆盖了我国少数民族聚居区域。但由于特殊原因,我国中部地区的湖南、湖北等省份民族地区的新闻传播发展报告未能收入。

二、涉及时间

本《报告》所涉及的是 1949 年新中国成立至 2010 年，我国各民族自治区及少数民族聚居的省级行政区新闻传播的发展历史、现状及相关成果。各民族自治区，如西藏、新疆、内蒙古、宁夏、广西，根据自治区成立的实际时间确定报告起点时间。

三、涉及内容

本《报告》所涉及的内容主要包括两部分：一是省级民族自治区，包括西藏自治区、新疆维吾尔自治区、内蒙古自治区、宁夏回族自治区、广西壮族自治区，以及非民族自治省份所辖的民族自治州、县新闻传播的发展历史、现状及相关成果；二是非民族自治省份，主要介绍该省少数民族自治州、县的民族语言新闻传播的发展历史、现状及相关成果。

四、撰写体例

为规范写作并体现其文献价值，本《报告》力求体例一致。各民族地区的分报告主要包含以下项目：本地区少数民族分布等基本历史及社会情况；本地区新闻传播发展概况；本地区少数民族新闻传播中的问题；本地区少数民族新闻传播未来发展的对策及建议；大事记；参考文献、数据来源；撰稿人简介；等等。

由于各地区情况不一，在项目设置上略有差别。如西藏自治区就增加了"新闻出版对口援藏"的内容，以体现其特殊性。关于各地"少数民族新闻传播教育"和"少数民族新闻传播研究"等项，也根据各地情况有所不同。

五、撰稿人员

根据民族地区新闻传播教育及学术研究的情况，编委会确定主要由全国民族新闻院校和民族地区高校新闻院系的教师及部分研究生作为撰稿人。每一地区确定一名总撰稿人，同时聘请若干撰稿人，分工完成相关任务。

各地区撰稿人如下（第一作者均为该地区总撰稿人）：

北京——白润生、荆琰清；

西藏自治区——周德仓、周晓燕、韩英琴、王梦敏、杨正林、杨柳青、严昌枘、彭敏、李炜、刘小三、程彦伟；

新疆维吾尔自治区——韩强、包时光、迪拉拉·地里夏提、龚雪婷、黄龙海、万婧；

内蒙古自治区——高炜、郭志菊、王高娃；

宁夏回族自治区——谢明辉、顾广欣、王斌、李云华、杨海明、詹思佳；

广西壮族自治区——商娜红；

青海省——纪小春；

甘肃省——牛丽红、卢毅刚、马庭魁、秦伟、杨志宏；

四川省——钟克勋；

云南省——单晓红、曹云雯；

贵州省——周湄、翁泽仁、仇敏、王仁忠；

辽宁省——张国民、何江、孙瑞国、成语；

吉林省——李世举、谭舒、孙静、田野、刘洋洋；

黑龙江省——齐辉、田雷、金奎亨、宋丽丽、钟靖。

六、出版资助

该《报告》以课题形式纳入中国人民大学"985 工程"研究项目，并得到相关资助。另外，西藏日报社和西藏商报社资助 3 万元支持本《报告》出版。特此向中国人民大学、西藏日报社和西藏商报社致谢。

受一些主客观条件的限制，该《报告》还存在不少缺憾。如未能涵盖全国所有民族地区的新闻传播业，未能提供全国少数民族新闻传播发展状况的总报告，部分地区的报告对该地区新闻传播的特点、问题、对策以及新闻传播教育、研究状况的叙述还较为简略，部分地区的报告数据还不够完整，有的地区未能提供最新数据，等等。这些缺憾，有待今后修订时弥补。

该《报告》的出版得到了人民日报出版社的支持和帮助，在此谨致谢意。

加强民族新闻传播研究
促进民族地区社会发展

——在 2012 年第四届中国民族地区信息传播与
社会发展论坛上的总结发言

题注：2012 年 11 月 24 日至 25 日举办的第四届中国民族地区信息传播
与社会发展论坛，在广西大学校领导和新闻与传播学院老师同学
的支持下，在广西日报传媒集团的协助下，取得了圆满成功。可
以说，我们举办了一届团结、和谐、有成效的论坛。

一、本届论坛的特点

（一）参与踊跃，代表广泛

本届论坛共收到论文 90 多篇，参会人员 100 多人，能有这样的规模
是在座每一位老师和同学积极参与的结果。本届论坛实现了民族地区全
覆盖，民族院校也大多有代表与会，非民族地区、非民族新闻院校参与

人数也比往届有所增加，而且有很多研究生加入，提供了学术论文，这表明我们的研究团队正在逐渐壮大，后继有人。

（二）主题突出，主线清晰

本届论坛突出了两个主题：一是从第一届会议开始就已确定的"传播·团结·和谐·发展"的主题；二是党的十八大报告中关于民族地区工作的论述："全面正确贯彻落实党的民族政策，坚持和完善民族区域自治制度，深入开展民族团结进步教育，加快民族地区发展，促进各民族和睦相处、和衷共济、和谐发展。"这是我们研究民族地区信息传播与社会发展问题的重要指导思想。在这一前提和背景下，与会人员积极探讨民族地区信息传播与社会发展中的重要理论与实践问题，深刻契合了会议主题。

（三）议题广泛，研讨深入

本届论坛涉及议题广泛，涵括了少数民族研究领域中的各个重要方面。在主题演讲中，美国查普曼大学教授、中国人民大学客座教授贾文山作了《第一代民族政策模式和第二代民族政策模式并行不悖》的演讲，阐述了中国第一代民族政策理论和第二代民族政策理论的基本内容和模型，并且通过分析，提出了可供借鉴的中国民族政策的多元化理论模式。内蒙古日报总编室副主任、《新闻论坛》副主编陈玉文介绍了内蒙古民族信息传播基本情况，《内蒙古日报》及其主办的新闻刊物《新闻论坛》的运作情况，并表示愿意为少数民族新闻信息传播的理论和实践研究提供重要平台。广西日报社副总编辑于起翔，运用《广西日报》新闻报道的具体案例，阐释了民族地区新闻报道的经验和启示，强调在民族地区新闻宣传工作中，民族问题无小事，新闻工作者要懂政策，有感情，会常识，抓住民族新闻工作的特点，真正承担起媒体的社会责任。

西藏民族学院新闻传播学院院长周德仓在民族新闻传播研究方面很有建树，他在《提升少数民族新闻传播研究的现实话语权》的演讲中指出，少数民族新闻传播研究影响力有限的关键因素之一，是缺少现实话语权，研究者必须以大众传媒为主要关注对象，直面少数民族新闻传播现实，实现少数民族新闻传播研究对少数民族新闻传播的现实话语权。云南大学新闻传播教学中心副教授杨星星在《电视传播语境中的少数民族乡村文化建构》的演讲中，以"电视时代"为背景，依托对云南少数民族乡村的田野观察，提出电视是农村文化建构的重要力量，并应从先进文化、区域文化和民族文化3个层次实现电视传播与农村文化建设的整合互动。

（四）形式多样，内容丰富

本届论坛内容丰富，包括大会、分会、专题工作坊和参观考察少数民族博物馆、聚居地等，同时举行了中国首部《中国少数民族地区新闻传播发展报告（1949—2010）》的首发式。该报告是我国第一部系统而全面梳理民族地区新闻传播历史及现状的著作，阐述了北京、西藏、新疆、内蒙古、广西、宁夏、青海、云南、贵州、四川、辽宁、吉林、黑龙江等10余个省、自治区、直辖市1949—2010年民族新闻传播的历史与现状，并对未来发展提出建议，具有较高的理论、史料价值和现实意义。

二、今后工作的设想

我们的论坛是一个学术共同体，每一位理事会成员都有平等的发言权，大家可以通过交流协商的方式来探讨如何共同办好论坛。下面我综合了理事会的意见，加上我本人的一些思考，为今后的工作提出以下建议，供各位理事和全体与会者参考。

（一）进一步提高认识

目前，随着综合国力的不断提升，我国在世界上的地位越来越高，在全球经济政治发展中发挥着积极的作用，受到了全世界的广泛关注。党的十八大报告把生态文明建设放在突出位置，融入经济建设、政治建设、文化建设、社会建设全过程，努力建设美丽中国，实现中华民族永续发展，这也是我们从事少数民族信息传播研究工作的重要意义所在。

我们要进一步提高对论坛的认识，提高对我们所从事的民族地区信息传播与社会发展研究工作的认识，要站在学科建设、国家经济社会发展与社会和谐稳定的战略高度来看待少数民族信息传播研究问题。要在民族新闻传播研究领域进行深入思考与变革，打造优秀团队，形成中国民族地区信息传播与社会发展研究的学派。

（二）进一步壮大团队

我们要进一步打造民族新闻传播优秀研究团队，壮大研究力量，拓展研究视野，争取实现民族地区全覆盖、民族院校全覆盖的民族地区信息传播与社会发展研究格局。同时，要联系全国所有民族地区的新闻院校加入理事会，并逐步实现非民族地区重点新闻院校进入理事会，以便更好地团结全国的力量来办好论坛，促进我们的研究，更好地为民族地区的经济社会发展与和谐稳定服务。

我们要以更加开放的胸怀，加强同社会各界，如中国新闻史学会少数民族新闻传播史研究委员会等研究机构、研究团体和研究人员的合作，共同推动我国民族地区信息传播与社会发展研究工作。

（三）进一步扩大影响

迄今为止，论坛已经举办了4届，并产生了一定的影响。希望今后大家都能向社会各界来宣传论坛，积极传播论坛的研究成果，进一步扩大论坛的知名度和影响力。

同时，我们还要全方位地加强同社会的交流与合作，进一步做到内外拓展，包括民族地区和非民族地区的拓展、国内和国际的拓展，希望明年有更多非民族地区和国外学者来参加我们的论坛。

（四）进一步提高水平

目前，我们已经形成了包括云南大学、西藏民族学院、广西大学等多个实力很强的院校在内的研究团队，取得了一定的研究成果，但是也存在一些问题，如研究主题较分散、重复性成果和低水平研究成果较多等。在今后的研究中，我们首先要注意做到主题明确，各位研究者提交论文时要紧密围绕论坛的主题，争取每次都能较为集中地形成一些研究成果，解决一两个实际问题。同时，要深化对基础性理论的研究，在分论坛中可以设置一两个研究基础理论的专题。总之，我们在今后的研究中要强调团队合作，贯彻问题意识、团队意识、学科交叉意识，形成研究系列，提高研究水平。

（五）进一步塑造品牌

在今后的研究工作中，我们要进一步加强团队建设，重视骨干培养，也希望大家积极参与、保证质量、维护声誉、扩大影响，最终打造出中国民族新闻传播研究的优秀团队，建立起中国民族新闻传播研究的学派。

我想，学派不是简单的"一家之言"，而是要融汇大家的智慧，集中大家的成果，形成有说服力和影响力的研究成果。目前，我们老一辈的研究者已经做了很多工作，他们长期辛苦耕耘，为我们树立了榜样。我们要在以往研究成果的基础上继续推进，不断深入，推动我国民族地区信息传播与社会发展研究工作进一步深化和发展。

我相信，通过大家的努力，我们一定能够秉承和实现我们论坛"传播·团结·和谐·发展"的宗旨与目标，在加强传播研究、增强民族团结、促进民族和谐、实现民族地区发展等方面贡献我们的智慧和力量！

2012 年 11 月 25 日于南宁

加强合作　抱团取暖　做强做大民族地区新闻教育和文化传播

——在"2018 民族新闻与文化传播创新研讨会暨民族地区新闻与传播学院院长会议"开幕式上的致辞

在广西壮族自治区成立 60 周年和广西大学建校 90 周年之际，来自全国几十所民族地区新闻与传播学院的院长、系主任，以及 70 多名专家学者齐聚南宁，同我们一起共度区庆、院庆。

六十年一个甲子，广西走过了一段不平凡的发展历程。特别是最近这四十年，沐浴着祖国改革开放的春风，借着国家实施西部大开发和全面建成小康社会战略的强势推动，广西的面貌发生了翻天覆地的变化，全区经济发展、政治清明、文化繁荣、社会和谐、民族团结、生态美好，到处是一片欣欣向荣的景象！

广西大学的 90 年，从梧州到桂林，再从桂林到南宁，几度迁徙，历经沧桑，同样走过了一段不平凡的发展历程。如今，作为广西唯一一所"211 工程"高校，广西大学已进入世界一流学科建设高校行列，正迎来历史上从未有过的发展机遇。数万名师生在校党委领导下，正按照国务院关于统筹推进世界一流大学和一流学科建设的总体方案，以及自治区党委、政府批准的广西大学综合改革试点方案和推进一流大学和一流学科建设方案，朝着建设"布局合理、特色鲜明的一流综合性研究型大学"的目标加速前进。

广西大学的新闻学专业始建于 1972 年，是当时全国少数几所培养新闻人才的教学机构。2008 年独立组建了新闻与传播学院，由此开启了改革发展的新征程。在 40 多年的办学历程中，特别是单独建院以来的 10 年中，学院借助自治区和学校改革发展大势的推动，尤其是近年来部校共建的推动，学院的教学科研、人才培养、队伍建设等各项工作都取得明显进步，如今正以崭新的姿态，按照学校"以一流为目标，以学科为基础，以绩效为杠杆，以改革为动力"的整体思路，向着"立足广西、服务全国、辐射东盟、面向世界，努力为建成学科布局合理、具有南疆地域特色的教学研究型新闻与传播学院而奋斗"的发展规划团结奋进。

上面所作的简单回顾，是想同来自全国各地，特别是来自各民族地区新闻与传播院校的朋友分享我们欢度区庆、校庆的喜悦之情。今年是宁夏回族自治区成立 60 周年，也是西藏民族大学建校 60 周年，我想，作为民族地区的高校，此时此刻我们大家会有同样的心情和愿望。

我受聘广西大学担任新闻与传播学院院长已近一年时间。此前我们学院已经举办过 3 个研讨会：第一个是 3 月 24 日举行的新闻学学科发展咨询会，我们邀请了一些著名新闻院校的院长、学科带头人为我们的学科建设与学院发展"号脉把诊"；第二个是 5 月 5 日为纪念马克思诞辰 200 周年举行的马克思主义新闻观理论研究与教学实践研讨会；第三个是 10 月 20 日举行的气候与健康传播研讨会，这是我把自己多年来所作的气候传播与健康传播研究打通的一次研讨会，希望以此为党中央提出的建设美丽中国和健康中国的战略作些贡献。

今天的研讨会是我们学院举办的第四场研讨会。我们把这场研讨会安排在区庆和校庆到来之际，并且邀请了这么多全国民族地区新闻院校的同行参加，是想把它作为两个庆祝活动的组成部分，与大家分享我们的喜庆，共谋民族地区新闻教育的发展。

在座的很多人都是我在中国民族地区信息传播与社会发展论坛这个平台上认识的老朋友，今天和大家会聚南宁，心里格外高兴！这个论坛成立至今已整整 10 年，它已成为聚合全国民族地区新闻院校力量共同探讨民族地区新闻与文化传播的一个重要平台，在民族地区新闻院校中有着很好的声誉和影响。

迄今，我还记得 10 年前中国人民大学新闻学院院长赵启正在跟我们谈组建论坛时所讲的一番话。他说，如果民族地区发展不好，那么我们国家的所有重大战略目标，包括全面建成小康社会与和谐社会建设等都难以最终实现。因此他提出，我们要关注民族地区的发展，特别是要关注民族地区的新闻教育、人才培养、队伍建设和媒体改革，关注新闻传播对民族地区经济社会发展的影响。正是在这一背景下，中国人民大学联合全国 14 个民族地区新闻院校共同组建了"中国民族地区信息传播与社会发展论坛"，赵启正院长亲自担任理事长，我当时作为教育部重点研究基地中国人民大学新闻与社会发展研究中心的主任担任副理事长，协助赵院长工作。

正是在这个论坛多年的工作中，我积存了深厚的民族情结，也正是出于这种民族情结，我在 2017 年年底接受了广西大学的邀请，受聘为广西大学新闻与传播学院院长，从北京来到了南宁。

在担任院长的近一年时间中，我和学院领导班子紧紧依靠全院教职工，进一步明确办学方向，加强资源整合，发挥自身优势，注重内涵发展，取得了一些进步和发展。但我也深切地感受到，民族地区新闻院校在发展过程中所面临的一些问题和困难，例如，资源欠缺、基础较差、动力不足，特别是创新的思维和能力相对还显得有些落后。因此，虽然近年来也取得不少发展和进步，但是总体上与东部发达地区的新闻院校相比，还存在不小的差距。

正因如此，这次研讨会，我们专门设立了"院长论坛"，希望通过这个平台，与各位院长、同行和朋友共同探讨如何整合资源、扬长避短、突出特色；如何相互学习、相互帮助、相互勉励；如何加强合作、聚合力量、抱团取暖，共谋民族地区新闻与传播教育的繁荣发展，努力做强做大民族地区新闻与传播教育。

研讨会还为关注民族新闻与文化传播研究的朋友设立了交流平台，大家可以共同分享研究成果，共同为促进民族新闻与文化传播贡献力量。

2018 年 12 月 2 日于南宁

回顾十年历程　展望未来发展
壮大研究团队

——2019 年第十届中国民族地区信息传播与
社会发展论坛开幕式致辞

在美好的金秋十月，在全国各族人民庆祝新中国 70 华诞的喜庆日子里，我们相聚在古城西安，相聚在西藏民族大学，参加第十届中国民族地区信息传播与社会发展论坛，心情格外喜悦。在此，首先请允许我代表论坛理事会向莅临研讨会的各位领导、嘉宾、老师和同学表示热烈的欢迎和衷心的感谢！欢迎你们前来参加本届论坛，感谢你们多年来对论坛的关心和支持！

我们的论坛从 2009 年开始，已经先后在中国人民大学、西藏民族大学、云南大学、广西大学、内蒙古大学、陕西师范大学、西南民族大学、宁夏大学、新疆大学举办了 9 届，今年是第十届。在 10 届论坛中，有 3 届都选择在西安举办，而其中两届都是在西藏民族大学举办的，我想借此机会特别说明一下其中的特殊意义。

西安是我国闻名遐迩的历史古都，这里留下了太多的历史故事，这里的历史人物数不胜数，名胜古迹遍布城乡。西安不仅是中华文化的发祥地，更是中国汉民族与其他少数民族交融互鉴，以及中华民族与世界各民族友好交往的见证地。

1300 多年前，文成公主由此启程，书写了汉族与藏族友好交往的历史佳话。以西安为起点的古代丝绸之路，把中华民族与中亚和欧洲各国不同肤色、不同种族、不同文化、不同民族的人连在了一起，为后人留下了友好交往、互学互鉴的好传统。

因此，在西安举办民族新闻论坛，大家一起来探讨民族地区的新闻传播与社会发展，探讨民族文化的传播与交融互鉴，探讨新闻传播与"一带一路"建设，探讨"唐蕃古道"与民族文化传播等穿越古今、贯通中外的学术话题，可以说有着一种格外的历史厚重感和现实体验感。

因为我们脚下的土地就是当年张骞出使西域开创丝绸之路，以及文成公主西出长安完成唐朝汉民族与吐蕃藏民族和亲壮举的起点。在这里，我们能够切切实实地感受到新时代民族文化传播与交融，以及新时期再续丝绸之路、再筑中外友谊之桥的新气象。

另外，西藏民族大学是新中国成立后西藏建立的第一所高校，今年是西藏民族大学建校 60 周年，我们能够借此机会同西藏民族大学的领导、老师和同学共同欢度校庆，同样有着特殊意义。

藏族是一个伟大的民族，是中华民族大家庭里的重要一员，藏族人民创造的灿烂文化在中华民族文化中占有重要地位，藏族与汉族自唐代以来千余年的友好交往，是中华民族史上久传不衰的历史佳话；西藏民族大学作为西藏自治区最早建立的高校，为西藏，也为其他民族地区培养了大批藏族和各民族干部，成为全国民族地区历史最长、成效最好的民族院校之一；西藏民族大学新闻传播学院在民族地区新闻院校中不仅发展快、经验多、效果好，而且是这些年来对我们民族新闻论坛支持最多、贡献最大、做得最好的学院。这次正值论坛成立 10 周年，西藏民族大学主动提出要承办本届研讨会，为我们共同回顾和总结论坛成立 10

年来的经验与收获，探讨论坛下一个 10 年的创新与发展提供了很好的平台。

在此，我代表论坛理事会向西藏民族大学，向西藏民族大学新闻传播学院的领导、老师和同学表示衷心的感谢！同时，也向西藏民族大学60 周年校庆表示热烈的祝贺！祝贺你们 60 年来所取得的快速发展和巨大成就，祝愿你们今后能够再上层楼，作出更大成绩，取得更大发展！

我们的论坛，是 10 年前由中国人民大学新闻学院赵启正院长倡导，在全国民族地区新闻院校的积极配合与大力支持下共同组建的。当时赵启正院长明确强调："我们要站在国家整体发展的战略高度来关注民族地区的新闻教育、传媒改革和经济社会发展"，并嘱咐我们一定要把论坛办好，而且要长期办下去。他说："如果没有民族地区的经济社会发展，我们国家的任何一个发展目标要想实现都是不现实，不可能的。"

从当时我们为论坛所确定的名称"中国民族地区信息传播与社会发展论坛"看，创办论坛的宗旨，就是要通过论坛这个平台促进民族地区新闻传播教育，推动民族地区传媒改革和经济与社会发展。同时希望通过组织论坛，为民族地区新闻院校师生搭建一个学术平台，借此促进学术交流，打造研究团队，并通过我们的思想智慧和理论成果为推动民族地区经济发展和社会稳定服务。

10 年来，论坛所举办的每届研讨会都会确定一个与民族地区新闻信息传播与社会发展相关联的主题，都会尽力打造一支有地域特色、有学术涵养的研究团队，形成一些有代表性的学术成果。

10 年来，论坛组委会在全国民族地区新闻与传播院校的支持与配合下，始终秉持这一宗旨，坚持"民族、团结、和谐、发展"的定位，在服务民族地区新闻与传播教育、服务民族地区传媒改革、服务民族地区经济社会发展方面做了一些工作，取得了一些成绩，作出了一些贡献，在民族地区新闻与传播院校中产生了积极影响，成为新闻与传播领域的一个有较高知名度、较强凝聚力和较大影响力的论坛。

作为论坛的组织者，我真诚地期待各位与会专家学者和老师同学，能够借助论坛搭起的学术平台，共同总结论坛 10 年来的工作，展望论坛的未来发展，同时围绕本届论坛主题交流研究心得，共同谋划我国民族地区新闻与信息传播的战略发展，共同描绘我国民族地区新闻传媒业与经济社会发展的宏伟蓝图。

本届论坛我们还套办了一个"第二届全国民族地区新闻与传播学院院长（系主任）论坛"。这个论坛是 2018 年由广西大学新闻与传播学院发起成立的。我们邀请与会的各民族地区新闻与传播学院的院长和系主任，就民族地区新闻教育、学术研究、学科发展、人才培养和队伍建设等问题交流研讨，大家齐心协力，抱团取暖，借助集体的智慧和力量共谋发展，壮大民族地区新闻与传播教育，培养更多适应民族地区改革发展需要的新闻与传播人才。

如今我们的国家已经进入了全面深化改革的关键时期，为了推进改革开放，党中央实施了一系列推动区域发展，特别是推动西部民族地区发展的宏观战略——丝绸之路经济带建设、新海上丝绸之路建设、北部湾经济带建设等，这些区域发展战略规划将西部地区几十个民族的发展联系在了一起，构建起了一幅幅民族地区经济、社会和文化发展的新蓝图。

在民族地区深化改革、扩大开放、加快发展的宏伟事业中，新闻传播依据自身所拥有的传播信息、报道新闻、引导舆论、服务社会的独特功能，在促进民族地区政局稳定、经济发展、文化繁荣、社会和谐、生态文明等方面，能够发挥无以替代的重要作用。

作为新闻与传播教育和研究机构，民族地区新闻与传播院校应该无负于我们所处的伟大时代，无负于我们肩负的重大使命，牢固地树立问题意识，紧紧瞄准民族地区经济社会发展和边疆地区社会稳定安全方面的重大理论与实践问题，深入调查研究，掌握真实情况，认真分析问题，提出决策建议，发挥好智库作用，作出自己应有的贡献！

令人高兴的是，近年来我国民族地区新闻与传播院校，在促进民族地区传媒业以及整个地区经济社会改革与发展的过程中，发挥了很好的理论支撑和实践指导作用，涌现出了一批理论素养高、研究能力强、与少数民族群众有着良好关系的研究团队，其研究成果获得了当地党委、政府和人民群众的认可与肯定，为我国民族新闻与传播研究开创了新局面，扩大了影响力，也增强了凝聚力。

经过 10 年的探索，我们通过不断交流工作经验、开展科研合作，聚合起了一支民族新闻与传播研究的专业队伍，凝聚起了做好民族新闻与传播研究的思想共识。我相信，有大家的共同努力，今后我们的论坛一定会越办越好，一定会成为我国民族新闻与传播研究中有价值、有能力、有水平、有影响和有凝聚力的学术平台和理论阵地。

回顾 10 年历程，展望未来发展，我们一定要继续高举习近平新时代中国特色社会主义思想的旗帜，认真学习贯彻习近平总书记关于民族工作和新闻舆论工作的重要论述，进一步明确民族工作，特别是民族地区新闻舆论工作的战略定位，增强服务意识，创新研究方法，深化理论研究，尤其要站在国家整体发展的战略高度来关注民族地区的新闻教育、传媒改革和经济社会发展，要促进学术交流，打造研究团队，壮大研究团队，并通过我们的思想智慧和理论成果为推动民族地区经济发展和社会稳定服务。当前，要着重贯彻落实好 2019 年 10 月 23 日中共中央办公厅、国务院办公厅印发的《关于全面深入持久开展民族团结进步创建工作铸牢中华民族共同体意识的意见》精神，在积极推进民族团结进步创建工作和铸牢中华民族共同体意识上多作些深入研究，多提供一些既有理论价值，又有实践意义的研究成果，为促进民族地区改革发展、繁荣稳定、长治久安，为建构既体现中国国情又符合国际规范，经得起历史和实践检验的中国特色社会主义民族新闻学作出更大贡献！

2019 年 10 月 26 日于西安

推进民族地区新闻教育与学术研究再上层楼

——2020 年第十一届中国民族地区信息传播与社会发展论坛开幕式致辞

　　在即将迎来中华人民共和国成立 71 周年之际，我们相聚在美丽的朝鲜延边自治州首府延吉市，相聚在新中国最早建立的民族地区高等院校之一——延边大学，参加第十一届中国民族地区信息传播与社会发展论坛，心里充满喜悦之情。

　　我们的论坛从 2009 年开始，已经先后在华北、西北、西南的民族地区和民族新闻院校举办了 10 届，今年是第十一届。这是我们论坛第一次在东北地区，在朝鲜族聚集的地区举办会议，因此有着特殊的意义。

　　朝鲜族是一个勤劳勇敢、充满智慧、有着独特文化的民族。来到延边，我们会想到盛开的金达莱、潇洒的长鼓舞，会看到朝鲜族姑娘的飘逸长裙、朝鲜族小伙的短衣长袍，会感受到朝鲜民族独特的文化魅力和超强的创造活力。

　　延吉市是吉林省延边朝鲜族自治州的首府，是全州政治、经济、文化与对外交往的中心，是中国优秀旅游城市、全国百强县之一，是吉林省除长春、吉林两大城市之外，城市分级最靠前的城市。经过 70 多年的建设，特别是改革开放 40 多年的发展，延吉市呈现出一片欣欣向荣的景象。来到这里，我们感受到了边疆地区、民族地区，特别是朝鲜族群众聚集地区改革发展所呈现出的巨大力量。

与新中国同年诞生的延边大学已有71年的建校历史。这所位于东北边陲城市的国家"211工程"重点建设大学，是中国共产党最早在民族地区建立的高校之一。几十年来，延边大学为延边、为吉林、为东北、为全国培养了大批优秀的民族干部，特别是朝鲜族干部，在民族院校中有着重要影响。延边大学的新闻专业教育起步较早，经过几十年的发展取得很大进步，积累了许多经验。在此，我们衷心祝贺延边大学和延边大学新闻专业教育所取得的成绩，并预祝你们今后能够不断进步，加快发展，再上层楼！

本届论坛以"融合、聚力、创新"为关键词，旨在探讨在信息化和全媒体时代背景下如何聚集力量，通过改革创新推进媒体融合，实现更大发展，进而更好地为国家战略发展、社会和谐稳定与民族团结进步提供更好的信息服务和舆论支持。

本届论坛具体探讨的议题包括"媒体融合与民族地区信息传播""当前媒介生态变化与民族地区信息传播""民族地区新闻教育改革与发展""民族地区信息传播与民族文化""边疆新闻与文化对外传播创新与发展"和"重大突发事件与民族地区信息传播"等。

作为论坛的组织者，我真诚期待各位与会专家学者和老师同学，能够借助论坛搭建的学术平台，围绕上述议题展开充分交流和深入研讨，尤其是要注意交流与研讨在信息化和全媒体时代背景下如何改进新闻与传播教育和教学，培养更多合格的新闻与传播人才，以便更好地服务于民族地区经济社会发展和新闻事业改革发展。

民族地区的新闻与传播教育肩负着特殊职责和重要使命，我们应该无负于新时代所赋予的新使命，瞄准在促进民族地区经济社会发展和边疆地区社会稳定安全方面，做好新闻传播和搞好新闻教育的重大理论与实践问题展开学术研究，发挥智库作用，贡献思想智慧。

近年来，我国民族地区新闻与传播教育，在国家深化改革发展的宏观背景下，在教育事业与新闻事业全面创新发展的大力助推下，借助部校共建和卓越新闻传播人才培养 2.0 计划的推进与实施，取得了长足发展，赢得了当地党委、政府和人民群众的认可与肯定。然而，与我们肩负的历史使命与时代责任相比，与党和人民对我们的要求相比，我们的工作还存在很大差距。特别是面对复杂多变的国内外形势，面对全媒体时代深度融合的媒介环境，面对民族地区新闻与传播教育自身的不足和欠缺，我们今后还有很多工作要做，还有很长的路要走。

我相信，只要我们大家进一步凝聚共识，再接再厉，我国民族地区的新闻与传播教育一定会越办越好，一定会为促进民族地区经济社会发展和传媒业改革发展培养更多新闻人才，提供更多智力支持，作出更大实际贡献。

在 2020 年 8 月召开的中央第七次西藏工作座谈会上，习近平总书记发表了重要讲话，提出了做好西藏工作的"九个必须"，内容涉及党的领导、社会主义和民族区域自治制度、依法治国治边、维护祖国统一、加强民族团结、统筹国内国际两个大局、改善民生凝聚人心、促进各民族交往交流交融、依法管理宗教事务、生态保护和加强党的建设等一系列问题，具有很强的针对性和指导性，体现了党中央关于民族工作的理论观点和重大战略思想，为当前和今后一个时期内做好民族工作指明了方向，提供了根本遵循，是指导当前我国民族工作的重要原则。我们要全面贯彻党中央关于新时代民族工作的路线方针政策，铸牢中华民族共同体意识，提升发展质量，保障和改善民生，推进生态文明建设，加强党的组织建设，确保国家安全和长治久安，确保人民生活水平不断提高，确保生态环境良好，确保边防巩固和边境安全，努力把民族地区建设成为团结富裕文明和谐美丽的好地方。

我们的论坛应该在促进各民族团结进步和民族地区经济社会发展，以及传媒业与新闻教育改革发展方面发挥更大优势，作出更大贡献！

让我们通过此次论坛共同描绘我国民族地区经济社会发展，共同谋划我国民族地区新闻与信息传播的战略发展，以及传媒业和新闻教育改革发展的宏伟蓝图，以优异的成绩迎接 2021 年中国共产党的百年华诞！

2020 年 9 月 25 日于延吉

立于民族复兴战略高度
把握民族工作历史方位

——2021年第十二届中国民族地区信息传播与
社会发展论坛开幕式致辞

今天大家相聚在兰州，相聚在新中国成立后建立的第一所全国民族地区高等院校——西北民族大学，参加第十二届中国民族地区信息传播与社会发展论坛，心里格外高兴。本届年会恰值我们刚刚庆祝完党的百年华诞，信心百倍地跨入第二个百年之时，因此意义格外重大。

当下，世界正面临百年未有之大变局，我国正处在"两个一百年"奋斗目标的历史交汇点，此时此刻，我们要认真总结中国共产党百年历史发展的成就和经验，深入思考第二个百年奋斗目标实现的路径和方略。

20天前，即8月27日至28日，中央民族工作会议在北京召开，习近平总书记发表重要讲话，肯定了新中国成立以来中国共产党民族工作取得的巨大成就，并重点总结了改革开放特别是党的十八大以来，党做好民族工作的12条经验：要从中华民族伟大复兴战略高度把握新时代党的民族工作的历史方位；要把推动各民族为全面建设社会主义现代化国家共同奋斗作为新时代党的民族工作的重要任务；要铸牢中华民族共同体意识；要坚持正确的中华民族历史观；要坚持各民族一律平等；

要高举中华民族大团结旗帜；要坚持和完善民族区域自治制度；要构筑中华民族共有精神家园；要促进各民族广泛交往交流交融；要依法治理民族事务；要坚决维护国家主权、安全、发展利益；要坚持党对民族工作的领导。他还强调要把党关于加强和改进民族工作的重要思想，作为新时代党的民族工作的根本遵循，完整、准确、全面地把握和贯彻。

作为民族地区新闻院校，我们要带头学好习近平总书记重要讲话精神，准确把握和全面贯彻党关于加强和改进民族工作的重要思想，坚持以铸牢中华民族共同体意识为主线，坚定不移走中国特色解决民族问题的正确道路，为构筑中华民族共有精神家园，促进各民族交往交流交融，推动民族地区加快现代化建设步伐，提升民族事务治理法治化水平，防范化解民族领域风险隐患，推动新时代党的民族工作高质量发展，贡献我们的智慧和力量。

甘肃是个多民族省份，人口在千人以上的民族有 16 个，主要民族包括回族、藏族、东乡族等。西北民族大学的前身是 1949 年 9 月中国人民解放军第一野战军在兰州开办的藏民问题研究班和藏民学校，在藏民族文化传播研究方面有着独特的传统和优势。

藏族是中华民族大家庭里的重要一员，藏族人民创造的灿烂文化在中华民族文化中占有重要地位，藏族与汉族自唐代以来千余年的友好交往，是中华民族史上久传不衰的历史佳话。

除西藏外，我国西南和西北地区有许多藏族自治州、县，在我们新闻院校中也有不少在研究藏族文化与新闻传播。今年是西藏和平解放 70 周年，7 月下旬习近平总书记在考察西藏时指出，西藏是各民族共同开发的，西藏历史是各民族共同书写的，藏族和其他各民族交流贯穿西藏历史发展始终。我们应该关注西藏和其他藏族群众居住地区的历史、文化与社会发展，特别是新闻传播和新闻教育研究，为西藏，以及其他藏民族地区的经济社会发展，特别是新闻教育、新闻传媒业发展作出新贡献。

为了办好论坛，7月下旬，我和周德仓老师到兰州与朱杰老师商量办会事宜。借此机会我们一起考察了甘南藏族自治州州府所在地卓尼县。在那里我们考察了卓尼县级融媒体中心，给我们留下深刻印象。该中心自成立以来建立起"一台""一网""一端""一云""两微""两号""两发布""两平台"和"多频"的传播架构，形成了综合传播能力，致力于讲好卓尼故事，传播卓尼声音，在"态度""温度""深度""角度""速度""热度"上下功夫，取得明显成效，为卓尼县的经济社会发展、党务政务工作、服务群众生活作出了贡献，受到了自治州党委、政府和广大群众的认可与肯定。

在卓尼，我们还参观了杨土司革命纪念馆，了解到杨积庆土司和他的儿子杨复兴几代人支持革命，拥护共产党领导，为人民做好事的故事，十分感人。1935年，红一方面军长征经过这里，杨积庆开仓放粮，帮助红军顺利通过藏区，并突破天险腊子口，为毛泽东领导的中央红军北上抗日作出了重大贡献。杨土司后来被国民党杀害，1994年被政府追认为烈士。我们为甘南藏族同胞为中国革命作出的重要历史贡献而深深感动。

在这里，我们还考察了藏区的新农村建设项目。许多藏族群众建起了农家乐，靠旅游发展致富，过上了好日子。藏区的变化让我们切实感受到党的民族政策在甘南产生的影响和发挥的作用。特别是卓尼县级融媒体中心建设所取得的成绩和效果，让我们对民族地区的经济发展、社会进步和文化繁荣充满信心。

我们的论坛，是12年前由中国人民大学新闻学院赵启正院长倡导组建的。在全国民族地区新闻院校和民族新闻院校的共同努力下，论坛坚持了十几年，并逐步发展成为一个品牌学术平台，受到民族地区新闻院校师生的认可与欢迎。作为论坛的组织者，作为一个参加过12届论坛的老教授，我十分感慨。在此我要向参加今天研讨会的各位院长、系主任和老师同学，向这 12 年中承办过论坛和所有参加并支持过论坛工作的学院领导和老师同学表示诚挚的谢意！

由于年龄的原因，在昨天晚上的常务理事会上，我提出了辞去理事长职务的请求，得到了大家的理解，这让我感到很欣慰。常务理事会已经推举王润泽老师接任论坛理事长。王老师是人民大学新闻学院副院长、新闻与社会发展研究中心执行主任，还是中国新闻史学会会长，组织协调能力很强，相信她一定会引领大家继续坚持论坛确立的"民族、传播、和谐、发展"的定位，把论坛办好，为服务民族地区新闻院校成长、传媒改革和经济社会发展作出更大贡献。

让我感到特别高兴的是，通过这些年的努力，我国民族地区新闻院校和民族新闻院校，在促进民族地区传媒业以及整个经济社会改革与发展过程中，发挥了很好的理论支持和实践指导作用，涌现出了一批理论素养高、研究能力强、在少数民族群众中有着良好亲和力的研究团队，其研究成果获得了当地党委、政府和人民群众的认可与肯定，为我国民族新闻传播研究开创了新局面，扩大了影响力，也增强了凝聚力。祝愿大家百尺竿头更进一步，齐心协力更上层楼！

2021 年 9 月 18 日于兰州

踔厉办好论坛，
为铸牢中华民族共同体意识继续奋斗

——第十五届中国民族地区信息传播与
社会发展论坛开幕式致辞

很高兴来到西宁，参加由青海师范大学新闻学院承办的第十五届中国民族地区信息传播与社会发展论坛。前些年，我和论坛秘书长周德仓老师联系才让卓玛老师，请她参加论坛活动，并希望能在青海举办一届论坛，她愉快地答应并作出了承诺。今天论坛终于在大家的期待中举行了，在此，我们要感谢青海师范大学，尤其要感谢新闻学院院领导所带领的团队，为本届论坛举办所付出的辛勤劳动和所做的出色工作。

我们的论坛从 2009 年开始，已先后举办了 14 届。今年是第十五届。

论坛成立以来，始终坚持以"传播"为纽带，聚焦民族团结、进步、融合、发展，在促进民族地区新闻教育，助力民族地区传媒改革，推动民族地区经济社会发展方面发挥了重要作用，逐渐成为全国民族新闻传播研究领域的一个品牌会议，其凝聚力、向心力和影响力越来越大。

"铸牢中华民族共同体意识"，是党的十八大以来党中央全力实施并大力推进的民族工作重大战略目标。近年来，习近平总书记在考察新疆、内蒙古、青海、广西等民族地区时，以及在中央民族工作会议上就此问题反复强调并提出了许多明确要求。特别是 2023 年 10 月 27 日，中共中央政治局专门以"铸牢中华民族共同体意识，推进新时代党的民族工作高质量发展"为题组织集体学习，习近平总书记主持学习并作了重要讲话，强调铸牢中华民族共同体意识，就是要引导各族人民牢固树立休戚与共、荣辱与共、生死与共、命运与共的共同体理念。要全面贯彻党的二十大部署，准确把握党的民族工作新的阶段性特征，把铸牢中华民族共同体意识作为党的民族工作和民族地区各项工作的主线，不断加强和改进党的民族工作，扎实推进民族团结进步事业，推进新时代党的民族工作高质量发展。总书记的讲话为我们进一步办好论坛，做好新时代民族地区新闻与信息传播，更好地推动民族地区新闻教育、传媒改革和经济社会发展指明了前进方向，确定了奋斗目标。

新时代的民族工作面临着新形势新挑战，需要我们高度重视并全力推进。我们的论坛作为民族新闻传播研究的学术共同体，在铸牢中华民族共同体意识，推进新时代党的民族工作高质量发展方面肩负着重要使命和任务。近年来，我们的几届论坛都以此为主线组织研讨、研究对策，希望能够在铸牢中华民族共同体意识方面提供理论引导、作出学术贡献。

今年的论坛依然以铸牢中华民族共同体意识为主线，以"交往·交流·交融——新时代民族地区信息传播纵深发展"为主题，旨在深入探讨如何通过加强民族交往、交流与交融，促进新时代民族地区信息传播向纵深发展，为进一步铸牢中华民族共同体意识作出新贡献。

具体来说，我们要借助论坛平台，深入探讨在新时代背景下，面对民族工作所面临的新形势如何更好地把握民族新闻传播的使命任务、指导方针、工作原则和实践路径；如何结合各自所在民族地区的实际，深入探讨当前信息传播与新闻宣传工作所呈现的新特点和所出现的新问题，以及改革创新的路径和方法；尤其要深入探讨民族地区新闻院系和传媒机构如何更好地讲好民族团结进步故事，宣传好各民族群众在铸牢中华民族共同体意识方面的成功经验和典型事例；等等。总之，根据 10 多年来的经验，每次论坛都要紧紧围绕主题、抓住主线，展开充分交流、深入研讨，努力形成共识，取得成果，使我们的论坛能够不断提高质量，扩大影响，努力打造成为民族教育共同体、新闻学术共同体和铸牢中华民族共同体意识的重要平台。

习近平总书记多次用"石榴籽"作比喻，提出全国 56 个各具特色的民族要像石榴籽那样紧紧抱在一起，就是希望全国各民族要团结得像一家人，要形成一条心，拧成一股绳，这样才更有力量。

我真诚希望我们的论坛能够更加广泛地联系民族地区新闻院系和传媒界的朋友，大家也像石榴籽一样紧密聚合在一起，心往一处想，劲往一处使，齐心协力继续办好论坛，为促进各民族大团结，为铸牢中华民族共同体意识踔厉奋发，再作贡献！

2024 年 7 月 13 日于西宁

第三编

气候传播

论文、序言

"气候变化"和"气候传播"
相关概念解读

题注：2016 年 12 月 17—18 日，"绿色发展与气候传播研讨会"在北京举行。研讨会期间，应邀参会的《采写编》杂志总编表示，希望能在其刊物上开辟"气候传播"专栏，以此来表示对气候变化和气候传播研究的支持，受到大家欢迎，一些与会代表在发言和研讨中提到了一些与"气候变化"和"气候传播"相关联的概念。许多朋友反映，这些概念内涵相近，不太好区分，容易导致认识上的误区和混乱。准确认识这些概念的内涵，弄清它们之间的区别，对于我们做好气候传播理论研究和开展实际工作十分重要。因此，笔者根据对一些相关资料的整理和分析，对这些概念作了些解读，供大家参考。该文刊于《采写编》2017 年第 2 期。

当前，环境污染、气候变暖、冰山融化、海平面上升以及物种灭绝等生态危机已逐渐显现，并严重威胁到我们生存的地球家园。世界各国都在对人类社会的科学发展模式进行探索和实践，绿色低碳等理念开始受到国际社会的普遍重视，生态、环境等问题逐渐成为人们关注的焦点。在我国，近年来，党和政府把生态文明建设与经济建设、政治建设、文化建设、社会建设一道作为"五位一体"的国家建设整体布局，把绿色发展与创新发展、协调发展、开放发展、共享发展一道作为五大发展理念，将其上升到了国家发展战略的高度。在此背景下，绿色低碳发展、生态环境保护与气候变化和气候传播研究日益受到重视，参与的人越来越多，队伍越来越壮大，研究成果在逐年增加。

基于这一情况，出席研讨会的专家学者都期盼《采写编》"气候传播"专栏的设立，能够为全国气候变化和气候传播研究提供一个固定的平台，大家借助这一平台能够更好地交流研究成果，促进我国在这一领域的理论研究和行动实践。

一、何为"气候变化"

气候变化不等同于"天气变化"和"气象变化"，它是一个特定的、专门性的概念。

政府间气候变化专门委员会①将气候变化定义为：气候状态随时间发生的任何变化，无论是自然变率，还是人类活动引起的变化，而这种变化可以通过其特征的平均值和 / 或变率的变化予以判别（如利用统计检验），气候变化具有一段延伸期，通常为几十年或更长时间。

---

① 英文名称缩写 IPCC，是世界气象组织（WMO）和联合国环境规划署（UNEP）于 1988 年联合建立的政府间机构。其主要任务是对气候变化科学知识的现状，气候变化对社会、经济的潜在影响，以及如何适应和减缓气候变化的可行性对策进行研究。

《联合国气候变化框架公约》[①]第一条中将气候变化界定为：经过相当一段时间的观察，在自然气候变化之外由人类活动直接或间接地改变全球大气组成所导致的气候改变。这一定义强调气候变化是人类活动所引起的"气候改变"。据此，我们可以把"气候变化"理解为：主要是指由人类活动所引起的气候异常、改变和极端天气变化现象。

二、如何认识"气象""天气"与"气候"的关系

我们所说的气候变化中的"气候"，与"气象"和"天气"之间是什么关系呢？

"气象"，是指发生在天空中的，包括风、云、雨、雪、霜、露、虹、晕、闪电、打雷等各种天气现象在内的一切大气物理现象。

"天气"，是指经常不断变化着的大气状态。它既可以是一定时间和空间内的大气状态，也可以是大气状态在一定时间间隔内的连续变化。因此，我们可以将其理解为"天气现象"和"天气过程"的统称。简单来说，它是指某一个地方距离地表较近的大气层在短时间内的具体状态。其中，"天气现象"，指的是发生在大气中的各种自然现象，即某一瞬时内大气中各种气象要素（如气温、气压、温度、风、云、雾、雨、雪、霜、雷、雹等）空间分布的综合表现。而"天气过程"，指的是一定地区

---

① 简称《框架公约》，英文名称缩写 UNFCCC，是 1992 年 5 月 9 日联合国政府间谈判委员会就气候变化问题达成的国际公约，于 1992 年 6 月在巴西里约热内卢举行的联合国环境和发展会议（地球问题首脑会议）上通过的公约，是世界上第一个为全面控制二氧化碳等温室气体排放，以应对全球气候变暖给人类带来不利影响的国际公约，也是国际社会在应对全球气候变化问题上进行国际合作的一个基本框架。每年都举办联合国气候变化大会，迄今已举办了 22 届。在第 21 届巴黎世界气候大会上通过了《巴黎协定》。

的天气现象随时间发生变化的过程。

"气候"，是指大气物理特征的长期平均状态，也可以理解为某一地区天气状况和天气发展所显示的变动的大气状态。"气候"与随时变化的"天气"不同，它具有稳定性。其时间跨度一般为月、季、年、数年甚至数百年以上。它通常以冷、暖、干、湿这些特征来衡量，以某一较长时间中天气的平均值和离差值作为表征。

比较上述几个概念可以看出，"气象"是个统称，它包括"天气""气候"和"气候变化"。"天气"是瞬间或过程的现象，指的是一定时间和空间内的大气状态。它可以指某一天气现象，也可以指某一天气过程。"气候"是天气的平均状态和规律，它所显示的是大气物理特征的长期平均状态，其时间跨度通常是以月、季、年、数年或数百年以上来计算的。而"气候变化"则是平均状态和规律的变化，它是对大气物理特征长期平均状态所呈现现象和规律的一种表述。

以前气象学科传统上认为，气候变化应当包括自然变率和人为因素共同导致的气候变化。现在对这一问题，气象学界也已形成共识。气象专家、中央电视台气象主播宋英杰先生指出，目前大家所说的气候变化，是特指除自然变率之外的，受人为因素影响的那一部分气候变化。我们现在所用的"气候变化"概念，其基本含义主要是指由人类活动所引起的气候改变现象。它是依据联合国气候变化框架公约组织所作的解释得出的。

由此，我们可以把"气候变化"解释为主要由人类活动所引起的气候异常、改变和极端天气现象。

三、如何认识"气候变化"与"环境"的关系

胡锦涛同志曾指出："气候变化既是环境问题，也是发展问题，但

归根到底是发展问题。"这一论断将气候变化问题与国家的经济社会发展联系在了一起，是对气候变化问题的一个很高的性质定位。由此推论，气候传播所涉及的也不仅仅是环境传播问题，而是范围更大的发展传播问题。

所谓"发展"，包括社会发展、民族发展、国家发展、世界发展、人类发展。正是站在这一高度才形成了气候变化需要社会共治和全球共治的国际社会共识与诉求，才有了让全世界愿意共同遵行、落实和推动的应对气候变化的《巴黎协定》①。

四、如何认识"应对气候变化""适应气候变化"和"减缓气候变化"

"应对气候变化"，是气候变化理论研究和行动实践中最常用的一个概念。它指的是人们为遏制全球变暖而采取的一切思维、举措和行动，其中包括"适应气候变化"和"减缓气候变化"。

"适应气候变化"，指的是增强人们对气候变化的适应能力，包括采取积极行动改善季节性天气预报，保障粮食和淡水供应，提供饥荒预警、救灾应急和灾害援助等，以减少气候变化带来的损害，使之最小化。

"减缓气候变化"，是指在当前由于各种原因气候变暖趋势无法完全控制和难以根本逆转的情况下，人们可以通过一些积极、有效的节能

---

① 《巴黎协定》是 2015 年 12 月 12 日在巴黎世界气候大会上通过，2016 年 4 月 22 日由 170 多个国家的领导人在纽约联合国总部共同签署的全球应对气候变化的国际文件。该文件承诺要将全球气温升高的幅度控制在 2℃。2016 年 12 月举行的马拉喀什联合国气候变化大会为落实该协定通过了行动宣言。

减排措施使得温室气体排放的速度放慢，危害减少，以遏制全球气候变暖趋势继续扩大、发展和蔓延。科学研究表明，减缓气候变化的行动可以使气候变暖的速度下降并最终停止变暖，因此人们对此应充满信心，并努力通过全球共同治理与公众自觉参与来实现减缓气候变化的目标。近年来，国际社会就温室气体排放问题拟定了一系列国际性公约，如《京都议定书》①《生物多样性公约》②《臭氧层保护公约》③ 等，以及2015年巴黎联合国气候变化大会通过的《巴黎协定》等，为遏制全球变暖、减缓气候变化起到积极作用。

适应、减缓和应对气候变化是人类保护地球家园，实现永续发展的根本路径，需要全社会的共同关注，需要广大民众的积极参与，需要国际社会的一致行动。

五、何谓"气候传播"

"气候传播"，亦可称为"气候变化传播"，指的是使气候变化信息及

---

① 全称为《联合国气候变化框架公约》的京都议定书，是1997年12月在日本京都由联合国气候变化框架公约参加国三次会议制定的。其目标是"将大气中的温室气体含量稳定在一个适当的水平，进而防止剧烈的气候改变对人类造成伤害"。

② 《生物多样性公约》是1992年6月2日由联合国环境规划署发起的政府间谈判委员会第七次会议在内罗毕通过的，1992年6月5日，由签约国在巴西里约热内卢举行的联合国环境与发展大会上签署。该公约是一项保护地球生物资源的国际性公约，于1993年12月29日正式生效。

③ 《臭氧层保护公约》是1985年3月在维也纳召开的"保护臭氧层外交大会"上通过的一项公约，截至2000年3月，参加该公约的缔约国有174个。该公约由联合国环境规划署倡导，旨在通过国际社会的共同行动来保护臭氧层，防止由于臭氧层的耗损造成对人类健康和环境的损害。

其相关科学知识为社会与公众所理解和掌握，并通过公众态度和行为的改变，以寻求气候变化问题的解决之道为目标的社会传播活动。

简言之，气候传播是一种有关气候变化信息与知识的社会传播活动，它以寻求气候变化问题的解决为行动目标。因此，它既是解决气候变化问题不可缺少的一种舆论表达方式，也是人们在应对气候变化过程中借助的一种不可替代的信息传播手段。

六、如何认识"气候传播"与"环境传播"等相关概念的关系

综上所述，"气候变化"的核心问题是"发展"问题。相对于"发展"，"环境""低碳""生态""绿色"等是更具体的概念。正是有了气候变化问题，才衍生出了"环境""低碳""生态""绿色"等一系列问题。

"环境"，主要指的是大气、水、土壤、植物、动物、微生物等物质因素。而"环境问题"，一般是指由于自然界或人类活动作用于人们周围的环境所引起环境质量下降或生态失调，以及这种变化反过来对人类的生产和生活产生不利影响的现象。

"低碳"，指较低的温室气体（以二氧化碳为主）的排放。而"低碳生活"，指的是生活作息时要尽量减少所消耗的能量，从而减少对大气的污染，减缓生态恶化。

"生态"，通常指的是生物的生活状态。"生态建设"，主要是指对受人为活动干扰和破坏的生态系统进行生态恢复和重建，是人们充分利用现代科学技术和生态系统自然规律，通过自然和人工的结合，达到生活状态的高效和谐，实现环境、经济、社会效益的统一。

"绿色"，其基本含义包括自然、环保、和平、宁静、生命、希望等，它意味着环保、清洁、美好，而"绿色发展"则意味着低碳发展、循环发展、可持续发展。

由此看来，这几个概念都有其特定内涵，也都可以同"传播"构成"环境传播""低碳传播""生态传播""绿色传播"等概念，在特定的语境和环境下单独使用。

然而，由于它们都与气候变化有关，而且都是由其派生和引发出来的。因此，笔者还是主张将"气候传播"作为一个更具概括性和统领性的概念来涵括"环境传播""低碳传播""生态传播""绿色传播"等相关概念。

有鉴于此，笔者建议，凡与气候变化领域相关的传播理论与实践研究，今后还是以"气候传播"命名为好。不过，这并不影响我们在特定语境和环境下单独使用"环境传播""低碳传播""生态传播""绿色传播"等概念。

七、如何认识气候变化和气候传播中"政府、媒体、非政府组织、企业、公众"的"五位一体"行为主体框架

近年来，笔者一直强调在应对气候变化和开展气候传播的过程中，需要建构包括政府、媒体、非政府组织、企业、公众在内的"五位一体"行为主体行动框架。其中，政府是主导者，媒体是引导者，非政府组织是助推者，企业是担责者，公众是参与者。

实践证明，要应对气候变化，离不开政府的政策主导、媒体的宣传引导、非政府组织的推动助力、企业的责任承担和公众的行动参与。尤其要注意调动企业和公众的参与积极性，增强企业的责任意识和公众的

参与意识，引导企业和公众自觉投入节能减排、保护环境、应对气候变化、维护生态文明的行动之中，特别是企业，要促使其积极承担作为应对气候变化行动主体的责任。

在2016年12月17—18日举行的"绿色发展与气候传播研讨会"上，笔者在总结发言中提出要让气候传播真正成为社会共识和全民行动，就需要在形成"五位一体"的气候传播行为主体行动框架方面有所进展，要努力实现以下目标——让作为主导者的政府更加主动；作为引导者的媒体更加尽心；作为助推者的非政府组织更加积极；作为担责者的企业更加尽力；作为参与者的公众更加自觉。唯此，才能使得气候传播形成更大气候，为国家、民族、社会和人类发展作出更大贡献。

论气候变化与气候传播

题注：本文论述了气候变化问题的由来及发展，以及气候传播研究的兴起及意义，介绍了国外和国内气候传播研究的现状，同时厘清了气候传播研究中的一些基本概念与思路。论文认为气候传播是使气候变化信息及其相关科学知识为社会与公众所理解和掌握，并通过公众态度和行为的改变，以寻求气候变化问题解决之道为目标的社会传播活动；指出气候传播研究的目的及意义在于对气候传播现象进行理论概括和系统阐释，对气候传播知识进行社会传播与推广，为政府、媒体、企业、非政府组织和公众提供有关气候传播的学术支持等。该文与中国人民大学新闻学院 2009 级博士生李玉洁合作完成，刊于《国际新闻界》2011 年第 11 期。

一、气候变化问题的由来及发展

（一）气候变化问题成为典型风险

近几十年来，环境污染、气候变暖、冰山融化、海平面上升以及物种灭绝等生态危机逐渐显现，并严重威胁人类生存的地球家园。频频发生的气候与生态灾难事件，让人触目惊心，也让人深思警醒。

气候变化对人类的负面影响是巨大的，而且是全球性的，没有一个国家可以置身事外，因此需要世界各国都来积极参与应对，并作出自己相应的贡献。正是在此背景下，自 1979 年第一次世界气候大会提出气候变化议题以来，气候变化问题逐渐成为世界范围内人们所共同关注的热点问题。

大量事实表明，气候变化同人类的生存与生活，同经济与社会的发展联系越来越紧密，同时与人类所经受的社会风险也越来越难脱干系。

在过去的一个世纪中，科学技术日益更新，经济财富急速增长，可以说人类创造了比以往任何一个时代都要充足的物质财富。然而人们发现，就在许多人惊叹并享用着这些财富的同时，一个个过去不曾遇到过的社会风险也接踵而至。

1986 年，德国社会学家乌尔里希·贝克（Ulrich Beck）在其出版的《风险社会》一书中，就提出了"风险社会"这一概念。他认为，风险是人类活动和社会的一种反映，是生产力高度发展的一种表现，人为因素日益渗透到风险之中，成为风险形成的重要因素。而这种人为引发的风险也加速了风险社会的到来，使人类日益"生活在文明的火山口上"[1]，面临着越来越多的风险景象。

而英国社会学家安东尼·吉登斯（Anthony Giddens）则透过人类社会不断呈现的风险图景对风险社会理论进行了更加深入的研究。他认为，风险社会实际上指的是随着科学技术的进步和全球化的发展，使现代社会产生了许多不同于传统社会的风险和不确定因素，而这是现代化发展

---

[1] ［德］乌尔里希·贝克：《风险社会》，何博闻译，译林出版社 2004 年版，第 13 页。

的一种结果。[①]

近几十年来人们所看到的现实是，随着工业文明的无限扩张和现代化进程的不断推进，人类被引入了唯物质主义的歧途，传统社会中许多"自然风险"背后的人类活动印迹越来越深，由此所产生的破坏性更大，后果也更加严重。频频暴发的地震、海啸、干旱、暴雨、泥石流等自然灾害，实际上都同人类自身的活动有关，都带有人类自身行为所产生的一些负面效应，可以说这些灾害是传统社会中的自然风险在现代社会中的放大。

因此可以说，气候变化是工业化时代带给人类的最典型风险之一，涉及科学、经济、政治等广泛而复杂的方面。由此看来，气候变化问题既超出了人们以往习惯上认为的自然环境领域，也超出了纯科学的领域，成为事关国家，乃至全世界经济利益和发展空间的一个经济问题、政治问题和外交问题。对此，胡锦涛同志说得很清楚，他指出："气候变化既是环境问题，也是发展问题，但归根到底是发展问题。"[②]这一论述为我们全面认识气候变化问题提供了方向和坐标。由于认识上的不断提高，气候变化问题越来越引起世界各国的关注，成为人们共同关心并希望共同应对的一个重大问题。

（二）气候变化谈判成为全球热点

在气候变化成为人类最典型的自然风险这一过程中，各国围绕《联

---

① ［英］安东尼·吉登斯：《第三条道路——社会民主主义的复兴》，郑戈译，北京大学出版社 2000 年版，第 176 页。

② 胡锦涛：《携手开创未来推动合作共赢——胡锦涛在八国集团与中国、印度、巴西、南非、墨西哥五国领导人对话会上的书面讲话》，《人民日报》2005 年 7 月 7 日。

合国气候变化框架公约》（UNFCCC）进行的全球气候变化磋商与谈判让这一议题走向世界舞台，这也使得气候变化成为各种力量冲突、竞争和博弈的舞台，从而吸引了全球目光。

如果把 1992 年在巴西里约热内卢召开的联合国环境与发展大会作为起端的话，那么迄今联合国组织气候谈判已经历 20 个春秋。在这 20 年中，各国代表谈谈停停、争吵不断、反复拉锯，整个过程充满了曲折和坎坷。人们一次次地希望、等待和期盼，然而至今依然没有取得让大家都能够接受的成果，可见在一个世界主义的框架下来迎接气候变化风险提出的挑战和机遇仍需全球各文明、各组织和各机构之间的深入辩论与对话。

1992 年 5 月通过的《联合国气候变化框架公约》，是世界上第一个为全面控制温室气体排放、应对全球变暖的国际公约，也是后来一系列气候谈判的基础性文件。这一文件在里约热内卢会议期间正式签署。但里约热内卢会议未能就发达国家应提供的资金援助和技术转让达成具体协议。在这一问题上，发达国家采取逃避和转嫁责任的做法，成为气候谈判迄今都难以取得积极成效的重要原因之一。

自 1995 年开始，联合国的气候谈判开始围绕《京都议定书》展开。在谈判过程中，发展中国家与发达国家之间依然存在着严重分歧，双方激烈的争辩贯穿始终。值得欣慰的是，这次谈判最终还是达成了一些协议，取得了一定成果：37 个发达国家在会议最后在《京都议定书》中承诺承担框架性减排义务，而发展中国家不承担减排义务。[①]

《京都议定书》规定了在第一承诺期内（2008—2012 年），主要工业

---

① 张志强、曲建生等：《全球气候变化的趋势、影响与对策》，http://www.china-sds.org/kcxfzbg/addinfomanage/cblz/data/20090101.pdf，2011 年 10 月 13 日。

发达国家的温室气体量化减排指标，并要求它们向发展中国家提供减排所需的资金及技术支持。

《京都议定书》于 2005 年开始生效，此时离第一承诺期设定的最终期限仅剩 7 年时间了。这期间由于一些发达国家缺乏兑现承诺的诚意，所以实现既定目标的过程遇到了许多困难，进展十分缓慢。于是人们又把希望寄予 2007 年 12 月在巴厘岛举行的《联合国气候变化框架公约》第 13 次缔约方大会。

在这次会议上，各方在对《京都议定书》第一承诺期到期后全球应对气候变化的问题进行激烈讨论之后，终于拿出了一份《巴厘岛路线图》草案。然而美国代表却不同意签署。在大会主持人德布尔的努力和发展中国家代表的强烈批评下，美国代表终于改变了立场，同意在《巴厘岛路线图》这一文件上签字。

2009 年年底在哥本哈根召开的联合国气候变化大会，全称为"《联合国气候变化框架公约》（UNFCCC）第 15 次缔约方会议暨《京都议定书》第 5 次缔约方会议"，是有史以来世界上规模最大的一次气候谈判会议，有 2.5 万名代表参加会议，其中包括 120 个国家的领导人。而此前 2008 年在波兹南举行的联合国气候变化大会，参会人员仅为 9300 人。可以说全世界对这次会议都寄予厚望和期待。

然而这次会议依然像先前的几次会议一样，各方代表在涉及自身利益的问题上仍然是唇枪舌剑、各不相让。中国等发展中国家提出的"人均累积碳排放"原则，以及应对气候变化公平原则和共同有区别责任原则，都没有得到应有的尊重。

哥本哈根会议既没能完成《巴厘岛路线图》所设定的谈判任务，也没有取得具有法律约束力的成果。在这次会上，关于气候变化中的五大关键性问题（谈判的基础文件；减排目标；"三可"问题，即可测量、可报告和可核实；长期目标；资金）都没有得到解决。

不过需要指出的是，哥本哈根大会最后达成的协议，即《哥本哈根协议》，还是为以后的谈判打下了一定的基础。[①]

2010 年年底在墨西哥坎昆举行的联合国气候变化大会，虽然在一些问题上达成了共识，但最终也如人们事先所预料的那样，同样未能取得有效成果。而人们已开始寄希望于 2011 年 11 月的南非德班联合国气候变化大会。

20 年，在人类社会的历史进程中不算太长，但对起步时间尚短、进展始终困难的应对气候变化问题的国际谈判来讲，却是在漫长的期盼与等待中度过的。尽管谈判至今没有取得令人满意的成效，但是通过这 20 年的不懈努力，世界上关心和了解气候变化问题的人在不断增加，关注和参与应对气候变化行动的队伍也在不断壮大，也可以看到气候变化这一议题已成为全人类最为关注的议题之一，而应对气候变化也成为当前全人类的重要任务。

二、气候传播研究的兴起及意义

（一）气候传播研究的兴起

在应对气候变化的过程中，气候传播发挥了重要作用，从而也引发了人们对它的关注，并且进入了学术研究的视野。

所谓"气候传播"，是使气候变化信息及其相关科学知识为社会与公

---

① 杨骏、郇公第：《回顾 20 年风雨兼程的气候谈判坎昆并非是句号》，http://www.ccchina.gov.cn/cn/NewsInfo.asp？NewsId=26335，2011 年 10 月 15 日。

众所理解和掌握，并通过公众态度和行为的改变，以寻求气候变化问题解决为目标的社会传播活动。简言之，气候传播是一种有关气候变化信息与知识的社会传播活动，它以寻求气候变化问题的解决为行动目标。

由此看来，气候传播作为一种社会传播活动，既是解决气候变化问题的不可缺少的一种舆论方式，也是人们在应对气候变化过程中需要借助的一种无以替代的传播手段。

人们对气候传播的研究，是在气候变化问题日益受到社会关注和重视之后开始的。世界上最早开展气候传播研究的是欧美一些西方国家，一些来自自然科学和社会科学不同领域的专家、学者开始从各自的研究领域介入气候传播研究，将着眼点主要集中于气候传播在人类应对气候变化中的作用和影响。一些国家还组建专门研究机构，设置专门研究项目，开展对气候变化和气候传播问题的实证与学术研究。研究者希望通过科学的学术研究，对气候传播现象进行理论概括和系统阐释，并且构建起有关气候传播的科学的理论框架和知识体系。

在中国，一些研究气候变化的机构和人员在其相关学术研究过程中，虽然也涉及一些有关传播在气候变化中的作用问题，但是将"气候传播"作为一个独立的实践与理论问题进行专项研究却是近几年的事。2010年，中国人民大学新闻与社会发展中心与乐施会（香港）共同设立的中国气候传播项目中心，可以说是国内首个有关气候传播的专门研究机构，其开展的"后哥本哈根时代政府、媒体、NGO的角色及影响力研究"，也成为我国第一个关于气候传播的专门研究项目。正是在这一项目的研究过程中，项目组负责人率先采用了"气候传播"这一概念，并将"气候、传播、互动、共赢"，作为项目研究的主题，即着重研究气候传播中参与各方（包括政府、媒体、非政府组织、公众）之间，如何实现良性互动与合作共赢，由此，启动了中国气候传播实践与理论研究的进程。

（二）气候传播研究的意义

气候传播作为一种涉及范围广泛的社会传播活动，对其理论内涵、活动方式及运作规律进行科学研究，有着重要的理论价值和实践意义。

1.对气候传播现象进行理论概括和系统阐释

将气候传播作为一种科学理论进行理论探讨和学术研究，其目的就是对气候传播现象进行科学的理论概括和系统的理论阐释，从而形成有关气候传播的科学理论，构建起气候传播学科的理论框架与知识体系，为气候传播进入科学领域，成为一门具有科学内涵、符合学术规范的相对独立的学科奠定理论基础。

此前，相关研究虽然对气候变化中的传播问题有所涉及和认识，大多侧重于研究气候传播的策略与技巧，但是却缺乏全面、系统的科学解读与理论阐释。另外，有些研究成果虽然也具有一定理论价值，但往往只是从某一特定视角开展的专门性研究，而没有将气候传播现象作为一个整体，进行学科性探讨和理论性概括，也就是说没有将气候传播作为新闻传播学与气候变化科学的一个交叉应用学科进行研究。比如，哥伦比亚大学环境决策研究中心出版的《气候传播心理学》，就是主要从心理学角度展开的专门性研究，而不是关于气候传播的整体性研究。

我们主张将气候传播作为一种科学理论进行较为宏观的理论探讨和学术研究，以形成有关气候传播的科学理论，构建气候传播学科的理论框架与知识体系为主要目的，以使气候传播能够尽快发展成为一门具有科学内涵、符合学术规范的独立学科。

2.对气候传播知识进行社会传播与推广

如前所述，气候传播是通过传播手段，使气候变化信息及其相关科学知识为社会与公众所理解和掌握，并通过公众态度和行为的改变，以寻求气候变化问题解决为目标的社会传播活动。也就是说，气候传播是一种有关气候变化信息与知识的社会传播活动，它以寻求气候变化问题的解决为行动目标。

这一定位决定了气候传播的一个重要目的，就是更好地向社会与公众普及、推广和宣传有关气候传播的相关知识、理念，以引起社会与公众对气候变化问题的关注，吸引大家参与气候传播实践与理论的探讨，并在此基础上引导大家自觉地投入到应对气候变化的行动之中，最终寻求气候变化问题的解决。

这也是由气候变化学科知识的特殊性决定的，气候变化属于科学知识，要了解和认识它，不仅需要运用气象学、气候学、地理学、地质学、生态学、农学等多门自然学科知识，还要借助经济学、政治学、国际关系学等社会科学的专业知识。而这些知识通常存在于科学研究人员的专业话语系统内，普通公众很难理解。

因此，将气候变化及相关议题的科学知识转化为大众理解的知识，提升公众对气候变化的危机意识，提高公众适应及减缓气候变化影响的责任心，从而促使公众也参与到应对气候变化中来，就成了最为紧迫的一项任务。

美国耶鲁大学林业与环境研究学院教授、气候传播项目主任安东尼·莱斯维茨，多年来始终坚持开展有关气候传播的公众调查，其目的就在于要让美国公众意识到了解气候传播知识和理解气候变化对生活所带来影响的重要性，并倡导公众积极采取行动应对气候变化，热爱环境，保护地球。这应当成为气候传播研究的一个基本宗旨和主要方向。而我国公众对于气候变化还不太了解，气候传播更是任重道远。

3. 为政府、媒体、企业和非政府组织等利益相关方提供有关气候传播的学术支持

气候传播问题的最终解决，除公众的真诚参与和积极行动外，还需要靠全社会的共同关注与努力，特别是政府、媒体、企业和非政府组织等气候变化的相关方的参与，而这些相关方也是气候传播中最为重要的传播主体。为此，气候传播研究要把为政府、媒体、企业和非政府组织等相关方提供学术支持作为重要目标，要通过对气候传播过程中政府、媒体、企业和非政府组织等如何确定自己的角色定位，如何发挥自己的影响力，如何实现自己的传播目标等内容的研究，来促进政府、媒体、企业和非政府组织等之间的良性互动，来实现其合作共赢的目标。

而中国人民大学新闻与社会发展研究中心项目组从一开始就将此作为主要方向与重点内容，其考虑即在于此。实践证明，这种研究定位发挥了重要作用。项目组的研究成果为中国政府、媒体、企业和非政府组织等社会组织，及时总结气候传播中的经验与教训，改进气候传播的战略、策略和方法提供了学术支持，收到了预期的效果。

可见，所有的气候传播现象都需要理论的解答和指引。因此，运用新闻学与传播学理论来指导全球气候变化传播实践就成为一种必然，新闻传播理论同全世界气候变化活动实践结合直接催生了气候传播学。

三、国外气候传播研究的状况

（一）总体状况

气候变化议题的产生源于西方国家，关于气候传播的研究，最早也是从西方开始的。由于西方有着丰富的气候传播实践，因而在英美等国，来自环境学、心理学、人类学、社会学、文化学、政治学、地理学以及新闻学和传播学学科的学者们，早在 20 世纪末 21 世纪初

就已开始围绕气候传播议题开展研究，并且越来越成为学者们研究的
热点。①

美国耶鲁大学林业与环境研究学院实施的气候传播项目、乔治·梅
森大学气候变化传播中心、全球著名调查机构皮尤研究中心全球气候变
化研究项目以及哥伦比亚大学环境决策研究中心等，都开展了关于气候
传播项目的研究，并发布或出版了相关研究成果。

英国政府在 20 世纪末就已开始思考如何通过气候传播提升公众对
气候变化问题的认识，进入 21 世纪之后，开始加快了实际研究的步伐。
2004 年，英国政府环境、食品及农村事务部委托相关部门专门研究政府
气候传播策略；2005 年，英国政府投资 1500 万英镑尝试通过气候传播提
升公众对气候变化的重视程度；2006 年，英国政府发布第一份气候传播
策略报告；如今，英国在气候传播方面已经拥有了一套相对完整的理论
系统和操作标准，从对目标受众心理学的分析到文化背景的分析，从操
作原则到方法论，从多种谈判情景的预设分析到新闻发布会的场次及时
机选择，均有不同的预案准备。

此外，澳大利亚等国也开展了气候传播的研究项目。这些研究都在
一定程度上推动了所在国气候变化问题的传播以及政府气候谈判的进程。

（二）主要领域

具体来讲，西方国家的气候传播研究侧重于以下几个领域。

1.关注媒体的气候传播实践

有学者指出，在西方科学技术传播界，有关气候变化问题在公众中

---

① 郑保卫、李玉洁：《论新闻媒体在气候传播中的角色定位及策略方法——以哥本哈根气候大会报道为例》，《现代传播（中国传媒大学学报）》2010 年第 11 期。

的传播一直是一个热烈讨论的题材。①目前，国际上关于气候传播的研究
主要集中于媒体在气候传播中的作用。例如，研究媒体在气候传播中的角
色定位；媒体对气候变化的报道如何影响公众的态度；媒体气候报道的缺
陷与进步；媒体气候传播与政府的关系；媒体气候传播面临的困境等。

　　研究气候传播在社会和公众中的作用与影响，从实践中看显得十分
重要。例如，当年布什政府退出遏制全球变暖的《京都议定书》时，其
声称的理由之一是有关全球变暖缺乏确凿的证据。为此，马克斯维尔和
博伊科夫两位学者对美国媒体如何报道气候变化进行了研究。他们发现，
诸如《纽约时报》《华盛顿邮报》《洛杉矶时报》等一些美国主流媒体，
在寻求信息来源的均衡时表现出的是一种偏见。它们在报道全球变暖的
事实时，总是援引反对气候变化者的话语，从而冲淡了关于气候变化具
有紧迫性的科学发现。此外，他们还发现一些媒体对气候变化的报道，
就像他们报道其他科技问题一样，总是集中于追求轰动性效应，因而经
常热衷于报道国际社会有关气候变化问题的争辩，而对这些争辩的背景
及原因却缺乏足够的关注。结果导致公众在气候变化问题上经常被媒体
的报道搞得越发困惑。

2. 关注气候传播的策略与技巧

　　国外一些学者从传播学、心理学、舆论学等学科入手，通过采用大
量实证研究方法如实验法、内容分析法、调查访问法等，来关注气候传
播的策略与技巧。如哥伦比亚大学环境决策研究中心出版的《气候传播
心理学》一书，就从受众心理学的风险认知角度出发，来分析科学家、
政治家、记者、教师以及其他与气候变化传播有关的群体，如何利用受

---

　　①　贾鹤鹏:《全球变暖、科学传播与公众参与——气候变化科技在中国的传播分
析》,《科普研究》2007 年第 3 期。

众心理来设置气候传播议题和传播框架，从而达到较好的传播效果。再如，英国 ESPACE 项目发布的报告《气候传播战略——以西萨塞克斯郡的个案研究为例》，是从不同媒介形态（包括纸媒、广播电视、电子媒体）的角度来分析不同媒体气候传播的特定受众、传播渠道、传播内容、公共关系等，进而提出不同的传播方法和策略。

3. 关注气候传播中的公众态度及传播效果

西方学者在研究气候传播的过程中，十分关注气候传播中的公众态度及传播效果问题。[①]

美国耶鲁大学气候传播项目近年来在这方面进行了大量研究。他们在全球范围内，特别是在美国本土，进行了公众对全球气候变暖问题看法及态度的调查，进行了对美国青少年接受气候传播知识的调查和对美国公众气候应对行为的调查，等等。其中，2010 年 6 月，该项目对超过 1000 名的美国成年人进行了调查，发布了"美国人对全球变暖的六种态度"的报告。这六种态度分别为：震惊、关心、谨慎、无所谓、怀疑、轻视，这一研究从公众认知的角度开启了气候变化的个性化研究。[②]

此外，2009 年 1 月，皮尤研究中心也对美国公众对于气候变化的态度进行了调查。研究结果发现，全球变暖在美国人心目中的"国家优先需求"中排名靠后，而排在其前面的选项包括失业、恐怖主义、医疗保险和卫生保健等。由此可见，全球变暖问题尚未引发美国公众足够的重视。这一项研究同时提出了一个观点，认为政治理念及与其社会地位相

---

① 《环境特集认知因素：气候变化个性化》，《环境与健康展望》2011 年第 2 期。

② Leiserowitz, A.&Smith, N., "Knowledge of Climate Change across Global Warming's Six Americas", Yale Project on Climate Change Communication, Yale University, 2010.

关的世界观，是目前决定一个人对于气候变化看法的最大影响因素。[1]

四、国内气候传播研究的状况

从以上论述中可以看到，西方国家的气候传播研究起步较早且内容丰富，已经具有了一定的体系。而在中国，气候传播的研究及实践都还处于初始阶段。中国关于气候变化的研究不但历史短，而且以往一些研究者大多是从自然科学角度进行研究，从人文社会科学角度所作的研究成果寥寥无几，而从新闻学和传播学的角度来研究气候变化问题的人就更少了。

正如有的学者所认为的那样，与大量的国际研究相比，中国的气候变化研究很少关注气候变化的传播问题。这与中国作为世界上第二大温室气体排放国的国情很不相称。有的学者认为，中国将于 2025 年左右超过美国成为世界上第一大二氧化碳的排放国，这就更需要我们认真研究气候变化过程中的科学传播问题。[2]

应当说，中国专门的气候传播研究开启相对较晚。有学者认为，2009 年 12 月的哥本哈根世界气候大会，可以看作中国气候传播的真正开端，而中国的气候传播研究也正是从那个时候开始正式进入公众视野的。[3]

中国开展气候传播研究的主要标志，是中国人民大学新闻与社会发展研究中心与乐施会（香港）于 2010 年共同组建的中国气候传播项目中

---

[1] 《环境特集认知因素：气候变化个性化》,《环境与健康展望》2011 年第 2 期。

[2] 　贾鹤鹏：《全球变暖、科学传播与公众参与——气候变化科技在中国的传播分析》,《科普研究》2007 年第 3 期。

[3] 　郑保卫、李玉洁：《论新闻媒体在气候传播中的角色定位及策略方法——以哥本哈根气候大会报道为例》,《现代传播（中国传媒大学学报）》2010 年第 11 期。

心。该项目中心跟踪研究 2009 年哥本哈根世界气候大会、2010 年墨西哥坎昆世界气候大会，先后开展了"后哥本哈根时代政府、媒体、NGO 的角色及影响力""通往坎昆——气候传播系列行动"等多项研究。该项目研究的主要内容及成果包括以下几个方面：一是在国内率先提出"气候传播"的概念并对其作出界定；二是主要将政府、媒体、非政府组织三者作为考察气候传播活动的主体，分析三者的气候传播战略和策略；三是研究包括中国在内的发展中国家的气候传播状况及经验，如该项目曾在 2010 年墨西哥联合国气候变化大会召开期间，在坎昆主办了"基础四国与墨西哥气候传播研讨会"，尝试为受气候变化影响较大的发展中国家更好地开展气候传播提供交流和沟通的平台；四是对参与国际气候谈判的政府代表、媒体记者、非政府组织工作人员的气候传播实践进行调研，撰写出"气候传播在中国"的报告及相关论文；五是培训参加联合国气候变化大会报道的记者及相关人员。

2011 年，该项目中心又启动了"走向南非——气候传播战略研究"，对联合国气候变化大会继续作跟踪研究。同年 9 月，该项目召开了"气候变化与气候传播国际研讨会"，集中探讨气候变化和气候传播中的战略问题。通过研讨，进一步明确了气候传播是涉及政治、经济、文化和社会发展等各领域的综合性问题；认识到应对气候变化不是某个国家、群体或个人的行为，而是需要世界范围内各个阶层和群体共同关注，积极应对，通力合作的全球性问题；提出要重视公众在气候传播中的主体地位，将其对气候变化认识的提高和应对气候变化能力的提升，作为今后项目研究的重点及方向。这些变化反映了研究的逐步深入，以及研究思路及战略思维的不断拓展。

与此同时，国内其他一些新闻学与传播学学者，包括其他学科领域的一些学者，也对中外媒体的气候变化报道进行了研究。他们主要通过内容分析和文献分析等方法，对媒体的气候报道进行剖析，评价媒体报道的优劣与得失，进而探讨其背景及原因。特别是在联合国气候变化谈判会议期间，如哥本哈根会议和墨西哥坎昆会议期间气候变化问题成为全世界的热点时，这类分析性文章的比例较高。不过，这类文章总体看还较为零散，而且侧重于实践性探讨，主题也较为单一，很少能从理论高度对气候传播进行系统化和学理性研究。

总之，中国专门性的气候传播研究刚刚开始，具有较大的发展空间。而随着气候变化问题的日益严重，公众对气候变化问题的日益关注，以及国际社会在气候变化谈判领域博弈的日益严峻，气候传播研究将具有更大的现实针对性与实践指导意义。

本文对气候变化与气候传播所作的初步梳理和论述，旨在引起学界乃至全社会对气候变化与气候传播问题的关注，从而共同营造应对气候变化，做好气候传播的社会环境和舆论氛围，一道为实现低碳减排、绿色发展、生态环保与和谐家园的目标贡献自己的力量。

中国气候传播研究的发展脉络、机遇与挑战

> **题注：** 气候变化问题开始受到关注并引发讨论始于 20 世纪 80 年代，如今已成为世界上最热门的国际政治和外交议题之一。气候变化问题是环境问题，也是发展问题，但归根到底是发展问题，它关乎全人类的可持续发展。正是因为应对气候变化任务的艰巨性和紧迫性，需要世界各国携起手来，采取积极行动共同应对。相比欧美学界，中国的气候传播研究是自发的、内生的，研究的发展脉络也与欧美国家有明显不同。本文重在梳理中国气候传播研究的发展脉络，厘清研究现状，在此基础上进一步分析中国气候传播研究面临的机遇与挑战，希望能为今后的中国气候传播研究提供方向、路径。该文与中国人民大学新闻学院 2012 级博士生王彬彬合作完成，刊于《东岳论丛》2013 年第 10 期。

气候变化问题是环境问题，也是发展问题，但归根到底是发展问题，它关乎全人类的可持续发展。2007 年联合国人类发展报告明确将全球平均气温升高 2℃设定为全球环境恶化的临界值，认为一旦超越这一临界值，全球便会进入危险状态。

近几十年来，人类活动已经加快了全球平均气温的升高，导致海平面上升、气流模式紊乱和热带龙卷风路径改变，并大大提高了不规律的

干旱、洪涝等极端天气事件发生的概率，对人类和自然系统产生了严重的负面影响。正是因为应对气候变化的任务艰巨且紧迫，需要世界各国携起手来，采取积极行动共同应对。

气候传播，是使气候变化信息及其相关科学知识为社会与公众所理解和掌握，并通过公众态度和行为的改变，以寻求气候变化问题解决之道为目标的社会传播活动。简言之，气候传播是一种有关气候变化信息与知识的社会传播活动。本文重在梳理气候传播研究在中西方的发展脉络，厘清研究的现状，进而在此基础上分析中国气候传播研究面临的机遇与挑战，希望能为今后进一步明确工作方向、确定工作路径提供思路。

一、国际气候传播研究的发展脉络

气候变化最早是欧美科学家通过对过去 1000 年的相关数据进行分析后总结发现的。与此相应地，欧美学界对气候传播的研究也略早于我国。而中国是发展中国家中最早开始这方面研究的国家。

20 世纪 80 年代，欧美科学家发现了气候变化的严重性，而且发现气候变化主要是人为造成的。之后，在"实在论"和"怀疑论"之间有过长达 10 多年的辩论和交锋。从新闻价值的构成要素角度看，有关气候变化的内容具备了真实性、新鲜性、重要性和趣味性，为受众所关注，符合新闻选择的标准，因此这些发现和争论被各种媒体实时传播，得以呈现在欧美公众面前。

1988 年，许多民意调查都发现，美国、欧洲和日本的公众对气候变化的担忧越来越多①。这类民意调查一方面可以直接影响决策制定者的决策行为，为其制定相关政策提供依据；另一方面体现出应对气候变化需要社会与公众的参与，调查结果所显示出来的公众行为改变状况也与应对气候变化的效果直接相关。鉴于此，气候变化公众认知调查逐渐得到各界关注。欧美学界在此基础上尝试挖掘其背后的内涵及规律，有的学者开始将其关注点落到对媒介传播内容及其新闻文本的分析上，尤其是针对北美和欧洲国家的主流媒体，考察其对气候变化议题的建构机制，重点考量媒体有关气候变化议题的话语框架，并试图解释形成这一框架的主要影响因素②。

随着国际范围内气候谈判的兴起，有的学者开始关注不同信息传播主体的话语建构机制问题，还有一部分研究机构从政治学角度着力国际气候治理规范传播策略的研究。综上所述，对公众认知、新闻文本、话语框架及国际气候规范传播策略层面的探讨，构成了欧美气候传播研究领域的基本框架。

相比欧美学界，中国的气候传播研究起步晚了 10 年左右，这与气候变化议题源于欧美，传递到中国需要一定时间周期有关。值得注意的是，与气候变化议题由西到中的传播轨迹不同的是，中国学者开始气候传播研究是自发的、内生的，气候传播研究的发展脉络也与欧美国家有明显不同。

2009 年年底，联合国气候变化大会在丹麦首都哥本哈根举行，因为谈判议程的重要性和参与国家政府代表的高规格，这场谈判成为当时的

---

① Anthony Leiserowitz, "International Public Opinion, Reception, and Understanding of Global Climate Change", Human Development Report 2007/2008, UNDP.

② 王战、李海亮：《西方气候变化传播研究综述》，《东南传播》2011 年第 3 期。

全球焦点，也进入我国公众的视野，并直接促成了中国气候传播研究的自觉启动。

国际气候谈判的中心任务在于构建具有约束力的国际气候制度，形成国际气候治理规范，并使之被国际社会普遍接受和切实遵守。这种规范建立后可以使各方的需求汇聚在一个中心，为合法行动以及决策者达成可行的一致模式提供指南，并降低行为的不确定性。长远来看，人们甚至可以看到政府在顺应规范的各种规则上是如何界定其自我利益的；同时，制度还可以通过禁止确定的行动来约束国家的行为。为了形成规范，从国际维度来看，需要各个国家积极地参与国际气候谈判，以建立气候治理共识；从国内的视角来看，国际气候治理规范需要落实到国家层面，对国内政治产生积极影响。无论是参与气候治理规范的创设，还是接受气候治理规范，都可视为国际气候治理规范的传播①。

在对待国际气候治理规范原则问题上，因为国际政治与国内政治的分离与差异，发达国家和发展中国家对国际规范原则的理解也表现出微妙不同。发达国家认为气候变化是环境问题，应该聚焦在温室气体减排上。中国与其他发展中国家则坚持认为气候变化既是环境问题，也是发展问题。这个原则上的差异一方面是因为发展中国家是气候变化的直接受害者，另一方面是因为这些国家有着发展的内在动力。在气候变化治理问题上，中国与其他发展中国家还强调，国际社会不应只关注单纯的温室气体减排，应该把发展中国家的经济和社会发展作为气候治理长期规划的考虑因素。

正因为有上述原则上的差异存在，中国政府代表团在哥本哈根世界

---

① Anthony Leiserowitz, "International Public Opinion, Reception, and Understanding of Global Climate Change", Human Development Report 2007/2008, UNDP.

气候大会谈判中明确表态要积极应对气候变化，并积极斡旋促进有利于发展中国家的国际性协议的达成。但在谈判后期，中国的努力非但没有得到认可和支持，反而遭到一些国际舆论的误解。中国学者通过对相关情况的分析认为，缺少对国际气候治理规范传播策略的深入了解和把握可能是导致这一现象的重要原因。在国际气候治理规范传播的过程中，除政府之外，不同信息传播主体在阐释原则、建构规范方面可以发挥不同的作用。因此，中国学者开始将目光聚焦在追踪研究国际气候谈判中不同信息传播主体的角色定位和合作模式上。正是以这一认识为基础，2010年年初，中国人民大学新闻与社会发展研究中心与非政府组织乐施会（香港）共同组建了发展中国家第一个专门从事气候传播研究的机构——中国气候传播项目中心[①]。

从2010年开始，中国进入了国际规范国内化的快车道。在这一过程中，国内结构，如国家的政治制度、社会结构以及连接两者的网络发挥着至关重要的作用。国际规范必须经由国内结构和国内规范才能产生作用，而国内结构和规范又可以在执行国际规范的过程中对其作出多种不同的解释[②]，并可能最终作用于国际规范的修订中。

在充分分析内外部环境的基础上，中国气候传播项目中心的学者敏锐地意识到了公众认知研究在内在化转型中的特殊价值。2012年，中国气候传播项目中心开展了第一次中国公众气候变化与气候传播认知状况调查，其结果得到我国政府和国际社会的高度认可，成为中国学界从公

---

① 程晓勇：《国际气候治理规范的演进与传播：以印度为案例》，《南亚研究季刊》2012年第2期。

② 郑保卫、王彬彬、李玉洁：《在气候传播互动中实现合作共赢——论气候传播中中国政府、媒体、NGO的角色及影响力》，《新闻学论集（第24辑）》，2010年6月26日。

众认知角度开展气候传播研究的标志性事件。

至此，在特殊的外部机遇推动下，中国气候传播研究用了3年的时间与欧美气候传播研究完成了接轨工作。从欧美和中国气候传播研究的发展脉络中可以发现，两者的研究主体虽然都是气候变化的传播问题，但在开始时间、研究缘起、对气候变化问题的基本立场、研究定位、研究框架和研究方法上都有其各自的特点（见表1）。

表1　我国与欧美国家气候传播研究状况

	欧美国家	中国
开始时间	20世纪90年代	2009年
研究缘起	气候变化怀疑论的辩论	哥本哈根联合国气候变化大会上的谈判
对气候变化问题的基本立场	气候变化是环境问题 关注控制温室气体排放	气候变化既是环境问题也是发展问题 关注减排的同时关注适应
研究定位	偏重环境传播	跨学科视角的独立定位
研究框架	公众认知→媒介与新闻文本分析→话语框架	话语框架→媒介与新闻文本分析→公众认知
研究方法	始终以定量分析为主，辅之以定性分析	定性分析→定量分析
代表机构	耶鲁大学气候传播项目、乔治·梅森大学气候变化传播中心、皮尤研究中心全球气候变化研究项目、哥伦比亚大学环境决策研究中心等	中国气候传播项目中心

从发展脉络中还可以发现，欧美的气候传播研究可以分为两个方向：一是由心理认知学演变到传播学视角的定量实证研究，包括公众认知和

媒介分析两个领域；二是以国际政治视角为主的国际规则及其国内化策略的定性研究，包括政府等传播主体的话语框架分析和国际规范传播策略研究。随着对气候变化认知的提升和气候传播研究的深入，这两个方向在实践中出现融合趋势，但仍缺少实质性的交流与互动。相比而言，中国气候传播研究的启动与国际气候规范的传播进程密切关联，随着国际规范国内化的进程而发生由外而内的自然转向，在研究思路和设计上是连贯的，在研究视角和方法上是开放融合的，而且一直致力于借用不同学科视角来探讨符合国际潮流和中国国情的气候传播战略，以解决现实气候变化过程中出现的各种问题。

二、中国气候传播研究的国际机遇

（一）国际气候治理的 3 个共识基本形成，为中国气候传播研究提供了科学依据

在国际气候治理研究中，研究界目前基本上形成了 3 个共识。

第一个共识是，气候变化确实发生，并且是由人为因素造成的。关于气候变化的激烈争论从 20 世纪 80 年代中叶开始，主要围绕气候变化是否由人为原因造成、气温变化范围及其后果展开。为了从科学角度解决争论，1988 年，世界气象组织和联合国环境规划署共同成立了联合国政府间气候变化专门委员会（IPCC）。在 1990 年至 2007 年，该组织就全球范围的气候变化问题共发布了 4 次评估报告，随着论据的收集和方法的更新，逐步证实了气候变化的确定性。2007 年的第四份评估报告基于 130 个国家的 2500 名科学家的研究工作而形成，它证实了气候变暖是不容置疑的，而且自 20 世纪中叶起所引发的全球平均气温升高有 90% 的

可能性是由于人类活动所产生的温室气体凝聚造成的。高度一致和充分的证据表明，在当前气候变化减缓政策和相关可持续发展措施下，未来几十年全球温室气体排放将持续增加。如果以等于或高于当前的速率持续排放温室气体，会导致全球进一步变暖，并引发21世纪全球气候系统的许多变化，极端天气和海平面上升事件发生频率和强度的改变，将主要对自然和人类系统产生负面影响。IPCC的评估报告主要面向各国决策者，为气候变化国际谈判提供科学依据，因此具有极强的政策指示性作用。第四次评估报告使人为因素造成气候变化确实发生成为世界各国的共识。IPCC第五次评估报告第一工作组报告于2013年9月发布，预计完整的报告将于2014年10月发布，计划在气候变化科学基础、气候变化影响、适应和脆弱性以及气候变化减缓4个方面提供新的科学依据，以推进更大范围共识的达成。

第二个共识是，发达国家在减少温室气体排放问题上应承担其历史责任。发达国家占世界人口的总数不到全球的20%，但从1900年到2005年，其温室气体排放总量却占全世界的80%，20世纪50年代以前全世界排放的温室气体95%都源自发达国家。《联合国气候变化框架公约》明确规定发达国家负有不可推卸的历史责任，《京都议定书》进一步明确了每个发达国家及其整体应承诺的具体减排指标。

第三个共识是，面对气候变化这个全人类共同的生存危机，只有实现对气候危机的全球治理才能转危为机、共同促进人类文明的可持续发展。全球气候变化已成为世界各国的共同利益所在，这种利益上的互相依存对于合作至关重要，当能从合作中获得较高利益时，每个国家自然希望合作而不是采取单边行动。这种模式中不存在利他主义者，因为每个国家都在为自己的最佳利益而战。由于气候变化危机具有全球性特征，因此世界各国在气候领域的国内利益和国际利益也是休戚相关，甚至共同放大。正是在这个共识的基础上，包括中国在内的世界各国越来越积极而有策略地参与到国际气候治理规范的完善之中。

（二）中国在气候变化领域的参与度和影响力正不断提升，为气候传播研究在国际层面的深入提供了坚实的基础

气候变化不仅影响每个人的生活，影响每个国家的生存和发展，也深刻影响着当今世界的国际关系和国际政治格局。从 1990 年国际气候谈判正式启动到今天，23 年的时间里，发达国家与发展中国家两个阵营南北对立的基本格局贯穿始终。从参与度和话语权的角度看，发展中国家经历了从被动参与到主动参与的过程。作为发展中国家的代表，中国因为自身的国际影响力与日俱增，在应对气候变化问题上成为不容忽视的力量，而且中国与其他发展中国家守望相助，在气候谈判中发挥着越来越重要的作用。

作为率先发布《应对气候变化国家方案》的发展中国家，中国将自身的发展融入应对全球气候变化的行动中，加强沟通和交流，积极融入、利用和建设国际气候治理规范。在国际气候治理规范建设方面，中国始终站在发展中国家立场，要求发达国家切实履行公约规定的义务，不仅在减缓气候变化上要率先采取行动，也应积极提供资金、技术和能力建设支持以帮助发展中国家，特别是最不发达国家和小岛屿国家适应气候变化。这些观点赢得了广大发展中国家的支持与尊重。与此同时，中国还用实际行动向其他发展中国家提供实质性援助，重点涉及适应气候变化基础项目建设、适应气候变化技术推广、节能和可再生能源产品技术的推广应用以及发展中国家需要的能力建设 4 个方面，这些举动进一步加深了中国与其他发展中国家的互助关系。

（三）中国气候传播研究的国际影响力不断提升，为当前和今后的气候传播研究提供了广阔平台

近年来，中国气候传播研究扎实推进，探索出一条既符合国际潮流又有中国特色的发展道路，其间，中国气候传播项目中心发挥了不可替代的作用。

从 2010 年 4 月正式成立开始，作为发展中国家第一家从事气候传播研究的专门机构，中国气候传播项目中心积极参与国际气候治理规范的修订。2010 年 12 月 5 日，项目中心在联合国坎昆气候谈判期间，以"基础四国与墨西哥的气候传播策略"为题，举办了气候传播边会，这是发展中国家气候传播研究机构第一次在国际气候谈判舞台上举办活动，也是中国气候传播研究真正走向世界的开端。

2011 年 9 月 25 日，由中国气候传播项目中心主办的以探讨气候传播国家战略及政府、媒体、非政府组织三方合作与共赢策略为目标的"走向南非——气候变化与气候传播国际研讨会"在北京举行，来自耶鲁大学气候传播项目的负责人应邀参会并作了学术报告。在这次会议上，与会国内外专家就项目"内在化"转型问题展开了探讨，为中国气候传播研究确定了新的目标和方向。会后，中国气候传播项目中心和耶鲁大学气候传播项目就开展合作研究的问题达成了备忘录，标志着我国气候传播研究开始了国际合作的进程。同年 12 月 2 日，项目中心主办的"气候传播国际论坛"在联合国德班气候谈判期间举行，中国代表团与来自联合国、美国气候与能源方案中心、全球气候行动网络、地球新闻网络和乐施会国际联会等知名国际机构的代表共同探讨了气候传播在推动国际谈判和全球共同应对气候变化中的积极作用。论坛期间，项目中心还举行了《气候传播理论与实践——气候传播战略研究》（中英文

对照版）一书的首发式，该书是发展中国家第一本研究气候传播理论与实践的著作。

为提升研究的专业性，扩大其社会影响，2012年6月2日，中国气候传播项目中心聘请相关领域的专家组成顾问委员会并举行了第一次委员会议。6月20日，项目中心在巴西里约热内卢联合国可持续发展大会中国代表团设立的"中国角"举办了主题为"可持续发展战略下的公众参与新路径"的国际边会。这场边会是中国政府代表团组织的10场系列边会之一，标志着我国气候传播研究进入国家平台，其贡献得到国家层面的认可，提升了研究成果的扩散力和影响力。同年12月1日，项目中心在联合国多哈气候变化谈判中国政府代表团设立的"中国角"与国家发展改革委成功合作举办"公众参与，全民应对气候变化"边会。此次边会发布了中国气候传播项目当年的主要研究成果——《中国公众气候变化与气候传播认知状况调研报告》的英文版摘要。12月2日，项目中心又与耶鲁大学气候传播项目在多哈联合举办"中美印三国气候变化公众认知状况与气候传播"边会，交流了中国、美国和印度三国的公众调研成果并进行了中美两国调查结果的对比分析。结果显示，中美印三国公众支持政府应对气候变化，并对气候变化发生这一事实有高度的认同。这样的结果对于支持中国在谈判中赢取主动，推动美国政府积极应对气候变化，推动国际气候治理规范的完善起到策略支持作用。12月3日，中国气候传播项目中心的调研数据被《联合国气候变化框架公约》执行秘书在发言中引用，借以肯定中国在应对气候变化中的贡献。

中国气候传播项目中心成立的初衷是，观察和认识到发展中国家与发达国家在气候传播研究方面存在的差距，推动更多发展中国家积极从事气候传播研究，更好地在各自国家普及气候变化知识，传播共同应对气候变化的理念，为发展中国家参与全球气候治理的能力建设作出贡献。

为了实现这一目标，2013 年 10 月，中国气候传播项目中心将与耶鲁大学气候传播项目在北京联合举办气候传播国际会议，这也是气候传播研究领域的第一次大型国际会议，来自发展中国家与发达国家的上百名代表将就气候传播研究的理论框架和实践案例、气候传播的角色定位及全球合作等议题，齐聚中国人民大学进行深入交流与探讨。

三、中国气候传播研究的国内机遇

国际气候治理符合政治学家提出的"多层次治理"架构。它强调了国际谈判的作用以及代表公共和私人利益相关方参与的多样性，包括政府、企业、非政府组织、媒体和公众等，有国际的、地区的，也有国家或地方层面的。而且，国际气候治理正处于"多层面及多种方式的进展中"[1]。

在国内层面，中国政府高度重视气候变化，积极推进应对气候变化工作；媒体及时介入，全方位跟进；社会各界包括非政府组织、企业和公众关注气候变化与气候传播，并主动参与应对气候变化的行动，这些都为中国气候传播研究提供了多方面的难得机遇。

（一）中国政府高度重视气候变化，积极推进应对气候变化工作，为气候传播研究提供了难得的历史机遇

应对气候变化，事关我国经济社会发展全局和人民群众的切身利益，事关国家乃至全人类的根本利益。2007 年，国务院发布了《中国应对气候变化国家方案》，要求各地区、各部门要从全面落实科学发展

---

① 林民旺、朱立群:《国际规范的国内化:国内结构的影响及传播机制》,《当代亚太》2011 年第 1 期。

观、构建社会主义和谐社会和实现可持续发展的高度，充分认识应对气候变化的重要性和紧迫性，采取积极措施，主动迎接挑战。2011年，全国人大审议通过的《中华人民共和国国民经济和社会发展第十二个五年规划纲要》明确了2011—2015年中国应对气候变化的目标任务和政策导向，提出了控制温室气体排放、适应气候变化影响、加强应对气候变化国际合作等重点任务，将应对气候变化作为重要内容正式纳入国民经济和社会发展中长期规划。2012年11月8日，胡锦涛同志在中国共产党第十八次全国代表大会上所作的报告中，把生态文明建设放在了突出的地位，提出要坚持共同但有区别的责任原则、公平原则、各自能力原则，同国际社会一道积极应对全球气候变化。党的十八大政治报告将生态文明理念融入经济建设、政治建设、文化建设、社会建设的各个方面和全过程，努力推进绿色发展、循环发展、低碳发展，努力建设美丽中国，实现中华民族的永续发展。生态文明建设已经成为摆在我们面前的一个新的历史任务，应对气候变化是其中不可或缺的一环。而中国建设生态文明，势必为全球应对气候变化带来新的信心与希望。作为世界第一大排放国，同时是第二大经济体的中国，开始从生态文明建设的高度认真地对待气候变化问题，这对全球应对气候变化的行动来说，也是一个新的机遇。

在制定政策、明确方向的同时，中国政府也高度重视气候变化的推广与普及工作。为普及气候变化知识，宣传低碳发展理念和政策，鼓励公众参与，推动落实控制温室气体排放任务，2012年9月19日，国务院常务会议决定自2013年起，将全国节能宣传周的第三天设立为"全国低碳日"。2013年6月17日，主题为"践行节能低碳，建设美丽家园"的第一个"全国低碳日"系列活动在全国展开。此前，宣传气候变化主要是政府的工作，通过媒体报道来实现。随着"全国低碳日"的启动，组织和鼓励普通公众参与到宣传和践行应对气候变化的行列中，可以说，这是中国气候变化问题从组织传播向人际传播转变的一个标志性事件。

（二）中国媒体对气候变化报道及时介入、全方位跟进，并且日趋深入，为气候传播研究提供了丰富的内容支撑

媒介内容和话语框架分析是气候传播研究的主要方向之一。近年来，随着气候变化问题重要性的提升，中国媒体对这一问题的关注度也越来越高。经历了哥本哈根谈判洗礼的中国媒体对气候变化问题的了解越来越深入，报道也更加立体丰富，为我国气候传播研究提供了丰富的内容支撑。

因为气候变化是一个全球性议题，所以中国媒体报道气候变化分为国际和国内两个场域。从媒体参与国际谈判的角色来看，媒体是气候谈判的传播者和推动者。作为人类历史上最大规模和阵容的国际会议，2009 年联合国哥本哈根谈判吸引了超过 5000 名媒体记者进行报道，其中，来自中国的记者有 80 余名，分属 60 多家媒体，这个数字甚至远远超出其他几个亚洲国家派出记者的总和。在中国新闻史上，这是中国媒体第一次如此大规模地参与国际谈判的报道。但因为准备不够充分，当谈判风云突变时，中国媒体不能有效应对和化解舆论危机，造成了集体失声。正是经历了哥本哈根的洗礼，中国媒体对气候谈判有了初步的认知。后来，从坎昆、德班到 2012 年的多哈谈判，中国媒体关于国际气候谈判的报道越来越冷静，参与的媒体类型逐渐固定，同一家媒体派出的记者队伍也逐步呈现出梯队化趋势，新老结合，在报道侧重点上开始注意差异化处理。一些主流媒体更进一步通过客观真实的报道引导舆论给阻碍谈判者施压，推动谈判朝着公平公正的方向发展。此外，网络媒体

也尝试打破频道限制，进行多频道整合，集中优势资源报道不同舆论场的声音，为受众立体地呈现国际气候谈判的实况。

在国内报道层面，从媒体态度、记者专业能力到内容呈现水准等方面，中国媒体都有了质的提升。2009 年以前，因为重视不够和专业能力有限，媒体多是被动跟进国家相关政策出台，缺少主动追击、深入分析报道的动力和能力。2009 年以后，中国政府应对气候变化的力度加大，相关培训和交流机会增多，中国媒体越来越重视气候变化报道。许多媒体开始将对国际谈判的观察与国内实际相结合，开辟专栏或专版跟进气候变化政策动向，提升长期跟踪气候变化议题的记者的议程设置能力，借用媒介融合理论构建多媒体报道框架，这些有意识的改变都使国内的气候变化报道水准大幅提升。

（三）中国非政府组织、企业等社会组织关注气候变化并主动参与应对气候变化的行动，为气候传播研究提供了多视角的案例支持

在各类社会组织中，非政府组织和企业近年来在中国应对气候变化的行动中发挥着越来越重要的作用，是应对气候变化和开展气候传播的实践者，其工作为气候传播研究提供了多视角的案例支持。

非政府组织一直是全球气候治理的重要力量之一，不但参与国际气候治理规范的设计和制定，也是气候谈判的推动者和监督者。随着国际气候治理规范国内化进程的推进，中国非政府组织在国内除充当桥梁助推国内化进程之外，还用实际行动积极应对气候变化，并参与到国家层面气候治理规范的设计中。在实际工作中，非政府组织从各自的愿景出发选择适合的角度开展应对气候变化的工作，如开展试点工作，试验新的应对方法并与各方分享经验，倡导公众意识提升，开展政策研究与倡

导，等等。这些做法在借鉴国际经验的同时，也充分尊重中国国情，其表现得到了中国政府的肯定，其中一些优秀的案例还被写进了国家应对气候变化白皮书，作为中国社会各界共同应对气候变化的例证。随着国内建立气候治理规范的呼声越来越高，相关政府部门也在加紧推进气候变化立法工作，非政府组织积极参与立法征求意见的过程，为国家应对气候变化的立法工作献计献策。

中国企业作为应对气候变化的主体力量，在节能减排、环境保护和应对气候变化中担任着重要角色，发挥着重要作用。中国企业近年来也日益关注和重视气候变化问题，一些优秀的企业家代表活跃在国际谈判的舞台上，展示中国新能源企业的发展成绩。越来越多的企业在国家政策的宣传引导下有了自愿减排的意愿，并用实际行动履行企业的社会责任，主动节能减排，实现绿色发展，以推进应对气候变化的工作，得到了积极评价。

（四）中国公众对气候变化的高认知度和参与应对气候变化行动的自觉意识，为气候传播研究提供了扎实的群众基础和研究动力

贯彻和落实国家的可持续发展战略与每一个人息息相关，因此需要全民和全社会各种力量的积极参与和响应。应对气候变化更需要公众的参与，只有每个人都主动关注气候变化，自觉地从自己做起，从现在做起，从身边的点滴小事做起，才能真正把气候变化的解决之道落到实处。鼓励公众参与的第一步，就是了解公众的态度及诉求，这是中国政府越来越重视的视角。

2012 年 11 月，在 3 个多月的扎实调研的基础上，中国气候传播项目中心公布了《中国公众气候变化与气候传播认知状况调研报告》。这是

中国第一次自主开展的全国范围内的公众气候变化与气候传播认知状况调查。调查数据显示，中国公众对气候变化问题的认知度达 93%，78%的公众对气候变化的未来影响表示担忧。报告指出，93% 的受访者认为气候变化正在发生（见图 1）。在美国，这个数字为 62%，英国为 75%[①]。

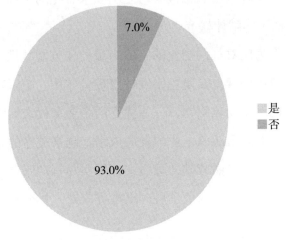

图 1　对气候变化是否发生的判断

中国公众在气候变化问题上的高认知度与过去几年中国政府、媒体和社会各界的持续宣传与推广密不可分，这充分反映了中国公众在气候变化问题上的认知现状。报告得到了国家相关部门的高度重视，被写入《中国应对气候变化的政策与行动 2012 年度报告》之中。中国公众在气候变化问题上的高认知度奠定了中国气候传播研究的群众基础，加上中国政府对公众认知调查工作的大力支持，都为中国气候传播研究注入了新的动力。

---

① 新浪环保：《调查称中美印三国公众支持政府应对气候变化》，http：//green.sina.com.cn/news/roll/2012-12-03/102025717442.shtml，2012 年 12 月 3 日。

应对气候变化要强调"政府主导，媒体和非政府组织推动，企业投入和公众参与"的思路。没有政府的政策导向和扶持，没有媒体和非政府组织的推动和监督，没有企业对环境问题的重视和对低碳经济的投入，没有公众对节能减排和环境保护的认识和参与，要实现应对气候变化的目标是不可能的。目前，中国国内各方力量已经动员起来，这就为今后进一步深入开展气候传播研究提供了多方面的机遇。

四、中国气候传播研究面临的挑战

虽然中国气候传播研究在国际、国内有多重发展机遇，但我们也要清醒认识到此项工作的艰巨性，明白在国际和国内层面我们都还面临着许多挑战，只有认清这些挑战，才能做好以后的工作。

（一）国际层面的挑战

在国际层面，虽然国际社会已经形成了3个基本共识，但因为气候变化议题和全球气候治理的双重复杂性，国际气候治理规范的完善进程仍面临着许多挑战。

首先，虽然国际社会普遍对气候变化问题的真实存在已经达成共识，但仍有一些声音在质疑气候变化问题的存在，这些声音扰乱了国际气候治理的秩序。

其次，气候变化的一个重要特点，就是每个国家并非都能够完全平等地从气候变化中受害或受益。一个国家既可以是全球气候变化的污染源，也可能是受害者，而更多的是两者兼有。当前围绕气候变化形成了发达国家和发展中国家两大阵营，欧盟、美国、77国集团和中国三股力量，折射出南北矛盾、发达国家内部矛盾、发展中国家的内部分歧和针对排放大国的矛盾①。中国作为世界上最大的温室气体排放国，随着经济的快速持续发展，能源需求和温室气体排放都迅速攀升，在减排限排温室气体的时间和力度方面所面临的压力也会越来越大。但是过早的减排义务会延缓中国的经济发展，危害国家利益。中国需要维护国家的主权与发展，促进能源和环境的协调与均衡，从而实现可持续发展。因此，妥善应对气候变化，事关我国经济社会发展全局和人民群众切身利益，事关国家根本利益。国际气候治理的诸多挑战增加了气候传播的复杂性。如何平衡国家利益，准确地将国际气候治理的复杂性传递给受众，考验中国气候传播研究者的智慧和能力。

最后，虽然中国气候传播研究经过几年的努力已经与欧美学界完成研究内容的对接，但在不同研究方向上还有待继续交流与学习，尤其是在公众认知研究领域的调查和分析技术方面还有一定差距。耶鲁大学气候传播项目每年做两次全国性调查，发表一系列关于美国公众认知状况的公开报告，这些报告不但受到媒体的关注，也被美国国内各州和各地方的政策制定者、商业领袖、科学家、教师、社会团体采用，使美国气候变化教育与传播工作更有针对性。这样的数据收集工作耶鲁已经做了10年，积累了大量的数据，建立了专业的数据库，有专业团队从事数据挖掘和可视化等方面的工作，这些都为科学发掘出隐藏在大数据背后的实质性内容提供了保证。与耶鲁大学相比，中国的公众气候变化与气候传播认知状况调查工作才刚刚起步，在数据积累上还欠火候，在数据挖掘和分析上还须加强能力建设，提升研究水平。只有将这些问题解决，中国的气候传播研究才能实现长远的可持续发展。

---

① 苏伟：《气候变化国际谈判脱轨难行》，《人民日报》2010年1月5日。

（二）国内层面的挑战

在国内层面，虽然国家已经高度重视气候变化问题，但对气候传播国家战略层面的研究工作却还重视不够。国家层面的气候传播战略研究在应对气候变化的过程中发挥着"提速器"的作用：从国际气候治理规范传播的角度研究谈判策略，可以帮助政府更主动地应对瞬息万变的谈判局势；清晰了解多元气候传播者的角色定位及作用，使政府的工作事半功倍；通过公众认知度调查积累数据和信息，可以使决策的制定更加科学有效①。正因如此，国家首先需要尽快启动气候传播国家战略研究，加强气候传播的"顶层设计"。

其次，从中国公众气候变化与气候传播认知状况调查的情况看，越来越多的中国公众认识并感知到气候变化带来的严重影响，但是对于具体问题的认知还不够，比如对气候变化影响粮食安全的认知度就比较低。2013 年的"全国低碳日"前夕，中国气候传播项目中心专门针对城市公众开展了一次低碳意识的调查，并在对数据进行专业分析的基础上整理发布了《四类低碳人：中国城市公众低碳意识及行为调查报告》②。报告显示，中国城市公众对低碳概念和相关知识的认知仍非常有限，这进一步说明，中国公众在应对气候变化的具体认知上还有大幅提升空间。

最后，气候变化涉及政治、经济、环境、发展、法律等多个领域，这也要求从事气候传播研究的学者要提升对相关系统知识的把握。从目

---

① 王彬彬、吕美：《气候传播，应对气候变化的"提速器"》，《世界环境》2013 年第 1 期。

② 周锐：《机构调查民众低碳意识区分四类"低碳族"》，中新网北京 2013 年 6 月 22 日电。

前的研究现状看，中国气候传播研究工作虽取得了一定成绩，但在对公众认知状况的定量分析、心理学分析和公众应对气候变化的参与式传播研究等方面还需要再下功夫。

综上所述，气候传播作为一个新的研究领域和研究方向出现，而且以应对气候变化为根本目标，是符合时代发展要求的。近年来，中国气候传播研究取得了积极进展，获得了初步成绩，同时面临着新的机遇和挑战。为了更好地迎接挑战，中国今后的气候传播研究应注意"两路并进、双向使力"，即国际和国内"两路并进"，上面（政府）和下面（公众）"双向使力"。

总之，中国的气候传播研究需要集聚各相关学科的智慧和力量，需要得到政府和全社会的爱护、培育和支持。我们衷心希望越来越多的学者能够加入气候传播的研究队伍，从不同学科视角丰富中国的气候传播研究，推动其取得更丰硕的成果，为进一步普及气候变化知识、完善国际气候治理规范、应对全球气候变化作出更积极的贡献。

论气候传播在生态文明建设中的作用

题注： 本文阐述了气候传播在生态文明建设的观念层面、制度层面、路径层面以及国家形象层面的作用，即气候传播可以培育政府、企业、公众的生态文明理念，推动生态文明制度建设的顶层设计、政策普及和落实。通过典型案例，为生态文明建设中的公众、企业提供现实路径，提升我国的国际形象和生态形象。该文与人民大学新闻学院 2012 级博士生任媛媛合作完成，刊于《现代传播（中国传媒大学学报）》2015 年第 1 期。

进入 20 世纪以来，飓风洪水、物种绝迹、冰层融化等自然因素，连同环境污染、疫情扩散、雨林被毁等人为因素导致的生态危机频现。世界各国都在对人类社会的科学发展模式进行探索和实践，"绿色""低碳"等理念开始受到国际社会的普遍重视，生态、环境、发展等问题逐渐成为人们关注的焦点，"生态文明"概念应运而生。生态文明以倡导和维护生态环境为主旨，以促进和实现可持续发展为根本，是对人类文明形态和文明发展理念、道路、模式的一种科学概括。

我国对生态文明建设的探索经历了一个不断深入和完善的过程。党的十五大报告明确提出实施可持续发展战略。党的十六大报告提出走新型工业化发展道路，发展低碳经济、循环经济，建设资源节约型、环境友好型社会。党的十七大报告在全面建设小康社会奋斗目标的新要求中，第一次明确提出了建设生态文明的目标："基本形成节约能源资源和保护生态环境的产业结构、增长方式、消费模式。生态文明观念在全社会牢固树立。"党的十七届五中全会要求提高生态文明水平，"绿色发展"被写入"十二五"规划。党的十八大报告首次单篇论述生态文明，并把"美丽中国"作为未来生态文明建设的宏伟目标，把生态文明建设摆在了与经济、政治、文化、社会文明建设并行的"五位一体"的战略高度，这是中国共产党执政兴国理念的新发展，为中国特色文明体系的整体布局和战略决策注入了新的内涵。

气候与生态紧密联系，不可分割。气候是自然生态系统的重要组成部分，是支撑所有生物存在和发展的基础性条件。在我国现有的战略能源结构下，温室气体排放和污染气体排放基本是同根同源的，气候变化的治理同节能减排、建设美丽中国、实现中国梦和实现科学发展是一致的，与迈向生态文明并为人类可持续发展作出贡献也是高度一致的。

气候传播作为一种有关气候变化信息与知识的社会传播活动，将气候变化及相关议题的科学知识转化为大众理解的知识，提升公众对气候变化的认识，增强其危机意识，以及适应减缓气候变化影响的责任感，从而促使公众参与到应对气候变化的行动中来。[1]

气候传播着眼于运用传播手段科学应对气候变化，促进低碳发展、绿色发展和可持续发展，在宣传党和国家生态文明建设战略决策和行动策略，传播绿色低碳发展和培育生态文明理念，动员社会与公众投身应对气候变化，参与气候治理，保护自然生态、保障生态安全行动等方面

---

[1] 郑保卫：《气候传播理论与实践——气候传播战略研究》，人民日报出版社2011年版，第20页。

担负着信息传播者、知识普及者和舆论引导者的使命与责任。总之，在生态文明建设中占有着重要的地位，发挥着不可或缺的作用。

本文将从思想观念、制度建设、实现路径和国家形象 4 个层面，阐述气候传播在生态文明建设中的重要作用。

一、气候传播培育生态文明理念

观念因素是制约生态文明建设的"软障碍"。培育生态文明理念是生态文明建设的当务之急，具有现实紧迫性与必要性。2012 年由中国气候传播项目中心实施的《中国公众气候变化与气候传播认知状况调研报告》的数据显示，中国公众对气候变化问题的认知度达 93%，并且有 78% 的公众对气候变化的未来影响表示担忧。[1]这些数据反映出人们对气候——生态环境中与日常生活、社会生产联系最紧密的气候变化问题的重视与需求。2014 年 2 月，中华人民共和国环境保护部发布首份《全国生态文明意识调查研究报告》。该报告称，80.9% 的受访者对我国整体的环境状况表示十分担忧。同时，调查结果显示，我国公众生态文明意识呈现出"认同度高、知晓度低、践行度不够"的特点。[2]

综合这两项调查得出的数据可以发现，气候变化、生态危机已经成为公众普遍关注的议题，然而生态文明理念的进一步培育则需要建立更加系统全面的传播体系。正如著名环境科学专家曲格平指出的："我国的

---

[1]　中国气候传播项目中心:《中国公众气候变化与气候传播认知状况调研报告》，2012 年 11 月 1 日。

[2]　中华人民共和国环境保护部:《全国生态文明意识调查研究报告》，2014 年 2 月 20 日。

环境保护靠宣传起家，今后还要靠环境宣传去发展。"①生态文明建设的认同程度，生态文明意识的培育与形成，都取决于生态文明理念的有效传播和悉心培育。在这个意义上，气候传播责无旁贷，大有可为。

（一）气候传播促进政府转变生态理念

从目前形势看，我国政府在生态文明建设中起着引导和统筹作用，这是由历史和现实因素所决定的。一方面，市场经济依靠市场调控资源，而生态文明建设属于投入高、周期长、见效慢的领域，需要政府来主导介入；另一方面，政府相对拥有较多的资源和较强的调控能力。"政府主导型"的生态建设模式具有集中力量办大事的特点，但同样存在一定缺陷：相关部门和一些领导干部生态文明意识淡薄，"唯 GDP 论"依然盛行。在片面政绩观的影响下，有些地方政府在招商引资过程中，常常会以牺牲环境为代价，给地方生态环境造成严重危害。

气候传播可以通过宣传人与自然和谐相处、可持续发展等生态文明理念，扭转以经济数据论英雄的片面政绩观，帮助政府部门树立"绿色GDP"意识，使其认识到生态文明建设会给当地经济社会发展带来长远利益。许多省市在生态文明建设中变消极被动的"亡羊补牢"为积极主动的"未雨绸缪"，生态农业、生态工业有序推进，"望得见山、看得见水、记得住乡愁"成为各级地方政府的新追求。

（二）气候传播引导企业承担生态责任

长期以来，一些企业一味追求利润最大化的内在驱动和资源消耗型、

---

① 张媚：《关于环境宣传教育能力的思考》，《中国环境科学学会学术年会论文集（2009）》第四卷，北京航空航天大学出版社 2009 年版，第 294 页。

环境污染型的粗放生产方式，是导致生态危机日趋严峻的重要原因之一。我国不少企业仍存在着"环境保护投资会对企业产生巨大损失"的错误认知，许多环保基础设施经常是为了应付有关部门的检查，并没有发挥出应有的作用。

气候传播通过揭示气候变化现象及其所造成的影响，监督和曝光污染环境和破坏气候的行为，宣传生态资源的共享性、环境利益的均等性和生态后果的公担性，[①]呼吁并引导企业承担生态责任，遵循生态道德，遵守环境保护法律法规，切实把低碳生产和环境保护作为生产经营活动的重要组成部分。

同时传播生态文明理念有助于企业认识绿色循环经济是当今世界经济发展的潮流，绿色竞争力才是企业持续发展的不竭动力，从而切实履行环保主体责任，积极支持环保公益事业，树立现代企业良好的社会形象。

（三）气候传播倡导公众实现低碳生活

对我国这样一个经济与社会发展不平衡的人口大国来说，公众自觉参与生态文明建设的意义重大。2013 年，中国气候传播项目中心在国内选取了 20 个有代表性的城市，采用计算机辅助电话调查（CATI）的方式，对 18—65 岁的城市居民进行了一次低碳意识和行为方式调查。该调查发现公众的低碳意识存在明显"知沟"现象，亟须加大媒体报道、进行说服性传播。[②]

---

① 田景洲：《从生态文明看企业生态责任》，《南京林业大学学报（人文社会科学版）》2008 年第 3 期。

② 郑保卫、王彬彬：《中国城市"四类低碳人"的媒体传播策略研究》，《国际新闻界》2013 年第 8 期。

气候传播能够从与公众日常生活关系密切的大气污染入手，传递有关气候变化的各种信息，提高公众对气候变化的科学认识，让公众认识到自己的权利，如"通风权""清洁水权""清洁空气权"，激发他们节约资源和保护环境的自觉意识，为生态文明建设营造良好氛围。气候传播所倡导的生态文明理念，作用于公众的价值观念和生活理念，能够使节能减排、低碳生活成为公众共同认可并遵守的生活方式。

二、气候传播推动生态文明制度建设

党的十八届三中全会公报提出，建设生态文明，必须建立系统完整的生态文明制度体系，用制度保护生态环境。加强生态文明制度体系建设，这是对生态文明建设的更高要求。

（一）气候传播可以为生态文明制度设计建言献策、提供智力支持

2013 年 10 月，中国气候传播项目中心与耶鲁大学在北京共同主办首届气候传播国际会议，旨在为国内外关注气候变化和气候传播的学者及各界人士搭建一个交流平台。来自国内外的气候变化和气候传播的学者共同就生态保护、环境治理、气候变化应对等问题展开有益探索，交流实践经验：英国伦敦为治理雾霾制定了一系列空气污染防控法案和国家空气质量战略；美国实施发展页岩气、发展核电、可再生能源网络化等绿色新政，制定《美国清洁能源安全法案》；欧盟制定2020 年、2050 年低碳路线图；俄罗斯提出"俄罗斯气候学说"，开始了气候政策的转型；墨西哥、印度等国开始实施可持续发展战略举措；等等。这些经验和举措说明世界各国在生态文明与环境保护制度建设

方面已经取得积极进展。

这些经验和举措既有对传统资源高消耗、环境高污染的工业模式的反思（例如英国），也有在后工业时代实施的生态新政（如欧盟、加拿大），还有中等发达国家生态制度建设的实践尝试（如墨西哥、印度）。

他山之石，可以攻玉。中国特色社会主义生态文明制度建设，需要在国家生态文明建设整体目标和原则的基础上实现新型工业化、新型城市化和新型现代化，要在借鉴后工业化发达国家生态举措的同时，参照发展中国家的实际，用生态文明的原则改造传统意义上的工业文明，走出有中国特色的生态文明之路。

（二）气候传播可以促进生态文明制度建设的顶层设计和相关气候法规政策的普及

生态文明制度建设涉及多方利益，需要各级党委、政府、部门、团体和个人共同接受、共同遵守。气候传播可以通过媒体舆论宣传、公开征集意见、采用问卷调查等多种途径，充分吸收社会各界的意见建议，提高全社会对于生态文明建设的关注度和参与度，为制度的顶层设计搭建公共意见的反馈平台，实现多方利益的平衡和共赢。

除促进生态文明制度建设的顶层设计外，气候传播还可以开展相关气候治理法制规范的宣传和普及。2012 年 9 月 19 日，国务院常务会议决定自 2013 年起，将全国节能宣传周的第三天设立为"全国低碳日"。低碳日前夕，由中新社和中国新闻周刊举办的"低碳发展·绿色生活"公益影像展在北京王府井步行街展出，吸引了许多公众驻足观看。低碳日当天，首都博物馆举办了大型展览，全面展示了我国为应对气候变化所进行的国际谈判的历程，国家应对气候变化的政策与行动，以及北京市创建绿色城市的工作状况及效果。新闻媒体围绕"低碳日"的报道超过

200篇，气候传播对生态文明建设的宣传与普及，增强了社会与公众对生态文明建设的认知度、认同度和参与度。

（三）气候传播可以对生态文明制度实施进行监督问责

气候传播可以动员媒体以及全社会的力量形成保护生态的强大舆论氛围，同时可以对破坏生态文明的行为进行舆论监督，对不执行者或是执行不到位者进行问责。媒体在气候传播中所体现的舆论监督功能，可以使公众及时了解身边发生的与自身生存生活相关的污染事件，既维护了公众的知情权和监督权，也促使相关政府部门关注并合理解决这些环境问题。

美国媒体曾根据田纳西州政策研究中心的账单，披露前副总统戈尔所住豪宅的月平均电费比一般美国家庭一年的电费还多，自称"环保主义者"的戈尔瞬时处于舆论批评的中心。气候传播所具有的强大舆论力量，在增加公众对气候变化领域相关事件知情权的同时，也能推动公众人物更加严格地约束自己。

在我国，近年来一批久拖不治、影响恶劣、破坏性强的环境事例，大多是在媒体揭露报道后引起政府的高度重视，进而得到妥善解决的。创刊于2009年的《南方周末·绿版》，一直在坚持关注环境、低碳、能源等绿色领域，深入调研和分析气候变化事件，对清洁能源如水电、风电、核电等的发展进行深度报道，并且披露渤海溢油污染事故，引入国外"漂绿"概念、监督企业"漂绿"行为等，做了大量工作，取得了积极效果。该报组织的《我为祖国测空气》《给我一瓢北京水，清清白白的北京水》等报道，推动了政府修改污染标准，启动相关问题研究和制定相应的治理规划。运用批评武器，担负起社会责任，对生态文明制度实施实行监督，已成为气候传播的一项重要任务。

三、气候传播指引生态文明建设实现路径

气候传播具有明显的现实指向和行为指向，它既可以向公众解释气候变化"是什么"，气候变化"为什么"发生，也可以向社会和公众普及、推广并呼吁"如何做"。宣传生态文明建设的典型案例，普及生态文明建设的具体措施，推广符合生态文明的生产、生活方式，是气候传播义不容辞的使命任务。气候传播在培育生态文明理念的同时，还可以为社会与公众指引生态文明建设的实现路径。

（一）气候传播为公众生态行动提供指引

气候传播须始终坚持以人民为中心的发展理念，自觉服务于公众的气候变化信息需求，倡导符合生态文明理念的生活方式。习近平总书记在 2013 年全国宣传思想工作会议上提出："要树立以人民为中心的工作导向。"按照这一要求，气候传播从内容到形式都应该树立以人民为中心的工作导向，把服务公众和教育引导公众结合起来，把满足公众的气候变化信息需求和提高公众的生态文明素养结合起来，最终引导公众自觉地投入到生态文明建设的实践中。

国内外的研究调查显示，公众了解生态、环境、气候变化的一般程度高，参与生态保护与应对气候变化的意愿强，然而从"了解""愿意"到落实到行动上，还存在很大距离。气候传播可以通过信息的力量弥合观念与行动之间的沟壑，为公众的生态行动提供指引。

为此，近年来世界各国都在着力利用气候传播实现生态文明建设的社会推广和公众普及教育。英国政府从 2000 年开始实施"气候变化与低碳发展"项目，该项目设计了促进公民行为转变的专门模型，通过提

升公众低碳生活能力来鼓励公众参与应对气候变化的积极性与行动力。日本则通过发挥名人传播效应为公众生活提供典范、作出指引。在日本"全民环保运动减排6%"的运动中，官员、企业家、影视明星、运动员以及一些知名的动漫人物，在互联网上公布他们的减排承诺，并公开自己相应的行动，媒体辅以广泛报道，在全社会形成低碳减排的氛围。

中国气候传播项目中心于2013年实施的《中国城市公众低碳意识调查》，既是对公众低碳概念认知、低碳政策认知、低碳付费意愿及"低碳行为表现"的摸底，也是一次系统的关于低碳方法的公众普及。在"低碳行为表现"这一指标中，调查问题涉及公众衣食住行等7个方面，[①]这些低碳举措渗透在绿色生活的点滴细节中，简单易行，便于普及和推广。

气候传播可以通过生态文明理念的培育，提高公众对生态文明建设的认知度、认同感，通过生态文明实现路径的传播，提高公众生态文明建设的参与度。

（二）气候传播为企业绿色转型提供范例支持

企业是生态文明建设的重要主体之一，也是实现节能减排、环境保护、绿色发展和应对气候变化的责任承担者。建筑、电力、能源、石油化工等行业转变过去资源消耗型的经济增长方式为循环经济，实现清洁生产、绿色生产，对于生态文明建设目标的实现起着至关重要的作用。

在实施生态经济、建设生态企业的过程中，气候传播不仅可以为企业提供生态观念支持，也可以通过生动鲜活的绿色生产案例为企业定位、

---

① 低碳行为表现的7个方面：轨道交通出行、步行或骑自行车出行，减少家用电器的耗能，走楼梯少坐电梯，减少食物浪费，低碳旅游，购买有节能标识的产品，减少服装、电器等日用品的购买等。

转型、升级提供经验借鉴。有学者在分析 1978—2008 年的《人民日报》环境新闻报道后发现，我国环境新闻报道的数量在逐年上升，其中环保产业、环保科技、环保人物和环保事迹占报道内容的近三成①，典型示范作用十分明显。

2012 年 6 月，中国气候传播项目中心举行了气候变化与气候传播"进社区、进校园、进农村、进企业"活动启动仪式，该活动积极构建生态文明协同治理、共同担责的治理模式，动员多元主体在生态文明建设中合作共治。"四进"活动深入社会基层，宣传普及应对气候变化的知识和方法，推动生态文明建设在行动层面的进展。在针对企业开展宣传时，充分考虑企业发展经济与承担社会责任的双重需求，以绿色企业的成功实践，为企业在绿色产品设计、绿色生产、绿色营销等绿色产业链的各个环节提供范例支持与经验分享，推动绿色经济与企业的可持续发展。

四、气候传播提升国家生态文明形象

我国"十二五"规划实施以来，提高能源利用效率、发展清洁能源被放在了发展经济的中心位置，电动汽车、可再生能源、智能电网等低碳技术得到推广，碳市场机制逐步建立，生态文明建设取得了进展和成效。然而这些努力未能得到外部世界的充分认知和善意理解，在生态建设和气候领域，国外媒体对我国的负面甚至歪曲报道比比皆是。

学者郭小平在研究 2000—2009 年《纽约时报》全球气候变化的涉华报道时发现，该报在报道中国生态文明建设的相关议题时，弱化中国声音、强化美国话语，建构中国"要经济不要环保"的生态形象，无视

---

① 徐艳旭：《人民日报 30 年环境新闻报道分析》，《青年记者》2009 年第 18 期。

我国在生态文明建设与科学发展方面作出的努力，极力宣扬"中国生态威胁论"。①

每年一度的联合国气候变化大会，已经成为气候传播积极主动发声的"重要战场"。中国政府、媒体、非政府组织、企业和学术机构在会场内外开展的一系列气候传播活动，将我国在生态文明建设中取得的成就及时传递出去，展现中国在保护全球气候方面作出的努力和贡献，帮助国外媒体与公众更加客观地了解和评价中国的生态文明建设实践，有助于改变我国在国际交流中的被动和弱势地位，维护我国在全球环境事务中负责任大国的形象，消除"中国生态威胁论"的负面影响。

（一）政府代表会场发言

政府在联合国气候变化谈判期间不仅是参与谈判的主体，更是会场内外塑造国家生态形象的主要力量。政府代表尤其是首脑或国家领导人等利用谈判舞台来传递本国的生态理念、生态政策和生态实践，可以收到很好的效果。

2009年，时任国务院总理温家宝在哥本哈根联合国气候变化大会领导人会议上发表了题为《凝聚共识　加强合作　推进应对气候变化历史进程》的讲话。讲话指出，中国是世界上最早制定和实施《应对气候变化国家方案》的发展中国家，先后制定和修订了节约能源法、可再生能源法、循环经济促进法等一系列法律法规；中国也是近年来节能减排力度最大的国家，淘汰高耗能、高污染的落后产能，实施节能工程；中国还是新能源和可再生能源增长速度最快的国家，是世界人工造林面积最

① 郭小平：《西方媒体对中国的环境形象建构——以〈纽约时报〉"气候变化"风险报道（2000—2009）为例》，《新闻与传播研究》2010年第4期。

大的国家。①

这些事实有力地回击了少数西方国家对中国的无端指责，也表达出我国政府在生态文明建设上的强大意愿和坚定决心，充分展示了中国谋发展、促合作、负责任的生态大国形象。

（二）场外新闻发布会

在谈判之外，各国政府通常还利用召开新闻发布会，在会场内设置自己的展台，利用播放视频、发放宣传册、现场人员讲解等方式为外界提供信息渠道，积极宣传本国在应对气候变化、生物多样性减少、资源枯竭等全球生态问题上采取的政策、行动和取得的成效，争取在国际舞台上为本国赢得"形象分"。

哥本哈根联合国气候变化大会期间，中国代表团搭建了中国新闻与交流中心，作为中国政府官方信息的发布平台。坎昆会议期间，中国代表团团长解振华在新闻发布会上介绍了中国政府在坎昆会议上的立场，并阐述中国面临的气候变化挑战与采取的行动措施，吸引了300多位中外记者参加。作为官方信息发布渠道，新闻发布会增强了国家生态领域的透明度，成为外界获取政府官方信息的主渠道。

（三）各种形式和内容的边会

此外，一些非政府组织、企业和学术机构在会场内外举办的各种形式的边会也成为传播国家生态形象的重要途径之一。例如，2010年12月5日在坎昆联合国气候变化大会期间，中国气候传播项目中心举办了"基

---

① 《温家宝在气候变化会议领导人会议上的讲话》，新华社哥本哈根2009年12月18日电。

础四国与墨西哥气候传播"边会，来自中国、墨西哥、印度、泰国、瑞士等国家的高校、研究机构、新闻媒体和非政府组织的专家学者、媒体记者和相关人士参加了此次边会。这是中国高校首次在国外举办此类学术会议，也是项目中心第一次走向国际舞台，向世界介绍中国的生态理念、生态实践和生态成就。2011年12月2日，中国气候传播项目中心又在德班举办"气候传播国际论坛"，中国政府代表团副团长、中国应对气候变化谈判首席代表、国家发展和改革委员会应对气候变化司司长苏伟应邀出席并作主旨发言，显示了政府汇集多方力量，共同推动谈判取得积极进展的意愿和决心。2012年12月1日，中国气候传播项目中心在多哈联合国气候变化大会"中国角"与国家发展和改革委员会合作举办"公众参与·全民应对气候变化"边会，边会上发布了《中国公众气候变化与气候传播认知状况调研报告》英文版摘要。调研数据随后被联合国气候变化框架公约执行秘书菲格雷斯在发言中引用，并借以肯定中国在应对气候变化方面所作出的贡献。[①]这一系列边会的举办，表达了中国气候立场，传递了中国气候声音，收到了很好的传播效果。

气候是生态环境中与人们日常生活、社会生产联系最紧密的一个环节。气候传播在观念、制度、路径与国际形象各个方面切实推动着生态文明建设的全方位发展。未来，气候传播将着力于构建"政府主导、媒体引导、非政府组织助推、企业担责、公众参与"的"五位一体"行动框架，以推动多元行动主体齐心协力、共同奋斗，为节能减排、环境保护、绿色发展和应对气候变化作出贡献，为建设生态文明的美好家园和美丽中国的宏伟目标作出不懈的努力。

---

① 郑保卫、王彬彬：《中国气候传播研究的发展脉络、机遇与挑战》，《东岳论丛》2013年第10期。

生态文明建设和绿色发展理念背景下我国气候传播的战略定位与行动策略

> **题注：** 本文指出新时代我国气候传播，对内要成为生态文明建设与绿色低碳发展的引领者与倡导者，对外要成为全球生态文明建设的推动者、促进者；在气候传播行为主体的角色定位上，提出政府是主导者、媒体是引导者、非政府组织是助推者、企业是担责者、智库是献策者、公众是参与者；强调当前需要进一步推进"5+1"行为主体相互配合，协调行动，努力构建具有中国特色的气候传播学术体系与话语体系，完善符合新时代需要的传播方式、手段与方法，形成多元主体传播协同效益。该文与广西大学新闻与传播学院 2019 级研究生郑权和广西大学气候与健康传播研究中心副主任覃哲合作完成，刊于《新闻爱好者》2021 年第 5 期。

当前，气候变化问题已成为威胁人类生存与发展的全球性问题，每个人都是气候变化的利益相关者。自 2009 年哥本哈根联合国气候变化大会以来，在全球应对气候变化的大背景下，围绕气候变化而展开的气候传播日益成为学界与业界的关注焦点。我们认为，所谓"气候传播"，即将气候变化信息及其相关科学知识为社会与公众所理解和掌握，并通过公众态度和行为的改变，以寻求气候变化问题解决为目标的社会传播活动①。气候传播既是解决气候变化问题不可缺少的舆论表达方式，也是应对气候变化过程中无以替代的信息传播手段。

党的十八大以来，党中央把"生态文明建设"同经济、政治、文化、社会文明建设一体纳入到中国特色社会主义事业总体布局之中，在党的第十八届五中全会上又提出了创新、协调、绿色、开放、共享的新发展理念。习近平总书记从"内促高质量发展、外树负责任形象"的战略高度重视应对气候变化，提出应对气候变化是我国可持续发展的内在要求，也是负责任大国应尽的国际义务。

近些年，我国已从应对气候变化的参与者、跟随者转变为引领者。在第七十五届联合国大会一般性辩论上，习近平主席郑重提出中国2030年前碳达峰目标和2060年前碳中和愿景，并在纪念《巴黎协定》达成五周年气候雄心峰会上，进一步宣布我国提高国家自主贡献力度，力争2030年前实现碳达峰，2060年前实现碳中和的目标。

当前阶段，全球正处在百年未有之大变局和新冠疫情的叠加影响中，无论是气候变化还是新冠疫情大流行，都不会是人类面临的最后一次危机，因此我们必须做好携手应对各种全球性挑战、在变局中谋划新局的准备。

据此，本文拟在习近平生态文明思想统领下，立足生态文明建设和绿色发展这一宏大背景，以促进生态文明，推动绿色发展，建设美丽中国，实现气候变化全球共治的大视野和大格局，来把握我国气候传播的对内对外的总体战略定位，并提出"政府、媒体、非政府组织、企业、

---

① 郑保卫、王彬彬：《中国气候传播研究的发展脉络、机遇与挑战》，《东岳论丛》2013年第10期。

公众和智库”的“5+1”行为主体相互配合、支撑和联动的行动策略，以期为我国对内实现绿色低碳发展，对外保护全球生态提供新思路和新方法。

一、气候传播战略定位的时代背景与实践依据

（一）气候传播战略定位的时代背景

1. 立足新发展阶段、贯彻新发展理念与服务新发展格局

一是要立足新发展阶段，在把握新的历史方位中强化气候传播责任担当。“十四五”时期，是中国全面建成小康社会、实现第一个百年奋斗目标之后，乘势而上开启全面建设社会主义现代化国家新征程、向第二个百年奋斗目标进军的第一个五年，我国将进入新发展阶段[①]。对此，我国气候传播要把握这一重要的发展战略机遇期，围绕“内促高质量发展、外树负责任形象”的战略要求集中力量办好自己的事情，反映和体现新发展阶段的战略要求和行动策略，强化在生态文明建设与绿色发展、参与全球气候治理等层面的环境守望、信息沟通与舆论引导等职责与使命担当。

二是要贯彻新发展理念，扫清“软障碍”，推动高质量发展。新发展理念就是把创新、协调、绿色、开放、共享的新发展理念贯彻到发展的全过程和各领域，努力实现更高质量、更有效率、更加公平、更可持续、更为安全的发展。当前，思想观念因素是制约生态文明建设与绿色低碳发展的“软障碍”，倡导与培育全社会贯彻新发展理念具有现实的紧迫感

[①] 《中共十九届五中全会在京举行》，《人民日报》2020 年 10 月 30 日。

与必要性。对此，我国气候传播要深入践行以人民为中心的发展思想，通过传播促进政府转变生态理念，呼吁企业承担生态责任，倡导公众实现低碳生活。

三是要服务新发展格局，在"双循环"中做强信息枢纽功能。构建以国内大循环为主体、国内国际双循环相互促进的新发展格局，是以习近平同志为核心的党中央积极应对国际国内形势变化，与时俱进提升我国经济社会发展水平、顺势而上塑造我国参与国际合作和竞争新优势所作出的战略抉择。在过去 10 年里，我国气候传播一直秉持"两路并进、双向使力"的原则探索前行，积累了一定的国内国际传播研究成果与经验，但与新发展格局的要求尚有一定差距。未来，我国气候传播需要针对内外两个层面增强信息枢纽功能，使气候传播成为国内大循环的强劲动力源、国内国际双循环的强大连接点。

2. 百年未有之大变局与新冠疫情之常态化

当前，全球正处于百年未有之大变局，国际环境日趋复杂，不稳定不确定的因素增多，机遇和挑战都有新的发展变化。首先，百年未有之大变局下潜伏着大挑战，但也萌生着新机遇。一方面，气候变化等全球性的挑战与保护主义、单边主义、逆全球化等思潮共同作用，令全球治理出现"赤字危机"，公共产品供给体系缺失，"供求矛盾"不断显现，严重阻碍《联合国 2030 年可持续发展议程》的进程。另一方面，作为绿色发展的坚定倡议者与行动者，中国将是全球气候治理中的最大自变量。2020 年 9 月，中欧领导人会晤时已明确表示打造中欧绿色合作伙伴，中欧两大经济体的合作将进一步推进绿色可持续发展从国际政治倡导理念嵌入市场经济发展模式。同时，美国新一届拜登政府宣布重返《巴黎协定》也将增加全球多边气候治理的确定性。

其次，新冠疫情重创了全球化格局，但也为全球治理提供了启示。

正如习近平总书记所言："这场疫情启示我们，全球治理体系亟待改革和完善。疫情不仅是对各国执政能力的大考，也是对全球治理体系的检验。"①可以说，新冠疫情催化加速了百年未有之大变局，疫情应对是"人类第一场非传统安全世界大战"②。中国是全球首个受到疫情严重影响的国家，也是率先开启经济绿色复苏的国家。我国应对疫情所取得的"联防联控、全球合作"经验，能够为全球气候治理提供借鉴；同时，我国引领疫情常态化下世界经济绿色复苏的前进方向，坚持走多边主义道路，维护以联合国为核心的国际体系，这也将极大提振国际社会坚定可持续发展的信心。

在此格局下，我国气候传播需要准确把握"时与势"，在危机中孕育先机、于变局中开创新局。具体来看，需要立足百年未有之大变局，通过传播扩大与世界各国的交流与合作，服务绿色"一带一路"与气候外交，积极作为，科学应变，主动求变，坚定倡导多边主义，引领全球生态治理，助推国际社会往人类命运共同体的发展方向前进。

（二）气候传播战略定位的实践依据

1. 落实《巴黎协定》任务，加快实现"碳达峰""碳中和"目标

在第 21 届联合国气候变化大会上，196 个缔约国共同签署通过了全球气候治理的里程碑文件《巴黎协定》，确定了"自下而上"的强调"国家自主决定贡献"的减排机制。可以说，应对气候变化《巴黎协定》代

---

① 《习近平在第七十五届联合国大会一般性辩论上发表重要讲话》，《人民日报》2020 年 9 月 23 日。

② 金灿荣：《解读"百年未有之大变局"，中国或是世界变局最大的自变量》，观察者网，2020 年 10 月 16 日。

表了全球绿色低碳转型的大方向，是保护地球家园需要采取的最低限度行动，各国必须迈出决定性步伐。

2020 年年末，在《巴黎协定》达成 5 周年之际，习近平总书记在气候雄心峰会上庄严承诺我国提高国家自主贡献力度，力争 2030 年前实现碳达峰，2060 年前实现碳中和的目标[①]。这是继在第七十五届联合国大会一般性辩论上的讲话之后，党中央、国务院在统筹国内国际两个大局基础上，就生态文明建设与绿色低碳可持续发展作出的新的重大战略决策。这一战略决策彰显了中国政府深入贯彻习近平新时代中国特色社会主义思想，坚定不移走生态优先、绿色发展之路的战略定力；表明了积极落实《巴黎协定》，引领全球气候变化治理，更加坚定推动构建人类命运共同体的大国担当；指明了后疫情时代全球经济"绿色复苏"发展路径，极大提振了国际社会并肩前行、行稳致远、共商共建共享"美丽世界"的雄心和力量。

2021 年是《巴黎协定》全面实施之年，习近平总书记的重要讲话为我们落实《巴黎协定》、促进绿色发展、做好气候传播、建设生态文明和美丽地球指明了方向。对此，我们要增强问题意识、服务意识、大局意识、学术意识，让气候传播在中国，乃至在世界真正形成大气候[②]。

2. 建设"美丽地球"，打造人类命运共同体

200 多年来，以化石能源开发和利用为主导的工业革命，极大提升

---

① 《习近平在第七十五届联合国大会一般性辩论上发表重要讲话》，《人民日报》2020 年 9 月 23 日。

② 郑保卫：《让气候传播真正形成大气候——〈中国气候传播十年〉序言》，《文化与传播》2020 年第 1 期。

了社会生产力，加速了人类社会从农耕文明走向工业文明进程。但工业革命在推动社会经济巨大发展与进步的同时，也产生了严重的环境问题，导致了发展的不可持续性。种种现实危机不断警醒我们，人类需要一场自我革命，推动人类社会由工业文明转向生态文明。

2021 年 1 月 25 日，习近平主席以视频方式出席世界经济论坛"达沃斯议程"对话会并发表特别致辞，强调："地球是人类赖以生存的唯一家园，加大应对气候变化力度，推动可持续发展，关系人类前途和未来。"面对这一全球性挑战，必须"维护和践行多边主义，推动构建人类命运共同体"。①对此，中国将继续促进可持续发展，加强生态文明建设，加快调整优化产业结构、能源结构，倡导绿色低碳的生产生活方式，并同各国一道，共建持久和平、普遍安全、共同繁荣、开放包容、清洁美丽的世界。

参与全球气候治理，共建人类命运共同体与气候传播密切相关。为了有效应对气候变化，国际社会需要凝聚共识、携手合作，帮助全社会更好地科学认识气候变化，共同参与气候治理。此外，各国还应当扩大交流，积极分享彼此在应对气候变化方面的经验教训。而这些工作的完成，都离不开充分及时的传播。因此，我们要通过气候传播倡导人与自然和谐共生的生态理念，树立你中有我、我中有你的命运共同体意识，凝聚全球力量，鼓励广泛参与，对全球气候治理和经济社会发展起到引领与示范作用。

---

① 习近平：《让多边主义的火炬照亮人类前行之路——在世界经济论坛"达沃斯议程"对话会上的特别致辞》，《人民日报》2021 年 1 月 26 日。

二、当前我国气候传播的战略定位

（一）气候传播的整体定位——宏观定位

1. 对内：生态文明建设与绿色低碳发展的引领者与倡导者

党的十八大报告提出要建设中国特色社会主义"五位一体"总体布局，将"生态文明建设"与经济建设、政治建设、文化建设、社会建设相并列；党的十八届五中全会又提出创新、协调、绿色、开放、共享的新发展理念，"绿色发展"成为独具新意的发展理念。在这一背景下来认识气候变化与气候传播问题，会有一种新思路、新境界和新高度。我们会发现应对气候变化、做好气候传播与加强生态文明建设和实现绿色低碳发展有着密切关联，而且作为一种国家战略，其内涵十分丰富，地位极为重要。

首先，需要从服务生态文明建设的角度看气候传播。气候传播在生态文明建设中占有重要的地位，发挥着不可或缺的作用[①]。我国40多年的环境保护实践经验表明，生态文明是人民群众共同参与、共同建设、共同享有的事业，唯有紧紧依靠人民群众，不断增强全民节约意识、环保意识、生态意识，动员全社会参与行动，方能在点滴之间汇聚起生态环境保护的磅礴力量。气候传播着眼于科学应对气候变化，促进低碳发展、绿色发展和可持续发展，它既能够反映和体现生态文明建设的战略要求和行动策略，也能够充当保护自然生态系统、保障生态安全的信息传播

---

① 郑保卫、任媛媛：《论气候传播在生态文明建设中的作用》，《现代传播（中国传媒大学学报）》2015 年第 1 期。

者和舆论引导者。对此,气候传播应该成为全社会参与生态文明建设的引领者。

其次,需要从服务绿色发展的角度看气候传播。在党的十九届五中全会上,"广泛形成绿色生产生活方式,碳排放达峰后稳中有降,生态环境根本好转,美丽中国建设目标基本实现"被纳入社会主义现代化远景目标,"提升生态系统质量和稳定性""持续改善环境质量"①等被列为"十四五"规划的重要课题。党中央围绕生态保护与绿色发展所作的一系列重大部署,科学擘画了绿色发展的新蓝图,标志着我国的经济绿色复苏再次步入快车道。贯彻新发展理念,推进绿色发展,倡导简约适度、绿色低碳的生活方式,形成保护生态系统的浓厚氛围,均是气候传播的重要使命与职责。对此,气候传播应该成为绿色低碳发展的倡导者。

具体来看,作为生态文明建设与绿色低碳发展的引领者与倡导者,气候传播要在观念层面、制度层面、路径层面以及国家形象层面上发挥重要作用。在思想观念上,要倡导新发展理念,培育全社会低碳节能环保意识;在制度层面,要为生态文明制度设计建言献策,提供智力支持,促进顶层设计和法规政策的普及,对制度实施进行舆论监督问责;在建设路径上,气候传播要为公众生态行动提供指引,为企业绿色转型提供范例支持;在国家形象上,气候传播要讲述中国气候故事,传播好中国气候声音,树立并维护我国在全球环境事务中负责任大国的形象。

2. 对外:全球生态文明与美丽地球的贡献者、推动者、建设者、促进者

在过去 5 年里,中国积极应对气候变化的态度十分明确,把"成为

---

① 《中共十九届五中全会在京举行》,《人民日报》2020 年 10 月 30 日。

全球生态文明建设的重要参与者、贡献者、引领者"作为我国应对气候变化、参与全球气候治理的战略目标，积极落实创新、协调、绿色、开放、共享的新发展理念，坚持多边主义道路，与世界各国一道，建设生态文明和美丽地球，共建人类命运共同体。立足这一背景，我国气候传播应坚持积极应对气候变化战略定力，做全球生态治理的重要贡献者、推动者、建设者与促进者，服务全球生态文明与美丽地球建设。

首先，气候传播作为贡献者，为人类命运共同体的可持续发展不断贡献中国方案。2017年前，面对"世界怎么了，我们怎么办"的时代命题，习近平总书记在联合国日内瓦总部发表主旨演讲，提出"构建人类命运共同体，实现共赢共享"的中国方案[①]。在2021年世界经济论坛"达沃斯议程"对话会上，习近平总书记进一步强调，"让多边主义的火炬照亮人类前行之路"[②]。在当前全球应对疫情和气候变化双重挑战的关键时刻，气候传播要在维护和践行多边主义，推动构建人类命运共同体上发挥作用。具体而言，在思想观念上，要在传播中秉持"人类命运共同体"理念，坚守和平、发展、公平、正义的人类社会共同价值，推动形成共商共建共享的全球治理观。在治理实践上，服务多边主义治理实践，坚持共同但有区别的责任原则，尤其是要代表广大发展中国家的利益诉求。在国家形象上，通过气候传播彰显"人类命运共同体"理念为全球治理提供中国方案的世界意义，诠释中国为世界和平、稳定与共同发展提供保障的时代担当。

---

① 习近平：《共同构建人类命运共同体——在联合国日内瓦总部的演讲》，《求是》2021年第1期。

② 习近平：《让多边主义的火炬照亮人类前行之路——在世界经济论坛"达沃斯议程"对话会上的特别致辞》，《人民日报》2021年1月26日。

其次，气候传播作为推动者，锚定中国引领全球经济绿色复苏的大方向，开创全球气候治理新局面。习近平总书记强调："绿水青山就是金山银山。要大力倡导绿色低碳的生产生活方式，从绿色发展中寻找发展的机遇和动力。"[①]这一倡议根植于马克思主义人与自然和谐相处思想，来源于中国改革开放 40 多年的实践经验，有着很强的现实针对性，是全球气候治理的至善之策、治本之方。完整、准确、全面贯彻绿色发展理念，需要我国气候传播引领世界经济绿色复苏的前进方向，汇聚起可持续发展的强大合力。通过气候传播加强国际绿色合作，服务低碳环保产业，倡导企业节能减排，引导公众低碳消费，为全球经济绿色复苏注入中国力量，为世界携手应对眼下危机、共创美好未来而努力。

再次，气候传播作为建设者，在全球生态文明与美丽地球建设中发挥建设性作用。气候传播广泛连接政府间国际组织、各主权国家、非政府组织、企业、社会公众等主体，涵盖国际谈判、政治协商、经济合作、社会参与、环境教育等诸多领域，在以打造人类命运共同体为战略导向的全球治理实践中发挥着组织、联系、协调、协同的核心作用。具体来看，其战略性作用主要体现在以下几个方面：一是在环境监测上，肩负着环境守望、风险预警、信息公开等职责。唯有洞悉世情，方能顺应世情、科学应变。二是在信息沟通上，承担着联接中外、服务绿色外交，践行"中国立场、国际表达"的使命。三是在经验交流上，主动宣介习近平生态文明思想，讲好中国气候治理故事，不断贡献中国智慧、中国经验。四是在技术分享上，推进新能源利用、碳捕捉等技术领域国际交流合作，并行推进减缓与适应行动。

---

① 习近平：《继往开来，开启全球应对气候变化新征程——在气候雄心峰会上的讲话》，《人民日报》2020 年 12 月 13 日。

最后，气候传播作为促进者，促进各国互惠共享，为携手保护人类共同家园作出贡献。随着拜登政府宣布重返《巴黎协定》并在 2050 年实现"新能源完全替代"，以及欧盟、英国、日本等相继宣布零碳排放目标，一场围绕清洁能源的"军备竞赛"已经全面展开，围绕着应对气候变化的大国竞争将进入新阶段。在参与全球气候治理中，我国一直提倡多层多元的全球合作治理模式，坚持气候正义原则，推动全球气候治理朝着更加民主、公正、包容的方向发展。基于此，气候传播也应朝着建立一个公平合理、合作共赢的全球气候治理机制的目标前进，将各国的国家利益和全人类共同利益更好地结合起来，协调规范各国关系，坚持协商合作，携手应对气候变化，彰显我国应对气候变化这一全球性问题的愿望与决心。

（二）气候传播行为主体的定位——政府、媒体、非政府组织、企业、公众、智库的"5+1"角色定位

应对气候变化、做好气候传播是一项系统工程，因此这些年我们一直在强调要构建"政府主导、媒体引导、非政府组织助推、企业担责、公众参与、智库献策"的"5+1"行动框架：在气候传播中，政府是主导者，要发挥思想引领和政策指导作用；媒体是引导者，要发挥信息传播和舆论引导作用；非政府组织是助推者，要发挥社会助推和民间聚合作用；企业是担责者，要承担起节能减排、环境保护、绿色发展的责任；智库是献策者，要起到知识构建和出谋划策的作用；公众是参与者，要积极投身减缓、适应和应对气候变化行动，营造良好生活环境，促进可持续发展的社会活动①。

---

① 郑保卫：《论气候变化与气候传播》，燕山大学出版社 2015 年版，第 289 页。

1. 政府层面

政府是主导者，要发挥好政府在气候变化政策宣传、行为引导和行动干预，以及参与全球气候治理，塑造大国形象等方面的主导作用。

我国是全球最大的发展中国家与碳排放国，既面临发展经济、实现现代化等一系列目标挑战，同时，也面临着低碳转型、绿色发展的现实要求。对此，需要政府在气候变化与传播上起到主导作用：其一，作为气候战略和政策行动的顶层设计者，要将生态文明、气候变化和大气污染防治紧密结合起来，建立协同治理机制。其二，作为官方信息源和信息发布组织者，除了发布气候变化权威信息，更要搭建信息平台，鼓励引导社会各界广泛参与。其三，作为气候变化的科学知识、政策措施和治理成效的宣传教育者，要承担起信息沟通、舆论引导、环境宣教等职能，提升公民科学素养，建设低碳社会。其四，作为国际气候谈判的关键参与方，要贯彻落实中央批准的谈判方针和方案，推动多边进程取得积极成果，维护我国和发展中国家及世界各国的核心利益，树立积极负责任大国形象。

2. 媒体层面

媒体是引导者，要扮演好气候变化议题设置者、气候变化知识解释者、应对气候变化行动沟通者和气候变化舆论引导者的角色[1]。

新闻媒体作为政府机构、科学工作者与公众之间的桥梁，在气候传播中具有多项功能，能够发挥重要作用。具体来看，首先，作为气候变化科学知识的传播者和解释者，通过运用专业化、多样化的手段对气候变化的各种科学知识进行传播、阐释与解读，进而转化为公众能够认识、

---

[1]　郑保卫、李玉洁：《论新闻媒体在气候传播中的角色定位及策略方法——以哥本哈根气候大会报道为例》，《现代传播（中国传媒大学学报）》2010 年第 11 期。

理解并接受的知识和理念；其次，作为气候变化议程的设置者，通过设置全球变暖、冰川融化、温室效应、气体排放、国际气候谈判以及节能减排等相关议题，对社会与公众进行气候变化问题的传播；再次，作为气候变化问题的监督者，维护公众的知情权与监督权，促使相关政府部门关注并合理解决一些违背气候变化应对政策的高能耗及严重污染环境的现象和问题；最后，作为应对气候变化行动的宣传者和沟通者，动员社区、企业、非政府组织以及公众各方力量共同参与到应对气候变化的行动中来，起到信息沟通和意见交流的作用。

3. 非政府组织层面

非政府组织是助推者，对内发挥好民意表达与社会沟通作用，对外推动气候变化民间外交，推动国际气候谈判进程。

非政府组织是《联合国气候变化框架公约》（UNFCCC）的重要行为体，也是主要利益相关方之一，推动有关可持续发展议题的发展与落实是非政府组织的天然使命[①]。非政府组织在角色定位上，一是作为国际气候谈判的推进者和监督者，通过国际气候谈判大会（开放部分）及相关会议、搭建公众参与平台、开展独立研究等多种途径和形式，参与并影响着全球气候治理进程。此外，一些国际非政府组织作为"观察员"，可以监督谈判进程的公正性，平衡发达国家与发展中国家的利益诉求与博弈力量。二是作为绿色外交的推动者，与世界各国非政府组织、专家、政府代表团、媒体等对话、交流，向国际社会展示民间应对气候变化的意愿，让国际社会客观和全面了解本土社会所做的工作。三是作为民间减缓与适应气候变化行动的动员者，为本土行动提供相应策略，致力于

---

① 王彬彬：《中国路径：双层博弈视角下的气候传播与治理》，社会科学文献出版社 2018 年版，第 95 页。

促进政府和个人采取行动。

4. 企业层面

企业是担责者，要借助气候传播推进企业低碳经济转型，做好社会责任传播，向消费者传播绿色低碳的生活理念和生活模式。

长期以来，作为节能减排主要抓手，企业在我国气候传播格局中的战略定位往往被忽视，其所拥有的"气候形象"偏负面[①]。因此，我国企业的"气候形象"要从"他者建构"转向"主动塑造"，借助传播推进企业低碳经济转型，建构绿色低碳企业文化。在绿色转型大方向上，要通过完善企业环境制度，确立绿色发展在企业战略规划中的优先程度，将低碳节能纳入企业目标体系。在绿色生产上，从供给侧着手考虑节能降耗和循环利用等问题，采用消耗低、污染轻、预防式的环境友好生产工艺；在绿色管理上，将环境保护的观念融于企业的经营管理之中，注重环保形象塑造，建立企业绿色文化；在绿色营销上，向消费者传播低碳绿色的生活理念和生活模式，引导消费者适度消费、绿色消费。

5. 公众层面

公众是参与者，占据中心地位。要根据公众对气候变化的认知状况，提出有效的传播策略，引导他们积极参与气候变化社会治理行动。

我国政府明确了构建政府为主导、企业为主体、社会组织和公众共同参与的环境治理体系，强调生态文明是人民群众共同参与、共同建设、共同享有的事业。在气候变化公共领域中，公众角色定位为以下几点：首先是"低碳环保倡导者"，成为"绿色转型的推进力"，推动我国绿色低碳转型与可持续发展；其次是"民间气候故事分享者"，成为"信

---

① 王亚莘：《试论公共外交视角下能源企业气候传播的战略定位与沟通策略》，《新闻论坛》2016 年第 4 期。

息沟通的节点"，推动我国环境治理公众参与和环境传播事业发展；再次是"环境舆论监督者"，成为"权力监督的镜鉴"，围绕着环境保护、能源转型、大气环境污染治理等议题建言献策，推动我国生态文明建设与民主政治发展；复次是"气候谈判助推者"，成为"公共外交的桥梁"，推动中国同国际社会在全球气候治理方面携手共进、共同发展；最后是"公民科学参与者"，成为"科学知识的扩音器"，推动气候变化应对方面的科技创新和全民科学素质提升。在生态文明建设与绿色发展理念的指导与要求下，公众与政府、企业、非政府组织、媒体、智库等主体之间，体现的是合作、互动、互补、监督等关系，在信息沟通、舆论引导、舆论监督、协调联系等方面，整体上发挥着建设性作用。

6. 智库层面

智库是献策者，要明确智库在气候传播中的独特作用，以打造"中国特色新型智库"为目标，更好地发挥各大系统智库的作用。

随着形势的发展，智库在推动决策科学化、民主化，实现国家治理体系和治理能力现代化，增强国家软实力等方面重要作用日益凸显。以习近平同志为核心的党中央就"建设中国特色新型智库"多次作出重要批示，从定位、布局、重点、功能、理念等方面勾画了建设蓝图，为智库参与气候传播提供了基本遵循。在角色定位上，中国特色智库建设要合理布局，形成合力。其中，政府智库要围绕党和国家应对气候变化的中心任务和重点工作，做政策解读者、政策研究者、决策评估者，聚焦重大战略问题，提出对策建议；高校及科研院所智库要围绕提高国家气候治理能力、参与全球气候共治等理论与实践问题，做国情调研者、理论研究员，明晰发展趋势，提出咨询建议；媒体智库要发挥信息资源优势，做公共政策解读者，引导社会热点，研判社会舆情，促进国家气候与环境政策和经济社会发展深度融合；社会智库积极做建言献策者，紧紧围绕党和政府决策，发扬民主。

三、当前我国气候传播的行动策略

（一）战略行动层面：构建"政府、媒体、非政府组织、企业、公众、智库"六大主体相互配合、支撑与联动的行动框架

明确了上述六大传播主体的角色定位，更为重要的是要真正将这些角色认同付诸实践，实现政府、媒体、非政府组织、企业、公众和智库六大主体的有效互动，从而发挥各自在气候传播中的最大影响力。对此，需要把握以下几点。

1. 国内国际两路并进，立足"大循环"促进"双循环"

生态文明建设与全球气候治理中国方案是以习近平同志为核心的党中央统筹国内国际两个大局所作的战略安排，两者之间具有逻辑统一性、目标一致性、问题域相似性、路径同质性和效益协同性。因此，气候传播要内外兼修，双路并进，服务新发展格局。以国内大循环为主体，换言之就是要充分发挥我国超大规模市场优势和内需潜力，其根本途径在于深化改革，提高供给侧质量，不断增强经济内生动力。气候传播要成为国内大循环的强劲动力源，就需要在内需体系中以服务生态文明建设为主线，倡导绿色发展，坚持以人民为中心的发展思想，把满足人民日益增长的美好生活需要作为气候传播工作的出发点和落脚点，集聚各方优势，发挥"5+1"多元主体的协同效应，形成拉动国内经济社会可持续发展的持久而强劲的动力。实现国内国际双循环相互促进，需要在需求侧嵌入全球价值链，在供给侧强化"一带一路"建设稳定支撑作用，厚植开放，推进共享。气候传播要成为国内国际双循环的强大链接点，就

需要在内外循环中以打造"人类命运共同体"为主题，以满足全人类整体可持续发展为目标，发挥国家生态文明建设与全球气候治理效能的协同性，通过绿色"一带一路"与气候外交，引领全球生态治理，不断贡献中国模式、中国经验、中国智慧、中国方案。

2. 统一思想，做好顶层设计，加强各系统制度促进

在国外，有国际非政府组织提出采用"非政府组织以讲故事形式设置议题、媒体跟进议题引导舆论、非政府组织和媒体提出解决方案、政府采纳实施"这样自下而上的多元主体合作模式。此外，丹麦学者提出"媒体和非政府组织信息刺激—政府反应—推进谈判"的"刺激—反应"模式[①]。我国的六大主体之间，虽然存有较多互动，但仍缺乏平等对话、相互配合的体系和机制。对此，需要在国家行政系统、媒体传播系统、社会公共系统之间，重新构建良好的互动关系。首先，需要统一思想，凝心聚力。对此，各大主体需要加强思想认识，深入践行以人民为中心的发展思想，立足新发展阶段，贯彻新发展理念，服务新发展格局。此外，还需要做好顶层设计，通过优化制度和政策推动六大主体的相互促进。在这之中，政府系统要加强决策系统的民主性，加大优化和促进气候传播与环境宣教事业发展的政策力度，营造良好的政策环境，搭建社会各界交流沟通平台；媒体系统需要增强新闻生产透明度，引导其他主体参与新闻策展；社会公共系统要增强自身规范性和专业性，紧跟国家发展，服务国家需要。

3. 深化合作，做好六大主体功能衔接，发挥传播协同效应

气候传播是一项系统工程，需要各大主体共同围绕国家发展需求和

---

① 郑保卫、李玉洁、王彬彬等：《气候传播中政府、媒体、NGO 的互动》，《对外传播》2010 年第 9 期。

人民需要，推进落实"政府主导、媒体引导、企业担责、非政府组织助推、智库献策、公众参与"的行动框架，发挥传播协同效应。首先，政府作为主导者，需要不断强化政策支撑，以改革创新为动力，以人与自然和谐相处为目标，引领全社会绿色转型与低碳发展的大方向；在国际舞台加强"一带一路"绿色发展合作，构建人类命运共同体。其次，媒体作为引导者，对内需要主动设置议程、引导舆论，构建社会共识；对外需要传播好中国声音、树立好大国形象。再次，非政府组织作为助推者，对内需要了解气候变化谈判进展，为本土公民参与行动提供政策参考；对外需要展示我国民间应对气候变化的意愿，促进我国民间力量与世界各国的对话、交流。此外，企业作为担责者，需要承担起社会责任，从供给侧着手，加快绿色低碳转型，倡导公众绿色、合理消费。最后，要特别重视发挥公众的作用，因为气候问题的最终解决离不开公众的参与和支持。我们可以通过各种方式和多种渠道来传播低碳生活理念，增强公众对气候变化问题的认知度和参与度，把全社会方方面面的力量都动员起来，共同为应对气候变化，建设"美丽中国"作出贡献。

（二）理论研究层面：构建具有中国特色的气候传播学术体系与话语体系

习近平总书记在哲学社会科学工作座谈会上指出，"加快构建中国特色哲学社会科学"，对此，需要"在指导思想、学科体系、学术体系、话语体系等方面充分体现中国特色、中国风格、中国气派"[①]。我国的气候

[①]　习近平：《在哲学社会科学工作座谈会上的讲话》，人民出版社2016年版，第15页。

传播至今已走过十年发展历程，立足新发展阶段、贯彻新发展理念与服务新发展格局，继续推进生态文明建设与绿色发展，进一步推动全球气候共治，气候传播肩负着重要使命，承担着重大责任，对此，气候传播需要创新理论范式，把握新文科建设契机，加快构建具有中国特色的气候传播学术体系与话语体系。

1. 立足中国土，学习马克思，加快构建具有中国特色的气候传播学术体系

学术体系是构建中国特色哲学社会科学的核心，主要包括两大方面：一是世界观层面，包括思想、理念、原理、观点等；二是方法论层面，包括研究工具、材料、方法等。加快构建具有中国特色的学术体系，需要我们立足中国土，学习马克思。所谓"立足中国土"，就是要把论文写在祖国大地上，从中国的实际出发，以解决中国自己的理论与实践问题为目的。"学习马克思"，就是要把马克思主义放在指导地位，自觉地以马克思主义为指导，来构建中国的气候传播学术体系。对此，首先需要学习马克思主义思想。气候变化问题不仅仅是科学问题，归根结底来看，是人与自然关系和人与人关系的问题。马克思主义对人与自然关系的思考、对资本主义发展方式的批判为我们提供了理论指引和根本遵循。我们要坚持马克思主义人与自然和谐共生的生态思想、以人民为中心的发展思想和打造人类命运共同体的全球治理理念，把气候传播研究的世界观和价值观根植于唯物主义的自然观和唯物主义的历史观的辩证统一中，坚持走人与自然和谐共生的社会主义现代化建设道路。此外，需要立足中国实际，坚持问题导向，从历史和现实相贯通、国际和国内相关联、理论和实际相结合的视角，对一些重大理论和实践问题进行思考和把握，立足中华文化的视角关注和研究气候传播，服务于人民需求与国家建设。

2. 增强大局观念，从"宽广视角"出发，加快构建具有中国特色的气候传播话语体系

话语体系是学术体系的反映、表达与传播方式，是构成学术体系的纽结，包括学术概念、研究范畴、命题、术语等①。构建具有中国特色的话语体系，需要提炼具有中国特色的、为学术共同体所理解与接受的、能够指导中国实践的标识性概念体系。对此，一是需要着力打造并深入研究一系列反映中国特色社会主义生态文明建设伟大实践、马克思主义生态思想及相关传播观念的新概念、新范畴与新表述。如"五位一体"总体布局中的"生态文明建设"，新发展理念中的"绿色发展理念"，"美丽中国"建设中的"绿水青山就是金山银山"，"人类命运共同体"中的"气候变化全球治理"，"大国担当"中的"中国自主贡献"，"气候变化国际合作"中的"参与者、贡献者、引领者"，等等，引导学界开展研究。二是从宽广视角出发，超越"媒介中心主义"，打破学科壁垒。不断丰富气候传播意义框架，不拘泥于行政主义或批判范式，以更为宽广的视角，去观照气候传播和生命健康与民生福祉、国家战略、社会发展、国际气候治理乃至人类文明发展之间的互动。三是要有国际视野，聚焦国际议题，提升我国在气候变化与传播领域的话语权。这些年，我们关注联合国气候变化大会及其相关活动，总结自哥本哈根联合国气候变化大会以来我国政府、媒体和非政府组织气候传播的经验与教训，并对气候传播战略和策略进行深入研究，最终目的就是提升我国的国际话语权和规则制定权。为此，本土气候传播研究还需再接再厉，付出更大努力。

---

①　谢伏瞻：《加快构建中国特色哲学社会科学学科体系、学术体系、话语体系》，《中国社会科学》2019 年第 5 期。

（三）传播实践层面：完善符合新时代需要的传播方式、手段与方法

1. 传播方式：从"传播气候"走向"气候传播"，形成多元主体传播协同效应

当前，我国气候传播整体仍停留在"传播气候"层面，即在传播主体上仍以政府、媒体为主，其他主体的传播力量仍然相当弱小。在传播内容上，已经形成了一种固定的议程设置与报道框架，即主要围绕宏观政策法规、国内外数据报告发布、联合国气候变化大会召开以及极端天气事件发生等，与公众生活息息相关的内容较为少见。在传播范式上，单纯向广大公众灌输科学知识的"科技范式"仍较明显，而动员社会参与传播活动的"民主范式"仍处于萌芽阶段。这种传播格局在一定程度上影响了公众参与气候变化的积极性与主动性，也阻碍了气候传播在全国真正"形成气候"的进程。在新闻生产上，气候变化议题知识门槛较高、政治色彩浓厚，应对方案复杂，记者往往难以下笔，成稿或专业性不足，或可读性不强。在议题传播上，网络"去中心化""圈层化"等特点加剧了渠道壁垒，受众注意力被其他诸如政治、经济、娱乐等热点话题不断分割，气候变化的议题难以获得网民关注与讨论。

这意味着当前气候传播工作亟须找到"出圈"路径，提升传播影响力与引导力，跨越知识鸿沟和话语隔阂，让气候科学从专业性话题转化为大众性话题。对此，我们应该重视政府、企业、非政府组织、公众、智库等在传播中的作用，推动"传播气候"向"气候传播"转向，即通过搭建"意见的自由市场"，提供不同主体进行建设性对话的多元意义空间，真正做到气候治理全民共商、共建、共享。

2. 传播手段：多平台共动，跨越渠道藩篱，借助视觉手段和数据方式

一是要扩展媒体传播渠道，利用多种途径扩大议题影响力。依托官方主流媒体的专业优势、品牌及话语影响力，利用微博、微信、客户端、短视频等平台的渠道优势，形成全天候、全场景、立体化的传播效应，增强议题的覆盖力、传播力和影响力。如在快手"气候行动，从记录开始"行动中，包括中央广播电视总台、新京报等的职业记者和快手短视频平台、新浪微博等数以万计的用户在内，众多的节点快速互动，共同协作完成新闻事件的再建构、新闻文本的再诠释和科学信息的再传播，不断将新的故事、框架和意见带入对气候变化、全球变暖、环境保护等话题的公共讨论中，形成了"短视频＋直播＋主流媒体"多方协同效应。二是要善用大数据与可视化技术，提升传播互动性。诉诸视觉手段是一种更加贴近互联网信息消费与人际传播的表达方式，数据可视化的表达方式能够更直观地反映气候变化对自然生态的影响后果，增加报道震撼力，依托大数据可提供多元的解读视角，甚至预测事件的未来发展趋势。如在中国天气网和国家气候中心制作的大数据新闻作品《中国旱涝五百年》，就利用了大量的气象历史数据进行可视化创作，呈现了 500 多年来我国经历的旱涝气候变化规律，填补了国内古气候数据可视化作品的空白，具有较高的新闻价值、文化价值与历史价值。三是要顺应知识经济时代潮流，引导全社会参与新闻策展。当前，无论是环境传播、科学传播还是风险传播，都开始强调从公众理解的"技术范式"转向关注公众参与的"民主范式"，我国的气候传播也需要更多的本土的、实地的、与公众更贴近的故事，对此，需要激活全网用户资源，助力气候知识生产和传播的大众化。

3. 传播方法：巧妙运用框架与议程设置，适当诉诸情感与效能感

中国气候传播项目中心开展的多次公众认知调查显示，我国多数公众已经知晓并认可气候变化正在发生，这是包括气候传播努力等多种因素影响的结果。但是，在应对气候变化方面，超越知晓，动员更多公众积极参与和行动，仍然是我国气候传播面临的一个需要着力解决的不小难题。对此，我们认为，将气候变化问题视为一个健康问题，通过健康框架进行议题建构，以"气候变化威胁就是健康威胁，气候变化应对即健康应对"为价值引领，整体规划实施相应传播战略是一个有效途径。这一转换有助于人们将气候变化视为一个此时此刻正在影响我们每个人及子孙后代的重大威胁并采取积极行动。此外，在唤起公众面对气候变化的共同挑战时，也可以尝试沿着引导"负向情绪"和激发"集体效能感"的思路来加以传播。当前在传播气候变化议题时，常常使用恐惧诉求，强调环境议题灾难性后果，借以提高公众风险感知，但这些传播方式往往只考虑了单一的情绪路径，而忽略了公众的效能感这一理性路径。因此，如果能恰当地诉诸恐惧情绪与正向感效能，公众投入低碳生活的意愿会更高。

当前，我国已经明确了构建政府为主导、企业为主体、社会组织和公众共同参与的环境治理体系，为了打赢这场保护环境的人民战争，我们需要把全社会方方面面的力量都动员起来，随着党的十九大的各类顶层制度设计逐步完善落实，公益性社会组织持续扩大，媒体改革与技术发展，我国全民素质、参与意识与媒介素养的提升，我国低碳环保与气候传播事业必将迎来更广阔的发展空间。

从中外纸媒气候传播对比看
我国媒体气候传播的功能与策略

——以《人民日报》《纽约时报》《卫报》为例

▌**题注：** 本文选取了在世界范围内具有影响力的三大媒体——中国的《人民日报》、美国的《纽约时报》、英国的《卫报》，以其 2009 年至 2018 年这十年有关气候变化的报道为研究样本，对近十年来国内外气候传播实践作总体梳理。研究发现，我国媒体的气候传播实践与西方媒体的气候传播实践存在一定差异。文章最后对如何提升我国媒体气候传播水平提出了建议。该文与中国人民大学新闻学院 2014 级博士生、人民日报记者杨柳合作完成，刊于《当代传播》2019 年第 6 期。

2009 年，气候变化无疑是最热门的媒体词汇。联合国气候变化大会（全称《联合国气候变化框架公约》第 15 次缔约方会议）于 2009 年 12 月在丹麦首都哥本哈根召开。65 国元首齐聚哥本哈根，使"气候变化"获得了空前的关注度。这次会议可以说是我国新闻媒体在世界气候谈判舞台上的第一次集体亮相，也可以看作我国气候传播的真正开端①。

气候变化是全人类共同面对的挑战，随着人们认识的加深，气候变化不再是单一的环境议题，而是涉及政治、经济、社会、外交的多元议题。从 2009 年到 2018 年这十年，在全球应对气候变化的大背景下，围绕气候变化而展开的气候传播日益成为人们关注的焦点。

10 年间，我国学者在不断摸索与总结中厘清了气候传播的内涵及目的。气候传播是一种将气候变化及相关议题的科学知识转化为大众理解的知识，并通过公众态度和行为的改变，以寻求气候变化问题解决为目标的传播活动，气候传播的目标是使全社会在气候变化问题上形成共识，使人们更多地关注气候变化，保护生态环境②。10 年间，中外媒体的气候传播状况如何？二者有何差异？各自有何特点？本文将对此深入研究。

一、研究方法

本文选取了在世界范围内具有较大影响力的三大媒体——《人民日报》《纽约时报》《卫报》2009 年至 2018 年这十年有关气候变化的报道为研究样本，对中外媒体的气候传播实践进行总体梳理。其中，《人民日报》与气候变化相关的报道样本来源于人民日报图文数据库，检索关键词为"气候变化"，10 年间符合该关键词的报道总数为 5863 篇，本文按照时间分布和相关性，随机选取了其中的 458 篇进行了内容分析；《纽约时报》与气候变化相关的报道样本来源于 EBSCO-Newspaper Source，检索关键

---

① 郑保卫、李玉洁：《论新闻媒体在气候传播中的角色定位及策略方法——以哥本哈根气候大会报道为例》，《现代传播（中国传媒大学学报）》2010 年第 11 期。

② 郑保卫、李玉洁：《论气候变化与气候传播》，《国际新闻界》2011 年第 11 期。

词为"climate change""New York Times"，按照布尔逻辑检索，10 年间符合该关键词的报道总数为 2092 篇，本文按照时间分布和相关性，随机选取了其中的 315 篇进行内容分析；《卫报》与气候变化相关的报道样本来源于 Lexis-Nexis Academic 数据库，检索关键词为"climate change"，检索范围为 The Guardian（London，England），10 年间符合该关键词的报道总数为 12367 篇，本文按照时间分布和相关性，随机选取了其中的 451 篇进行了内容分析。综上，3 家媒体的样本数量共为 1224 篇。

本文采用比较常见的框架分析方法进行新闻报道的解读，对文章消息来源、议题分布进行内容分析。在消息来源方面，分为政府官员、科学家及学者、联合国及其附属机构官员、非政府组织（NGO）、企业、公众、其他、多个消息源共 8 个类别；在议题分布方面，分为气候变化会议与论坛、气候变化合作与声明、气候变化现象与事件、气候知识普及与阐释、气候变化归因与解读、气候变化影响与评估、应对政策与行为实施、本国领导人讲话与活动、气候变化调查与报告、应对立场成果与贡献、多元融合议题以及他国领导人讲话与活动、立场、做法和其他共 13 个类别。

二、研究结果

（一）《人民日报》消息来源官方色彩浓厚，国外媒体消息来源更为丰富和平衡

从引用官方的消息（见图 1、图 2、图 3）来看，《人民日报》（64%）要多于《纽约时报》（45%）和《卫报》（40%）；而科学界的声音，《卫报》（30%）要多于《纽约时报》（21%）和《人民日报》（14%）；企业、公众、非政府组织（NGO）和其他，《卫报》（17%）也要多于《纽约

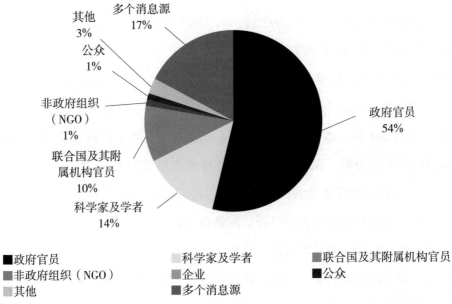

图 1 2009—2018 年《人民日报》气候变化报道消息来源

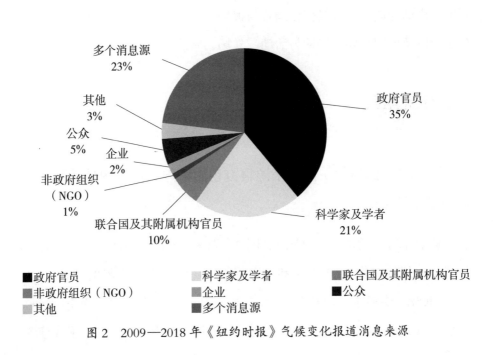

图 2 2009—2018 年《纽约时报》气候变化报道消息来源

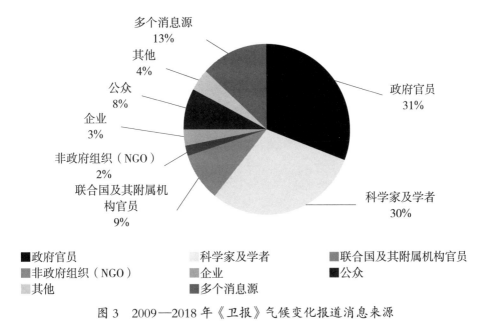

图3　2009—2018年《卫报》气候变化报道消息来源

时报》（11%）和《人民日报》（5%）；从多个消息源来看，《纽约时报》
（23%）要多于《人民日报》（17%）和《卫报》（13%）。

总体而言，通过内容分析可看出，《卫报》的消息来源更为均衡。在
《卫报》的消息来源中，科学家及学者与政府机构和官员所占比重基本
持平，企业、公众和非政府组织也拥有一定比例。一方面，我国《人民
日报》的消息来源官方色彩浓厚，体现了其作为党报消息来源的权威性，
也增加了报纸的可信度。但另一方面，来自科学家及学者、非政府组织、
企业和公众的声音较少，与受众的接近性略显不足。

（二）我国媒体注重对本国立场和应对措施的报道，国外媒体则热衷于轰动性的或富有争议性的话题

从报道议题（见图4、图5、图6）上看，中外媒体都对气候变化的
应对政策与行为实施进行了充分的报道。《人民日报》关注与气候变化有

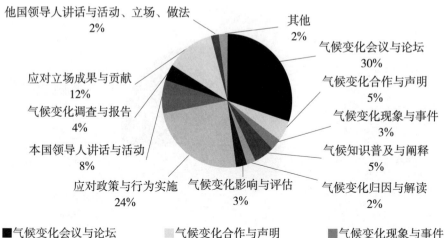

图4　2009—2018年《人民日报》气候变化报道议题分布

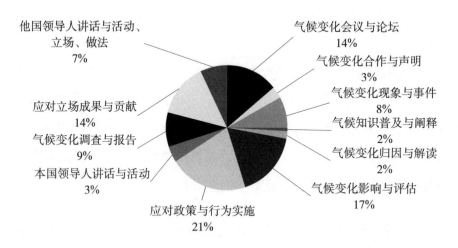

图5　2009—2018年《纽约时报》气候变化报道议题分布

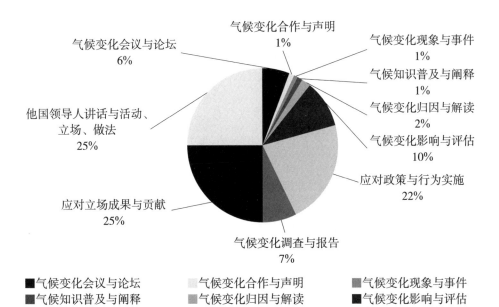

图 6　2009—2018 年《卫报》气候变化报道议题分布

关的会议和论坛较多，注重对本国立场的报道（气候变化会议与论坛在议题分布中的占比为 30%，应对政策与行为实施占 24%，应对立场成果与贡献占 12%）。

　　与《人民日报》相比，《纽约时报》在议题的选择上更注重报道气候变化现象与事件，表现其冲突性，分析其带来的影响。但在气候知识普及与阐释等知识性的信息传递上，《纽约时报》体现得较少。

　　《卫报》十分注重对气候变化本国和他国立场的报道，2009—2018年《卫报》的议题分布中，占比最多的是应对立场成果与贡献与他国领导人讲话与活动、立场、做法，二者均占 25%。给了国内国际同样的篇幅。笔者在对《卫报》有关立场报道的文章梳理中发现，其中大部分文章都在讨论气候变化的真实性，以及社会各界对应对气候变化的看法。这与《人民日报》对气候变化一般采取的认同态度有很大不同。

通过内容分析发现，国外媒体有关气候变化的报道往往试图放大社会各界在气候变化问题上的争议。而且，国外媒体有关气候变化的质疑性报道很容易演变成政治性的讨论，以及对应对气候变化的科学或政策中的一些细枝末节的辩论。从而导致气候议题这一科学议题的政治化。因而从媒体的政治经济学角度来分析，在西方社会中，具有党派性的媒体必然会过于强调一方的论调，而大加挞伐另一方的观点，这必然会加重气候传播的两极化。有学者认为，这种极端或绝对平衡的现象，是一种"虚假的平衡"。平衡报道的手法，原本是想将事实真相更为客观全面地呈现给受众，而虚假平衡却只是借用了平衡报道的形式（如对立双方发言时长、篇幅对等），将手段变为目的，使原本简单、清晰的问题变得更加复杂化、模糊化。①

由美国科罗拉多大学科学和技术政策中心马克斯维尔、博伊科夫等进行的一项研究发现，对气候变化问题，科学界已达成意见一致性的程度要大于媒体的报道。国外媒体对气候变化的虚假平衡报道，是其受到政治、经济利益集团操纵与控制的体现。另外，报道悬而未决的争议，有助于媒体吸引受众，实现媒体及其拥有者的商业价值。但最终却误导了读者，使公众误以为科学界在人为因素是不是导致气候变化的原因这一问题上争论不休。

笔者以为，国外媒体对受众在气候科学信息方面的需求缺乏清晰的认知。为了凸显争议而放大科学不确定性的做法并不可取，追求轰动效应等，会使得争议性话题传播的整个景观变得更加扑朔迷离。应该帮助公众正确理性地评估气候变化风险，准确地展现气候科学的现状。新闻

---

① 严俊：《从"气候门"事件看美国媒体的虚假平衡报道》，《新闻记者》2010 年第7 期。

媒体也应勇于质疑偏离科学事实太远的言论，增强对事实的新闻报道和专栏作家的评论进行区分的能力。

（三）在气候科学方面，我国媒体注重气候知识的普及与阐释，国外媒体注重气候变化影响与评估、调查与报告

从议题内容分布（见图4、图5、图6）上看，《人民日报》气候知识普及与阐释占比5%，气候变化调查与报告占比4%，气候变化影响与评估占比3%，气候变化现象与事件占比3%，气候变化归因与解读占比2%，在传播气候科学方面，气候知识普及与阐释占比较大，传播的气候科学内容比较基础、直接。

《纽约时报》气候变化影响与评估占所有议题的17%，气候变化调查与报告占比9%，气候变化现象与事件占比8%，气候变化归因与解读占比2%，气候知识普及与阐释占比2%；《卫报》气候变化影响与评估占所有议题的10%，气候变化调查与报告占比7%，气候变化归因与解读占比2%，气候变化现象与事件、气候知识普及与阐释分别占比1%。由此可见，国外媒体在气候科学的传播上更注重气候变化影响与评估，其次是气候变化调查与报告。

从报道的深度上来讲，气候变化的影响与评估、调查与报告等可能更有深度，更能引起读者的兴趣，其中，一些气候变化现象与事件还能引起部分读者的猎奇心理；但从读者的接受度来讲，气候知识的普及与阐释可能更易于普通读者理解、接受。

气候传播的内容可分为3个层次，第一个层次是告知和教育人们气候变化的相关知识，包括科学事实、起因、潜在影响和可能解决办法。同时，提高公众对气候变化基本科学共识的理解水平，帮助公众了解气候变化问题的严重程度，让公众明白节能减排和减缓气候变化的必要性。

但仅仅将简单的气候变化知识（尤其是气候变化科学）告知公众，还不足以改变公众的观念和态度，并促使其采取行动。

第二个层次是达成某种形式和程度的社会参与。这种参与不仅仅是思维上的接触和互动，而是通过刺激个体针对问题采取行动，赋予公众力量，使他们能够将价值观和意愿转化为实际行动。比如，《人民日报》2017年2月25日在"生态周刊"用两个版的篇幅报道应对气候变化，公众可以如何做，刊发了文章《致霾，或多或少人人有份；治霾，或大或小人人有责　大家行动起来才能降伏雾霾》《驱散雾霾，他们是"行动派"》，通过报道来说明什么可以做，将这些行为描述得相对简单，能对个人和社会有所益处（如成本的节约、更好的生活方式、更多的社会认可、心灵的平静等），号召每个人都切实行动起来。

第三个层次是不仅实现特定的行为改善，而且能够在更广泛的层面上带来社会规范和文化价值的改变，使保护生态环境成为一种自然的社会氛围。即通过早期教育、后天的有效干预和某些行为规范的渗透式塑造，改变现有的社会模式，塑造低耗能的生活方式，这一影响更为深远。

在某种程度上讲，国内外新闻媒体尽管在改变气候变化相关的认知、态度和参与水平上已经有了长期的努力，但媒体上大多数关于低碳生活、保护生态的倡导活动都很短暂，因此在传播内容上都未达到第三个层次。

（四）在国际视野方面，我国媒体报道本国立场、做法较多，国外媒体具有强烈的国际视角，重视报道各国立场、做法

议题分布显示（见图4、图5、图6），《人民日报》有关他国领导人讲话与活动、立场、做法等的报道仅占所有议题的2%，而本国领导人讲话与活动（8%）、应对政策与行为实施（24%）、应对立场成果与贡献（12%）所占比重之和为44%；《纽约时报》的他国领导人讲话与活动、

立场、做法议题报道占 7%，《卫报》的国际化视野最强，他国领导人讲话与活动、立场、做法议题报道占 25%。

由此可见，我国媒体在气候传播的国际视野方面还需加强。从联合国气候变化大会等国际性事件的报道中，凸显出我国媒体从业者缺乏国际化人脉圈子和跨专业、多元化的专业背景。我国不少媒体对外合作缺少主流平台，还须奋起直追，要尽可能跳出本国的界限，将气候变化问题放到全球范围内来审视其共同的价值和意义。只有这样，才能促使世界各国在气候变化问题上达成共识。

三、策略分析

气候变化问题兼具重要性和复杂性，涉及科学、政治、经济、社会、外交等多个方面，关系着人类现实生活和可持续发展。因此，气候变化将是媒体在较长时间内不能忽视却又较难把握的报道领域。如何从国家利益和社会发展的全局出发，把握好报道的立场与原则，既准确及时地向公众传达气候变化的科学知识、最新研究进展和相关政策，让公众了解气候变化给自身带来的影响和应当承担的责任，又不造成误导和混乱；如何基于传播环境和舆论动态，把握好报道的主动性和系统性，提高报道的吸引力和感染力，促进国内外舆论对我国节能减排工作的理解与支持，塑造我国负责任大国的形象，这都对我国媒体的气候报道策略提出了挑战。

通过内容分析发现，新闻媒体在气候传播方面承担着以下功能。

一是唤醒公众意识，倡导公众行动。要实现气候传播的目标，新闻媒体首先要唤醒公众应对气候变化的意识，并促使公众将这一意识转化为行动。

——传递气候变化信息。及时、准确、充分地传播公众关心的气候变化信息，如气候变化现象与事件发生的状况、产生的危害、应对的办法等，将其有效地告知公众，以满足他们的信息需要，是气候传播的首要功能。在此过程中，新闻媒体将气候变化的科学知识和为应对气候变化所采取的解决措施合并起来，以此为内容，形成清晰连贯、便于公众理解并富有建设性的信息，并由此促成公众的适当参与。

——解读气候变化知识。由于气候变化的科学性和不确定性，新闻媒体在气候传播中承担着为公众普及和解读气候变化知识的功能，通过报道将气候变化的发生机制、导致气候变化的因素、可能带来的影响、应该采取何种应对措施等知识广泛快速地传播给公众，促进公众对气候变化的准确全面理解。同时，新闻媒体的气候传播普及的不仅是科学知识，还应当包含谨慎严密和客观理性的科学精神和思维方式，引导公众科学地看待气候变化。

——监督气候变化问题。新闻媒体承担着监督气候变化问题的功能，对浪费资源和破坏环境的行为进行曝光揭发和批评指正，用鲜明生动的事例警醒世人，营造"保护生态光荣，污染环境可耻"的社会氛围，通过舆论压力督促人们自觉抵制破坏生态环境的行为，强化公众的生态责任，促使公众树立生态文明观，增强生态维权意识，自觉维护社会生态安全，提高环境监督的自觉性和责任感。

——倡导气候变化行动。应对气候变化离不开公众的参与，新闻媒体在气候传播中承担着宣传绿色低碳生活方式、为公众营造应对气候变化行动氛围、鼓励公众积极响应政府节能减排号召、保护生态环境的功能。因此，需要发挥宣传示范和带头作用的一部分先行者，广泛地向公众普及生态文明知识，提高公众的绿色行动参与意识。

二是传播国家声音，助推气候谈判。新闻媒体是重要的谈判助推器。鉴于此，新闻媒体在国际领域进行气候传播时，应当扮演信息沟通和意见交流的角色，为我国政府、企业、公众和非政府组织等利益相关方提供表达观点和态度的平台，帮助化解矛盾，缩小分歧，促使各方在应对气候变化过程中相互配合，相互促进，实现共赢。同时，新闻媒体还可以通过详细介绍中国立场观点、减排目标、行动方案和具体举措，争取国际社会的理解和支持。由于经济社会的发展和政治体制的客观现实，西方媒体凭借自身在全球传播格局中的垄断地位与话语霸权，往往会单向度地负面塑造我国以及广大发展中国家的形象，使得我国与其他很多发展中国家在气候变化领域丧失了被理解与尊重的权利。我国媒体不仅需要提升硬实力，也需提升软实力。在加强与其他国家沟通交流的过程中，在气候变化领域积极树立我国正面形象，传播好中国声音，讲述好中国故事。

我国媒体要承担好这些角色和使命，就须十分注重讲究策略和方法，只有这样，才能顺利实现气候传播的目标。要提高我国媒体的气候传播水平，可遵循以下几条原则：一是要体现人文情怀。气候变化是全球关心的话题，我国媒体的报道也应体现人文情怀，要注意拉近报道内容与读者之间的心理距离。二是要增强国际视野。在气候变化问题上，各个国家和地区都有自己的立场，我国媒体要注意较为全面地报道国际社会几大阵营的利益诉求，反映各方不同的观点和立场。三是要力求平衡客观。我国媒体在气候传播中不能偏、窄、狭隘地看待气候问题上的不同立场主张，要反映不同声音，包括官学民企和国际机构、非政府组织，同时照顾其他发展中国家的关切。四是要恪守中国立场。我国媒体的报道要充分介绍中国政府的立场观点、减排目标、行动方案、具体举措，以及开展国际合作情况，要做到不回避问题，着眼于对产生问题的分析解释和提出解决问题的举措办法。

具体而言，提升我国媒体的气候传播水平，可从以下几个方面努力。

一是关注气候科学，促进公众认知。当前气候传播无论是在国际还是国内都面临着许多挑战。公众对气候变化还缺乏科学认知，对气候变化影响的范围、程度了解不够深入。由于气候变化的不确定性，导致一些公众对气候变化是否真实存在还存有疑虑。从国外媒体气候传播的内容来看，《纽约时报》注重报道与气候变化有关的现象与事件，分析其带来的影响；《卫报》则注重讨论气候变化是否真实存在，以及社会各界对气候变化的看法。前者通过对气候事件的分析，后者则通过观点讨论与展示，来提高公众对气候变化的理解与认知水平。我国新闻媒体也可借鉴这些方法，拓展研究领域，做细气候传播。

——跟踪气候变化前沿科学。首先，新闻媒体需要经常与科学家进行沟通，了解气候变化研究的最新进展，追踪报道与人们生产生活相关的气候变化科学研究成果。其次，新闻媒体可将单纯的宣传普及知识转化为"寓教于文"，多刊发与气候科学相关的文章，将报道做深、做细、做透，潜移默化地培养读者的科学素养。最后，重视气候传播的科学性，多作专业性、权威性解释，在报道中对气候变化特定或专业词语要进行通俗解释和科学说明，有效引导热点难点问题。

——真实反映气候变化影响。其一，可在报道中注重说明气候变化给人们生活带来的影响。例如，要说明气候变化对我国的影响主要集中在农业、水资源、自然生态系统和海岸带等方面，气候变化的加剧可能导致农业生产不稳定性增加、局地洪涝灾害和区域性干旱加重、北方地区水资源供需矛盾加剧、森林和草原等生态系统退化、生物灾害频发、生物多样性锐减、台风和风暴潮频发、沿海地带灾害加剧、有关重大工程建设和运营安全受到影响等。其二，要说明气候变化的一些数字具体意味着什么，要善于使用一些自然灾害图片生动形象地反映气候变化带来的影响。其三，要呼吁各界关注气候变化的表现和影响，共同探寻气候变化应对之策，指导公众采取正确的行动。

——引导公众理解气候变化的不确定性。国外媒体在探讨气候变化是否存在的问题上总是试图展示不同意见，但实际上却造成了错误的均衡性报道。另外，对已证实的科学事实与观点性信息缺乏明确区分，致使一些彼此冲突的信息令公众感到无所适从。对此，我国新闻媒体应引以为鉴。气候传播不能夸大危机、制造恐慌，要注意提供足够的警示，尽可能为公众提供清晰的图景，打消公众对气候变化的疑虑，促使公众对气候变化有更加深入的了解，从而愿意为应对气候变化采取行动。

二是拓宽国际视野，实现信息多元。内容分析显示，《卫报》《纽约时报》都有大量篇幅报道不同国家应对气候变化的立场和做法。文章中的消息来源也比较多元。我国新闻媒体也可加大对其他国家如何应对气候变化及其对气候变化采取的观点、立场等方面的报道。同时，须努力拓宽气候传播的范围，提高气候传播的信息含量，多方面多角度地报道气候变化议题。

——加大对国外气候变化领域做法及成果的报道。新闻媒体可拓宽视野，将报道领域由主要关注本国转向放眼全球，面向世界，努力开阔自身和读者的眼界。一是多报道其他国家应对气候变化所采取的做法，以及可供借鉴的经验等。二是多报道其他国家在气候科学研究领域的一些新成果新发现，以及应对气候变化的新思路新观点等。三是多报道其他国家的气候变化现状，以及气候变化给当地民众生活带来的影响等。

——实现信息多元与均衡。新闻媒体可利用政府、媒体、非政府组织、公众、企业等群体作为不同的消息来源，调动企业和公众的参与积极性，增强企业的责任意识和公众的参与意识，引导企业和公众自觉投入节能减排、保护环境、应对气候变化、维护生态文明的行动之中。同时，不断拓展新的媒体传播方式，发挥媒体传播的复合功能，实现传播主体的多元化和传播手段的多样化。

——拓宽报道主体的范围。新闻媒体可尽量深入社会基层和气候变化事件发生现场，关注不同职业、不同年龄、不同知识水平的人对气候变化的看法，以及为应对气候变化所作出的努力，关注受到气候变化影响最严重地区居民的生活现状，关注各行各业为节能减排作出贡献的普通群众的经历。此外，要善于利用微博、微信等平台快速广泛地了解一线情况和公众意见，并将这些情况和意见总结归纳，体现在报道之中。

三是服务国家大局，讲好中国故事。在有关气候变化错综复杂的国际谈判和国家间的利益博弈之中，各国会有不同的政治关切和基本立场。我国新闻媒体应服务国家大局，善于设置符合我国发展利益的议程，并努力使之吸引国际社会的关注，以实现助推我国气候变化谈判的目的。

——阐释环境问题的历史脉络。我国新闻媒体的气候传播应把握好报道的立场和原则。不仅要谈气候变化的现实性和急迫性，也要谈气候变化问题的历史背景，要帮助公众认识到，我们为什么要强调发展中国家和发达国家在气候变化领域应当承担共同但有区别的责任。同时，要积极倡导气候变化的全球治理，呼吁各国政府共同应对气候变化，要为促使世界上各个国家、团体和个人都行动起来呼喊、尽力。

——厘清世界各国的利益范畴。我国新闻媒体必须认清各国气候变化外交的含义、理解国际社会强调的人类核心利益以及各国之间责任共担的真正内涵。要看到，新闻媒体在国际和国内不同范围里作气候传播是有明显区别的。对国内来说，主要是解决如何保护生态环境、实现绿色发展的问题；对国际来说，则往往表现为国家间的利益博弈。因此，新闻媒体要善于区别不同情况，采取灵活应对方法。具体而言，就是要增强对国际舆情的采集和管理，做好对气候变化国际舆情的分析和研判，加强重要话题的议程设置，多作一些独家报道，并在此基础上采取具有针对性的对外传播策略。

——讲好气候变化的中国故事。应对气候变化作为国家战略发展的重要内容，已被纳入国民经济和社会发展的中长期规划，我国政府据此制定了一系列降低能耗和二氧化碳排放的目标任务及实施措施，并开始了应对气候变化的扎实行动。因此，我国新闻媒体有必要向世界说明，中国政府一定会在治理污染、保护环境、应对气候变化方面践行诺言，履行责任，发挥积极作用。新闻媒体要努力发挥主动性和创造力，善于提出一些西方社会能够理解并且乐于接受的表述话语，让我国应对气候变化的基本立场和核心概念能够使国外受众想了解、听得懂、愿接受。

四是提高专业素养，增加报道深度。纸质媒体要善于发挥其容量大、擅长深度报道的优势，增加报道深度，增强报道的主动性和策划意识。对气候变化有关的事件要进行全面深入解析，说明它跟相关事实的前因后果，真正把公众不了解、不理解而又需要清晰了解和透彻理解的重大气候变化相关问题全面、细致地展开，厘清事件中的因果关系，并引发多方面的反思和探讨。同时，还可适当组织一些批评报道，加强对节能减排、生态保护、环境治理等方面的舆论监督。为此，要努力在以下几方面加强工作，提高水平。

——报道要实现专业化。第一，要打牢记者的气候变化知识基础。记者应熟知各种气候变化的背景知识和专业术语，并在报道中不断积累和学习，逐渐成为专家型记者和广博型记者。第二，要增强记者与科学家打交道的能力。要让科学家愿意说，也要使自己能充分、准确理解科学家想要表达的意思，将气候变化信息以科学而又通俗易懂的方式传递给受众。第三，要加强媒体间的交流与合作，努力拓宽国际视野。要善于学习国外媒体的传播经验，加强同它们间的业务交流。善于同国外媒体记者、非政府组织人士和政府官员进行沟通、互动。第四，让气候传播与公众利益与兴趣相联系，增强主动意识，报道具有真实性和生动性的新闻。了解公众的心理特点和信息需求，提高气候传播的原创性和特色性。第五，为记者成长创造良好的体制机制环境。营造关注气候变化的良好氛围，保持气候传播记者队伍的可延续性，注重新一代记者的培养，避免由于人员流动或新老接替造成这一领域出现人才断层。

——叙述要尽量故事化。首先，记者必须下基层抓"活鱼"，采集与气候变化有关的鲜活素材，用辩证发展的观点思考气候变化问题，多同气候变化领域的专家学者和知名人士打交道，获取有价值的信息。其次，在讲述应对气候变化故事时要注意增强画面感和现场感。可以围绕气候变化主题，利用一个个细节，添加环境描写，加入人物动作语言等，场景间穿插一些对事实的描述，这样就可以通过文字把读者带到故事发生的现场。最后，讲好中国故事最重要的技巧是要"动真情"，要做有情怀的记者，讲有温度的故事。气候传播只有切中受众关切，才有含金量，才有吸引力，才有传播效果。

——表达要体现人性化。气候传播要尽量采用受众思维，体现人性化特征，要善于寻找贴近群众的民间故事，以此来拉近与受众的距离，要让气候传播尽可能体现人文关怀，并且善于用通俗易懂的语言表达出来，这样才更易于被受众理解和接受。为此，要增强贴近性，要尽可能以公众的衣食住行为切入点，让他们深切体会到气候变化将会给自己的生活造成深刻影响。要善于用数字说话，细算经济账，注重向公众说明减缓气候变化将带来的经济利益，以个人的实际收益作为驱动力，促使公众为应对气候变化积极采取行动。要提高针对性，细化报道议题，将气候变化议题有针对性地细化分类，这样有助于实现不同报道对于目标受众的有效传播，满足不同利益群体和不同知识水平受众的需求。要少一些说教，注重表达的平实化、通俗化，在内容、形式和文风上充分考虑公众的思维方式，以便给公众留下感同身受、共担风雨的印象，在潜移默化中树立和巩固其科学应对气候变化的意识。

五是创新方式方法，增强公众参与。纸质媒体的气候传播要注意创新方式方法，要尽可能配以精美的大幅照片，使版面语言更加丰富、生动，以吸引读者的阅读兴趣。同时，在传统媒体和新媒体加速融合已成大势所趋的背景下，新闻媒体的气候传播应善于利用"他山之石"，创新方式方法，不断拓展新的媒体传播方式，发挥媒体传播的复合功能，实现传播主体的多元化和传播手段的多样化，增强可读性，使之不致单调乏味。例如，可以运用音频、视频、H5等多种报道形式，通过线上线下的结合，使气候传播更加立体；运用微博、微信、客户端等新媒体平台，加强与公众的互动，增强公众的参与意识，使报道更适合融媒体时代的需要。

——促进媒介融合。首先，新闻媒体可利用微博、微信、客户端等平台，供公众反映与应对气候变化有关的问题，建言献策，通过平台凝聚共识，也为政府提供原因调查、解决问题的时间，有利于形成政府、公众、企业和媒体等的良性互动。其次，可利用新媒体在舆论监督方面的功能，监督相关应对气候变化举措的实施等。在气候传播实践中，新媒体以其时间和效率优势作为信息集散地，一旦有"危机"出现，公众的参与意识和监督意识就会增强，这有利于唤起公众将应对气候变化的意识转为行动。最后，可利用新媒体的平台优势，将线上与线下相结合，尽可能丰富多彩地呈现与气候变化有关的信息。

——丰富报道形式。要丰富报道体裁，改变消息、通讯独大的单调局面，适当提高图片新闻、特写、专访等体裁的比例，使新闻体裁更加多样化，不至于单调乏味。要美化版面编排。通过版面设计、配置图片和标题设计等方式来提高版面的视觉冲击力，实现由文字为主体到文字和图片相结合的转变，提升受众对气候变化的关注度。要优化表述方式。要提高语言的生动性和形象性，推陈出新，使气候传播更加贴近现实生活，降低公众对气候变化科学知识的理解难度，善用数据和细节提高气候传播的说服力。要设计互动环节。要为公众提供平台，表达他们对气候变化的看法，甚至亲身参与气候传播，提高受众的参与感和主人翁意识。要创新报道形式。可以运用图解、数读、短视频、H5、直播等新的报道形式，制作生产优质内容。

——开设专栏专版。研究发现，新闻媒体对气候变化的报道往往在联合国气候变化大会召开时较为密集，显示出明显的受事件驱动的特征。新闻媒体应当将对气候变化阶段性的密集报道和长期性的常态关注相结合，可以通过设置专栏专版来打造气候传播的主阵地。可以利用鲜明的栏目或版面特色，适时推出系列报道，提高气候传播的系统性和延续性，提高版面或栏目的影响力和竞争力，培养气候传播的专门受众。

——加强互动传播。今后的气候传播须进一步筑牢政府、媒体、非政府组织、企业、公众"五位一体"的行动框架，政府、媒体、非政府组织、企业、公众都可作为气候传播的主体。通过互动传播，让作为主导者的政府更加主动，作为引导者的媒体更加尽心，作为助推者的非政府组织更加积极，作为担责者的企业更加尽力，作为参与者的公众更加自觉，各方要齐心协力，让气候传播真正成为社会共识和全民行动。

总之，气候变化议题涉及政治、经济、外交等多个领域，传播好这一议题也需"厚积"而"薄发"。新闻媒体只有在报道形式和内容两方面都多下功夫，才能使气候传播取得更好的效果。

气候传播中公众的角色定位与行动策略

——基于中国"绿色发展"理念下的思考

> **题注：** 本文认为在气候变化领域，公众的角色可分为低碳环保倡导者、气候故事分享者、环境舆论监督者、气候谈判助推者、公民科学参与者等。在生态文明建设与绿色发展理念的指导与要求下，我国公众的角色应定位于建设性主体。目前，我国公众气候传播的影响力仍较小，公众参与程度不高，对此需要从"传播气候"走向"气候传播"，重建气候传播公共性。该文与广西大学气候与健康传播研究中心副主任覃哲和广西大学新闻与传播学院硕士研究生郑权合作完成，刊于《新闻与写作》2021年第6期。

党的十八大报告提出要建设中国特色社会主义"五位一体"总体布局，将"生态文明建设"与经济建设、政治建设、文化建设、社会建设相并列；党的十八届五中全会又提出创新、协调、绿色、开放、共享的新发展理念，"绿色发展"成为独具新意的发展理念。

在这一背景下来认识气候变化与气候传播问题，会有一种新思路、新境界和新高度。我们会发现应对气候变化，做好气候传播与加强生态文明建设和实现绿色低碳发展有着密切关联，而且作为一种国家战略，其内涵十分丰富，地位极为重要。正如习近平总书记2015年在气候变化巴黎大会开幕式上的讲话中所指出的："中国正在大力推进生态文明建设，推动绿色循环低碳发展。中国把应对气候变化融入国家经济社会发展中长期规划，坚持减缓和适应气候变化并重，通过法律、行政、技术、市场等多种手段，全力推进各项工作。"①

我们认为，所谓"气候传播"，即使气候变化信息及其相关科学知识为社会与公众所理解和掌握，并通过公众态度和行为的改变，以寻求气候变化问题解决为目标的社会传播活动②。气候传播既是解决气候变化问题不可缺少的一种舆论表达方式，也是应对气候变化过程中无以替代的一种信息传播手段。

在应对气候变化和进行气候传播的过程中，这些年我们一直在强调要构建"政府主导、媒体引导、非政府组织助推、企业担责、公众参与、智库献策"的"5+1"六位一体行动框架。其中，公众是参与者，要积极投身减缓、适应和应对气候变化行动，营造良好生活环境，促进可持续发展的社会活动。

而在"5+1"六位一体的行动框架中，公众作为气候传播的主体之一，有着独特地位和作用。因为应对气候变化和做好气候传播目标的最终实现，都需要公众的积极参与。但在现实气候传播实践中，作为数量最为庞大的能动主体，公众却常常充当一种"原子化"的"客体"存在，其"主体"地位往往被忽视。

当前，无论是与气候传播相关的风险传播、科学传播、环境传播，

---

① 《习近平在气候变化巴黎大会开幕式上的讲话》，《人民日报》2015年12月1日。

② 郑保卫：《气候传播理论与实践——气候传播战略研究》，人民日报出版社2011年版，第29页。

还是更大范围内的受众研究，均强调从"单向度传播"走向"平等对话"。因此，"以公众为中心"观念的确立，以及公众角色定位的转变，不仅存在于技术变革、社会文化、价值观念变化等动因之中，而且是一种历史发展的必然。

本文拟从哈贝马斯对"公共领域"及"公众"的论述出发，借助风险沟通与科学传播的有关模式，厘清以公众为主体的气候传播的思想基础，对"公众"的内涵及外延进行界定。立足生态文明建设和绿色发展这一宏大背景，明确我国公众在气候传播中的角色定位，并围绕"5+1"六位一体行动框架提出有效的行动策略，引导公众积极参与气候传播与全球气候治理。

一、公众气候传播的思想基础与概念界定

（一）"以公众为中心"的气候传播的思想基础

1. 作为话语空间的"气候变化公共领域"

哈贝马斯认为，"在每一次的对话中，个体集结形成公共群体，这时一部分公共领域就形成了"。因此，当我们和他人对话或争论时，通过主体间交往，将私人担忧转变为公共话题，由此产生了影响的领域即公共领域。"公共领域"影响着我们如何看待环境以及环境与人类自身的关系。在围绕气候变化议题的讨论中，私人的声音存在于公众听证会、演讲集会、环保宣传活动、自媒体、社交媒体等无数场景中。通过各种形式和实践，私人声音转变为公共事件，由此形成气候变化的"公共领域"。

私人声音并不一定带来公共行动结果。在公共领域之外，存在着私人领域和技术领域。传播学者古德奈特认为，在当代社会，对环境主题

作出判断需要一定的"个人背景与技术背景"，而这可能导致私人或公共对话的空间转向科学或技术权威，公共领域就此衰弱。

气候变化作为全球性的环境问题，是一个非传统的安全问题，其整体面貌是纷繁复杂的。这意味着气候变化公共领域里充满着多样化的声音，具有强烈的"参与式民主"特征，而这也是气候变化公共领域得以存在和产生影响的基础。同时，这也意味着技术领域的力量会不断地压缩和腐蚀这一公共领域。

公众作为传播实践主体，正是得以在"学术范畴"与"私人领域"之间构建一个全新的公共话语空间。正如美国环境传播学者罗伯特·考克斯认为，"自然本身是沉默的，最终还是我们通过象征性行动给它的四季、它的物种赋予意义和价值，我们采取任何行动的决定都不仅仅是科学研究的结果，而是来自在更广阔的公共领域进行的辩论与争论"。

2. 传播即参与

在当代话语界定中，"传播"是一个形态不分明、界定不清晰的观念。对"传播"观念不同的阐释，直接影响了传播学不同范式的研究取向。在科学传播中，早期传播范式强调"公众理解"（Public understanding），这一模型预设公众缺乏科学常识与素养，因此政府和媒体必须提供科学信息，以达到"促进国家繁荣、提高公共决策和私人决策的质量、丰富个人生活"等目的。"公众理解"模型的思想基础是"单向度传播"，认为科学仅是"客观知识"，这里的公众被矮化为愚昧无知的、原子化的、被动的"大众"。

随着知识社会的发展，"科学生活化"与"生活科学化"特征日渐显著，"公众理解"范式被"公众参与"取代。这一模型强调公众的主动性与创造性，可以广泛参与到科学议题设置、科学政策制定以及科学知识生产的过程中。"公众参与模型"的建构，回应了传统单向度的大规模传播符号的广延度、系统性和推定效果，解决了"管理大众舆论""制约民主"等问题①，公众意志不再被技术官僚决定或摆布。"公众参与"模型的提出，使科学传播活动建立在了超越传播的多元主体平等对话的传播思想之上，即通过主体间交往，实现公众与政府、媒体、科学界的对话沟通。

在"公众参与"模型中，公众作为科学知识的生产者、科技创新的参与者、科学成果的受益者与分享者，广泛参与科学决策，这恰恰是对民主原则的一种实践。可以说，这一模型正是沿着实用主义的思想，将传播视为一个民主和参与的过程，平等对话既是民主达成的目标，也是一种达成民主的手段。

3. 话语即权力

气候变化作为一种能给自然环境与人类社会带来巨大风险的事件，其影响的分布是不均衡的，存在着区域层面和代际层面的"不公平"现象。气候变化对世界上最为贫困的人群影响最大，他们并非主要的环境破坏者，但需要面临气候变化所导致的生存发展威胁，由于现实的不平等，他们的诉求往往没有被纳入解决方案的讨论之中。

在《知识考古学》中，福柯认为，"我们把话语称为陈述（statement）的整体""必须将论述看作是一系列的事件，看作是政治事件：通过这些政治事件，它运载着政权并由政权又反过来控制着论述本身"②。在风险传播中，早期的传播模式以技术模式（technical risk communication）为主导，其认为公众在面对风险时是无知的、非理性的，公众虽然是风险的

---

① ［美］彼得斯：《交流的无奈》，何道宽译，华夏出版社 2004 年版，第 9 页。
② ［法］米歇尔·福柯：《知识考古学》，谢强、马月译，生活·读书·新知三联书店 1998 年版，第 129 页。

最终承担者，但并不享有风险决策的参与权和决定权。随着现代国家风险治理框架的逐步确立，这一模式也逐渐被文化模式（cultural model of risk communication）取代。文化模式认为，风险应该是技术风险和影响人们风险判断的社会因素的综合体，技术模式忽略了公众对环境危险的担忧，文化路径可以扩展技术模式，将风险发生的社会语境以及人本价值纳入考量。

在气候传播中，面对话语权不平等，各国需要履行"气候正义"原则，即因气候所带来的利益和福祉，应公平地分配给全体社会成员。以公众为主体的气候传播使更多处于弱势地位的公众的困境及利益表达能够呈现在世人面前，这就使公众的话语权具有了一定的内在必然性与自组织性，而非外在的制度性赋权。

（二）公众气候传播概念的界定及内涵

在公共讨论和传播语境中，哈贝马斯曾经对17世纪在"公域"进行讨论的"公众"给过一个经典界定：所有"拥有财产、受过教育"，以私人身份对"与众有关""普遍"的话题开展平等讨论的公民①。

虽然哈贝马斯讨论公众所研究的社会背景及社会制度，与当前的中国有很大的变化，但是在对公众的界定中，"私人身份"这个限制条件对目前的公众传播仍有很大指导性。正如哈贝马斯所说："私人身份的人们必须通过彼此间合理的交往来自主地决定它的意义，必须用语词对其加以表达，因而必须明确说出它当中在那么长时期内能默默地具有权威的东西。"

---

① ［德］哈贝马斯：《公域的结构性变化》，邓正来译，中央编译出版社2002年版，第161—164页。

因此，就"公众"而言，我们所公认的意义是超越私人领域的一个既定社会群体。在气候传播活动中，作为主体的"公众"概念的外延可以包含所有以私人身份介入"气候变化公共领域"的传播者。

由于"公众"概念涵盖了所有以私人身份出现的具有政治地位的一般传播者，"私人性"是公众区别于气候传播中政府、媒体、非政府组织、企业四大主体的最主要特征。因此，公众气候传播所表达的是围绕气候变化议题的"多数人的观点和思想的一种普遍经验"。

基于气候传播意义框架与上述思想，我们认为所谓"公众气候传播"，是指以公民"私人身份"出现的传播者，在合理行使话语权的基础上，为公共利益和切身利益，借助各种风险沟通渠道，介入气候变化公共领域，将气候变化信息及相关科学知识为他人所理解和掌握，并通过他人态度与行为的改变，以寻求气候变化问题解决为目标的社会传播活动。

二、我国公众气候传播的角色定位

当把"公众"视为"具有批判意识的私人"时，其社会角色便体现了"主体间性"（inter-subjectivity）的概念。作为一个抽象的集合概念，"公众"自身不会为自己确立身份和社会角色，所有对"公众"在"气候变化公共领域"中应该扮演的角色讨论都是在建构一种主观意愿投射与角色期待，用以帮助"公众"在介入话语公共空间过程中更为准确地确立自身的社会角色，发挥主体能动性。

在我国，党中央和国务院明确了构建政府为主导、企业为主体、社会组织和公众共同参与的环境治理体系，强调生态文明是人民群众"共同参与、共同建设、共同享有"的事业。在 2018 年全国生态环境保护大会上，习近平总书记指出："要把建设美丽中国转化为全体人民自觉行动。每个人都是生态环境的保护者、建设者、受益者，没有哪个人是旁观者、局外人、批评家，谁也不能只说不做、置身事外。"①在第七十五届联合国大会一般性辩论上，习近平总书记进一步强调，"全球治理应该秉持共商共建共享原则……要树立命运共同体意识和合作共赢理念"。可以说，"共商共建共享"是我国生态文明建设的基本原则，也是全球气候治理的中国智慧和创造的具体体现。

在生态文明建设与绿色发展理念指导和要求下，围绕共商共建共享原则，我国公众气候传播应该定位于生态文明建设与全球气候治理的"建设性力量"。其建设性作用，主要体现在以下几个方面：

一是作为"低碳环保倡导者"，推动我国经济社会绿色低碳转型。所谓"低碳环保倡导者"，是指作为最关注气候变化问题且寻求通过各种倡导活动（advocacy campaign）来实现社会动员的一类公众。他们广泛活跃在气候行动之中，并使用各种环保宣传倡议和传播动员，扩大气候变化议题的影响力。如在 2013 年，我国民间公益团队 IN_33 发起"光盘行动"，提出"从我做起，今天不剩饭"的想法，并在百度贴吧设立"光盘节吧"。在他们的号召下，北京众多餐厅开启了行业内的"光盘行动"。随后，这一行动推广至全国多个城市，引起了国家环保部门和中央的关注。2017 年 8 月，中央发出"光盘行动"号召，举国响应，全民掀起了一轮又一轮的行动热潮。实践证明，低碳环保倡导者是我国"绿色转型的推进力"，积极推动着我国环境保护事业与社会绿色低碳可持续发展。

二是作为"气候故事分享者"，丰富我国生态文明宣传教育大格局。所谓"气候故事分享者"，是指在用户生产内容（UGC）的模式下，扮演

---

① 习近平：《推动我国生态文明建设迈上新台阶》，《求是》2019 年第 3 期。

着风险信息和科学知识传递中介角色的气候传播公民记者。研究表明，即使公众不具备专业科学知识，并不代表他们的知识匮乏，相反，公众具备另一种以个人日常经验与生活环境为基础、富含社会文化意义的实地经验与知识（local/practical knowledge）。这些知识足以与专家的专业知识和能力相匹配。在我国，随着网民参与意愿的提升，近几年出现了较多公众自媒体气候传播典型案例。如在快手短视频平台上，"冰川哥"王相军用普通人的视角讲述我国西藏地区冰川融化问题，呼吁大众关注全球变暖问题，被评为"2018 快手十大科普号之一"。也正是越来越多的"故事分享者"加入成为"信息沟通的节点"，赋予环境宣教与科普事业源源不断的有机力量，气候变化议题方得以从"专业化"走向"大众化"。

三是作为"环境舆论监督者"，夯实我国环境保护工作社会基础。所谓"环境舆论监督者"，是指公众作为气候传播主体在气候应对和治理过程中，担负着重要的舆论监督责任。在气候治理工作中，我国政府高度重视公共参与，倡导全民行动。在全民监督环节上，让"同呼吸、共奋斗"成为全社会行为准则，积极引导公众履行生态环境保护义务，参与监督生态环境保护工作。如在 2014 年修订的《中华人民共和国环境保护法》中，便专门规定了"公民、法人和其他组织发现任何单位和个人有污染环境和破坏生态行为的，有权向环境保护主管部门或者其他负有环境保护监督管理职责的部门举报"。随着公众参与社会公共事务制度的不断完善和参与形式与渠道的不断丰富，越来越多的普通公众参与到气候变化的治理事务之中，成为"监督权力的镜鉴"，为持续改善生态环境营造了良好的社会氛围，奠定了坚实的民意基础。

四是作为"气候谈判助推者"，助推我国引领全球气候变化共同治理。所谓"气候谈判助推者"，是指公众作为气候传播主体，可以就全球共同关注的气候变化议题发表意见，助推国际领域的气候谈判。在 2019年的马德里气候大会上，来自中国四川成都的 9 岁女孩黎子琳以大熊猫保护为切入点，介绍了中国青少年在应对气候变化中所作的努力和贡献，并呼吁全球青少年与大熊猫站在一起，践行环保，对抗气候变化。公众参与到国际气候谈判中，以民间视野观照国际议题，通过公共外交，以更加客观、理性和建设性的视角开辟舆论互动的新路径。正是这些以普通公民身份出现的传播者，成为"公共外交的桥梁"，通过民间交往讲述中国生态文明故事，传递我国民间的应对气候变化声音，为中国公众同国际社会力量在全球气候治理方面携手共进、共同发展作出了贡献。

五是作为"公民科学参与者"，推动全民低碳意识与科学素质提升。"公民科学参与者"，是指以公民科学家或私人身份出现的科普工作者，这一群体是科学领域和公共领域的重要沟通中介，也是对官方的全民科学素质提升行动的一种有益补充。调查表明，在欧美地区，"气候变化怀疑论者"与政党利益和选民政治倾向联系紧密，他们反对任何节能减排提案，主张退出国际气候治理合作框架，广泛散布虚假信息，抵制气候变化应对行动。因此，气候变化科普工作极其重要，目前全世界有100 多个"公民科学家"组织。在我国的新浪微博、快手短视频等社交媒体平台上，气候变化科普领域活跃着诸如气象节目主持人宋英杰、气象工程师卜赟等"科学知识的扩音器"，将复杂、科学的气象科学知识和生态价值观念传播给普罗大众，为凝聚共识，不断提升全民科学素质与低碳意识，形成人人关心、支持、参与生态环境保护局面起到了支撑作用。

基于上述以公众为主体的气候传播思想与我国公众气候传播实践，本文提出"公众传播—气候变化公共领域—气候治理"互动关系结构（见图 1）。其中，公众作为低碳环保倡导者、气候故事分享者、环境舆论监督者、气候谈判助推者、公民科学参与者等角色在介入气候变化公共领域时，与政府、企业、非政府组织、媒体等主体之间，体现的是合作、互动、互补、监督等关系，在信息沟通、舆论引导、舆论监督、协调联系等方面，整体上发挥着建设性作用。

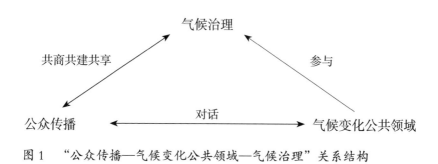

图 1 "公众传播—气候变化公共领域—气候治理"关系结构

三、我国公众气候传播的行动策略

从整体上看，我们认为我国当前的气候传播仍然停留在"传播气候"的层面：在传播主体上，仍以政府、媒体为主。相对来说，以公众为传播主体的民间传播力量仍相当弱小；从内容上看，仍然处于一种固定的议程设置与报道框架阶段，即主要围绕宏观政策法规、国内外数据报告发布、联合国气候变化大会召开以及极端天气事件，与公民生活息息相关的内容较为少见；从传播范式上看，单纯向公众灌输科学知识的"技术范式"仍然较为明显，而动员广大公众参与传播活动的"民主范式"尚处于萌芽阶段。这种传播格局在一定程度上影响了公众参与气候变化的积极性与主动性，也阻碍了气候传播在全国"真正形成气候"的进程。

对此，我们应该重视研究公众在气候传播中的行动策略，推动"传播气候"向"气候传播"转向，即通过搭建"意见的自由市场"，提供不同主体进行建设性对话的多元意义空间，使"气候变化公共领域"成为连接国家与社会之间的桥梁，真正做到气候治理共商、共建、共享。具体可以采取以下策略和方法。

（一）构建"5+1"六位一体的行动框架，推动全社会形成共识

促进气候传播工作是一项系统工程，要靠全社会的共同努力，因此这些年我们一直在强调要构建"政府主导、媒体引导、非政府组织助推、企业担责、公众参与、智库献策"的"5+1"六位一体行动框架。在具体行动上，需要各大主体各司其职、互为支撑。

首先，政府作为主导者，需要不断强化政策引领，以改革创新为动力，以人与自然和谐相处为目标，把握全社会绿色转型与低碳发展的大方向，在国际舞台上加强"一带一路"绿色发展合作，构建人类命运共同体。其次，媒体作为引导者，对内需要主动设置议程、引导舆论，形成社会共识，对外需要传播好中国声音、树立好大国形象。再次，非政府组织作为助推者，对内需要了解气候变化谈判进展，为本土公民参与行动提供政策参考，对外需要展示我国民间应对气候变化的意愿，促进我国民间力量与世界各国的对话、交流。此外，企业作为担责者，需要承担起社会责任，从供给侧着手，加快绿色低碳转型，倡导公众绿色、合理消费。最后，要特别重视发挥公众作为参与者的作用，我们可以通过各种方式和多种渠道来传播绿色低碳生活理念，增强公众对气候变化问题的认知度和参与度，把全社会方方面面的力量都动员起来，共同为应对气候变化，建设"美丽中国"作出贡献。

（二）培育公众主体责任与公民意识，推动公众广泛参与

每一个公众都是风险的最终承担者，合理的气候变化应对行动框架，

需要承认和尊重每一个个体的风险感知与普遍经验。气候变化作为公共议题，已经具备天然公共性，但这种公共性的凸显还需要政府、媒体、非政府组织等主体的培育。因此，需要将公众培养成为具有高度行动积极性和认知理性的传播主体，作为气候传播活动的主要目标。对此，至少需要以下几个层面的行动。

一是政府决策系统的民主性。围绕气候变化所制定的减缓与适应战略，以及相应的顶层设计与制度建设工作，要鼓励引导公众广泛参与。要有效吸纳源自公民的声音和力量，将民主协商视为国家行政机制的重要补充。二是专家知识系统的开放性。如前所述，尽管气候变化有着较高的知识壁垒，但公众也具有实地经验与知识。因此，专家知识系统以及包括媒体在内的"准专家机制"，需要容纳个体生活经验与诉求。媒体不仅要做好"党和政府的喉舌"，也要做好"人民喉舌"，积极主动地为公众提供便捷的信息渠道和舆论平台，让他们更好地传播信息，表达观点，发挥作用。三是社会公共系统的参与性。2021年1月，我国生态环境部等六部门印发了《"美丽中国，我是行动者"提升公民生态文明意识行动计划（2021—2025年）》，在接下来一段时期内，需要进一步统筹推进，发挥公众的主观能动性，使他们在与其他系统良性互动的格局下走向成熟与完善，形成生态文明全民行动的良好格局。

（三）搭建信息平台消除认知分歧，形成传播合力

在公众进行气候传播的过程中，不同类型的公众、公众与媒体、公众与科学家等主体间可能存在着较大的认知与诠释矛盾。一般来说，公众更倾向于"绝对性"的答案，而非专家所讲述的"相对性"风险；公众较少主动寻求气候变化资讯，甚至只凭个人感官、亲身经验或周遭实例来认知风险，无关科学证据的正确与否。在对话过程中，各个主体间

容易出现各说各话、各行其是的传播隔阂，最终导致"交流的无奈"。在"后真相"语境下，即使各类声音在公共领域得以充分讨论，公众也可能基于立场而不是事实进行选择性接触，导致难以形成共识。从职业管辖权的角度看，公众还可能威胁到媒体、科学家等作为知识生产垄断者的权威地位和经济利益，加剧双方矛盾冲突。

对此，需要搭建基于公众参与的开放信息平台。首先，政府需要进一步推进信息公开制度建设，发挥政府信息对人民群众生产、生活和经济社会活动的服务作用，在确保国家利益前提下扩大公开的主体和范围。其次，媒体需要秉持新闻专业理念，坚持知识生产的客观性与透明性，引导公众参与气候传播，促进传播范式从单向度传播转为平等对话，让公众所需的科学素养与媒介素养在对话与互动中完成建构。最后，公众自身需要提升知识储备，激发自我效能与集体效能，增进参与意愿，践行公平正义，进一步推进公众参与的效果。

（四）调整气候传播话语框架，提升传播的深度与广度

气候变化议题较为特殊，在风险认知上，气候变化几乎不可察觉，观测历时性长，这一方面导致议题相较于其他事物缺乏显著性，难以获取公众注意。此外，即使公众通过媒体或生活经验察觉到这一威胁，但"由于风险不是有形的、可见的，因此许多人会袖手旁观，不会对它们有任何实际的举动"[①]。气候变化风险的分布和影响是不均衡的，风险事件的出现存在一定概率，风险认知的目的是唤起人们的忧患意识，但概率性导致选择的感受性和侥幸心理，致使公众认为气候变化风险"遥不可

---

① ［英］安东尼·吉登斯：《气候变化的政治》，曹荣湘译，社会科学文献出版社2009年版，第2页。

及""与己无关"。

对此，一是要拓展气候传播的渠道，创新议题呈现方式。各大主体在进行气候传播过程中，要全面把握媒介融合的趋势和规律，适应当前差异化、分众化的传播趋势，整合多种优质资源，广泛宣传，加大力度讲好中国生态环保与气候治理故事。在创新议题呈现方式上，多采用大数据、虚拟现实、短视频等手段，利用数据诉诸视觉，从而更加贴近互联网信息消费与人际传播表达方式，扩大议题的影响力。二是要加强科学传播，注重信息逻辑与证据链，明确气候变化风险的涉及范围、产生原因、行动策略等与公众存有的联系，拉近公众与气候变化的心理距离。对此，各大主体在气候传播过程中，要调整新闻报道话语框架，要将视角向微观的、个体的以及老百姓所关心的方向转移，探索议题的社会内涵，将气候变化与身体健康、食品安全、生活环境、城市环境规划、生态扶贫、空气污染等联系起来，从"百姓视角"深挖气候变化中的"生活故事"。

论气候正义

题注： 为解决在全球应对气候变化问题中的公平与公正问题，2015 年 12 月，笔者在巴黎联合国气候变化大会的气候传播边会上，专门就"气候正义"问题作了阐述，明确提出，所谓"气候正义"，是指因气候所带来的利益和福祉应公平地分配给全体社会成员；全体社会成员无论种族、肤色、性别、国籍，均享有平等参与气候变化事务的权利；气候变化所带来的不利后果应由全体社会成员公平承担。2017 年 4 月，笔者在《采写编》杂志"气候传播"专栏专门对"气候正义"等概念进行了系统解读。

"气候正义"，是气候变化领域依据社会正义理论提出的一个科学理念。它揭示了气候变化领域贫富之间的资源鸿沟，为应对气候变化确定了利益共享与后果共担的公平原则，以及国际气候治理制度设计的价值导向。

一、气候正义的内涵及实质

"气候正义"，是指因气候所带来的利益和福祉，应公平地分配给全体社会成员。全体社会成员无论种族、肤色、性别、国籍，均平等地享有参与气候变化事务的权利，气候变化所带来的不利后果，也应由全体社会成员公平承担。当气候变化领域的平衡状态被打破后，应按照均等原则加以重建或恢复。气候正义体现的是利益共享、后果共担的公平与平等的原则。

只要作些分析便会发现，气候变化的方方面面都涉及气候正义问题。如谁导致了气候变化？谁有能力应对气候变化？谁能够在气候变化中生存下来甚至受益？谁能够承受气候变化的严重后果？这说明，应对气候变化绕不开正义问题，气候治理应以气候正义为基础，相关的气候制度也应以气候正义为价值导向。

"气候正义"概念的提出，是对应对气候变化问题的政治伦理回应。其重要价值在于揭示了气候变化领域贫富之间的资源鸿沟，这也是气候正义的实质所在。

在世界范围内，富国与穷国之间有着不同的发展道路和不同的资源占有，同时存在不同的能源消耗水平。而在一国之内，富人和穷人的生活环境、模式与水平各异，其资源占用和能源消耗也存在巨大差异。这些都涉及气候正义问题。

气候变化中不平衡和非正义问题的存在，引发并加剧了发展中国家尖锐的自然问题与社会问题，这不仅带来了发展中国家物质上的匮乏，也引发了一系列人权及发展问题，同时加剧了国际的紧张局势。

胡锦涛同志曾指出："气候变化既是环境问题，也是发展问题，但归根到底是发展问题。"这就从根本上说明了气候变化所涉及的问题绝不仅仅是环境和生态问题，而是涉及国家、社会、民族，乃至全人类发展的重大问题。因此，如何秉持公正和平等的原则，实现气候正义是国际社会在应对气候变化过程中必须重视并加以解决的问题。

二、气候正义的原则及内容

当前学界认为，在气候变化领域需要坚持四类气候正义原则，即分配正义、矫正正义、代际正义与种际正义。

（一）分配正义

所谓"分配正义"，是指国家间气候资源与气候环境义务的公正分配。

分配正义原则强调，世界作为一个整体，将从气候变化的国际合作中获益。先发国家基于道义正当性，有义务去帮助那些应对气候变化的脆弱型国家。

（二）矫正正义

所谓"矫正正义"，是指造成损害的主体有责任对被损害者进行修补和赔偿。

矫正正义原则强调，先发国家通过排放大量温室气体伤害了世界其他国家，特别是低海拔国家和最容易遭受全球变暖危害的国家。基于历史与道德的责任，先发国家有义务对应对气候变化的脆弱型国家提供补偿性赔付。

（三）代际正义

所谓"代际正义"，是指当代人要为下代人作出合理回补。

代际正义原则强调，人类共有地球自然及文化环境，当代人在消耗气候资源的同时，要为下代人作出合理回补，以使下代人有机会平等地拥有自然资源而不至于丧失经济活力。

（四）种际正义

所谓"种际正义"，是指在气候变化语境中要关注人与自然界其他物种之间的正义性。

种际正义原则强调，在气候变化语境中，除要关注人与人相互之间的正义性之外，也须关注人与自然界其他物种之间的正义性。人类在增强征服自然能力的同时也带来了环境危机和生态退化，为此需要作出补偿，要通过生态保护等措施来促使人与自然和谐相处。

要实现气候正义，就须遵循这四类原则，促成这四方面的气候平等、公平和正义。

三、气候正义的制度设计及规范

近年来，为促成建立一个符合气候正义的国际气候制度，规范应对气候变化行动，国际社会主要围绕以下 6 个核心要素进行制度设计，并希望通过这些制度设计来规范应对气候变化行动，促成气候正义的实现。

（一）责任要素

立足于"共同但有区别的责任"及"历史责任"原则，依据各国历史排放造成的现实影响，明确各国对减缓全球变暖所应共同承担的、有区别的道义责任。

（二）能力要素

根据各国当前发展水平，遵循"能者多劳"原则，在制定减排方案时考虑各国的经济发展阶段、减排技术水平及减排能力，推动各国实施减排行动。

（三）需求要素

根据按需分配原则，优先考虑基本需求的满足和最脆弱群体的利益，增进发展中国家和贫困群体的生态福利水平与可持续发展能力。

（四）成本效率要素

充分利用自由市场机制，实现应对气候变化的成本和收益在不同国家、群体和个体之间的最优分配。

（五）平等协商要素

在谈判和决策机制上继续实行"一国一票"的原则，气候变化各缔约方平等地行使权利并履行相应的义务。

（六）全体参与要素

确保绝大多数利益相关主权国家能够参与国际气候谈判，共同履行减排义务。

四、启示

气候正义理念体现的是公平和平等，强调的是利益共享和后果共担，为国际社会应对气候变化确定了正确的行动原则和制度规范。它告诉我们，一个国家的气候政策必须建立在气候正义的基础上才具有正当性。

按照气候正义原则，相关气候政策的制定要以气候正义理念作统筹考虑，并作适度倾斜。具体来说，就是要向气候变化的受损害主体倾斜，向气候变化的弱势群体和弱势者倾斜，向愿意承担节能减排责任的企业和群体倾斜，向能够为清洁能源建设作贡献的企业和群体倾斜。

在本国范围内，政府相关气候政策的制定也可以参照这一理念来规制气候变化过程中所涉及的各种问题。政府可以通过政策设计来体现共享共担共治的应对气候变化价值导向，对那些能源消耗和碳排放大户，责令那些造成环境污染、生态破坏的企业、群体及个人承担更多责任，并进行必要的赔付补偿。而对那些气候变化受损害者，对那些气候变化弱势群体和弱势者，对那些愿意承担节能减排责任的企业和群体，对那些能够为清洁能源建设作贡献的企业和群体，则要进行政策保护，给予政策倾斜。

我国气候变化问题对外传播话语体系建构

▎**题注**：气候变化作为全球性公共议题，受到国际社会高度关注。那么，气候变化报道有哪些特殊性？如何提升我国在气候变化领域的话语权？本文综合多年来对气候传播的一系列研究和思考，对当前我国气候变化对外传播话语体系建构及其传播策略进行了系统探讨。该文刊于《对外传播》2014 年第 11 期。

自 20 世纪 80 年代以来，气候变化逐渐成为全球性公共议题，受到越来越多国家的政府、媒体、非政府组织和公众的关注。当前，气候变化问题已超出了单纯的环境范畴，成为关涉各国切身利益与发展空间的重大政治话题，并由此形成了各国政府、国际机构、媒体、非政府组织等利益相关体之间错综复杂、相互交汇的国家间的利益博弈和国际舆论斗争。要在这样的充满矛盾与斗争的利益博弈平台和国际舆论阵地上更好地传播中国声音、塑造国家形象、维护国家利益，就需要加强我国关于气候变化问题的对外传播话语体系建设，提升我国在气候变化领域的国际话语权，以及信息传播力和舆论影响力。综合近年来在此领域的研究和思考，我们认为要探讨当前我国气候变化问题的对外传播话语体系建构及其传播策略，需要注意以下几个问题。

一、展示中国政府应对气候变化的立场和决心

中国是受气候变化不利影响最为明显的国家之一，气候变化已经给我国生态环境、经济社会发展和人民生命财产安全带来严重影响。中国政府高度重视环境保护和气候变化问题，2012 年党的十八大报告把生态文明建设同经济、政治、文化和社会建设并列，一起作为国家"五位一体"总体布局的发展战略。

近年来，频频发生的雾霾天气以及各种极端天气给民众带来的直接影响，更使政府和全社会意识到了治理污染、保护环境已经不是一句空头口号，更不是为了应对国际社会的压力而不得不采取的被动措施，而是国家和民众需要积极应对的自觉行动。如今，应对气候变化已作为国家发展战略的重要内容纳入了国民经济和社会发展的中长期规划，中央政府据此制定了一系列降低能耗和二氧化碳排放的目标任务及实施措施，并开始了应对气候变化的扎实行动。我们要向世界证明，中国政府一定会在治理污染、保护环境、应对气候变化方面践行诺言，履行责任，发挥积极作用。

二、强调气候变化归根结底是个发展问题，妥善处理好节能减排、环境保护与国家经济社会发展的关系

我国面临着气候变化方面的严峻问题，必须加快治理污染、保护环境、应对气候变化的进程。但是由于我国人口众多，经济发展水平还较低，生态环境十分脆弱，因此在应对气候变化的同时还须力争实现发展经济、消除贫困和改善民生的任务。这是我国应对气候变化所面对的现

实国情，因此在建构我国气候变化对外传播话语体系时，需要明确阐释这一基本情况，要特别强调，气候变化虽然表面上看是个环境问题，但归根结底是个发展问题，它关乎国家、民族、社会乃至全人类的发展。

发达国家的工业化进程直接造成了全球气候变化的后果，而气候变化的结果严重妨碍了发展中国家和不发达国家的发展，限制了它们的发展空间，加剧了这些国家的不发达和贫困状况。

对包括中国在内的发展中国家来说，解决气候变化问题离不开发展，因而在进行气候变化对外传播时，要从发展的高度来认识气候变化问题，在强调应对气候变化重要性、必要性和紧迫性的同时，要讲清楚在应对气候变化过程中实现节能减排、环境保护与国家经济社会发展的关系。要坚持在实现经济社会发展的过程中促进节能减排和环境保护工作，同时要用做好节能减排、环境保护工作来促进国家的经济社会发展。特别是要善于运用有效的、令人信服的事实和数据来说明在中国这样一个人口众多的发展中国家应对气候变化所面临的矛盾、困难和瓶颈，同时要大力宣传我国政府应对气候变化的信心、政策和行动，向国内外展示我国在应对气候变化方面付出的努力和取得的成就，增进国际社会对我国气候变化应对工作的了解，使得国际社会能够全面、客观、理性地看待和认识中国在应对气候变化方面所做的工作，减少不必要的疑虑和误解。

三、促进应对气候变化的科学共识，倡导全球治理

当前西方国家少数专业人员、媒体记者和非政府组织人士对气候变化的确定性还存在一些质疑和批判，他们认为气候变化的确定性在科学界尚未形成共识，有人甚至认为气候变化是个"伪命题"，是个"全球骗

局"。在他们看来，既然不存在气候变化问题，因而也就无须通过全球性行动来应对气候变化了。

针对这一现象，我国在建构气候变化对外传播话语体系时，要明确态度，积极传播主流科学家及联合国政府间气候变化专门委员会（IPCC）各类科学报告中的基本观点，即气候变化正在发生，而且主要是由人为活动导致的。要按照《联合国气候变化框架公约》的解释来认识和解释气候变化问题，即气候变化是"经过相当一段时间的观察，在自然气候变化之外由人类活动直接或间接地改变全球大气组成所导致的气候改变"。大量事实说明，气候变化已经对人类社会造成了严重的、不可逆转的破坏，我们不能以"缺乏充分的科学确定性"来作为推迟和抵制应对气候变化行动的借口。

另外，要有效应对气候变化，还需要倡导气候变化的全球治理，因为气候变化问题涉及节能减排、环境保护、生态平衡、绿色发展及可持续发展等一系列重大问题，可以说是关乎全球的共同性问题，因此单靠少数国家、少数人是解决不了的，而是需要各国政府共同应对，需要全世界的共同治理，世界上每个国家、每个团体、每个人都须行动起来，为之呼喊，为之尽力。

四、建构包括政府、媒体、非政府组织、企业、公众在内的应对气候变化的五大行为主体

在应对气候变化的过程中，需要建构包括政府、媒体、非政府组织、企业、公众在内的五大行为主体的行动框架。其中，政府是主导者，媒体是引导者，非政府组织是助推者，企业是担责者，公众是参与者。

实践说明，要应对气候变化，离不开政府的政策导向、媒体的宣传

引导、非政府组织的推动助力、企业的重视投入和公众的行动参与。尤其要注意调动企业和公众的参与积极性，增强企业的责任意识和公众的参与意识，引导企业和公众自觉投入节能减排、保护环境、应对气候变化、维护生态文明的行动之中，特别是企业，要促使其积极承担应对气候变化行为主体的责任。

五、加强核心概念和重要议程的传播，助力气候变化国际谈判

在有关气候变化错综复杂的国际谈判和国家间的利益博弈之中，各国会有不同的政治关切和基本立场。因此，在遵守《联合国气候变化框架公约》前提下，随着气候变化谈判历程的进展，许多国家都会提出一些符合自身利益、具有各自特点的有关谈判的核心概念和重要议程。而如何通过多边国际谈判舞台，将本国有关气候变化的核心概念和重要议程变成他国能够接受的"国际议程"或"全球议程"，这已成为各国政府引领气候变化国际谈判政治方向、掌控国际气候谈判话语权的重要手段之一。

我国政府在国际气候变化谈判中，始终坚持的基本立场和核心概念有："共同但有区别的责任原则""公平原则""各自能力原则""减缓、适应、技术转让和资金支持同举并重""生态文明""可持续发展"等。这些立场和概念代表了我国政府对气候变化问题的政治关切和政策走向。

在我国气候变化对外传播话语体系的建构过程中，要重视这些基本立场和核心概念的传播，要始终保持传播口径上的一致，不能造成曲解或误解。同时，随着新的谈判进展，我国要努力发挥主动性和创造力，要善于提出一些西方社会能够理解并且乐于接受的表述话语，让我国应对气候变化的基本立场和核心概念能够使国外受众"想了解、听得懂、

愿接受"。同时要主动设置议程，特别是要善于设置符合我国发展利益的议程，并努力使之引起国际社会的关注，以实现助推我国气候变化谈判的目的。

六、发挥媒体的积极功能，打造多元传播主体网络

气候变化的治理和应对需要各方面的投入，需要多方面的配合，需要方方面面的参与和支持，其中媒体与传播是不可或缺的最有效的方式和手段。因此，要建构我国气候变化对外传播话语体系，就须高度重视发挥媒体的积极功能，要把媒体视为应对气候变化，实现气候变化全球治理的最有效的信息传播、舆论引导和社会监督手段。

政府要实行对媒体应对气候变化对外传播工作的顶层设计，要制定我国媒体气候变化对外传播的整体战略和政策框架，实施基础传播工作，加强能力建设，完善相关技术措施、标准和规范，同时加大对传播技术的支撑和资金的投入，以尽快增强和提升我国媒体在气候变化方面的国际传播能力。

此外，还要不断拓展新的媒体传播方式，发挥媒体传播的复合功能，实现传播主体的多元化和传播手段的多样化。这就需要整合媒体与政府、非政府组织、企业和公众等多方面的传播资源，打造多元主体的传播网络，以构建多主体、多功能、立体化的气候变化对外传播网络。

七、推行气候变化公共外交战略，发挥"意见领袖"作用

要参与气候变化领域的国际博弈，需要主动占领舆论阵地，把控话语权，这就需要通过各种手段和方式来增强我国的国际话语权，扩大我

国的国际舆论阵地。

公共外交能力是提升国家形象和话语权的一种重要软实力，对于增强国家形象的亲和力和国家话语的表达力具有重要作用，因而受到西方学界和政界的重视。

在诸多国际气候谈判场合，中国往往被一些西方国家描绘成"阻碍者"的负面形象。2009 年哥本哈根联合国气候变化大会后，中国的国际形象更是跌至谷底，被人说成是破坏谈判的"罪魁祸首"。实际上，一些西方国家的媒体及相关人士对中国的指责是完全没有道理和带有偏见的。然而，由于当时我国政府、媒体和非政府组织在话语权上的不足和在公共外交手段方面的欠缺，使得我们一时陷入了舆论被动，不能有效应对。

因此，在建构气候变化对外传播话语体系过程中，要特别重视推行公共外交战略，要善于运用公共外交手段来建构对外传播的话语体系。如安排国家或政府领导人以及政府气候谈判代表团负责人及时就我国关于气候变化问题的主张和行动发言；制作并传播关于气候变化的影像资料；发布我国的节能减排报告或白皮书；组织国际媒体来华采访报道；开展对不发达国家的绿色援助；支持他国关于中国气候治理的学术研究项目；等等。这些举措都会有效地提升我国气候变化问题的对外传播效果。

在此过程中还要特别重视发挥气候变化领域"意见领袖"的作用，特别是要注意发挥气候变化领域科学家的作用，要给他们更多的话语权，让他们多发出科学的声音，多发挥普及知识和引导舆论的作用。在专业领域，专家作为"意见领袖"的作用尤为突出。比如，欧洲在气候变化领域研究早、投入多，出现了一批具有国际影响力的科学家，"温室效应""温室气体"及"低碳经济"等一系列重要的有关气候变化的概念均来自欧洲的科学家。正是凭借这一批"意见领袖"的研究成果，欧洲国家在全球气候谈判中掌控着牢固的话语权。我国也应善待和善用国内科学家们的研究成果，要努力发挥他们的作用，进一步传播好中国科学家的声音。

八、完善国际舆情采集系统，采取针对性传播策略

在气候变化对外传播话语体系建构中的一项重要工作，就是要加强对国际舆情的采集和管理，做好对气候变化国际舆情的分析和研判，并在此基础上采取具有针对性的对外传播策略。

当前我国在国际气候变化舆情采集和管理方面尚未形成常规机制，对国外舆情的监测工作还较弱，因此亟待加强我国媒体海外采编网络和传播平台的建设，在努力提高我国媒体对国际事件报道的原创率、首发率，以及国际接受度和影响力的同时，采取更加有针对性的传播策略，这是一个需要逐步提高传播力和影响力的过程。

在当前，可以考虑首先提高我国媒体和相关研究机构对气候变化国际舆情的采集能力，特别是针对气候变化谈判中的热点问题以及极端天气等重大突发事件的采集能力，通过梳理国际主流媒体对这些热点问题和重大突发事件的报道动向，尤其是针对中国的报道倾向和反应，建立起全球气候变化信息采集传播网络，制定有针对性的对外传播策略，从而增强我国对外传播的效果，为我国应对气候变化营造良好的国际舆论环境。

当下，气候变化问题已成为全球政治、经济和外交舞台上的热点议题，而随着中国国际地位的提升，中国在应对气候变化问题上的行动和政策必将成为国际社会关注的焦点。因而，如何建构起我国气候变化的对外传播话语体系，向世界全面、客观、准确地介绍和说明中国在气候变化领域的立场主张、治理理念和行动策略，也就成了一个亟待解决的

重要问题，事关我国国家整体形象的塑造，也事关我国在国际气候变化谈判中的话语权和主动权。为此，我国需要在建构起技术先进、人员专业、传播快捷、覆盖广泛的现代对外传播体系的基础之上，积极推动理论创新和实践创新，加快形成既具中国特色又能与国际交流的对外传播话语体系，讲好中国故事，传播好中国声音，不断增强国际社会对中国气候变化国情，以及中国应对气候变化政策与行动的知晓度和认可度。这既是推进中国应对气候变化工作的需要，也是推进全球应对气候变化工作的需要。

让气候传播真正形成大气候

——《中国气候传播十年》序言

> **题注**：本文是作者为其主编的《从哥本哈根到马德里——中国气候传播研究十年》所写的序言，后刊于《文化与传播》2020 年第 1 期。该书回顾了中国气候传播项目中心自 2010 年成立以来的十年发展历程；阐述了政府、媒体、非政府组织、企业、公众和智库"5+1"的气候传播行为主体，在气候传播方面的角色与功能定位；论述了在生态文明建设和绿色发展理念下我国气候传播的发展战略及行动策略，以及为建设美丽中国，实现气候变化全球共治所提供的中国智慧和所作出的理论贡献。特别是展现了 10 年中项目中心团队核心成员参加从丹麦哥本哈根到西班牙马德里的 10 届联合国气候变化大会和 1 届联合国可持续发展大会，先后举办 11 场气候传播国际边会的经历；见证了世界各国代表团在实现气候变化全球治理道路上所走过的艰难历程和所表现出的聪明智慧；特别是看到了中国代表团在联合国气候变化大会上从"参与者"到"贡献者"，最后到"引领者"的全过程。而气候传播项目中心团队也在实践中成长，在奋斗中前行，为应对气候变化，为实现气候变化全球治理作出了自己的贡献。

在过去的一个多世纪中，科学技术日益更新，经济财富急速增长，可以说人类创造了比以往任何一个时代都要充足的物质财富。然而人们发现，就在许多人惊叹并享用着这些财富的同时，一个个过去不曾遇到过的社会风险也接踵而至。特别是近几十年中，气候变暖、环境污染、冰山融化、海平面上升，以及物种灭绝等，一系列由气候变化造成的生态危机与社会风险频频出现，严重威胁人类赖以生存的地球家园。这些屡屡发生的气候与生态灾难事件，让人触目惊心，令人防不胜防，也使人深思警醒。

无数事实告诉我们，气候变化同人类的生存与生活，同经济与社会的发展联系越来越紧密，同时与人类所经受的社会风险也越来越难脱干系。气候变化对人类的负面影响是巨大的，而且是全球性的，没有一个国家可以置身事外，因此需要世界各国共同参与应对，并作出自己相应的贡献。正是在此背景下，自1979年第一次世界气候大会提出气候变化议题以来，气候变化问题逐渐成为世界范围内人们所共同关注的热点问题。

随着气候变化问题的逐步升温，人们对以传播气候变化信息、服务应对气候变化行动为主旨的气候传播也越来越关注，这使得气候传播成了继科学传播、健康传播、风险传播之后兴起的又一应用性公共传播领域。

气候传播不仅吸引了新闻学、传播学、社会学、心理学等社会科学研究者的目光，也吸引了大量气象学、环境学、生态学、地质学、森林学等自然科学者的注意，从而促使气候传播逐渐成为学术界，乃至全社会关注的一个热门话题。

我国最早与此相关联的环境新闻传播研究已有几十年的历史，但真正以"气候传播"为名的专门性研究，严格说应该从2009年算起。2009

年在哥本哈根举行的第 15 届联合国气候变化大会，是我国新闻与传播界开始关注气候传播的重要节点。从那时算起，中国气候传播研究迄今已经整整走过了 10 年风雨历程。而如果从 2010 年 4 月我们首次提出"气候传播"概念，亮出"气候传播"旗帜，组建起我国，也是发展中国家第一个气候传播研究专门机构——中国气候传播项目中心算起，也有将近 10 年时间。

10 年，在历史的长河中不算太长，但是对气候传播来说，特别是对中国的气候传播来说，却是从零开始、扬帆起步，筚路蓝缕、砥砺前行，由小到大、逐渐成长的 10 年。

如前所述，我国的气候传播研究缘起于 2009 年的哥本哈根联合国气候变化大会。

那次大会被视为国际社会共同遏制全球变暖行动的一次重要会议，全球媒体高度关注，中国媒体也第一次较为集中地出现在国际气候谈判舞台，采访气候谈判、报道会议消息、传递中国声音。时任国务院总理温家宝亲赴哥本哈根参加会议，会上会下奔波忙碌，做了大量工作。可以说这是我国政府代表团、新闻媒体和非政府组织首次在联合国气候变化大会登场，也是我国气候传播的一次"集中演练"，一次国际"大练兵"。

令人遗憾的是，这次大会却与人们预先的期待相去甚远。会议最终没能通过一个令人满意的、具有法律约束力的文件。这一结果出乎人们意料，让人感到失望。然而匪夷所思的是，一些西方政治人物和媒体却无视事实，采取"污名化"手段，把责任推到了中国头上，有家西方媒体的报道公开说"中国'劫持'了哥本哈根会议"。

面对这种无端指责，我国政府和媒体也发出了一些声音，阐释了自己的立场和态度，可是效果却不明显，西方的一些负面舆论依然在扩散、蔓延，我国政府面临着巨大的国际舆论压力。

当时我也在关注会议进程，这一结果引起了我的思考。到底该如何评价我国政府、媒体和非政府组织在这次会议上的表现？到底该怎样总结其中的经验与教训？到底该从哪些方面改进我们的工作，提升政府的谈判技巧，提高政府、媒体和非政府组织应对国际谈判，处理气候传播领域各种问题的能力？我觉得我们需要介入，开展这方面的研究。

而正在此时，记得是在 2010 年春节后不久，刚从哥本哈根联合国气候变化大会现场采访归来，我在新华社中国新闻学院任教时的学生，时任《中国日报》环境记者付敬，带着同样参加了哥本哈根会议的乐施会媒体官员王彬彬，来到中国人民大学同我商谈合作开展气候变化传播研究的问题。

出于共同的认识和责任担当，我们顺利达成了合作协议，决定以研究哥本哈根会议期间中国政府、媒体和非政府组织的角色及影响力为内容设置一个研究项目，借此来总结哥本哈根会议的经验和教训，并加以理论概括与阐释。

就这样，我们关于气候传播问题的研究项目"后哥本哈根时代政府、媒体、NGO 的角色及影响力研究"很快便正式启动，并在 2010 年 5 月举办了首次学术研讨会。与此同时，我们中国人民大学新闻与社会发展研究中心与乐施会共同组建起了我国第一个气候传播项目机构——中国气候传播项目中心。自此之后，我们从总结哥本哈根联合国气候变化大会我国政府、媒体和非政府组织气候传播的经验与教训入手，开启了我国气候传播研究的进程。

特别是从 2010 年开始，我们气候传播项目中心团队的核心成员从坎昆、德班、多哈、华沙、利马、巴黎、马拉喀什、波恩、卡托维兹，直到 2019 年的马德里，连续参加了 10 届联合国气候变化大会，见证了世界各国在实现气候变化全球治理道路上所走过的艰难历程和所表现出的聪明智慧，特别是看到了我们中国代表团在联合国气候变化大会上从"参与者"到"贡献者"，最后到"引领者"的全过程。这使我们感到无比幸运和自豪。而我们的气候传播研究团队也在实践中成长，在奋斗中前行，为应对气候变化，为实现气候变化全球治理作出了自己的贡献。

项目中心这十年的工作一直是秉持"两路并进、双向使力"的思路和原则进行的。在国际层面，我们始终关注联合国气候变化大会及其相关活动，团队成员连续在联合国气候变化大会举办地主办过10场气候传播国际边会，为促进气候变化全球治理，为做好气候传播作出了不懈努力。特别是2013年10月，我们项目中心同耶鲁大学共同在北京举办了世界气候变化领域首届大规模的"气候传播国际会议"，把气候传播正式推上了国际学术前沿，引起了国际社会的关注，产生了很好的国际影响。

在国内层面，我们始终坚持面向社会与公众的工作导向，努力做好社会发动和公众动员工作。我们主动联合新闻媒体、非政府组织，以及政府部门和企业单位，积极开展公众调查和社会推广活动，通过有效的气候传播让更多人认识气候变化，增强低碳意识，树立生态理念，践行绿色发展，使气候变化与气候传播成为社会共识，让更多群众投入到减缓、适应和应对气候变化的行动之中，做一个自觉的参与者、践行者和贡献者。

10年中，我们项目中心通过提交调研报告和咨询报告，以及举办各种研讨会、工作坊、主题边会和媒体记者培训班等形式，为政府、媒体、非政府组织在国际气候谈判舞台上开展有效的气候传播提供策略建议和理论支持，受到政府部门、新闻媒体和非政府组织的肯定与好评。同时，我们还系统地开展气候传播理论研究，撰写出版了国内第一本该领域的专著《气候传播理论与实践——气候传播战略研究》，发表气候传播方面的研究论文百余篇，成功申报了国家社科基金重点项目"生态文明建设和绿色发展理念背景下我国气候传播的战略定位与行动策略"，率先在国内将气候变化与疾病健康相联系，融通"气候传播"与"健康传播"，组建了"气候与健康传播"研究机构，初步建立起了气候传播学的理论框架，为深入研究气候传播，建构科学的气候传播学理论体系和知识体系奠定了基础。

总之，我们通过学术研讨、科研合作、人才培养、队伍建设等方式努力凝聚各方力量，力图形成研究合力，不断壮大研究队伍，努力扩大学术影响，尽力促使气候传播花开遍地，在我国逐渐形成气候。

过去10年中，我们的工作之所以能够得到不断发展，取得一些成绩，离不开方方面面领导和朋友的指导与帮助。在此，我们向他们表示深深的敬意和由衷的感谢。10年中还有很多领导、同事和朋友对我们的工作给予热情关心和大力扶持，可以说这是我们项目中心能够不断克服困难、开拓前进、取得进步的不竭动力。

2013年我们在北京举办气候传播国际会议期间，作为共同主办方的耶鲁大学气候传播项目主任安东尼教授曾说过："中国气候传播工作只用了3年就赶上了国际水平。"美国朋友的赞誉让我们很受鼓舞，也让我们感受到所肩负责任之重大。现在10年过去了，我们希望借此机会来总结10年工作，展望未来发展，为做好新时代气候传播积蓄更多智慧和力量，作出更大努力和贡献，这是我们编写此书的目的所在，也是我们希望实现的目标定位。

此书以时间为序，以我们团队核心成员参与和经历的从丹麦哥本哈根到西班牙马德里11届联合国气候变化大会为主线，回顾我们中国气候传播项目中心组建10年来所经历的重大事件，展现项目中心在不同阶段所走过的路程和所取得的成绩。大家通过此书，可以看到我们对气候传播事业的热爱与执着，以及对应对气候变化的责任与担当。此书既是对过去 10 年工作的回顾与总结，更是对未来气候传播的展望与规划。我们希望更多同行，特别是希望更多青年人能够加入到气候传播理论研究和行动实践的队伍之中，与我们一道携手并进、奋勇前行，为减缓、适应和应对气候变化，为推动生态文明、绿色发展和美丽中国与美好世界建设贡献自己的智慧和力量！

本书作者都是中国气候传播项目中心工作团队的核心成员，他们为了共同的事业和志向，在本职工作之外抽出时间完成了自己所承担的写作任务。王彬彬为全书统筹协调和编辑统稿做了大量细致工作；付敬为此书编辑出版出谋划策，并担负了部分写作任务；其他成员分担了各自承担的章节内容，作为主编我感谢他们为此所付出的辛勤劳动和所贡献的思想智慧。

愿我们的气候传播 10 年之后再出发，让我们把气候传播的旗帜举得更高，工作做得更好，队伍练得更强，声音传得更响，让气候传播之花遍地开放，在中国乃至世界真正形成大气候，为促进美丽中国和健康中国建设，为实现气候变化全球共治的美好愿景作出更大贡献！

做好气候传播　促进互动共赢
推动气候治理

——2010 年后哥本哈根时代政府、媒体、NGO 的
角色及影响力研讨会致辞

当前，环境污染、气候变暖，以及物种灭绝等生态危机逐渐显现，并严重威胁我们赖以生存的地球家园，世界各国都在进行探索和实践，"绿色""低碳"等理念开始受到国际社会的普遍重视，生态环境等问题逐渐成为人们关注的焦点。气候变化对人类的负面影响是巨大的，而且是全球性的，没有一个国家可以置身事外。因此，需要世界各国都来积极地参与应对，并作出自己相应的贡献。

2009 年 12 月召开的哥本哈根世界气候大会，是各国为解决人类面临的共同的气候变化问题而召开的一次重要会议。虽然这次会议未能达成具有法律效力的协议，但它依然为如何发挥政府、媒体和非政府组织在人类生存中的作用提供了有力的启示。哥本哈根会议是中国政府、媒体、非政府组织在国际气候传播舞台上的第一次集体亮相，通过这次亮相，我们得以阐释中国在气候变化上的立场，扩大中国在气候变化领域

的影响。

总之，取得的成绩是明显的。但是要看到，我们对国际谈判的规则、技巧等一些技术性问题还不是很熟悉，对国际问题复杂多变的情况还缺乏了解。因此，还存在一些问题，有一些教训，需要我们总结和探讨，特别是对政府、媒体和非政府组织如何在气候传播中加强互动与合作，实现共赢进行探讨。

哥本哈根世界气候大会之后，应对气候变化和低碳发展问题已经被提升到国家政策的层面；而2010年年底的墨西哥会议将是又一次检验中国贡献和国际谈判水准的会议。后哥本哈根时代如何有效地实现高质量、有效的气候传播，成为今后中国参与气候谈判要解决的一个关键性的问题。5月底，新一届的气候谈判又将在德国波恩拉开帷幕，在此情况下，我们邀请政府、媒体、非政府组织一起，共同应对气候变化问题。在应对气候变化的实践中，政府、媒体、非政府组织如何认识自己的角色定位，以及发挥更大的影响力，如何建立起以政府为主导，媒体和非政府组织为辅助力量的气候变化传播机制问题，应当说具有很强的针对性和重要的实践意义。

我们希望我们的研讨成果能够为我国政府、媒体、非政府组织制定今后参与气候问题谈判的传播方案提供理论依据和决策参考，能够更好地推动国际气候谈判取得顺利进展！

哥本哈根气候谈判可以说是一波三折，颇具冲突性和戏剧性，这说明，国际社会要关于气候问题达成一个共同认可且具有实际约束力的有效协议，还任重而道远。哥本哈根会议之后，国际社会都在深刻反思，我国政府、媒体、非政府组织也在认真总结经验和教训，这对于进一步提升我国应对气候变化的策略和水平十分重要。新一轮的气候谈判中，政府、媒体、非政府组织需要共同努力，加强相互间的沟通与协调，消除分歧，增进共识，积极而有效地向国际社会阐述和说明中国及其他发展中国家的共同立场和观点，完善有关气候变化会议的传播机制。

应当说，经过哥本哈根会议的实践，我国在气候传播的策略和方法方面已经积累了一些有益的经验。例如，政府成立了新闻信息传播小组，及时召开发布会，为媒体和非政府组织提供信息交流的平台，代表团也和媒体、非政府组织成员经常交流，增加了信息的公开度，这是一个很好的开端。媒体对会议进行了较为充分的报道，全面展现了会议的进程，较好地表达了中国的立场、观点，以及在应对气候变化、执行节能减排方面所作的努力取得了一定的成效。非政府组织在会场内设置了各种展台，积极参与会议过程，举办各种活动，同谈判团成员保持沟通联络，及时对谈判进程发表看法，并呼吁达成公平的协议，对推动谈判进程起到积极的作用。

但无论是政府，还是媒体和非政府组织，在有效传播我国政府应对气候变化的立场，树立中国国家形象方面，还存在一些不足，需要我们清醒地加以认识和总结。我们认为，在气候传播中，政府作为主导者，需要进一步加强同媒体和非政府组织的沟通，提高交流互动的质量与效果，更好发挥核心和引领作用。媒体作为一种信息媒介和舆论手段，需要进一步调整策略，改进方法，提高传播的有效性，尤其是提高传播力，使自己的新闻报道有更好的国际影响力。非政府组织作为一种民间组织，需要进一步加强与政府和媒体的沟通，包括同国外同行的沟通，更好地发出自己的声音，增进国际社会对中国的了解。

此次研讨会的主题，我们用了4个词来概括——气候、传播、互动、共赢。

"气候"，是哥本哈根会议的核心词，人类影响气候，气候也影响人类，短时间的气候变化，特别是极端的异常气候，如干旱、洪涝、冰冻、沙尘暴等，往往会造成严重的自然灾害，给人类社会带来毁灭性的打击；全球气候变化深刻地影响着人类的生存和发展，这是世界各国共同面临的重大挑战，需要大家齐心协力去解决；而如何使世界各国在气候变化问题上达成共识？使人们更多地关注气候变化，保护我们的环境？这就需要传播来实现。

"传播"，是一种交流、沟通，是参与传播者之间的互动，政府需要通过传播来推行气候变化的策略，实现节能减排的目标，表达气候谈判的立场；媒体需要借助传播，来反映我国应对气候变化的立场观点，反映各种不同的声音，展示气候谈判的动态和过程，加强国际社会对中国的了解；非政府组织需要借助传播来阐释气候议题的重要性，以践行绿色低碳的理念。然而，他们不能各自为战，需要通过互动来增进相互间的沟通和理解，这样才能形成合力，建成以政府为主导、媒体和非政府组织为辅助力量的传播机制，发挥更大的影响力，以推动气候谈判的顺利进行。

其实在传播、互动中，还需要加入企业这个角色，因为这样才能形成一个完整的体系，企业在利用绿色能源，开发环保技术，践行节能减排目标上的责任和贡献是不可忽视的，只有这四者互动起来，加强合作，才能实现在应对气候变化议题上的共赢。良好的互动不仅能够完善气候谈判的传播机制，有效表达中国的立场，树立中国政府的良好形象，推动传播的进程；而且能够从更深的层面上为解决人类面临的气候问题作出自己的贡献，从而改善人们生活环境的质量，使人类生活在一个绿色、和谐、美好的环境中。

总之，我们要充分利用好当前在气候传播中，各国间愿意加强互动与合作，积极应对气候变化的良好机遇。通过有效的传播策略，传播和报道好气候谈判，促成各国达成一致，让更多的国家和地区了解并认识应对气候变化的重要性和紧迫性，自觉制定节能减排的目标，并采取有效的实施措施。同时，通过有效的传播策略和增进相互间的良性互动，逐渐形成全民应对气候变化的体制和机制，增强全社会应对气候变化的意识，促进低碳和绿色生活方式的形成。

我们希望人们生存和生活的环境能够像会议的展板展示的一样，有一望无际的蓝天，有朵朵飘浮的白云，有郁郁葱葱的绿地，人们可以充满诗意地栖息在我们的地球家园中，全世界都应该朝着这个目标努力，我们期盼大家都能够从自己做起，从现在做起，从身边的点滴小事做起，为低碳、绿色和环保作出自己应有的贡献。我们中国人民大学新闻与社会发展研究中心、新闻学院愿意与各位朋友一起，共同用行动促进这一目标的实现。

2010 年 5 月 16 日于北京

推进气候传播"四进"活动
让气候行动成为社会共识

——2012 年气候变化与气候传播"进社区、进校园、进农村、进企业"活动启动仪式暨中国气候传播项目中心顾问委员会成立会议开幕式致辞

很高兴大家能来参加今天的"四进"活动启动仪式。出席今天启动仪式的有来自政府部门、高等院校、科研机构、非政府组织的领导和专家，还有来自美国和英国气候传播领域的专家，主体是来自中国人民大学新闻学院、环境学院、农业与农村发展学院和公共管理学院的老师和同学。请允许我代表主办单位——中国人民大学新闻与社会发展研究中心及合作伙伴香港乐施会、中国人民大学新闻学院，对各位领导、专家和老师、同学的到来表示热烈的欢迎！对支持此次活动和所有关心气候变化与气候传播的人士及组织表示衷心的感谢！

今天上午有两个会议和两项活动，一是中国气候传播项目中心顾问委员会成立大会，二是气候变化与气候传播"进社区、进校园、进农村、进企业"活动启动仪式。前一项是我们的气候传播研究走向组织化、专业化和规范化的标志，后一项则是我们的气候传播研究从立足国际舞台，跟踪联合国气候变化谈判，到走向"两路并进、双向使力"国际国内并

重，把工作重心转向社会与民众的标志。2011 年年底，我在接受人民网专访时曾提出"让中国气候传播研究走向世界，落到民间"，这一目标现在已经开始实现。

中国气候传播项目是由我所在的中国人民大学新闻与社会发展研究中心与国际扶贫发展及人道救援机构乐施会共同设计并实施的，也是国内第一个从事气候变化和气候传播理论与实践研究的专门项目。

自 2009 年年底以来，我们跟踪研究哥本哈根、坎昆、德班世界气候大会，先后开展了"后哥本哈根时代政府、媒体、NGO 的角色及影响力研究""通往坎昆——气候传播系列行动""走向南非——气候传播战略研究" 3 个系列研究项目。通过调查访问、研讨会、工作坊、边会、论坛、研修班等形式，为政府、媒体、非政府组织在国际气候谈判舞台上更加有效地开展气候传播提供策略建议和理论支持。

2010 年 5 月项目中心举办的"气候·传播·互动·共赢——后哥本哈根时代政府、媒体、NGO 的角色及影响力"研讨会，是国内第一场高规格的气候传播高层论坛。来自政府部门、研究机构、新闻媒体、非政府组织的 70 余名官员、专家、学者出席，国家发展和改革委员会应对气候变化司司长、联合国气候变化谈判中国首席谈判代表苏伟先生受中国代表团团长解振华主任的委托参加会议并作重要发言。与会者共同就气候传播中政府、媒体、非政府组织三者的角色及影响、策略与方法，以及如何加强互动与合作，实现共赢等问题展开了深入研讨。这一会议产生了深远影响，为项目后来的深入和推进奠定了基础。

正是在这次会上，我们提出了"气候传播"的概念，并形成了对气候传播内涵及其功能和作用的基本认识，找到了与国际同行对话的核心话语。

2010 年 12 月 5 日，项目中心在联合国气候变化大会举办地墨西哥坎昆，以"基础四国与墨西哥的气候传播策略"为题，举办了气候传播边会，这是中国高校科研机构和非政府组织第一次在国际气候谈判舞台上联合举办此类活动，也是中国气候传播研究走向世界的开端。

2011年9月25日，以探讨气候传播国家战略及政府、媒体、非政府组织三方合作与共赢策略为目标的"通往南非——气候变化与气候传播国际研讨会"在北京举行，来自耶鲁大学的气候传播项目负责人安东尼教授应邀到会作学术报告，并就开展合作研究的问题与项目中心进行了探讨，这标志着中国气候传播研究开始了国际合作的进程。在这次会议上，与会国内外专家就项目"内在化"转型问题展开了探讨，为中国气候传播研究的进一步扩展和深入确定了新的目标和方向。

2011年12月2日，项目中心主办的"气候传播国际论坛"在南非德班举行，中国代表团副团长、气候谈判首席代表苏伟先生出席论坛并发表讲话。来自联合国、美国气候与能源方案中心、全球气候行动网络、地球新闻网络和乐施会国际联会等机构的代表，共同探讨气候传播在推动国际谈判和全球共同应对气候变化中的积极作用，这也是继坎昆边会之后中国气候传播项目中心第二次举办国际边会，获得了良好的舆论反馈。论坛期间，项目中心还举行了《气候传播理论与实践——气候传播战略研究》一书的首发式。这本书是中国第一本研究气候传播理论与实践的著作，其研究视野与方法受到了与会者的好评。

2012年4月，项目中心主要成员访问了耶鲁大学，同该校气候传播项目团队商谈合作事宜，达成合作共识，并正式启动了合作程序；之后，我又应邀出席了由欧洲学院主办的"欧盟—中国绿色世界合作伙伴关系研讨会"，在大会上介绍了我们的气候传播项目，受到与会者的关注，为在此领域与欧洲国家开展合作开启了道路。

经过两年多的努力，我们项目中心的研究方向不断明晰，研究内容不断深入，合作伙伴不断扩大，在国内外的影响不断增强，从而为我国在这一领域加强国际合作，提升国际影响力作出了积极贡献。

今天项目中心顾问委员会的成立将引领项目中心继续前行。我们恳请各位顾问能够对项目中心的学术方向、研究内容、国际交流等提供咨询和建议；对项目中心的学术研究成果进行鉴定和评价；对项目中心在发展过程中存在的问题提出建议和意见。

我们项目中心在创建和发展的过程中，之所以能够在国内外产生一定影响，与在座的诸位顾问多年来给予的大力支持和帮助是分不开的，特别是3位顾问委员会主任委员赵启正院长、解振华主任和陈雨露校长的关心、爱护和帮助，更使我们受到鼓舞。

另外，我要特别感谢苏伟先生对我们项目的支持和帮助。苏伟先生多次出席我们的研讨会并发表讲话，为我们项目科学定位的不断拓展提供了宝贵意见，为我们项目加强国际交流，提升国际影响提供了重要帮助。

在此，我还要对顾问委员会委员、美国耶鲁大学的安东尼·莱斯维茨教授表示特别的感谢。虽然我们之间身在不同国家，两国国情及气候变化政策也非常不同，但可以说我们是气候传播研究道路上的同行和朋友，我们之间相互学习、取长补短、真诚合作，使我们的气候传播研究能够在世界范围内协同行动，从而形成了气候传播领域的第一个国际学术共同体。正是安东尼教授致力于美国公众气候传播态度和认知状况调查的经验，引发了我们气候传播研究将重心转向社会与公众的重大调整。

2012年，在这方面我们有两项设计：一是启动气候变化与气候传播"进社区、进校园、进农村、进企业"活动，通过这项活动让更多的民众对气候变化和气候传播有所认知，能够自觉地投身到应对和适应气候变化的行动之中。

二是开展全国范围内的"中国公众气候变化与气候传播认知状况调查",通过调查可以更好地了解我国公众对气候变化的基本认知和态度,从而为采取有针对性的气候传播策略,以提升公众的气候变化意识、促使公众积极参与应对气候变化的行动提供数据支持。

总之,我们希望通过这一系列活动,进一步传播多方合力应对气候变化的理念,增强全社会对气候变化和气候传播的认知,促进公众更好地投身到适应、减缓和应对气候变化的行动之中,为全球应对气候变化和实现可持续发展作出应有的贡献。

应对气候变化问题,实质上是一场社会动员,其根本在于让老百姓认识到气候变化的严重性,从而践行绿色低碳的生活方式,从节能减排角度多承担些社会责任。

今天的"四进"活动启动仪式,我们选择在中国人民大学举行,选择以"校园"作为活动的起点,是希望与会的各位同学能够成为认知气候变化、参与气候传播、投身应对气候变化行动的第一批实践者。希望大家能够充分认识气候变化问题的重要性,能够爱护我们人类赖以生存的地球,能够保护我们生活其中的家园,能够真正行动起来,从我做起,从现在做起,从身边小事做起,为应对气候变化,为建设绿色家园贡献自己的力量。

之后,我们的"四进"活动还将走进社区、走进农村、走进企业,真正促进全社会的关注和广大公众的参与。

我们期待这些活动能够继续得到大家一如既往的关心和支持。

2012 年 6 月 2 日于北京

搭建学术平台，交流研究心得，汇聚学术队伍，凝聚社会力量，让气候传播在中国能够真正形成气候

——2013气候传播国际会议开幕式致辞

在花果飘香的收获季节，大家来到美丽的北京，来到中国人民大学，参加由我们中国气候传播项目中心与耶鲁大学共同主办的"2013气候传播国际会议"，一起交流气候变化与气候传播的研究心得，一起收获气候传播理论与实践研究的丰硕果实，真是一件令人高兴的事情！

这次国际会议能够顺利举办，首先我们要感谢作为合作方的耶鲁大学。由安东尼教授带领的耶鲁大学气候传播项目团队为会议的筹备做了大量细致而又周到的工作，特别是在邀请国外专家和安排会议日程方面给我们提出了许多很好的建议和意见，真是我们理想的合作伙伴。

其次，我们要感谢出席会议的来自联合国相关机构和中国政府有关部门的嘉宾，感谢项目中心顾问委员会和专家委员会的全体成员，感谢你们对我们项目中心工作的关心、支持和帮助。

我们还要感谢参加会议的各位来宾和朋友，特别是要感谢远道而来的外国朋友，你们不辞辛苦前来参加会议，与我们分享气候传播的研究成果，我们要再说一声：谢谢你们！

同时我们也要感谢学校领导多年来对我们项目中心工作的支持和帮助。陈雨露校长亲自担任了我们项目中心顾问委员会的主任委员，多次听取我们的工作汇报，并给予许多具体的指导意见。这次又在出国前夕挤出时间参加了昨天的中文专场暨项目中心专家委员会成立仪式并为委员们颁发聘书，在致辞中又对我们的工作给予充分肯定和积极评价。

今天到会的中国人民大学新闻学院院长赵启正教授，是我们项目中心成立后最早聘请的两位顾问之一。他作为原先的中国国务院新闻办公室主任，是对外传播和公共外交领域的著名专家，近年来他始终关心我们项目的工作，及时地给我们以鼓励、指导和帮助。另一位顾问是新华社原副社长兼常务副总编辑马胜荣教授。他长期担任新华社国际传播和对外传播的负责人，他用自己长期积累的丰富经验给我们提供了许多具体的指导和帮助。对他们的支持和帮助，我们深表感谢！

今天，我们中国人民大学新闻学院87岁高龄的方汉奇教授也来参加会议。他是我们研究中心的学术委员会主任，多年来对研究中心和项目中心的工作都给予真诚的指导和帮助，我们由衷地感谢方老师！

在这里，我要特别表达对乐施会的感谢。作为中国气候传播项目中心的共同创建者，我们和乐施会的合作已有3年多，乐施会气候变化项目各位成员始终与我们真诚合作，共同完成了各项研究计划，实现了一个个预期目标，成为我们不可或缺的合作伙伴。

最后，我还要感谢此次会议所有的主办单位、协办单位和支持单位，包括中国人民大学环境学院、统计学院，来自欧盟的欧洲学院等高校，各家学术机构和媒体机构，以及这些单位派出的参会人员和前来采访的媒体记者，感谢你们的参与和支持，保证了此次会议的顺利召开。

之所以要说这么多感谢的话，是想说明我们项目中心所取得的每一点成绩和进步都离不开方方面面领导和朋友们的关心、支持和帮助，都是大家共同努力的结果！

气候变化作为一个全人类共同关切的话题，不但受到了各国政府的重视，也引起了各国学者的关注。自20世纪末开始，许多国家的高等院校和科研机构都启动了相关的研究项目，并取得了许多研究成果。

服务社会发展是我们新闻与社会发展研究中心的工作宗旨之一，我们也希望能够为应对气候变化作些贡献。所以，在2010年年初我们以研究哥本哈根世界气候大会期间政府、媒体和非政府组织的角色定位、传播行为及效果为最初目标，组建了中国第一个从传播视角研究气候变化的科研机构——中国气候传播项目中心，并且很快便启动了我们的研究计划。

实践说明，气候变化问题的解决，离不开"传播"这一重要方式和基本手段。气候传播作为一种社会传播活动，既是解决气候变化问题的一种不可缺少的舆论方式，也是人们在应对气候变化过程中可以借助的一种无以替代的传播手段。

人们对气候传播的研究，是在气候变化问题日益受到社会关注之后开始的。正是在应对气候变化的过程中，气候传播发挥了重要作用，因而才引发了人们对它的关注，并使之进入了学术研究的视野。

当前，从中国和世界范围来看，气候传播研究的学术成果还不是很多，要想取得理论上的突破，一是要借鉴其他学科的相关学术成果，以充实其理论体系。二是要盯紧气候传播实践中的问题，依据其所提供的线索和经验，从学术层面对其进行解读和探讨，进而上升到理论层次，并反过来指导实践，推动全社会应对气候变化的工作。

此次会议是世界气候传播领域首届大规模的专门性会议。我们主办这次会议的目的，一是要为各国专家学者提供学术交流平台，打造气候传播研究的学术共同体和人际网络；二是要厘清气候传播的基本理论，探讨气候传播理论与知识体系的建构思路；三是要研究政府、媒体、非政府组织、企业和公众等气候传播主体的角色定位、传播战略、策略和方法。

昨天我们举行了此次国际会议的中文专场，旨在为中国国内关注气候变化和气候传播的学者及各界人士搭建学术平台，交流研究心得，汇聚学术队伍，凝聚社会力量，让气候传播在中国能够真正形成气候，成为中国社会与公众关注的议题，以推动全社会应对气候变化的行动，共同为实现节能减排、绿色发展，建设美丽中国献策献力！

今天开幕的英文国际专场将有来自国内外高等院校、科研机构的专家学者和新闻媒体、非政府组织的人士就气候传播的主体、内容、渠道、策略等展开深入研讨，并通过案例分析来总结气候传播的实践路径与行动策略，以便寻求共识、协调行动，共同应对气候变化，共同维护人类赖以生存的地球家园。

中国气候传播项目中心自2010年4月成立以来，在国际和国内两个层面上秉持"两路并进、双向使力"的原则。一方面在国际上跟踪联合国气候变化大会，研究各国政府、媒体、非政府组织等气候变化利益相关方的传播行为及效果；另一方面在国内实施了多项全国性的公众气候变化和低碳认知状况调查，积极推动气候变化在公众和社会组织的传播、普及、培训等，这些工作都取得了一定效果，获得了积极评价。

实践说明，无论是从国家、社会乃至全人类发展的宏观角度看，还是从学科、学术和专业研究的微观角度看，气候传播都是一个值得大家真情投入、深入研究、不断开拓的科学领域。

我们期待各位来宾在会议期间，能够就气候传播的理论与实践问题充分交流、深入研讨，并且能够寻求共识、协调行动，共同推进气候变化与气候传播研究，使其达到更高的水平，产生更大的学术影响力和社会推动力，努力让气候传播在全世界都能够形成气候！

2013 年 10 月 12 日于北京

凝聚共识携手行动　让气候传播渐成气候

——2013气候传播国际会议总结发言

历时两天的气候传播国际会议就要闭幕了。参加会议的领导、专家以及各位与会者对会议都给予积极评价，认为这次会议规模大、规格高、内容丰富、研讨深入，大家都感觉收获很大。

这次国际会议的最初设计是要搭建平台、交流心得、展示成果、寻求共识、汇聚队伍、扩大影响。我认为这个预设的目标是达到了。

两天来大会演讲者的水平都很高，使大家拓宽了视野，增长了知识，交流了经验。这里我特别要提到的是最后一位演讲者田桂荣女士的发言。她是一位民间环保人士，创立了中国第一个农民环保组织，坚持传播环保理念，维护生态环境，她的事迹感人，精神可嘉，给大家留下了深刻印象，这从刚才的掌声中就可以看出来。

另外就是昨天下午两位顾问委员会顾问的总结发言。迟福林先生作为改革发展研究专家，从改革发展的宏观高度谈了气候传播与经济转型、社会转型、政府职能转型的关系，使大家开阔了视野，进一步明确了气候传播的方向和重点；马胜荣先生作为资深新闻实践家谈到如何发挥新闻媒体的聚焦功能、扩散功能和质疑功能，以增强气候传播的效果，对大家很有启发。

　　通过两天的会议，大家充分交流，深入研讨，在很多问题上进一步明确了认识，也可以说在一定意义上取得了一些共识。

　　下面我想谈谈自己对气候变化与气候传播的一些认识，希望能够得到大家的认同，更希望能够跟大家形成共识。

一、气候变化正在发生

　　气候变化正在发生，正在我们身边发生，人们不能逃避，也逃避不了，这是客观现实。

　　北京的雾霾、上海的酷热、浙江的暴雨，还有美国的飓风、日本的海啸，都是气候变化正在发生的印证。

二、气候变化是人为因素造成的

　　气候变化是人为因素造成的，这个结论现在已经不必再争论了。因为越来越多的人开始认识到，是高能耗、高排放导致大气污染、温室效应，引发了气候异常；是砍伐森林、破坏植被、污染环境等非理智行为造成了生态失衡、环境破坏，引发了气候异常。

三、气候变化归根到底是个发展问题

　　气候变化是环境问题，也是发展问题，但归根到底是个发展问题，它关乎国家的发展、民族的发展、社会的发展乃至全人类的发展。

　　因此，我们要从发展的高度来认识气候变化问题，以增强对应对气候变化重要性和紧迫性的认识。

四、气候变化需要共同应对和全球治理

气候变化问题的解决是个全球性问题，需要各国政府共同应对，需要全世界共同治理。单靠少数国家、少数人是解决不了的。

五、气候变化的治理和应对离不开媒体与传播

气候变化的治理和应对需要多主体的参与以及各种物质条件，而其中媒体与传播是最有效的方式和手段。可以说要实现气候变化的治理和应对，离不开媒体和传播。

六、气候传播要把握好五大行为主体

在气候传播中有五大行为主体，即政府、媒体、非政府组织、企业、公众。根据在应对气候变化中的角色，可以这样定位这五大行为主体的职能：政府是主导者，承担着信息发布、政策宣传、行为推广的职能；媒体是引导者，担负着信息传播、舆论引导、社会监督的任务；非政府组织是助推者，肩负着表达舆论、反映民意、上下沟通的使命；企业是担责者，需要发挥承担责任、实现承诺、造福社会的功能；公众是参与者，起到实践参与、行动主体、效果保障的作用。

七、气候传播的核心主体是公众

气候传播始终是围绕公众展开的，其出发点和落脚点都是公众。

在我们给出的"气候传播"定义中对此有明确表述：

气候传播，是指使气候变化信息及其相关科学知识为社会与公众所理解和掌握，并通过公众态度和行为的改变，以寻求气候变化问题解决为目标的社会传播活动。可以说气候传播的根本目的就是要借助传播手段，运用有效传播方式来促进社会与公众对气候变化问题的认知，并最终体现在引导其自觉投入节能减排、保护环境和维护生态的行动中。

八、气候传播要掌握技巧、注重效果

大家在发言中谈到了中国新闻媒体在气候传播中存在的许多问题，说明搞好气候传播需要掌握技巧、注重效果。

气候传播要设置合理的话语框架，运用恰当的修辞方式，采用通俗的语言表达，要让公众愿意听、听得懂、能接受，以实现其价值，收到预期的效果。

九、让气候传播研究渐成气候

昨天中国新闻网和新华网关于我们这次国际会议的报道，都以标题形式突出了我们提出的"要让气候传播研究在中国形成气候"的观点。

在会议筹备过程中，我们强调要通过这次会议，汇聚中国气候传播领域的学术队伍，凝聚起全社会的力量，组成有一定规模和研究能力的研究团队与工作团队，让气候传播研究在中国能够真正形成气候，以更好地服务于应对气候变化的事业。

当然，我们也希望与会的各国朋友通过此次会议能够达成共识，协调行动，共同推进气候变化与气候传播研究，以使其达到更高水平，产生更大学术影响力和社会推动力，使气候传播在各国都能够渐成气候。

另外，气候传播研究要以最终建构起气候传播科学的理论与知识体系作为目标，我们会朝着创建中国气候传播学的目标努力。

十、借助气候传播的纽带加强联系、建立友谊、开展合作

中国古代著名思想家孔子说："有朋自远方来，不亦乐乎？"朋友们的到来让我们非常高兴。中国还有句话，叫"一回生，两回熟，三回成朋友"。

我们希望借助气候传播这条纽带与国内外的同行朋友加强联系、建立友谊、开展合作，共同为推进气候传播研究、推动应对气候变化行动作出贡献。

2013 年 10 月 14 日于北京

聚会巴黎　回首往事
树立雄心　面向未来

——2015 年气候变化巴黎大会气候传播边会上的致辞

一、回顾六年征程，中国走向自信

　　6 年前的哥本哈根世界气候大会，中国受围攻，受指责，被污名化。中国政府、媒体和非政府组织都很努力，很辛苦，但却事与愿违。有家西方媒体的报道公开说"中国'劫持'了哥本哈根会议"，批评指责中国破坏了哥本哈根气候大会，我们背着"黑锅"结束了哥本哈根之旅。

　　6 年后的气候变化巴黎大会，中国国家主席习近平自信地走向联合国气候变化大会讲台。习近平主席的讲话向全世界传递了许多重要信息，受到了国际社会的关注和好评。他的讲话表达了中国在应对气候变化和参与全球治理方面的鲜明立场和主张，宣介了中国以实际行动对应对全球气候变化作出的积极贡献，展现了一个负责任大国的良好姿态和形象。受到国内外的积极评价，产生了重要影响。中国从受指责者变成了引领者，成为全球应对气候变化的中坚力量。

　　6 年前，我们中国气候传播项目中心白手起家，今天我们在"中国角"举办边会，表达中国学者、非政府组织、媒体和公众的声音。回顾过去，展望未来，我们充满自信。

二、强化"五位一体"，重在社会参与

应对气候变化重在社会与公众的参与。因此，我们要建构包括政府、媒体、非政府组织、企业、公众在内的"五位一体"行动框架。

政府作为气候变化与气候传播的主导者，须肩负起政策导向作用，引领社会与公众按照国家制定的应对气候变化政策和气候变化全球治理的共同目标采取积极行动。

媒体作为气候变化与气候传播的引导者，须肩负起新闻宣传和舆论引导的作用，为推动落实国家制定的应对气候变化政策和气候变化全球治理的共同目标营造良好舆论环境。

非政府组织作为气候变化与气候传播的助推者，须发挥好其作为民间力量，在推动落实国家制定的应对气候变化政策和气候变化全球治理的共同目标方面的助推作用。

企业作为气候变化与气候传播的担责者，须主动担负起节能减排、绿色发展的责任，为落实国家制定的应对气候变化政策，实现气候变化全球治理的共同目标承担更大责任，发挥积极作用。

公众作为气候变化与气候传播的参与者，须进一步提高认识，增强主动参与应对气候变化的积极性，为落实国家制定的应对气候变化政策，实现气候变化全球治理的共同目标作出更大贡献。

尤其要调动企业和公众的参与积极性，增强企业的责任意识和公众的参与意识，引导企业和公众自觉投入节能减排、保护环境、应对气候变化、建设生态文明的行动之中。特别是企业，要积极承担作为应对气候变化行动主体的责任。

三、秉持气候正义，促进全球治理

要有效应对气候变化，需要秉持气候正义理念，倡导气候变化的全球治理。气候变化问题涉及节能减排、环境保护、生态平衡、绿色发展及可持续发展等一系列重大问题，是关乎全球的共同性问题。单靠少数国家、少数人是解决不了的，需要各国政府共同应对、全球共同治理。世界上每个国家、每个团体、每个人都须行动起来，为之呼喊，为之尽力。

习近平主席在气候变化巴黎大会开幕式上的讲话中两次提及"正义"问题，我们应该创造一个奉行法治、公平正义的未来。要提高国际法在全球治理中的地位和作用，确保国际规则有效遵守和实施，坚持民主、平等、正义，建设国际法治。这说明在应对气候变化和参与全球治理问题上，坚持气候正义非常重要。

所谓"气候正义"，是指因气候所带来的利益和福祉应公平地分配给全体社会成员；全体社会成员无论种族、肤色、性别、国籍，均享有平等参与气候变化事务的权利。气候变化所带来的不利后果，也应由全体社会成员公平承担。气候正义揭示了气候变化领域贫富之间的资源鸿沟。

在世界范围内，富国与穷国之间有着不同的发展道路和不同的资源占有，同时存在不同的能源消耗水平；在一国之内，富人和穷人的生活环境、模式与水平各异，其资源占用和能源消耗也存在巨大差异。当这种平衡状态被打破后，应按照均等的原则加以重建或恢复。

气候变化的方方面面都涉及气候正义问题，例如谁导致了气候变化？谁有能力应对气候变化？谁能够在气候变化中生存下来并且受益？谁能够承受气候变化的严重后果？这些都涉及气候正义问题，都可以通过气候正义得到解答。

在国际层面，气候正义强调国与国间在气候变化问题上要平等，要讲公平、公正，要主动担责，参与全球共治行动。国际社会需要共同坚持以下原则。

平等原则，即各国无论大小都是平等的；各自能力原则，即各国根据自己的实际能力，力所能及地承担相应的责任；共同但有区别的责任原则，即各国根据历史责任、发展阶段、应对能力的大小，自觉承担共同但有区别的责任。这些原则都是经各届气候大会反复讨论、争议，逐渐形成共识的。

在社会层面，要促进公众践行气候正义理念。即要以平等为基础，讲公平、公正、公道；要自觉行动，自主作为；要对他人负责，己所不欲，勿施于人，自觉保护环境；要保护公共空间，营造良好生活环境；要对自然负责，保护好自然生态，与自然和谐相处；要对未来负责，要为后代留下绿水青山、生态资源。

总之，坚持气候正义，就是说国际社会应该奉行一种"利益共享、后果共担、责任共负、平等担责、自主贡献"的行为理念。那些污染和能耗责任大的国家应该多担责任，减排和治污能力强的国家应该多作奉献。

四、做好气候传播，壮大正义力量

习近平主席在气候变化巴黎大会开幕式上的讲话中指出："巴黎协议不是终点，而是新的起点。作为全球治理的一个重要领域，应对气候变化的全球努力是一面镜子，给我们思考和探索未来全球治理模式、推动建设人类命运共同体带来宝贵启示。"

在应对气候变化方面，媒体和传播的地位重要，作用巨大。今后要进一步做好气候传播，发挥好媒体和传播的作用。气候传播要积极宣传气候正义，宣传全球治理，壮大应对气候变化的正义力量，要助推气候传播真正形成气候，为减缓、适应和应对气候变化作出积极贡献！

我们期待此次大会能够为国际社会带来惊喜，能够凝聚起世界各国积极力量，为全球共同应对气候变化，实现气候变化全球共治目标作出历史性贡献！

2015 年 12 月 2 日于巴黎

树立绿色发展理念　推动绿色发展行动

——2016 年绿色发展与气候传播研讨会开幕式上的致辞

自从 2010 年我们与乐施会合作共同组建中国气候传播项目中心，开展气候传播理论研究和行动推广以来已有 6 年时间。在这六年中，我们从跟踪研究哥本哈根联合国气候变化大会开始，到 2015 年见证《巴黎协定》的签订，经历了中国从被污名化到被肯定和称道的过程，切实感受到了气候变化问题的重要性和复杂性。2016 年马拉喀什联合国气候变化大会通过的"行动宣言"，又让我们看到了世界各国共同应对气候变化的行动决心。

这些年来项目中心的工作取得了一些成绩，在国内外产生了一定影响，离不开各位领导、专家的支持和帮助。从项目中心成立起，我们就一直在倡导一个理念：应对气候变化是一种社会行动，需要全社会的共同关注与广泛参与。因此，我们希望越来越多的人能够投入到气候变化和气候传播理论研究与行动推广之中。这次参加会议的代表中有不少是我们气候传播微信群的朋友。几个月来大家一直在线上交流，今天得以在会上见面，大家都格外开心。

这次与我们项目中心共同主办研讨会的有中国传媒大学国家广告研究院，以及新近组建的、即将在会上举行揭牌仪式的中国传媒大学绿色低碳发展与品牌传播研究中心，我们为气候传播队伍的发展壮大感到由衷的高兴，并预祝中国传媒大学的朋友能够在绿色低碳发展与品牌传播研究方面作出成绩，取得进展。

这次研讨会的主题是"绿色发展与气候传播"。下面我想就此谈点看法。

"绿色发展"与"创新发展""协调发展""开放发展"和"共享发展"，是党的十八届五中全会提出的五大发展理念。党中央将绿色发展上升到了党和国家发展战略的高度，这充分说明了它的重要性。

"既要金山银山，也要绿水青山，绿水青山就是金山银山"，是近些年习近平总书记反复强调的一个观点。最近，他在关于生态文明建设所作的指示中再次强调："要切实贯彻新发展理念，树立'绿水青山就是金山银山'的强烈意识，努力走向社会主义生态文明新时代。"

"绿色"意味着环保、清洁、美好，而"绿色发展"则意味着低碳发展、循环发展、可持续发展。

如今积极应对气候变化，树立绿色低碳发展理念，已成为"十三五"时期我国社会经济发展的重要指引。因此，解读绿色发展内涵，传播绿色发展理念，推广绿色发展行动，应该是当前气候传播的重要任务。

"绿色发展"是以低碳、节能、环保为目标的一种经济增长方式和生产发展方式。因此，要实现绿色发展，就要推动形成绿色低碳生产方式，就要加快环境保护、清洁生产和绿色服务等绿色产业的发展，努力实现经济效益、生态效益、社会效益的有机统一。

另外，要把绿色发展理念与创新、协调、开放、共享发展理念联系起来，使之相互贯通、相互促进，要坚持在不断创新、加强协调和扩大开放中实现绿色发展，而且要让广大群众能够在绿色发展中增强获得感，能够充分共享绿色发展的成果。

　　在深刻把握绿色发展科学内涵的基础上，还要积极传播绿色发展理念，推广绿色发展行动，要让广大群众把实现绿色发展作为自己的行为准则和行动目标，自觉地采用绿色生产方式，养成绿色生活习惯，营造绿色发展环境，让绿色真正成为一种生产方式、生活基调和发展目标。

　　此次研讨会我们依然使用了 2010 年第一次举办气候传播研讨会时所概括的 4 个关键词："气候、传播、互动、共赢"。

　　"气候"与"传播"是两个核心词。我们的一切理论研究和行动推动工作都在围绕着这两个词做文章。我们要研究如何使全社会在气候变化问题上形成共识，如何使人们更多地去关注气候变化，保护生态环境，而这就需要通过传播来实现。

　　传播是一种交流、沟通，是参与传播者之间的一种互动。政府需要通过传播来宣传应对气候变化的政策，表达应对气候变化的立场，促进环境保护绿色发展目标的实现；媒体需要借助传播来传递气候变化的知识和理念，表达政府和民间应对气候变化的立场和观点，推动应对气候变化的社会行动；非政府组织需要借助传播来阐释气候变化议题的重要性，表达民间组织应对气候变化的立场，吸引公众关注气候变化，践行绿色低碳的发展理念。

　　政府、媒体和非政府组织需要通过互动来增进相互间的沟通与了解，这样才能形成合力，建立起以政府为主导，媒体和非政府组织为辅助力量的气候变化传播机制，发挥出最大的影响力，以推动应对气候变化工作的顺利进行。在传播互动中还应该包括企业和公众，这样才能形成一个完整的互动体系。企业在使用绿色能源、开发环保技术、践行节能减排等目标上的责任和贡献是不可忽视的。而公众作为气候变化问题的利益相关方和应对气候变化行动的直接参与者，需要进一步增强绿色观念和环保意识，自觉地从身边点点滴滴小事做起，为促进绿色低碳发展尽心尽力。

共赢意味着只有这五者"互动"起来，加强合作，才能实现在应对气候变化议题上的"共赢"。正因如此，这些年来我们项目中心一直在强调要确立"政府主导、媒体引导、非政府组织助推、企业担责、公众参与"的"五位一体"的应对气候变化行为主体框架。

这个框架是一个完整的体系，五者之间相互配合、支撑和互动，是实现应对气候变化目标的基础和保障。通过良性互动，逐渐形成全民应对气候变化的体制和机制，增强全社会应对气候变化的意识，促进低碳和绿色生产方式和生活方式的形成。

出席此次会议的都是关注气候变化与气候传播的专家学者、媒体界和非政府组织的朋友，大家相聚一堂，共同研讨如何深入贯彻党中央决策和习近平总书记重要指示精神，如何有效落实马拉喀什联合国气候变化大会签署的"马拉喀什行动宣言"，如何全面认识绿色发展与气候变化、气候治理和可持续发展目标之间的关系，如何在实践层面建立有效的气候传播机制等问题。同时，探讨如何通过气候传播展现我国应对气候变化、践行绿色发展理念的积极行动，将绿色低碳发展理念与绿色生活方式相结合，推动更多的社会团体和公众参与到应对气候变化，促进低碳转型和绿色发展的行动之中，提升公众绿色低碳意识，引领形成绿色低碳的社会风尚，形成全民绿色低碳的社会氛围。

按照会议议程安排，与会专家学者将分析和研讨当前绿色发展和气候变化全球治理面临的形势，分享气候传播研究的前沿话题、动态及成果，设计推进气候传播研究与实践的合作模式、行动框架及策略方法等。总之，议题多，内容丰富，期待大家畅所欲言，各抒己见，贡献自己的智慧，分享各自的成果。

我们希望通过此次研讨会，能够为全国气候传播研究学者提供学术交流的平台，同时打造气候传播研究学术共同体和人际网络，起到凝聚共识、壮大队伍的效果，为提升气候变化与气候传播研究的理论水平和实践效果，推动我国落实"马拉喀什行动宣言"和应对气候变化的工作迈上新台阶作出我们的贡献。

回顾 6 年来我们开展气候传播理论研究和行动推广的经历与经验，我们深切体会到气候传播研究的价值和意义。我们期盼大家能够齐心协力，共同朝着绿色低碳、生态环保的目标努力，期盼大家都能够从自己做起，从现在做起，从身边点滴小事做起，为实现绿色发展、建设美丽中国贡献自己的一份力量。

2016 年 12 月 17 日于北京

期盼天蓝地绿水净　共同建设美丽中国

——2017 年中国公众气候变化与气候传播认知状况调研报告发布会上的致辞

中国气候传播项目中心自成立以来，始终遵循国际国内"两路并进、双向使力"的原则，通过举办学术研讨会和联合国气候变化大会边会、发表论文和出版专著、举办媒体培训班、组织公众调查、开展社会推广等形式，完成了一系列项目研究和社会推广工作，使得研究领域不断拓展，研究成果逐步扩大，社会影响力日益提升，赢得了国内外学界及相关部门的关注和认可。

在国际层面，从 2010 年起，我们应邀参加了坎昆、德班、多哈、华沙、利马、巴黎、马拉喀什历届联合国气候变化大会和里约热内卢联合国可持续发展大会，并在"中国角"举办了多场气候传播边会，在国际平台上传播了我国科研机构和民间组织的声音，引起国际社会的关注，并形成一定影响力和引领力。

在国内层面，我们适时开启了项目研究内在化的进程，即把工作重点转向气候变化与气候传播的社会推广方面。为了有针对性地开展社会推广工作，2012 年我们启动了第一次"中国公众气候变化与气候传播认知状况调查"，2013 年又开展了"中国城市公众低碳意识及行为调查"。

这两次调查对我们准确把握社会与公众对气候变化和低碳发展的心理与认知，进而采取相应的社会推广行动策略提供了帮助。

2012 年 4 月，我们还在中国人民大学举行了气候变化与气候传播"进社区、进校园、进企业、进农村"活动的启动仪式，我们希望通过"四进"活动，让气候变化和气候传播走入社会，走向民间，走进百姓生活，增强他们的气候变化和低碳意识，引导他们在节能减排和绿色生活方面成为自觉的参与者和推动者。

第一次公众调查迄今已过去 5 年，这五年国际形势和国内环境发生了很大变化。从国际看，经过 20 多年的努力，2015 年巴黎联合国气候变化大会终于通过了大家期待已久的，对世界各国共同应对气候变化具有法律效力的国际性文件《巴黎协定》。这一文件为实现气候变化的全球治理奠定了基础，确定了目标和方向。虽然美国新任总统特朗普宣布退出《巴黎协定》，但是世界各国共同应对气候变化已成为一股潮流，这是大势所趋，这不是哪个人所能够阻挡得了的！而正是在这样的背景下，我国作为一个负责任大国的引领与核心作用更加重要。

从国内看，这五年的变化格外令人振奋。以习近平同志为核心的党中央对气候变化和绿色发展问题的重视程度达到了历史上从未有过的高度。

2012 年，党的十八大报告把生态文明建设同经济、政治、文化和社会建设并列，一起纳入中国特色社会主义事业"五位一体"总体布局。

2015 年 10 月，党的十八届五中全会提出了创新、协调、绿色、开放、共享的新发展理念。"绿色发展"上升到了党和国家发展战略的高度。习近平总书记提出的"绿水青山就是金山银山"的理念越来越深入人心。

党的十九大又把"美丽中国"纳入社会主义现代化强国建设的目标，成为习近平新时代中国特色社会主义思想的重要组成部分。

说实话，国家如此重视气候变化和绿色发展问题，这是我们当年开展气候传播研究时所未曾想象到的。当时，我们对时任中共中央总书记胡锦涛同志所说的"气候变化既是环境问题，也是发展问题，但归根到底是发展问题"有所认识，意识到应该将气候变化问题同社会发展、民族发展、国家发展乃至全人类发展联系起来。应该说，能够跳出环境和生态的范畴，从发展的高度来认识气候变化问题，这一认识在当时看来已经是很有高度了。而以习近平同志为核心的党中央在十八大以后，对气候变化问题所作的顶层设计和长远规划，为我们进一步做好气候变化和气候传播确立了战略目标，指出了明确方向，制定了远景规划，使我们越做方向越明确、站位越高、劲头越足。

如今，治理污染、保护环境、实现绿色低碳发展、建设美丽中国已经不仅仅是一句口号和一个愿景，更不是为了应对国际社会压力而不得不采取的被动措施，而是成为国家的发展战略和民众的自身需求。我国政府已将应对气候变化作为国家战略发展的重要内容纳入了国民经济和社会发展的中长期规划，并据此制定了一系列降低能耗和二氧化碳排放的目标任务及措施，开始了应对气候变化的扎实行动。

在这样的环境和背景下，动员全社会的力量，依靠全体民众的参与，打赢蓝天保卫战，实现绿色低碳发展、建设美丽中国的目标成为当前一项紧迫而重要的战略任务。

也正是在这样的环境和背景下，时隔5年我们实施的第二次"中国公众气候变化与气候传播认知状况调查"更显得意义重大。我们期待这次调查形成的数据和研究报告，能够对全面认识和了解当前我国公众对气候变化的认知状况，进而制定出更加符合实际，更加具有可操作性的气候变化整体战略和有效策略提供依据，进而为我国政府应对气候变化提供更大的推动力。在此我想就调查报告中的几个关键数据作点延伸，谈点想法。

一是数据显示 92.7% 的受访者表示了解气候变化，而第一次调查，此项的数据为 93.4%，这说明我国公众对气候变化的认知 5 年来一直保持着高水平，而其中内含的质量在提升，因为联系其他一些调查内容可以看出，相较于 5 年前，我国公众对气候变化内涵的认知和理解变得更加深刻。

二是数据显示政府成为公众最信任的气候变化信源，这说明公众对我国政府在应对气候变化方面的决策和行动持肯定和信任的态度，这是保证政府在应对气候变化中发挥引领作用的重要基础和前提条件。而企业排在此项调查的第二位，这说明这些年我国企业在节能减排、低碳发展方面所采取的举措，得到了公众的认可。

三是数据显示 98.7% 的受访者支持学校开展气候变化教育，这说明公众在应对气候变化上具有战略眼光和长远思考。国家的希望在青年，人类的希望在青年，应对气候变化的希望也在青年。因此，唯有唤起广大青少年的气候变化、环境保护和绿色低碳意识，唯有吸引他们积极参与治理行动，应对气候变化才能持续不断，绿水青山、美丽中国的美好愿景才能靠着一代代人的不懈努力去实现。

由此我联想到应邀给中南民族大学新闻专业学生作气候变化与气候传播讲座时的情况，很有感触。当时让我没想到的是，这样一场非专业学习内容的报告竟吸引了那么多学生。报告厅里坐得满满当当的，足足有 200 多人。同学们听得很投入，很认真，讲座结束后踊跃提问，有不少人还写了感受文章。看得出，学生们既关注气候变化，也愿意为应对气候变化出力，而且认识到了做好气候传播对于减缓、适应和应对气候变化的积极作用。

一位学生在体会文章中写道："让气候传播进校园、进社区、进农村、进企业很有必要。节能环保的观念只有印刻在人们的心里，才能促使我们改变浪费、污染的行为习惯，从而有利于建成美丽中国和美丽地球……气候变化问题并不是某个国家、某个人的问题，它是我们全人类共同关注的问题。所以，只要我们每个人走一小步，通过我们的节能环保行为影响身边的人，让他们认识到自己的行为对环境是有害的，减少污染环境、浪费资源的行为，我们的天将变得更蓝，草将变得更绿，湖将变得更清澈，我们的生活会更幸福。"

这位学生视野宽，想得深，看得远，紧密联系实际，文章写得很有见地。这说明青年学生是气候传播的一支生力军，他们不但容易接受气候变化和气候传播方面的理念与知识，并且愿意投入应对气候变化的社会行动，而他们的观念变化和行动自觉又会带动其他人，共同投入应对气候变化的行动。因此，我们应该把气候变化和气候传播进校园，作为"四进"活动的突破口和重点，积极引导学生增强应对气候变化意识，自觉投入应对气候变化的行动，并通过他们带动其他社会群体，这样可以起到事半功倍的作用。

令人可喜的是，现在中国传媒大学、河南新乡学院都已组建了气候传播研究机构，青岛大学、中南民族大学等也在积极筹建相应机构，气候变化和气候传播进校园活动已在许多高校开展起来，越来越多的大学生参与到了应对气候变化的行动之中。

我们项目中心在多年实践中总结出的构建政府、媒体、非政府组织、企业、公众"五位一体"行为主体框架的思想，充分说明应对气候变化需要实现社会化和大众化。政府作为主导者，要更好地加强政策导向和强化监督管理；媒体作为引导者，要更好地做好信息传播和宣传引导；非政府组织作为助推者，要更好地发挥推动和助力的作用；企业作为担责者，要更多地担负起节能减排、绿色发展的责任；公众作为参与者，则须更加积极地参与到减缓、适应和应对气候变化的行动之中。

我认为，我们应该把气候变化和气候传播作为一种事业，尽可能地团结吸引更多的社会群体和公众参与其中，就像今天，政府、媒体、非政府组织、企业、公众都有代表参会，可以说"五位一体"的行为主体都已到位。我想，只有大家都行动起来，并自觉地从我做起，从现在做起，从身边点滴小事做起，持之以恒，坚持不懈，应对气候变化的目标才能一步步完成，我们期盼的天蓝地绿水净和建设美丽中国的愿景才能最终实现。

2017 年 11 月 1 日于北京

让气候与健康传播走进千家万户

——2018 气候与健康传播学术研讨会开幕式上的致辞

欢迎各位朋友齐聚广西大学与我们一起分享思想智慧和理论成果！

这次研讨会以"气候与健康传播"为名，是想传递一个基本思想，即"气候传播"与"健康传播"需要融通整合，建设"美丽中国"同建设"健康中国"必须紧密联系。正因如此，我们确定的会议主题是"美丽 健康 共建 共享——新时代新环境下的气候与健康传播"。

众所周知，近年来高温、冻雨、飓风等极端天气频频发生，严重影响着民众的生产和生活。2018 年 9 月 16 日，强台风"山竹"从广东台山登陆。当时我正在深圳开会，15 级台风掠过市区，大树被连根拔起，街上一片狼藉，给人们留下了深刻印象。

大量事实说明，气候变化已不仅仅是一个环境问题，而且是一个事关国家、民族，乃至全人类生存与可持续发展的重大政治和社会问题，成为 21 世纪需要全球共同应对的严峻挑战。

我所在的中国气候传播项目中心，是中国，也是发展中国家第一家研究气候变化与气候传播的专门机构。自 2010 年组建以来，项目中心在国际和国内两个层面，开展了一系列气候变化与气候传播方面的相关工作，取得了一些成效，产生了积极影响。

我们希望通过气候传播，一方面向国际社会传播中国民间，特别是学界的声音，维护中国政府的立场；另一方面向社会与公众普及气候变化科学知识，提升公众气候变化意识，倡导绿色低碳发展理念，引导全社会共同关注和参与减缓、适应和应对气候变化。

党的十八大以来，党中央把"生态文明建设"与经济、政治、文化、社会建设一并纳入中国特色社会主义事业"五位一体"总体布局之中，并且提出了建设"美丽中国"的宏伟目标。2015 年召开的党的十八届五中全会又把"绿色发展"同"创新发展、协调发展、开放发展、共享发展"共同作为国家实现全面、科学、有效发展的五大发展理念，为我国"十三五"乃至今后更长时期的战略发展指明了方向。

建设"健康中国"，也是党的十八届五中全会提出的战略任务。党中央始终把人民健康当作民族昌盛和国家富强的重要标志。党的十九大报告又为全国各族人民绘制出了建设"健康中国"的路线图，并启动了实施"健康中国"的国家战略。

"美丽中国"与"健康中国"都是国家发展战略布局中的重要目标，如何将两者联系和融通起来，是一个值得关注的理论与实践问题。

无数事实告诉我们，气候变化不但对人类的生产和生活环境造成不可逆转的严重破坏，而且给人类的生存和健康带来难以预料的巨大威胁。2014 年联合国政府间气候变化专门委员会（IPCC）的第五次评估报告就指出，气候变化对人类健康、人类安全、生计与贫困的影响日益突出，而这三个方面都是实现人类福祉的重要内容。该报告指出：人类的健康对气候的变化非常敏感，气候变化对健康的危害极大。

2015 年联合国发布了一份评价健康和气候变化关系的报告，认为积极应对气候变化是 21 世纪全球健康发展的最大机遇。世界银行也开始这方面的研究，提供了类似的研究报告。

正是基于这一背景，中国气候传播项目中心从 2015 年开始关注气候变化与健康的关系问题，并考虑如何把气候传播与健康传播融通整合起来，把"美丽中国"与"健康中国"建设相互联系起来。在 2016 年年底的摩洛哥马拉喀什联合国气候变化大会气候传播边会上，我明确表述了这一想法。

2017 年年底，我受聘担任广西大学新闻与传播学院院长，在作学科布局和科研规划时，了解到学院的吴海荣老师这些年一直在作健康传播研究，并且取得了不少成果，拥有很多学术资源。因此，我考虑，如果把我的气候传播研究资源与吴海荣老师的健康传播研究资源整合在一起，成立一个联合研究机构，以求在打通两个领域的研究方面获得突破，取得成果。于是，2018 年 3 月，我们组建了"广西大学气候与健康传播研究中心"，并且筹办了此次"气候与健康传播研讨会"。应该说，这是国内第一个将气候与健康传播融通整合在一起的研究机构，也是国内学术界首次举办气候与健康传播专题研讨会。

这次研讨会集聚了气候传播和健康传播研究领域的许多知名专家和青年学者，包括一些新闻与传播院校的专门团队，大家共同探讨如何在原有研究成果的基础上，打破学科壁垒，克服气候传播与健康传播的"两层皮"现象，进一步整合资源，加强合作，联合攻关，不断拓展研究领域，提升研究水平，在气候与健康传播融通整合研究方面争取有所突破，为构建起气候与健康传播的理论框架和知识体系作出贡献。

当年我们曾经给"气候传播"下过这样的定义：气候传播，是指使气候变化信息及其相关科学知识为社会与公众所理解和掌握，并通过公众态度和行为的改变，以寻求气候变化问题解决为目标的社会传播活动。简言之，气候传播是一种有关气候变化信息与知识的社会传播活动，它以寻求气候变化问题的解决为行动目标。

如果按照这一思路来认识将气候传播与健康传播融通整合后的"气候与健康传播",那么我们可以作这样的认识和定义:气候与健康传播,是指将气候变化影响人类健康的信息及相关科学知识向社会与公众传播并使其理解和掌握,并通过公众态度和行为的改变,以寻求气候变化问题的解决,维护人类健康福祉的社会传播活动。研究这一社会传播活动的相关现象及其规律,是我们气候与健康传播研究的内容及使命。

另外,在研究气候传播时,我们提出要打造"五位一体"的气候传播行动框架,那么在气候与健康传播中,我们也可以采用这种"五位一体"的行动框架。即在气候与健康传播中,政府是主导者,要发挥思想引领和政策指导作用;媒体是引导者,要发挥信息传播和舆论引导作用;非政府组织是助推者,要发挥社会助推和民间聚合作用;企业及医疗机构是担责者,要承担起减缓与应对气候变化,维护与保障公众健康福祉的责任;公众是参与者,要积极投身减缓、适应和应对气候变化行动,营造良好生活环境,促进人类健康长寿的社会活动。其中,要特别重视发挥公众的作用。因为,无论是气候问题还是健康问题的最终解决,都要靠公众的参与和支持。我们可以通过各种方式和多种渠道来传播气候与健康的理念,提高公众对气候与健康问题的认知度和参与度,把全社会方方面面的力量都动员起来,共同去为应对气候变化,维护公众健康作出贡献。

广西是有着丰厚自然资源的生态旅游大区,也是著名的健康长寿之地,在广西做好气候与健康传播有着特殊意义和独特优势。广西的气候与健康传播要注意打好"生态旅游牌"和"健康长寿牌",通过工作让气候与健康传播走进千家万户,让气候意识与健康意识人人知晓、户户明白。总之,要使广大群众形成共识,共同保护广西的青山绿水,营造广西美好的生态环境,打造美丽广西和健康广西,让全区各地都能够像桂林那样拥有名传天下的秀丽山水，都能够像巴马那样成为延年益寿的健康之乡。

朋友们，面对新领域、新课题、新挑战，让我们共同努力，将气候传播与健康传播联系起来，融为一体，向着建设美丽中国和健康中国的宏伟目标阔步前进！

2018 年 10 月 20 日于南宁

做好气候传播　共治气候变化
同护地球家园

—— 2019 年马德里第 25 届联合国气候变化大会
新闻发布会上的致辞

很高兴今天能够在马德里联合国气候变化大会新闻中心发布大厅就中国气候传播理论研究与社会推广情况向各位朋友作个发布和介绍。

从 2009 年我们开始跟踪研究哥本哈根第 15 届联合国气候变化大会期间的传播实践算起，中国的气候传播研究迄今已经整整走过了 10 年风雨历程。如果从 2010 年 4 月我们首次提出"气候传播"概念，亮出"气候传播"旗帜，组建起中国，也是发展中国家第一个气候传播研究专门机构——"中国气候传播项目中心"算起，也已将近 10 年时间。

10 年，在历史的长河中不算太长，但是就气候传播来说，特别是对中国气候传播来说，却是从零开始、扬帆起航、筚路蓝缕、砥砺前行，由小到大、逐渐成长的 10 年。

当年我们是从总结哥本哈根世界气候大会期间中国政府、媒体和非政府组织气候传播的经验与教训入手，开启中国气候传播研究进程的。

从 2010 年的墨西哥坎昆，一直到 2019 年的西班牙马德里，我们中国气候传播项目中心团队核心成员连续参加了 10 届联合国气候变化大会，并在会议期间主办过 10 场气候传播国际边会，见证了世界各国在实现气候变化全球治理道路上所走过的艰难历程和所表现出的聪明智慧。特别是目睹了中国政府在国际社会应对气候变化领域从"参与者"到"贡献者"，再到"引领者"的过程，以及中国媒体、非政府组织、企业参与气候变化全球共治所作的努力和所取得的成效，这使我们感到无比幸运和自豪。而我们的气候传播研究团队也在实践中成长，在奋斗中前行，为应对气候变化，为实现气候变化全球治理作出了自己的贡献，受到了国内外同行的认可与肯定。

10 年中，我们项目中心通过提交调研报告和咨询报告，以及举办各种研讨会、工作坊、主题边会和媒体记者培训等形式，为政府、媒体、非政府组织在国际气候谈判舞台上开展有效的气候传播提供策略建议和理论支持，得到了中国政府部门、新闻媒体和非政府组织的肯定与好评。

同时，我们还系统地开展气候传播理论研究，撰写出版了中国第一本该领域的专著《气候传播理论与实践——气候传播战略研究》，发表气候传播方面的研究论文百余篇，成功申报了中国国家社科基金重点项目"生态文明建设和绿色发展理念背景下我国气候传播的战略定位与行动策略"，率先在中国将气候变化与疾病健康相联系，融通"气候传播"与"健康传播"，组建了"气候与健康传播"研究机构，初步建立起了气候传播学的理论框架，为深入研究气候传播学，建构科学的气候传播学理论体系和知识体系奠定了基础。另外，我们还提出了构建"政府、媒体、非政府组织、企业、公众"加"智库"，即"5+1"的气候传播行为主体框架理念，为汇聚各方力量共同做好气候传播，推动气候变化全球治理发挥了智库作用。

总之，我们坚持从国际和国内两个层面，采取"两路并进、双向使力"的方针，通过学术研讨、科研合作、人才培养、队伍建设等方式努力凝聚各方力量，力图形成研究合力，不断壮大研究队伍，积极扩大学术影响，尽力促使气候传播花开遍地，在中国逐渐形成气候。

回顾中国气候传播 10 年历程，我们对未来充满信心。我们将以习近平生态文明思想为指导，以促进绿色低碳可持续发展和气候变化全球共治为目标，联合国内外广泛力量，搭建起更多更好的学术交流平台，不断壮大研究团队，使我国的气候传播研究队伍更强、声音更响、成效更好、影响更大。让气候传播之花遍地开放，在中国乃至在世界真正形成大气候，为促进美丽中国和健康中国建设，实现气候变化全球共治的美好愿景，保护我们共同的地球家园作出更大贡献！

2019 年 12 月 10 日于马德里

把气候传播旗帜举得更高
让气候传播之花遍地开放

——2019 气候与健康传播学术研讨会开幕式上的致辞

自 2018 年于广西大学举办首届会议以来，这是全国气候与健康传播研究领域举办的第二次学术研讨会，我们希望与会的专家学者就气候传播和健康传播，特别是就气候传播与健康传播如何整合，实现两者融通并进的问题展开深入研讨，探索一条新的研究领域，以造福于广大群众，更好地为建设美丽中国和健康中国服务。

大量事实说明，气候变化不但对人类的生产和生活环境造成了不可逆转的严重破坏，而且对人类的生存和健康状况也带来巨大威胁。

在联合国政府间气候变化专门委员会（IPCC）第五次评估报告中有几个重要结论：气候变化对人类健康、人类安全、生计与贫困的影响日益突出，这 3 个方面都是实现人类福祉的重要内容。该报告指出：人类的健康对气候的变化非常敏感，气候变化对健康的危害极大。

近年来，温室效应和极端天气导致人类疾病和死亡风险显著增加，局部地区温度升高和降水变化已经改变了水源性疾病和病媒生物的分布状况，减少了粮食产量，一些疾病在目前的非流行区出现。气候变化还使得蚊子、苍蝇和水媒病原体滋生，水媒和病媒传播疾病也随之增长。

这些健康威胁将会把更多的人推入贫困，加快环境退化，甚至导致恶性循环。由此看来，气候变化引起的健康问题是全球性的，任何人都难以幸免，因此需要引起我们的高度重视。

2018年，广西大学举办了首届气候与健康传播学术研讨会，希望搭建平台，聚合全国气候传播与健康传播两个领域的研究力量，共同推动气候与健康传播研究。我们高兴地看到，一年来，我们的研究力量在壮大，研究成果在增加，社会关注度在增强。我相信，通过大家的共同努力，两支力量进一步汇聚、整合与融通，一定会将我国的气候与健康传播研究推进到一个新阶段，提高到一个新水平。

这次研讨会在武汉举办，有着独特意义。武汉是我国很有影响力的低碳试点城市，这里聚集了许多国内一流的低碳理论研究和实践推广方面的专家，相信他们的理论成果和实践经验，会给我们加深对绿色低碳发展和应对气候变化的认识，更好地做好气候传播工作带来启示，起到示范作用。

中南民族大学在民族新闻传播研究方面成果丰硕，在全国民族新闻院校中有很高的知名度。在气候传播研究方面，他们也走在全国新闻院校的前列。特别是徐红教授多年来一直致力于该领域的研究，取得了很多研究成果。2016年，她成功申报了国家社科基金项目"基于公众低碳态度与行为的政府气候传播机制研究"，成为气候传播领域第一个立项的国家社科基金项目，实现了气候传播研究在国家社科基金项目立项方面"零的突破"。2019年，她又参与我主持的国家社科基金重点项目"生态文明建设和绿色发展理念背景下我国气候传播的战略定位与行动策略"申报工作，作为主要成员为项目最后申报成功、为实现气候传播研究在国家社科基金项目立项中的又一个"零的突破"——重点项目立项，作出了重要贡献。这次她又带领中南民族大学团队为举办第二届气候与健康传播研讨会付出了辛勤劳动。在此，我们向学校和学院的领导、老师、同学，向徐红老师所带领的气候传播研究团队表示衷心的感谢！

此次研讨会正逢我们开展气候传播研究 10 周年，因此有着特殊意义。从 2009 年我们跟踪研究哥本哈根第 15 届联合国气候变化大会算起，我国气候传播研究迄今已经整整走过了 10 年风雨历程。而如果从 2010 年 4 月我们首次提出"气候传播"概念，亮出"气候传播"旗帜，组建起我国，也是发展中国家第一个气候传播研究专门机构——中国气候传播项目中心算起，也已有将近 10 年时间。

10 年，在历史的长河中不算太长，但是就气候传播来说，特别是对中国的气候传播来说，却是从零开始、扬帆起航，筚路蓝缕、砥砺前行，由小到大、逐渐成长的 10 年。

当年我们是从总结哥本哈根世界气候大会我国政府、媒体和非政府组织气候传播的经验与教训入手，开启我国气候传播研究进程的。特别是从 2010 年开始，我们气候传播项目中心团队的核心成员从坎昆、德班、多哈、华沙、利马、巴黎、马拉喀什、波恩、卡托维兹，连续参加了 9 届联合国气候变化大会，并在会议期间主办气候传播国际边会，见证了世界各国在实现气候变化全球治理道路上所走过的艰难历程和所表现出的聪明智慧，特别是看到了我们中国代表团在联合国气候变化大会上从"参与者"到"贡献者"，最后到"引领者"的全过程。这使我们感到无比幸运和自豪。而我们的气候传播研究团队也在实践中成长，在奋斗中前行，为应对气候变化，为实现气候变化全球治理作出了自己的贡献。

10 年中，我们项目中心通过提交调研报告和咨询报告，以及举办各种研讨会、工作坊、主题边会和媒体记者培训班等形式，为政府、媒体、非政府组织在国际气候谈判舞台上开展有效的气候传播提供策略建议和理论支持，受到政府部门、新闻媒体和非政府组织的肯定与好评。同时，我们还系统地开展气候传播理论研究，撰写出版了国内第一本该领域的专著《气候传播理论与实践——气候传播战略研究》，发表气候传播方面的研究论文百余篇，成功申报了国家社科基金重点项目"生态文明建设和绿色发展理念背景下我国气候传播的战略定位与行动策略"，率先在国内将气候变化与疾病健康相联系，融通"气候传播"与"健康传播"，组建了"气候与健康传播"研究机构，初步建立起了气候传播学的理论框架，为深入研究气候传播，建构科学的气候传播学理论体系和知识体系奠定了基础。

总之，我们通过学术研讨、科研合作、人才培养、队伍建设等方式努力凝聚各方力量，力图形成研究合力，不断壮大研究队伍，努力扩大学术影响，尽力促使气候传播花开遍地，在我国逐渐形成气候。

过去 10 年中，我们的工作之所以能够得到不断发展，取得一些成绩，离不开方方面面领导和朋友的指导与帮助。我们不会忘记国家发展改革委、生态环境部、国家林业和草原局、中国气象局、中国社会科学院、中国农业科学院、国家气候战略中心、能源基金会、乐施会、中国国际民促会等政府部门、科研机构和社会组织给予我们的大力支持与帮助，在此，我们向他们表示深深的敬意和由衷的感谢。10 年中还有很多领导、同事和朋友对我们的工作给予热情关心和大力扶持，可以说这是我们项目中心能够不断克服困难、开拓前进、取得进步的不竭动力。

2013 年我们在北京举办气候传播国际会议期间，作为共同主办方的耶鲁大学气候传播项目主任安东尼教授曾说过："中国气候传播工作只用了 3 年就赶上了国际水平。"美国朋友的赞誉让我们很受鼓舞，也让我们感受到所肩负责任之重大。现在 10 年过去了，我们希望借此机会来总结10 年工作，展望未来发展，为做好新时代气候传播工作积蓄更多智慧和力量，作出更大努力。

3天前，即10月31日刚刚闭幕的党的十九届四中全会再次就生态文明建设、绿色低碳发展和应对气候变化问题作出部署，提出要求。全会公报强调，"坚持和完善生态文明制度体系，促进人与自然和谐共生。生态文明建设是关系中华民族永续发展的千年大计"，要求"必须践行绿水青山就是金山银山的理念，坚持节约资源和保护环境的基本国策，坚持节约优先、保护优先、自然恢复为主的方针，坚定走生产发展、生活富裕、生态良好的文明发展道路，建设美丽中国"。

愿我们的气候传播10年之后再出发，让我们以习近平生态文明思想和党的十九届四中全会精神为指导，把气候传播的旗帜举得更高、工作做得更好、队伍练得更强、声音传得更响，让气候传播之花遍地开放，在中国乃至在世界真正形成大气候，为促进美丽中国和健康中国建设，实现气候变化全球共治的美好愿景作出更大贡献！

2019年11月3日于武汉

让气候传播在中国
乃至在世界真正形成大气候

——中国气候传播研究十年暨 2020 年气候与健康传播研讨会开幕式上的致辞

　　自 2010 年我们与乐施会共同组建中国气候传播项目中心以来，我们开展气候传播理论研究和行动推广已有整整 10 年时间。在这十年中，我们团队的核心成员从 2010 年墨西哥的坎昆到 2019 年西班牙的马德里连续参加了 10 届联合国气候变化大会和 1 届联合国可持续发展大会，见证了世界各国在实现气候变化全球治理道路上所走过的艰难历程和所表现出的聪明智慧，特别是看到了中国代表团在联合国气候变化大会上从"参与者"到"贡献者"，最后到"引领者"的全过程。这使我们感到无比幸运和自豪。而我们的气候传播研究团队也在实践中成长，在奋斗中前行，为应对气候变化、实现气候变化全球治理作出了自己的贡献。

　　项目中心这十年的工作一直秉持着"两路并进、双向使力"的思路进行。在国际层面，我们始终关注联合国气候变化大会及其相关活动，团队成员连续在联合国气候变化大会举办地主办气候传播国际边会，为促进气候变化全球治理，为做好气候传播作出了不懈努力。特别是 2013 年 10 月，我们项目中心同耶鲁大学共同在北京举办了世界气候变化领域首届大规模的气候传播国际会议，把气候传播正式推上了国际学术前沿，引发了国际社会的关注，产生了积极的国际影响。

在国内层面，我们始终坚持面向社会与公众的工作导向，努力做好社会发动和公众动员工作。这些年我们主动联合新闻媒体、非政府组织，以及政府部门和企业单位，积极开展公众调查和社会推广活动，通过有效的气候传播让更多人认识气候变化，增强低碳意识，树立生态理念，践行绿色发展，使气候变化与气候传播成为社会共识，让更多群众主动投入到适应、减缓和应对气候变化的行动之中，做一个自觉的参与者、践行者和贡献者。

10年中，我们项目中心通过提交调研报告和咨询报告，以及举办各种研讨会、工作坊、主题边会和媒体记者培训班等形式，为政府、媒体、非政府组织在国际气候谈判舞台上开展有效的气候传播提供策略建议和理论支持，受到政府部门、新闻媒体和非政府组织的肯定与好评。同时，我们还系统地开展气候传播理论研究，撰写出版了国内第一本该领域的专著《气候传播理论与实践——气候传播战略研究》；发表气候传播方面的研究论文百余篇；成功申报了国家社科基金重点项目"生态文明建设和绿色发展理念背景下我国气候传播的战略定位与行动策略"；率先在国内将气候变化与疾病健康相联系，融通"气候传播"与"健康传播"，组建了"气候与健康传播"研究机构；初步建立起了气候传播学的理论框架，为深入研究气候传播，建构科学的气候传播学理论体系和知识体系奠定了基础。

总之，我们通过学术研讨、科研合作、人才培养、队伍建设等方式努力凝聚各方力量，力图形成研究合力，不断壮大研究队伍，努力扩大学术影响，尽力促使气候传播花开遍地，在我国逐渐形成气候。

过去10年，我们的工作之所以能够得到不断发展，取得一些成绩，离不开各方面领导和朋友的指导帮助。我们不会忘记国家发展改革委、生态环境部、国家林业和草原局、中国气象局、国家气候战略中心，以及中国国际民间组织促进会、乐施会等政府部门、科研机构和社会组织给予我们的大力支持和真诚帮助，在此，我们要向他们表示由衷的感谢。10年中还有很多领导、同事和朋友对我们的工作给予了热情关心和大力扶持，可以说这是项目中心能够不断克服困难、开拓前进、取得进步的不竭动力。

项目中心在2010年成立之初便聘请了中国人民大学新闻学院赵启正院长和新华社原副社长兼常务副总编辑马胜荣教授做顾问。赵院长曾任国务院新闻办主任，是我国著名对外传播专家和公共外交家，享有"中国国家形象大使"的美誉。他一开始就对气候传播作出明确定位，希望我们从新闻与传播的角度关注和介入气候变化，研究气候传播。马胜荣作为新华社对外宣传和国际报道的组织者与领导者，在国际传播方面有着丰富经验，给予我们很多具体指导。

为了争取更多的指导和帮助，2012年，我们组建了项目中心顾问委员会，聘请了十几位来自国家发展改革委及国内外高校和媒体的专家学者及资深人士为委员。其中时任全国政协外事委员会主任赵启正、国家发展改革委副主任解振华、中国人民大学校长陈雨露被聘为顾问委员会主任委员。解主任很重视我们作为高校科研机构所发挥的独特作用，多次出席我们在联合国气候变化大会期间举办的气候传播边会，给我们很大鼓励和支持。

2013年，我们又成立了项目中心专家委员会，来自国家发展改革委、中国工程院、国家林业局、中国农业科学院、国家气候战略中心的14名不同学科和不同领域的专家被聘为委员。专家委员会的主任委员是时任国家气候变化专家委员会主任的中国工程院原副院长杜祥琬院士。我抱歉地对杜院士说，你是国家气候变化专家委员会主任，我们又聘你担任我们项目中心的专家委员会主任，实在不好意思。他说，郑教授，你从传播的角度介入气候变化太好了，不借助媒体，不依靠传播，怎么能让全社会和广大公众认识气候变化，投入应对气候变化的行动之中？他每次出席我们举办的研讨会都会作认真发言，将气候变化的专业知识用通俗易懂的大众语言表达出来，让听会者颇受教益，可以说他是气候传播领域最杰出的践行者和引领者。

这些领导、专家都是我们项目中心的"贵人"。有"贵人相帮"，才使我们的项目能够一步一个台阶地不断发展提升，取得一些成绩和影响。

今天受邀到会的许多人都是曾经与我们共同奋斗过的亲密战友，我们希望利用研讨会搭建的平台，让老朋友们相聚一堂，回顾10年历程，总结10年工作，展望未来发展，为做好新时代气候传播积蓄更多智慧和力量，作出更大努力和贡献。

另外，为了感谢和表彰10年来为气候传播理论研究和行动推广作出贡献的领导和专家，我们专门设立了"中国气候传播十年奖"，并在今天的研讨会上举行颁奖仪式。虽然这只是我们项目中心设立的奖项，但是我想获奖的朋友会珍惜这一荣誉，因为看到它会引发你对十年岁月的记忆，会提醒你气候传播还在路上，还须我们继续奋斗，再作努力！

当今世界正经历百年未有之大变局。2020年9月习近平总书记在第七十五届联合国大会一般性辩论上的讲话中指出："人类需要一场自我革命，加快形成绿色发展方式和生活方式，建设生态文明和美丽地球。人类不能再忽视大自然一次又一次的警告，沿着只讲索取不讲投入、只讲发展不讲保护、只讲利用不讲修复的老路走下去。应对气候变化《巴黎协定》代表了全球绿色低碳转型的大方向，是保护地球家园需要采取的最低限度行动，各国必须迈出决定性步伐。"

今天正好是《巴黎协定》通过5周年的日子，习近平总书记的重要讲话为我们落实《巴黎协定》，促进绿色发展，做好气候传播，建设生态文明和美丽地球方面的使命和任务指明了方向。

这些年我们在打通气候与健康两方面研究，将气候传播与健康传播相互融通方面做了一些工作。2018年，我们在广西大学组建了全国第一个气候与健康传播研究机构，并举办了首届气候与健康传播研讨会。这两年我们联系健康传播领域的一批专家和学者共同探讨如何在这一新的领域做些细致、深入、有效的理论研究和行动推广工作，来推动美丽中国和健康中国建设。

在我们总结气候传播10年历程的时候，我们要把气候传播的旗帜举得更高、工作做得更好、队伍练得更强、声音传得更响，要让气候传播之花遍地开放，在中国，乃至在世界真正形成大气候，为促进美丽中国和健康中国建设，为实现气候变化全球共治、公共卫生和健康生活人人共享的美好愿景作出更大贡献！

让我们高兴的是，参加这次研讨会的有许多研究生。我们特别希望能有更多的青年人自觉加入到气候与健康传播理论研究和行动推广的队伍中来，与我们一道携手并进、奋勇前行，去为适应、减缓和应对气候变化，推动生态文明、绿色发展，促进公共卫生和健康生活，建设美丽中国和健康中国贡献自己的智慧和力量！

今天研讨会能够顺利举行，我们要特别感谢中国传媒大学和广西大学的支持，特别是负责具体会务工作的两所学校的老师同学，感谢你们的辛勤劳动和出色工作！同时感谢各位与会领导、嘉宾和老师、同学的积极参与！

2020年12月12日于北京

让我国气候传播更上层楼，再创佳绩

——2023 年全球气候治理的中国方案与
国际传播学术研讨会上的致辞

转眼间，2023 年已接近尾声。在过去的一年里，面对风高浪急的国际环境和繁重艰巨的国内改革发展任务，以习近平同志为核心的党中央，全面贯彻落实党的二十大精神，团结带领全党全国各族人民迎难而上，讲政治、稳经济、兴文化、促发展，保持了经济社会大局稳定，"中国之治"不断续写着新的时代华章。

时隔 5 年，党中央再次以最高规格召开了全国生态环境保护大会和全国宣传思想文化工作会议，继续统筹推进"五位一体"总体布局，协调推进"四个全面"战略布局，进一步深化了中国共产党对中国特色社会主义建设规律的认识，为我们始终掌握党和国家事业发展的历史主动，奋进新征程、建功新时代提供了基本遵循。

在 2023 年 8 月首个全国生态日之际，习近平总书记作出重要指示，强调"要保持加强生态文明建设的战略定力，加快推进人与自然和谐共生的现代化，全面推进美丽中国建设"。他希望全社会行动起来，做"绿水青山就是金山银山"理念的积极传播者和模范践行者。这些重要指示，为我们进一步深化对习近平生态文明思想的认识，进而更好地实现建设美丽中国和清洁美丽世界的宏伟目标作出了战略部署，指明了前进方向。

2023 年 8 月举行的全国宣传思想文化工作会议，提出并系统阐述了习近平文化思想，在党的理论创新、理论创造史上有着重要意义，在党的宣传思想文化事业发展史上更是具有里程碑意义。广大宣传思想文化战线要深入学习贯彻习近平文化思想，推进文化自信自强，凝聚起新时代的团结伟力，向着民族复兴的宏伟目标砥砺奋进。

"一城春色半城花，万顷波涛拥海来。"厦门市是我国生态文明体制创新的先行区与试验地，也是习近平生态文明思想的重要孕育地和实践地。20 世纪 80 年代，习近平同志在担任厦门市委常委、常务副市长期间，高度重视生态问题，倡导"山上戴帽、山下开发"理念，实施了厦门筼筜湖综合治理工程，取得了明显效果。在他主持编制的《1985 年—2000 年厦门经济社会发展战略》中，专门设置了生态环境保护的章节，发挥了发展规划的政治导向和政策引领作用。这些年，历届厦门市委、市政府始终坚持沿着总书记指引的方向前行，一任接着一任坚持狠抓生态保护工作，使得"生态美"成为厦门高质量发展的鲜明底色。

党的十八大以来，习近平总书记从党和国家经济社会发展和人类可持续发展的政治高度，把应对全球气候变化，参与全球气候治理作为国家重大战略，并且狠抓落实，大力推进生态文明、环境保护、节能减排、绿色发展，使得我国在气候变化领域表现出非凡的行动力和影响力，对落实《巴黎协定》，实现"双碳"目标发挥了重要引领作用。

这些年，我国气候传播事业在习近平生态文明思想指引下，踔厉奋发、乘势而上，使应对气候变化这一科学领域的问题，成为全社会广泛关注、人民群众积极参与的重要话题，同时成为整个国际社会，特别是广大发展中国家民众共同关注的全球议题。

2023 年 6 月，我受邀参加厦门大学气候变化传播与科普教育中心成立仪式时，提出"团结一心，踔厉奋发，优质高效地做好气候传播"的目标和决心。时隔半年，厦门大学就举办了今天这个重要会议，而且是在短短3个月时间里办起来的，这体现了厦门大学的行动决心和办事效率，同时说明咱们气候传播的研究团队在逐步壮大，尤其在南方发展很快，广西、广东、福建陆续组建了相关研究机构，形成了有组织的研究团队，出现了一批创新性研究成果，为今后深化研究、扩大成果创造了有利条件。

如今，全球气候变化和气候传播领域正在发生重大变化，进入了一个崭新阶段。这集中体现在国际社会对气候变化的思想认知和行动参与出现了许多新情况，发生了不少新变化。特别是2023年7月的持续高温天气，再次为全球应对气候变化敲响了警钟！

不久前在迪拜闭幕的联合国第28届气候变化大会虽然达成了多项"阿联酋共识"，但全球气候行动离实现国际社会所期待的科学气候目标依然非常遥远，气候不断恶化的状况仍然在延续。这些严酷的现实使我们越发认识到落实《巴黎协定》，实现"双碳"目标还有很远的路要走，还有很多的事要做，总之还须下大功夫，作更大努力！

如何在全球气候治理框架下，提出切实可行的气候传播中国方案，如何讲好中国气候故事，传播好中国气候声音，做好气候变化国际传播，是这次研讨会的主题，也是我们今后须下大力气工作的重点，我真诚希望大家能够利用这次研讨会所搭建的平台，充分交流，深入探讨，凝聚共识，形成合力，努力使我国气候传播理论研究和行动实践更上层楼，再创佳绩！

即将到来的2024年，是我自1964年考上中国人民大学新闻系后，开始追逐新闻理想的60周年。作为一个年近八旬，在气候传播领域奋斗了10多年的老人，我真诚希望我国气候传播队伍能够不断发展壮大，真心期待大家能够齐心协力，为深入推进我国气候传播理论研究与行动实践，使气候传播在我国乃至世界真正形成"大气候"，使气候传播学术研究尽快形成"中国学派"再接再厉、团结奋斗。我也会以志愿者的身份继续关注气候变化与气候传播，尽可能再做些力所能及的工作，为建设美丽中国和清洁美丽世界贡献一份力量。

2023 年 12 月 20 日于厦门

第四编

健康传播

论"气候与健康传播"融通研究的源起与范式

▎题注： 随着气候变化导致疾病与健康问题的现象不断凸显，气候传播和健康传播呈现出明显的议题延伸和相互渗透的态势，形成一个相互融会贯通的全新领域。通过历史溯源和文献综述，本文借"气候与健康传播"的概念，把不同时期的相关研究统摄于这一意义框架之内。文章梳理了国外气候与健康传播研究的学术起源、研究取向和主要领域，回顾了我国气候与健康传播的融通过程，并就如何构建中国特色气候与健康传播"三大体系"提出建议，以期为深化该领域研究提供一定参考。该文与广西大学新闻与传播学院硕士生郑权合作完成，刊于《青年记者》2023 年第 6 期。

党的二十大报告中指出："从现在起，中国共产党的中心任务就是团结带领全国各族人民全面建成社会主义现代化强国、实现第二个百年奋斗目标，以中国式现代化全面推进中华民族伟大复兴。"[1]全面建成社会

---

① 习近平：《高举中国特色社会主义伟大旗帜　为全面建设社会主义现代化国家而团结奋斗——在中国共产党第二十次全国代表大会上的报告》，《人民日报》2022 年 10 月 26 日。

主义现代化强国，是一项伟大而艰巨的事业，建设"美丽中国"和"健康中国"是其重要组成部分。目前，在传播学界及相关领域，研究健康中国与健康传播的成果很多，研究美丽中国与气候传播的成果也不少，但将"健康中国"与"美丽中国"协同起来，将"健康传播"与"气候传播"融通起来的研究十分鲜见。

"美丽中国"是"健康中国"的基础，绿水青山不仅是金山银山，也是人民群众健康的重要保障。"健康中国"是"美丽中国"的根本保证，"身体是革命的本钱"，没有一个强健的身心和健康社会环境，我们就无法推进生态文明事业。"美丽中国"与"健康中国"都是国家发展战略布局中的重要目标，必须在新时代中国特色社会主义建设中提高认知、紧密联系、协同推进。对此，我们要进一步协调"美丽中国"与"健康中国"两大国家战略的具体框架，构建气候与健康大传播、大联合的格局。

基于此，本文拟通过"气候与健康传播"融通概念与目标，把国内外不同历史发展时期相关研究统摄于这一新的意义框架之内。通过历史溯源和文献综述，回顾国内外的气候与健康传播研究的学术史，并就如何构建中国特色气候与健康传播研究"三大体系"展开讨论，以期为该领域融通发展提供一定参考。

一、"气候与健康传播"的概念界定及其核心要义

为了方便对气候与健康传播研究进行宏观把握，首先有必要确定一个合适的，并且能够容纳气候与健康传播研究诸多领域的分析框架。在国外，一些来自公共卫生、健康传播、气候传播等领域的专家学者，从各自的学科背景出发，给出过一些相关概念界定。例如乔治·梅森大学气候传播中心主任 Edward Maibach 教授从功能主义视角出发，认为健康

是人们的共同追求，将气候变化与健康问题相联系，通过"气候变化与健康传播"（climate change and health communication）与公众和决策者沟通，是一个新的视角，可以为气候行动提供更多支持。在气候变化健康干预中，传播是通过信息的生产和交换，以告知、影响或激励个人、机构和社会公众①。非营利组织 Climate Access 创始人 Cara Pike 认为，健康框架（health frame）将气候变化视为健康问题，将人类置于气候变化的中心——气候变化是与己有关的，它正在影响我们所有人（尤其是我们的孩子），就在此时、就在此地。"气候与健康传播"是以健康框架为基础，结合卫生专业知识和核心公共卫生价值观的信息和沟通策略②。

但上述这些概念都仅基于单一研究视角，只是将"健康"作为气候传播中的一个"议题"或"手段"，没有从更为宽广、深刻的角度揭示"气候与健康传播"的本质。我国是世界人口最多、疾病负担排在全球第二位的国家，气候变化应对直接关系到公共卫生管理和"健康中国"行动。我们所倡导的"气候与健康传播"，其核心要义不仅仅在于传播健康风险相关信息，更在于要坚持气候传播中的科学理念与公共诉求，以此开放更多话语路径，推动不同话语之间的平衡与融合。在这一过程中，"气候与健康传播"应该起到知识建构和实践指导的作用。

因此，笔者认为，所谓"气候与健康传播"，是指气候变化影响人类健康的信息及相关科学知识向社会与公众传播使其理解和掌握，并通过公众态度和行为的改变，以寻求气候变化问题的解决，维护人类健康福

---

① Maibach, E. W., Roser-Renouf, C., & Leiserowitz, A, "Communication and Marketing As Climate Change - Intervention Assets", American Journal of Preventive Medicine, 2008（5）：488.

② Cara Pike, Tip Sheet: Communication Tips for Public Health Professionals, 2013.

祉的社会传播活动①。

二、国外"气候与健康传播"研究的学术起源、研究范式与主要领域

（一）学术起源

国外关于"气候与健康传播"研究的学术起源，最早可以追溯到20世纪80年代末的气候正义运动时期。一般认为，气候正义（climate justice）概念最早由 Edith Brown Weiss 在《公平地对待未来人类：国际法、共同遗产与世代间衡平》中提出，而其中公民气候健康权利平等、生存与发展权利平等是重要议题②。而气候正义运动又可以视为环境正义运动在气候变化领域的延伸，因此早期的气候传播、"气候与健康传播"都与环境传播密切相关。

20世纪80年代，人们逐渐意识到，人为造成的气候变化是全球性的，对整个人类的生存环境都会产生影响。1988年，气候科学家第一次在美国国会听证，让全球变暖问题第一次进入公众视野。此后，联合国政府间气候变化专门委员会（IPCC）的定期评估报告等机构的科学报道持续引发公共讨论，探究政府应该采取什么样的合适的步骤阻止人类对全球气

---

① 郑保卫：《让"气候与健康传播"走进千家万户——在"2018气候与健康传播研讨会"开幕式上的致辞》，http://www.cssn.cn/xwcbx/xwcbx_pdsf/201810/t20181024_4722666.shtml，2018年10月24日。

② Edith Brown Weiss, In Fairness to Future Generations: International Law, Common Patrimony and Intergenerational Equity, NewYork: Transnational Publishers, 1989.

候变化的"危险的干预"①。这一时期，一些气候传播研究开始出现，这些研究旨在了解公众对气候变化的看法，为政府部门的决策提供依据②。

气候变化领域的科学报道和科学家发出的警告也引发了关于人类健康威胁和生物多样性破坏等问题的调查与争论。几乎与气候传播研究同一时间，一些来自风险传播领域的学者，开始进行一些气候变化公众认知心理模型研究，其中部分议题涉及公众对气候变化健康风险的认知。1993 年，学者 Bostrom 等人通过开放式访谈发现，83% 的受众提及温室效应对人体健康的影响（如皮肤癌、晒伤、心理状况变化等），但仅 59% 的受访者能够意识到气候变化导致的粮食安全问题③。这篇论文是目前能够找到的最早关于"气候与健康传播"研究的成果，若以此为起点，国外气候与健康传播研究已有近 30 年历史。

这些调查和争论推动了公众对环境政策的讨论与参与，进而导致全球层面参与式气候正义运动兴起。20 世纪 90 年代后，围绕气候变化、公共卫生与媒介三者之间关系的研究，在传播学领域被建构为"气候传播"和"健康传播"两大分支，此外部分研究散落于科学传播、环境传播等"泛科学传播领域"，以及健康教育学、医学社会学、气象学等其他学科中。直到 2015 年，美国气候与健康中心联合美国气候与健康联盟、生态美国、无伤害医疗组织等机构召开全球首个专注于气候与健康传播研究

① Chadwick, "Climate Change Communication", Oxford Research Encyclopedia of Communication, 2017.

② Robert Cox, Environmental Communication and the Public Sphere, SAGE Publications, Inc. 2013.

③ Bostrom, A., Morgan, M. G., Fischhoff, B., & Read, D., "What Do People Know About Global Climate Change？ 1. Mental Models", Risk Analysis, 1994（14）: 959—970.

的学术会议——2015气候与健康传播研讨会，国外气候与健康传播研究才正式步入学科化、专门化、系统化发展轨道。

（二）研究取向

作为一个新兴的研究领域，国外"气候与健康传播"研究范围及内涵在过去近30年里不断延伸与扩展，形成了实证主义和批判研究两大取向。

在早期，国外的"气候与健康传播"研究以不同主体（政府、媒体、公共卫生组织、非政府组织、科学家、市民等）的传播活动为研究对象，目的在于通过传播为气候变化应对作贡献。因此这一流派以实证主义为取向，至今仍占据国际气候与健康传播研究的主导地位。乔治·梅森大学的 Edward Maibach 教授是实证主义研究的代表人物，他在 2008 年提出将传播和社会营销引入气候变化健康干预。在他的推动下，乔治·梅森大学成立了"气候变化传播中心"和"医学学会气候与健康联盟"等研究机构。此外，这一领域还活跃着耶鲁大学气候传播项目、公共卫生研究所气候与健康中心、全球气候与健康联盟等组织。

批判取向认为，对知识的理解与权力密切相关。20 世纪 90 年代后，随着各地气候正义运动的兴起，一些来源于政治学、国际关系和哲学（主要是生态社会主义、伦理学）等领域的学者沿袭了这一传统，将目光聚焦在"气候与健康传播"如何建构与强化话语权力，抨击违背气候正义与健康公平，边缘化西方国内某些少数族群，尤其是有色人群、相对贫困人口和妇女群体等行为。

进入 21 世纪后，全球气候治理格局逐渐呈现以《联合国气候变化框架公约》为中心、多元—多层的治理结构，广大发展中国家（尤其是最不发达国家和小岛屿发展中国家）的诉求不断被强调，批判学派开始关注导致气候变化问题深层次的政治制度原因，以及全球气候治理中主权国家间的公平正义和民主制度问题。乔尔·科威尔、安迪·基尔密斯特、赵月枝等生态社会主义学者普遍认为，气候变化及其引发的健康问题归根结底是一些资本主义发达国家在自由市场推动下无止境地追逐物质财富的结果，气候变化是批判资本主义和新自由主义的有力武器。同时，一些学者从政治学的角度对全球气候变化谈判中各主权国家话语权不平等、信息流通不平衡等进行了抨击。

实证主义取向从社会学、心理学以及公共卫生领域汲取了大量养分，强调通过对社会因素、传播因素和心理因素等的分析，解释、影响和预测传播对象行为，研究立场指向"气候与健康传播"理论和实践的知识建构，具有明显的现实性和工具性，考察结果往往导向政策或对策研究。而批判取向则是一种伦理审视，具有鲜明的人文关怀和怀疑精神。无论是实证主义研究的知识构建与实践价值，还是批判、文化主义研究的知识解构与伦理价值，其目标都是指向"气候与健康传播"更好的话语建设与生产实践。

（三）研究领域

1. 气候变化健康风险的公众认知与理解

了解公众对气候变化及其健康影响的认知、态度和行为，是制定相应传播干预措施的一个重要环节。耶鲁大学气候传播项目和乔治·梅森大学气候变化传播中心在 2014 年首次开展美国公众对全球变暖健康问题认知调查[①]，同年，生态美国发布了《美国人的气候价值观2014：气候和

---

① Yale Project on Climate Change Communication, Global Warming's Six Americas: Perception of the Health Consequences of Global Warming and Update on Key Beliefs. Yale University and George Mason University, New Haven, 2014.

健康凸显》报告①。在议题上，主要包括公众对气候变化、全球变暖（温室效应）、空气污染、臭氧层破坏、天气变化等引起的健康问题基本认知、态度、行为意愿与应对障碍（包括精神健康状况和政策支持度）等。调查对象既包括一般群众，如全球六大洲和美国公众，也有专门群体，如医疗卫生人员、党派成员等。这些研究在实践上可以帮助政策制定者更理性地制定相关政策，为利益相关方设计开展减缓与适应工作提供数据依据。

2. 卫生系统的气候风险沟通和传播干预

联合国政府间气候变化专门委员会（IPCC）第二次气候变化评估报告发布后，各国卫生部门也逐渐认识到气候变化对脆弱人群的巨大健康威胁，开始采取减缓与适应战略。世界卫生组织（WHO）提出了卫生工作框架，其中脆弱人群识别与照护、健康共益效应促进、风险沟通和环保倡导等与传播学息息相关。学者 Chadwick 在《健康传播》期刊上为传播学研究人员和从业人员介绍了气候变化健康风险评估研究成果，并确定了健康传播学者可以为气候变化议题传播作出贡献的方式②。这些研究旨在增强卫生系统适应气候变化的能力，从而提升全社会的气候韧性。

3. 新闻媒体气候与健康报道

媒体是健康风险发布的重要渠道，也是公众了解气候变化影响的主要途径。学者们对新闻媒体气候与健康报道的议程设置、框架、媒介功能等进行了探索。《柳叶刀》在 2019 年《柳叶刀 2030 倒计时》报告中

---

① Speiser, M., Krygsman, K, "American Climate Values 2014: Insights by Racial and Ethnic Groups", Washington, DC: Strategic Business Insights and ecoAmerica, 2014.

② Chadwick, A. E, "Climate change, health, and communication: A primer", Health Communication, 2016（3）: 782—785.

首次以《人民日报》气候与健康报道为案例，指出了当前媒体机构的气候变化健康议题只占据很小比例[①]。学者 James Painter 等对健康风险框架（health risk）、灾难或隐性风险框架（disaster/implicit risk）、不确定性框架（uncertain）等媒体常用框架进行了效果对比，发现风险框架提供了一种更复杂、更贴切的语言叙述，是传达气候挑战更有用的视角[②]。这些研究为明晰气候与健康传播中的媒体传播效果机制、调整媒体传播策略提供了重要启示。

4. 传播战略与策略研究

传播策略的研究既包括宏观层面的传播战略思考，也包括针对政府、媒体、卫生组织等主体的行动策略制定。美国公共卫生研究所提出了"气候变化与健康：行动框架"。2015 美国气候与卫生领导峰会提出，需要建立一个面向公众、政府和卫生决策者的信息平台，其中包括发布一个简单、清晰、有力和权威的"元信息"（meta-message）。2018 美国气候与卫生领导峰会认为气候变化是一个卫生紧急事件（health emergency），呼吁政府制定一个关于气候的国家卫生议程。学者 Edward Maibach 审查了公共卫生系统应对气候变化的准备情况，表明公共卫生部门需要在个人、社会网络、社区等层面开展更多健康促进活动来应对气候变化。

---

① The Lancet Commissions, "The 2019 report of The Lancet Countdown on health and climate change: ensuring that the health of a child born today is not defined by a changing climate", The Lancet, Volume 394, Issue 10211, November 2019: 1836-1878.

② James Painter, Silje Kristiansen, Mike S. Schafer, "How 'Digital-born' Media Cover Climate Change in Comparison to Legacy Media: A Case Study of the COP 21 Summit in Paris", Global Environmental Change, 2018: 48.

5. 气候正义和健康公平

气候变化对人类健康构成巨大威胁，其健康影响的分布是不均衡的，存在着区域层面和代际层面的"健康不公平"现象。面对"健康不公平"现象，各国需要履行"气候正义"责任。学者们对产生气候变化，进而导致生态危机和健康问题的社会原因，以及气候变化与气候传播所涉及的健康公平、健康权利、健康责任与义务等问题进行了深刻的伦理反思。这些研究的目的旨在通过"正义"概念为全球气候变化应对提供规范性理由。

6. 话语、修辞与新社会运动

在"气候与健康传播"中，比喻（tropes）被视为最普遍的修辞策略，如常用"冰川融化"来形容"全球变暖"，此外，"地球母亲""临界点""碳足迹"等词语可视为一种隐喻（metaphor）。在修辞体裁（rhetorical genres）上，一些研究者对"世界末日"修辞进行了讨论，认为这类叙述一方面能驳斥"自然征服论"，警示日趋严重的健康威胁和生态危机；但另一方面也可能引发气候变化"怀疑论"，使得公众觉得"危言耸听"或"不敢相信"。在视觉图像上，学者们围绕如何"看见"全球变暖及其健康后果、视觉图像（视觉证据）的特点、对观看者的影响等进行了探讨。上述研究对什么符号因素或其他象征系统能够影响公众，以及如何才能取得改变公众信念或促进公众行动等效果提供了思考。

综合国外研究情况，可以说，在近30年历史沉淀的基础上，经过近10年的快速发展，国外"气候与健康传播"的研究范式已基本确立。但整体上，由于学科专门化、系统化建设时间不长，这一研究仍处于"前范式阶段"，因此尚存有以下缺陷和不足：一是缺乏对"气候与健康传播"规范的科学界定和统一的学术定义，导致无法明确该领域研究的战略定位和具体所指。二是在研究方法上，定量的民意调查和心理认知测量较多，定性的分析和阐释较少，多数研究结果仅是描述性陈述，迫切需要更深入的理论框架层面研究。三是在考察对象上，多将接受者降维为人口统计学变量，将个人作为独立分析单位，导致无法考虑群体与个人的相互作用，缺乏群体传播、组织传播、家庭传播等层面的研究。除了公共卫生组织，其他主体的角色定位和行动战略等领域缺乏思考，导致不能发挥多元主体的协同效应。四是范式发展不平衡问题，主要表现为实证主义的范式居多，而批判取向较少，且批判取向大多集中于本土内少数群体公平和正义诉求的层面。

三、我国"气候与健康传播"研究的融通过程

在我国，"气候与健康传播"作为一种实践活动的历史可以追溯到一些史料所记载的远古神话传说中，但作为一个科学研究所观照的领域，则是出现在 20 世纪 80 年代改革开放初期。1981 年，邱杏琳在《气象科技》发表译作《1980—1983 年世界气候计划（WCP）第二部分——世界气候计划的基本内容》，对世界气象组织的气候影响研究计划进行了介绍，译文提及"对发展中国家最有意义的是研究社会各个方面对气候变化和变迁的敏感性和防御能力"[①]。此后，一些来自气象学、医疗卫生、环境学等领域的学者相继翻译和介绍了部分国外社会科学成果，如《社会、科学与气候变化》等。

我国真正以"气候传播"概念为主题的系统化研究始于 2010 年。当年，我国也是发展中国家第一个气候传播研究机构——中国气候传播项

[①]　邱杏琳：《1980—1983 年世界气候计划（WCP）第二部分——世界气候计划的基本内容》，《气象科技》1981 年第 S1 期。

目中心在中国人民大学成立，在国内率先提出了"气候传播"这一概念，并围绕气候传播的内涵定义及功能作用、气候传播各行为主体的角色定位及相互关系、气候传播的方式手段与技巧、受众的认知与分群，以及传播话语体系及文本的建构等一系列涉及气候传播的理论与实践问题展开探索，开启了我国气候传播研究的进程。

而将"气候与健康传播"相融通作为一个整体学术领域进行研究则是最近几年的事情。2015 年，中国气候传播项目中心开始关注气候变化与健康的关系问题，考虑如何协同国家提出的"美丽中国"和"健康中国"建设，把气候传播与健康传播融通整合起来。同年，清华大学开始推动并领导"柳叶刀 2030 年倒计时：健康与气候变化进展"国际合作研究计划，每年监测和报道气候变化在全球的健康影响和应对措施[①]。2017年，中山大学举办气候变化与健康应对国际会议，推动建立"一带一路"沿线国家气候变化与健康应对研究协作网络，为增强我国在气候变化与健康科研领域的话语权作出了贡献。

2018 年，国内首家"气候与健康传播"专门研究机构——"广西大学气候与健康传播研究中心"成立，并与中国气候传播项目中心联合举办了首届气候与健康传播研讨会。这一事件标志着我国的气候与健康传播研究步入专门化、规范化发展的新轨道。在首届气候与健康传播研讨会上，笔者率先提出了"气候与健康传播"的概念和"政府主导、媒体引导、非政府组织推动、企业与医疗机构担责、公众参与"的"五位一体"行动框架。

近年来，国内许多相关领域的学者加入气候与健康传播研究，并形

---

① 崔学勤、蔡闻佳、黄存瑞等：《史无前例的气候变化健康挑战需要史无前例的应对措施》，《科学通报》2020 年第 8 期。

成了不少研究成果。如中国气象局专家宋英杰提出，二十四节气"代言"的气候与物候都在悄然发生变化，对人们健康养生的节律也有很大影响[1]；中国疾病预防控制中心施小明、刘起勇研究员回顾了过去10年中国气候变化与人群健康研究进展[2]，中山大学黄存瑞团队进行了城乡基层医疗人员的气候变化与健康风险认知的系列调查研究[3]；广西大学覃哲、郑权考察了《人民日报》近5年气候报道特征与健康风险话语文本，进行了针对性分析[4]。

整体上，我国的气候与健康传播研究虽然已经确立了基本的概念框架和行动路径，考察了一些媒体的气候与健康报道，并对部分公众进行了气候变化与健康风险认知调查，但由于起步较晚、学科间沟通交流较少等原因，还没有形成较大的影响力。

表1 国内外"气候与健康传播"研究对比

	欧美国家	中国
学术起源	20世纪80年代末（气候正义运动时期）	20世纪80年代（改革开放初期）
范式变革原因	气候传播困境、卫生组织健康传播困境	"美丽中国"与"健康中国"建设

① 宋英杰：《〈二十四节气志〉序言》，《全国新书目》2017年第10期。

② 毕鹏、施小明、刘起勇：《过去十年中国气候变化与人群健康研究进展及未来展望》，《气候变化研究进展》2020年第6期。

③ 王瑞欣、杨廉平、古德彬等：《基层医疗卫生人员应对气候变化健康风险的意愿与障碍及其影响因素研究——基于随机森林模型分析》，《中国全科医学》2020年第20期。

④ 覃哲、郑权：《〈人民日报〉2015—2019年气候报道的特征与健康风险话语文本分析》，《文化与传播》2020年第4期。

续表

	欧美国家	中国
专门学会（学科建设标志）	2015 气候与健康传播研讨会	2018 气候与健康传播研讨会
研究框架	公众认知、卫生组织行动、媒体报道、（国内）气候正义与健康公平、修辞、行动战略	公众认知（主要是医疗卫生人员）、媒体报道、（国家间）气候正义与健康公平、行动战略
学术流派	实证主义取向为主、少数批判取向和文化取向	实证主义取向为主，少数批判取向
研究机构	乔治·梅森大学气候变化传播中心、医学学会气候与健康联盟、公共卫生研究所气候与健康中心等	中国气候传播项目中心、广西大学气候与健康传播研究中心

四、对构建中国特色气候与健康传播"三大体系"的几点思考

习近平总书记在哲学社会科学工作座谈会上指出："要按照立足中国、借鉴国外，挖掘历史、把握当代，关怀人类、面向未来的思路，着力构建中国特色哲学社会科学，在指导思想、学科体系、学术体系、话语体系等方面充分体现中国特色、中国风格、中国气派。"①从构建中国特色传播学学科体系、学术体系和话语体系出发，对于中国的传播学者来说，更亟须打造一批符合中国国情的、融通古今中外的新概念、新范畴、新表述，这也是我们提出构建中国特色气候与健康传播所需要坚持

---

① 习近平：《在哲学社会科学工作座谈会上的讲话》，人民出版社 2016 年版，第 15 页。

的思路。对此，本文拟提出几点建议。

（一）坚持问题导向，从更宽广视角出发扩大研究视野

"坚持问题导向"，是新时代中国特色社会主义的理论品格和根本要求，也是推进中国特色气候与健康传播的根本方法论。早在 2006 年担任浙江省委书记时，习近平同志就指出，"只有立足于时代去解决特定的时代问题，才能推动这个时代的社会进步"①。在新的历史起点上，我们要构建中国特色气候与健康传播体系，就要坚持问题导向，从历史和现实相贯通、国际和国内相关联、理论和实际相结合的宽广视角，对一些重大理论和实践问题进行思考和把握。

气候变化涉及人类生产生活的方方面面，"气候与健康传播"也应该考虑方方面面的影响。由于历史原因，我国传播学研究很长时间里是以实证主义为主导的，气候与健康传播研究也是这一研究取向占据核心地位。进入 21 世纪，这种研究范式在某种程度上已逐渐显示出理论枯竭和视野局限的弊端。在此背景下，我国气候与健康传播研究需要"另起炉灶"，积极扩大研究视野，努力突破学科壁垒，摆脱拘泥于媒体传播效果测量和说服策略研究的传统方式，从更为宽广的视角来观照气候与健康传播和社会发展、国家战略、全球气候治理乃至人类文明发展之间的互动等一系列问题。如从历史发展的眼光看，我们的研究要关注气候与健康的话语争夺，是否提供了一个理解不同国家政治经济制度、文化背景、发展方式和利益诉求的有益视角？气候与健康传播对于不同族群、国家间的交往具有怎样的意义？在形成当前气候变化议题的社会结构过程中，传播的功能和作用有哪些？对这些问题答案的探寻，不仅有益于我国气

---

① 习近平：《之江新语》，浙江人民出版社 2015 年版，第 235 页。

候与健康传播研究，也能丰富整个中国特色传播学和哲学社会科学的理论框架。

（二）请教马克思，学习和践行马克思主义生态思想

党的二十大报告指出，"马克思主义是我们立党立国、兴党兴国的根本指导思想。实践告诉我们，中国共产党为什么能，中国特色社会主义为什么好，归根到底是马克思主义行，是中国化时代化的马克思主义行"。在气候与健康传播研究中，我们也要坚持马克思主义基本原理，努力践行将马克思主义生态思想中国化的习近平生态文明思想，坚持走人与自然和谐共生的社会主义现代化建设道路，从而不断地推进马克思主义中国化时代化。

马克思主义对人与自然关系的思考、对资本主义发展方式的批判，为我们提供了理论指引和根本遵循。气候变化问题是个科学问题，但归根结底还是人与自然、人与人的关系问题。从气候变化产生的原因看，其实质是由资本主义国家不惜一切代价攫取剩余价值、征服自然的生产价值观念，生产和发展方式以及政治经济制度所造成的全球危机。这就决定了我们必须对人类的价值创造活动给大自然带来的影响进行深刻反思。从气候变化的应对看，气候变化直接将如何分配稀缺的全球公共资源、如何最大限度维护人类命运共同体的健康福祉问题凸显了出来。对此，我们要坚持马克思主义，将对气候与健康传播研究的世界观和价值观，根植于唯物主义自然观与历史观的辩证统一之中，动员起全社会的力量共同推进社会主义生态文明建设，努力实现建设"美丽中国"和"健康中国"的宏伟目标。

（三）立足中国土，从中华文化和本土实践的视角加以关注和研究

党的二十大报告指出，"只有把马克思主义基本原理同中国具体实际相结合、同中华优秀传统文化相结合，坚持运用辩证唯物主义和历史唯物主义，才能正确回答时代和实践提出的重大问题，才能始终保持马克思主义的蓬勃生机和旺盛活力"。这"两个结合"，为我们实现中国特色传播学的守正创新与发展，尤其是推进中国特色气候与健康传播研究提供了基本遵循。

把马克思主义基本原理同中国具体实际相结合，就是要"以中国为观照、以时代为观照，立足中国实际，解决中国问题"，从而不断推动我国哲学社会科学的"创造性转化、创新性发展"，建设起中国哲学社会科学的知识体系和理论体系。这就要求我们的气候与健康传播研究，要始终坚持立足中国土，自觉从中国的实际出发，以解决中国气候与健康传播的理论和实践问题为研究导向，真正把研究论文写在中国的大地上。实践永无止境，传播理论的创新与探索就永无止境。在新时代新征程上，我们要毫不动摇地坚持马克思主义的科学真理，扎根于中国实际的土壤，坚持把马克思主义基本原理同中国具体实际相结合，以新的理论指导新的实践，更好地开辟新的未来。

把马克思主义基本原理同中华优秀传统文化相结合，就是要"既向前看、准确判断中国特色社会主义发展趋势，又向后看、善于继承和弘扬中华优秀传统文化精华"。博大精深的中华优秀传统文化是涵养中国特色气候与健康传播研究的重要思想源泉，是构建中国特色气候与健康传播研究话语体系的源头活水。古人认为，气候与健康之间的冲突具有多种内涵及表现形式，譬如《春秋》提及的"天有六气，降生五味，发为

五色，徵为五声，淫生六疾"，化解冲突，需要秉持"天人合一观"；又如《周易》记载，"乾道变化，各正性命，保合太和，乃利贞。首出庶物，万国咸宁"。这些优秀的中华传统文化思想潜移默化影响着气候与健康传播的精神信念、价值追求、意识理念、内容导向、方式方法等各个层面，是我们构建中国特色气候与健康传播体系的重要思想起点和归附点。

从 2009 年跟踪研究哥本哈根世界气候大会算起，我国气候传播研究迄今已经走过了 10 多年风雨历程。总结其重要经验，就是要始终坚持理论与实践相结合，始终坚持服务于人民需求与国家发展。我们之所以主张将气候变化与健康相联系，融通"气候传播"与"健康传播"，并组建"气候与健康传播"专门研究机构，其最终目的就是吸引全社会的广泛关注与参与，为促进"美丽中国"和"健康中国"建设，为实现气候变化全球共治的美好愿景作出贡献。

回望过去，展望未来，我国气候与健康传播研究还须再接再厉，更上层楼，要为做好新时代我国气候与健康传播研究积蓄更多智慧和力量，作出更大努力和奉献。

我国新闻媒体雾霾天气报道的经验及启示

题注：2013 年 1 月全国出现大面积雾霾天气，给北京市民的工作生活带来不便，也对人们的身体健康造成危害。本文从几个方面总结了我国新闻媒体对这场天气灾害所作报道的经验，并阐述了它给我们带来的启示，指出新闻媒体在气候传播中可以大有作为。该文与中国人民大学新闻学院 2012 级研究生张峡合作完成，刊于《新闻爱好者》2013 年第 4 期。

2013 年 1 月至 2 月，我国持续出现大面积较强雾霾天气，直接影响到人们的身体健康和出行安全，干扰了群众生活和社会秩序，"PM$_{2.5}$""AQI"这些专业性词汇瞬间在社会上被普及开来。在这场保护生态环境、维护人民健康的社会行动中，我国新闻媒体及时跟进、顺势而为、因势利导，进行了有效传播，再一次体现出自己的社会影响力，彰显出自己的社会责任感。

这期间，我国新闻媒体关于雾霾天气的报道及时客观、深入浅出，而且敢于直面问题、引导舆论，打了一场气候传播的胜仗。

以中央电视台为例，据央视网统计，自 2013 年 1 月 11 日至 2 月 19 日这 40 天中，中央电视台围绕雾霾天气的报道有 439 条，平均日报道量近 11 条。特别值得关注的是，该台自 1 月 12 日起连续 3 天在《新闻联播》

中对雾霾天气进行重点报道，而且首日头条播出的时长占整个《新闻联播》节目时长的近 1/3。这一数据显示出央视对此次雾霾天气的关注程度之高、报道密度之大，体现了主流新闻媒体在气候传播中的认识水平和把握能力。

这次我国新闻媒体在雾霾天气的报道中，能够根据不同阶段事态的发展和公众的反应，采取不同的报道手段，合理调整议程及内容，做到由表及里、环环相扣、以量取胜、以势取胜，从而达到让公众信服，并自发地积极应对气候变化的有效传播目的。

一、天时地利，人和同心，及时跟进，服务公众

这次雾霾天气报道，我国新闻媒体之所以能够取得良好的传播效果，重要原因之一是具备了天时、地利、人和这三个关键性条件。

首先，恰逢"天时"良机。自改革开放以来，我国经济持续快速发展，一跃成为世界第二大经济体。经过不断总结发展过程中的经验和教训，如今我国经济已从以牺牲资源和破坏环境为代价的粗放型发展模式，向着节约资源和保护环境的精细化方向转变。人们在享受经济发展带来的丰厚物质生活的同时，开始以前所未有的态度关注自己的生存环境，实现绿色发展，保护生态环境已成为全社会共同关注的事情。2012 年年底召开的中共十八大，明确提出了推进生态文明建设的任务，并将其与经济建设、政治建设、文化建设和社会建设相并列，作为国家现代化建设的战略任务。建设美丽中国，推进绿色发展、循环发展、低碳发展，让环境更加美好、生活更加幸福、生命更加健康已成为全国广大群众的普遍共识，这就为新闻媒体做好气候传播提供了良好的社会大环境和坚实的群众基础。

其次，具备"地利"条件。2013年春，在我国北方多个省市同时发生了长时间、大面积的严重雾霾天气。这种极端的、带有极大危害性的天气现象的突然发生，引发了受其影响地区公众的密切关注，大家都希望尽快了解雾霾天气的危害和影响，以及预防的措施和办法，以便迅速投入应对气候变化的行动之中，这就为新闻媒体适时开展气候传播提供了难得的机遇和条件。

最后，拥有"人和"环境。近年来，我国新闻与舆论传播环境的持续向好、互联网等新媒体的迅速发展、新闻工作者责任意识的不断增强，以及政府对民生和环境问题的极大关注等，都为新闻媒体在此次雾霾天气到来之时，迅速组织有效的气候传播提供了必要的条件。

强雾霾天气会直接影响群众的身体健康、生活秩序和社会生产，这是引发群众关注的重要原因，也是造成人们心理恐慌的重要因素。在这种情况下，新闻媒体最重要的就是要坚持以人为本，迅速启动应急预案，在第一时间作出反应，及时、有效地向公众提供相关信息，以满足群众的获知需要。在此方面许多新闻媒体都作出了很好的表现。

例如中央电视台先后播出的《33城市空气遭遇严重污染，雾霾天气将向南北扩张》《北京未来三天将持续雾霾 市民应尽量避免外出》《雾霾天保健康：多喝水清淡饮食》，中新网图片新闻《北京空气严重污染 $PM_{2.5}$ 指数"爆表"》《北京：人们戴上口罩防 $PM_{2.5}$》，中国网络电视台播出的《雾霾防治措施》等报道，从雾霾天气的成因、怎样避免、如何应对等多个方面回答了群众的疑问。而《经济参考报》发表《北京遭遇本月第四次雾霾天，人为排放是根本原因》的报道，更是让 $PM_{2.5}$ 从实验室跳到了社会公众眼前，AQI也不再是气象部门的专业名词，这些气象领域的专业词汇，随着新闻媒体的报道一下子为公众所熟知。

公众通过新闻媒体了解到许多知识：$PM_{2.5}$ 会让人们不停地咳嗽，促使呼吸道疾病发生；为了不生病，人们尽量不要长时间待在室外，出门需要戴上棉质口罩，多吃清淡的食物；为了不继续增加 $PM_{2.5}$，需要大家的配合与支持，部分工厂要停工，汽车出行要减少。

这些新闻报道重点在于体现人文关怀、提供最新信息、普及相关知识。报道的目的在于安抚大众情绪、消除恐慌心理，使人们学会自我预防，避免因雾霾天气导致其他不利因素（如疾病暴发、恐惧心理蔓延等）的扩散。

二、聚焦问题，顺势而为，释疑解惑，监督问责

这次雾霾天气属于突发性危机事件，但是它与通常的突发性危机事件又有所不同。

通常的突发性危机事件一般会呈现出以下 4 个特点：一是区域性集中，突发性地暴发在某个区域；二是作用周期短，即突如其来，通过启动应急预案可以迅速结束，并能有效防止甚至杜绝此类事件再次发生；三是辐射范围可控，即通过应急手段在发生地迅速、有效地控制事件的恶性后果，使之不会加剧扩散；四是作用人群狭窄，即该类事件作用人群主要呈现地域特征，在没有发生事件的地区，关注度和事件作用效果不明显。

而这次雾霾天气属于由气候变化所引发的突发性危机事件，它具有影响区域广、作用周期长、辐射范围未知、作用人群普遍的特征。简言之，气候变化并非只影响到某个人、某个区域，它是一个公共性话题，与人类的生存与发展息息相关。雾霾天气不能仅仅看作北京地区、华北地区或是中国北部区域发生的气候问题，因为气候变化会相互作用、相互影响，让任何人、任何地区都难以置身事外。

因此，当雾霾天气成为社会话题时，新闻媒体就应当顺势而为，通过大量多样化的连续报道将这一社会热点问题聚焦，引发全社会的共同关注。新闻媒体不仅要解答群众的疑问，还要帮助群众设置疑问，问那些他们想不到和想不深的问题。

例如，一些新闻媒体在初期阶段的报道中主动为群众"支招儿"，提醒人们要防止吸入有害物质，而防止呼吸系统感染的途径是减少出门，使用空气净化器，注意调配饮食，出行佩戴口罩，等等。央视新闻频道《北京雨雪雾霾：路面湿滑，实拍追尾剐蹭明显增多》让群众了解到，雾霾天气不光危害人们的健康，也使得出行受阻、交通安全等问题接踵而来，提醒司机谨慎驾驶。

然而，这些只是雾霾到来之时人们加以应对的应急措施，属于"表面"层次的东西。新华社发出的《北京87小时雾霾天气扫描：人不能时时活在口罩下》的报道，适时地提出了深层次的疑问：在原本正常的日常生活受到严重干扰的情况下，我们该怎么办？《人民日报》时评《治理雾霾，需要告别"口头环保"》提出："每个人心里都有一个大问号：是谁催生了'霾'？"文章指出："若清点霾的成因，我们每一个人，也都脱不了干系。当我们质疑汽油标准时，脚下却不断地踩着油门；秋天，各地进入秸秆焚烧高峰期，使诸多城市雾霾锁城；春节，鞭炮脆响，在释放好心情时，也在释放令人厌恶的$PM_{2.5}$……每一脚油门、每一根燃烧的秸秆、每一串红红火火的爆竹后面，是你是我是他，我们是否也在一边抱怨空气质量，一边不经意地向霾'喂食'，催化并纵容着'霾'？有媒体人抱怨不知如何向车里的孩子解释'霾'，却忘记了自己正在贡献尾气；有公众人物不断向大家报告空气污染指数，自己的企业在雾霾天却没有按规矩及时停工……"这些报道使人们认识到，雾霾不是一阵风就可以刮跑的，它需要每个人都从自己身边点点滴滴的小事做起。

传播目的的深化，使报道内容发生了变化，由温和的安抚变为严肃的问责。这时，报道真实反映社会各界声音，使新闻媒体站在民意、道德和公益的制高点上，不断收集公众和相关领域专家的声音，借助民意的力量，追问政府，问责环保部门，对以往的经济发展模式进行反思，充分发挥了舆论监督的作用。这也有助于进一步深化公众对气候变化的认知，为提倡和推动全民环保打下更加扎实的社会基础。

三、因势利导，营造声势，细致深入，引导公众

新闻媒体作为一种信息传媒，可以在政府与公众之间搭建起沟通的桥梁，发挥"下情上达、上情下达"的作用；作为一个社会舆论机构，可以因势利导，营造声势，起到社会组织和动员的作用。

新闻媒体可以及时传达政府的政策和举措，发出倡议，动员社会力量，鼓舞群众信心，并促使群众响应政府号召，将政府应对气候变化的举措，自觉转化为应对气候变化的行动力。简言之，新闻媒体可以通过细致深入的新闻报道，因势利导，营造声势，帮助群众建立起更加牢固的环保理念，引导他们自觉投入到应对气候变化的行动中去。

为了使节能减排、绿色发展和环境保护的理念深入人心，进而形成全社会共同应对气候变化的良好声势，新闻媒体采用了许多细致有效的方法。

（一）报道视点，体现理性思考

在这次雾霾天气报道中，《人民日报》相继发表了《"雾霾天气"肆虐不是"美丽中国"》《"厚德载雾，自强不吸"不是全面小康》等几篇文章，明确提出"既然同呼吸那就共责任""这责任是政府的责任，是企业的责任，也是每一个公民的责任""'牵着你的手，却看不见你'不是

美丽中国,'厚德载雾,自强不吸'不是全面小康",文章用通俗易懂的话语发出倡议:"经济发展再也不能走先污染后治理的老路,城市管理再也不能以'空气不好是小事'的心态来应对突发情况,居民生活再也不能只图自己方便、不管环境负担。只有形成节约资源和保护环境的空间格局、产业结构、生产方式、生活方式,从源头上扭转生态环境恶化趋势,我们才可能拥有天蓝、地绿、水净、风清的美好家园。"

新闻媒体关于雾霾天气的报道视角,体现了媒体的理性思考,能够给群众以启发,使得节能减排、绿色发展和环境保护的理念深入广大群众的心中。

(二)治理措施,专业和民间并举

雾霾天气的治理,既需要政府及相关部门采取专业性措施,也需要民间力量的参与和支持。因此,新闻媒体的报道应当提倡专业与民间两者并举的治理措施。

新华网在题为《科学治理驱散雾霾——环保部有关负责人谈雾霾治理系统"药方"》的报道中,就面向公众提出了"制定城市建设规划作为防治 $PM_{2.5}$ 污染重要手段""能源利用作为防治 $PM_{2.5}$ 的重点领域""严格控制城市露天烧烤"3个药方。北京卫视《京津冀雾霾天气是自然和人为因素共同结果》的报道,道出了雾霾的成因,提醒公众勿自食恶果。这些报道可以帮助人们从专业与民间两个方面来了解治理雾霾天气的措施和方法。

(三)主播点评,贴近平民生活

在这次雾霾天气报道中,中央电视台采取了在新闻中插入主播点评的方式,收到了很好的效果。例如在央视的《晚间新闻》中,主播就

"雾霾天气下春节是否燃放烟花爆竹"作了点评，提醒群众燃放烟花爆竹会加重空气污染。这种以贴近平民生活视角的方式去引导群众从我做起，从身边小事做起，自觉担负起节能减排、保护环境责任的做法，值得肯定。

（四）专家解读，对比形象生动

2012年7月，中国气候传播项目中心所作的《中国公众气候变化与气候传播认知状况调研报告》显示，在对气候变化"信息来源信任度"的认知中，排在第一位的是"科研机构"，其次是政府、媒体等，这说明有关气候变化方面的信息传播，应当充分重视发挥科研机构和专家的作用。

在这次雾霾天气报道中，许多新闻媒体注重用专家解读的方式来实现传播目的。例如，央视新闻频道播出的《钟南山称大气污染比"非典"可怕，谁也跑不掉》《谢绍东：北京雾霾与洛杉矶光化学烟雾事件无可比性》等报道，就是借助专家之口，通过形象对比的方法，帮助人们认识此次雾霾天气的特点及其严重性，从而坚定了广大群众团结一心战胜雾霾天气的决心。

实践证明，通过新闻媒体对这次全国性大范围的雾霾天气的报道，大大提高了公众对气候变化的认识，增强了政府在应对气候变化方面的执行力和公众在应对气候变化方面的行动力。例如，在没有禁放令的限制下，2013年北京市烟花爆竹的销售量比2012年同期下降近四成，除夕夜燃放总量、集中燃放持续时间均比往年明显缩短；许多公务车辆以"今日重污染天气，停止使用"为由减少出行。这说明，新闻媒体的传播收到了实际效果。

这次雾霾天气报道的经验使我们认识到，在应对气候变化方面，新闻媒体担负着传播信息、普及知识、理性引导、稳定秩序、达成共识、促进行动的作用，通过宣传报道可以让公众正确认识极端天气给社会带来的危害，同时掌握应对与适应气候变化的方式和方法，进而自觉地投入到保护环境的行动之中，这些都说明新闻媒体在气候传播中可以大有作为。

当然，目前我国的气候传播还处在起步阶段，还有许多需要改进的地方，在报道的速度、广度、深度和力度上都需要加强，专业化水平也须进一步提高。今后，随着气候变化问题的日益凸显与生态文明建设任务的日益加重，我国新闻媒体在气候传播方面任重道远，尚须付出更大的努力。

信息公开　政务透明　传媒尽责

——由广东"非典"疫情想到的

▌**题注**：该文以广东"非典"疫情为参照，系统论述了政府信息公开、政务透明和传媒尽责的重要性，提出要从维护群众知情权和保护信息与传播自由的高度来看待信息公开问题，媒体要确保舆论导向的正确和有效。该文刊于《新闻传播》2003年第5期。

2003年春节前后，广东一些地方陆续发现了非典型肺炎病例，并出现了病人死亡情况。由于正常的信息传播渠道不畅，人们一时弄不清到底疫情如何、病因何在、有什么有效的防治办法。于是，小道消息借助手机、电话、网络等传播渠道迅即蔓延。有的传是鼠疫流行，有的传是不明病毒暴发，有的传是遭受生物性武器袭击，有的则传是炭疽，还有的传说某某医院院长染病身亡，某某医院已被部队戒严，全市已死亡数十人，等等。这些铺天盖地的信息在广东全省上下传得沸沸扬扬，闹得当地群众人心惶惶。一些人借机哄抬药品价格，板蓝根、白醋等防治药品和物品顿时身价百倍，口罩也成了抢手货。后来，又有传言说大米、食品等库存不足，于是人们又在粮食、副食商店门前排起了长队。广州等一些城市气氛紧张，市民神经紧绷，稍有风吹草动，都会引起人们的猜测和恐慌。不少人连班也不上了，有的则开始打算到外地躲避，全省许多地方正常的工作和生活秩序受到严重干扰。

2003年2月11日，广州市政府和广东省卫生厅分别召开新闻发布会，省卫生厅和市卫生局有关负责人回答了中外记者的提问，就非典型肺炎的发病情况、传播途径、治疗措施、预防办法、致病原因等人们所关心的问题作出了解释，从而澄清了事实，说明了真相。各种媒体及时跟进配合，组织起了全方位的宣传报道，提供多方面的信息，使大家不但了解了疫情和防治情况，还知道了省、市政府所采取的各种治疗和预防措施，对稳定群众情绪，平息各地事态发挥了积极作用。

广东"非典"疫情传播的典型案例，让我们切实看到了信息公开、政务透明和传媒导向在现代社会中所具有的独特功能和作用，引发了我们的深思。

一、信息公开，百姓知情

如果要总结这次广东"非典"疫情的经验和教训，最重要的是要认识信息公开在现代社会中的作用，可以说，沸沸扬扬、热闹了几天的谣传最后得以遏制，根本原因在于有关信息的公开。

一开始，关于非典型肺炎的发病、传染和蔓延情况传得神乎其神，群众苦于无法从正常渠道对这些信息加以证实，因而将信将疑，以讹传讹，使得整座城市笼罩在信息恐慌之中。然而，当人们从2月11日政府的新闻发布会和媒体的公开报道中确切地了解到了关于非典型肺炎的有关情况，知道了非典型肺炎不是鼠疫和炭疽，并非无法医治和无法控制，而是完全可防可治，而且知道了政府已经采取了有效的治疗和预防措施时，各种谣传不攻自破，迅即瓦解。

后来，当新闻发布会后又传出广东将出现"粮荒""盐荒"时，同样是政府和媒体及时提供的"国家有充足的粮、盐等储备"的信息，有效地抑制了谣言的流传，使群众吃了定心丸，从而使事态得以平息。

"谣言止于信息公开"，在现代社会，这个曾被大量事实反复证实过的真理，今天再一次被广东的事实证实。

谣言能够流传，并且能够得势，成为左右人们思想和行动的"指挥棒"，虽然原因涉及方方面面，但信息的封闭和传播渠道的阻塞是最重要的原因。由于信息封闭和传播渠道阻塞，人们无法从正常渠道了解到有关事情的真相，谣言便有了市场。群众中存在的那种"羊群心理"和"从众心理"无疑又会使谣言趁势蔓延，甚嚣尘上，乘机得逞。

如果当非典型肺炎事件发生后，政府有关部门和媒体能够及时向群众通报有关信息，消除群众疑虑，使其能平静地对待疫情，和政府保持着一种畅通的信息沟通渠道，并监督政府及有关部门采取有效措施加以防治的话，那么谣言就不会有传播的土壤。正因为一开始有关部门的迟疑和拖延，才导致非典型肺炎发生的头几天出现了正确信息传播渠道来源的"真空"，从而使得谣言乘虚而入。

在现代社会，有关群众和社会公共利益的政府工作信息与社会公共信息的公布是维护社会正常工作和生活秩序必不可少的环节。只有让老百姓及时、准确地获知这些信息，大家才能保持平稳心态，对政府采取协调配合的态度，去应对正在发生或可能发生的各种事态。相反，如果群众对许多涉及其切身利益的政府工作信息和社会公共信息不了解、不知情，一方面，出于对事态的担心，各种民间自发的猜测和议论便会纷纷而起，不胫而走；另一方面，一些别有用心者则会乘机制造谣言，蛊惑群众，再加之现代化的传播手段，更会使谣言如虎添翼、迅速传播，贻害无穷。

为了防止由于信息封闭和传播渠道阻塞造成的不良后果，世界上许多国家都从维护公众知情权和保护新闻传播自由的角度制定了专门的信息公开法规，用以规范政府和其他公共机构的信息发布行为。

我们也要从维护群众知情权利和保护信息与传播自由的高度来看待信息公开问题，要认识到，在一个民主、开放的现代社会中，向民众及时、准确、充分地公开政府工作信息和社会公共信息是一种责任和义务，是维护社会稳定的重要手段和有效方式。信息公开，百姓才能知情，百姓知情，才能与政府同心，百姓与政府同心，天下才能太平。否则，如果有意掩盖事实，封锁消息，堵塞政府工作信息和社会公共信息的传播渠道，那么不但会导致谣言流传，致使群众为谣言所困，造成社会不稳定，而且会引起群众对政府和有关公共机构的不满，从而有损政府和公共机构的形象，影响人民群众与政府的关系，损害国家和人民的利益。要知道，在通信和传播手段越来越现代化的条件下，你不传，人家传，你后传，人家先传，而先传者往往会先声夺人，占据主动。如今，高科技手段带来的传播速度之快和辐射范围之广，产生的冲击力之强和影响力之大，往往会出乎人们意料。再说，当群众急需获取有关政府工作信息和社会公共信息时，你却按兵不动，无所作为，等于把传播和导向的主动权拱手让给别人，这实在不是一种聪明的做法。

二、政务透明，群众放心

要想做到信息公开、让百姓知情，关键在于政府及各类公共机构的工作要公开和透明。可以说，政务公开透明是现代社会民主政治的重要内容，也是对现代国家民主施政的基本要求。只有政务公开透明，老百姓才能知道政府和有关公共机构在干什么、干得怎么样，特别是对那些和自己切身利益相关的事情，他们更希望知道政府和有关公共机构为维护他们的利益都做了哪些工作，还存在哪些问题和困难，需要自己作哪些支持和配合。如果政府有关部门和公共机构对自己所做的工作采取封闭和保密的做法，那么即使工作做得再好，群众不知情，也不能达到沟通的目的，更谈不上要求群众给予支持和配合，有时还会由于信息阻塞造成群众的误解和不满，从而导致不必要的矛盾和冲突。

据悉，这次广东发生的"非典"疫情，政府有关部门和有关公共机构从一开始就做了不少工作。2月12日，广州《信息时报》刊登的《病例发现与防治日志》，提供了有关这方面的详细信息如下。

1月2日，广东省卫生厅接到河源市人民医院报告，当天下午，省卫生厅即派出了流行病学调查组和临床专家组到河源市进行调查和指导治疗。

1月21—22日，接到中山市发生类似病例报告，卫生厅组织专家对该市三家医院收治的非典型肺炎病例进行现场调查。

1月23日，卫生厅将《调查报告》印发到各地级以上医疗卫生单位，明确要求学习和掌握其中的"治疗原则"及"预防措施"，并要求今后凡发现类似病人，要严加观察和诊治；加强疫情报告；加强正面宣传教育，避免造成不良的社会影响。

2月2日下午，卫生厅召集广州市卫生局与有关部门和专家参加紧急会议，研究分析当前"非典"疫情进展情况，提出了进一步防治措施。

2月3日，省卫生厅向省委、省政府、卫生部报告广东省发生"非典"疫情的情况，张德江等作重要指示。

2月8日上午，省卫生厅召开会议，传达省委、省政府领导的重要指示精神，对当前广东省发生"非典"疫情的情况、防治措施进行了认真分析研究。

2月9日下午，省卫生厅召开广州地区各医疗单位负责人会议。

2月11日上午，召开各地级以上市卫生局和疾病预防控制中心负责人会议，传达贯彻省委、省政府领导指示精神，总结河源、中山等地防治经验。

2月11日上午，中共中央政治局委员、广东省委书记张德江等领导亲自到省卫生厅视察和听取汇报，并再次作了重要指示。

从上述资料中我们可以看出，在2月11日广东省卫生厅和广州市政府举行新闻发布会前，省市有关部门已经做了大量工作，只可惜这些信息在新闻发布会前老百姓大多不知情。可能是由于病因尚未查清，担心疫情公布后会造成群众恐慌；也可能是觉得政府完全有能力控制疫情……总之，有关部门和单位的出发点是好的，但是他们却没有想到像这样事关群众切身利益的大事，群众的急切心情和关注程度是容不得信息传播的迟缓和拖延的，更没有想到现代化的通信和传播手段会那样迅速地被传闻和谣言利用，以至于会将动作迟缓者逼入不利的境地。

在现代社会，保证政务活动的公开透明及政务信息与政府掌握的社会公共信息的公开传播，是民主施政的前提条件和基本要求。通过政务公开，让群众及时了解各种他们所需要的政府工作信息和社会公共信息，同时更好地行使他们对政府工作的监督权利，这不但有利于政府工作，更是维护群众知情与民主监督权利的需要。1987年10月，党的十三大报告中就明确提出："提高领导机关活动的开放程度，重大情况让人民知道，重大问题经人民讨论。""要通过各种现代化的新闻和宣传工具，增加对政务和党务活动的报道，发挥舆论监督的作用，支持群众批评工作中的缺点错误，反对官僚主义，同各种不正之风作斗争。"

许多事实说明，尽可能使政务和党务活动公开透明，让群众知情，让群众监督，让群众放心，只会有利于工作。反之，如果遇事遮遮掩掩、拖拖拉拉，让群众一头雾水、不知缘由，其结果只能是引发并加深群众的误解，造成工作的贻误和被动。这次广东的"非典"疫情一开始谣言纷纷、人心惶惶，险些酿成不可收拾的后果，就在于政务信息的封闭及相关信息流通渠道的阻塞。而后来事件的迅速平息和问题的迎刃而解，恰恰又得益于有关政务活动的透明和政务信息的公开。

经验和教训告诉我们，建立政务公开制度，同时建立相应的疫情险情灾情的监测与预警机制、突发事件的快速反应及处理机制，提高运用媒体组织和引导舆论的能力，对各级党政部门来说，不但是必须的，而且是必要的。因此，要从民主观念、管理机制和施政能力与水平上来认识政务公开的意义，要建立相应的运行和监督机制，以保证政务活动的公开透明。

当然，政务活动的公开和透明要注意把握好"度"，要从维护国家与群众利益和社会稳定的角度出发，来确定所要披露的信息、信息公开的时间和程度，以争取实现信息发布和新闻传播的最佳效果。

三、传媒尽责，导向正确

信息公开和政务透明需要新闻媒体的及时跟进和有效配合，这也是这次广东处理"非典"疫情的重要经验，正是有了新闻媒体的适时的配合和有力的支持，处在信息饥渴和迷茫中的群众才迅速了解了实情，打消了顾虑，平稳了心态，恢复了正常的工作和生活秩序。

《南方都市报》从2月10日起便以几个版的篇幅对事件进行全方位的报道，《广州日报》《羊城晚报》《信息时报》等报纸随后也迅即介入，展开了大规模、全方位的报道，使得在市民中已经蔓延多日的恐慌得以迅速抑制，对板蓝根、白醋和口罩的抢购也在11日和12日基本平息。而当12日下午出现新的谣传，在广州市民中又掀起大规模的抢购大米和食盐的风潮时，13日的《广州日报》在头版头条以《盐荒米荒纯属无稽之谈——今起广州将严厉打击哄抬物价行为，政府正告不法之徒造谣惑众必受严惩》为题，用很大篇幅作了集中报道，其子报《信息时报》也作了积极配合。媒体的及时报道，使得抢购风潮在当天下午便基本平息。据说，这一天的《广州日报》加印了20万份，总印数超过180万份，许多商场的门口都贴着该报的头版。报纸提供的相关权威信息，粉碎了借机哄抬物价的不法奸商别有用心的谣言，有效地引导了舆论，大大稳定了群众的情绪，使事态迅即得到控制，对广州市乃至全省的稳定产生了积极的影响。

满足受众的信息需求，同时配合党和政府的工作进行正确的舆论引导，是新闻传媒的神圣使命和义不容辞的责任与义务。当"非典"疫情发生时，广东省特别是广州市的许多媒体出于新闻敏感和社会责任感，都在迅速采集有关信息，密切关注事态发展，并希望能及时向群众报道事实真相，实施有效舆论引导。然而由于有关部门担心会产生不良后果，媒体只能在焦急中等待报道时机。而这恰恰为谣言的流传和得势提供了机会和条件。在此情况下，一些媒体以对人民利益高度负责的精神，积极努力，上下沟通，争取机会，尽可能地组织报道，发挥新闻媒体的舆论引导作用。在关键时刻，一些主流媒体精心组织策划的宣传报道起到了释疑解惑、端正视听、正确引导舆论的作用，不但受到了群众的交口称赞，而且得到了省委主要领导同志的表扬和鼓励。这些媒体的负责态度和职业精神是很值得我们肯定和赞扬的。

其实，新闻媒体和党政部门在新闻宣传和舆论导向的根本目的上都是一致的，大家都希望通过新闻报道组织起有效的舆论，引导群众朝着党和政府所确定的正确方向前进。问题在于，舆论导向要从人民群众的实际需要出发，要从现实生活的实际状况出发，要从新闻传播的实际效果出发。当一件事在社会上已经议论纷纷，群众急需了解事实真相，把握事态发展时，我们的媒体不能充耳不闻，视而不见，而应当及时予以报道，认真地向群众提供充分、准确的信息，努力通过事实的报道有效地引导舆论。否则，便会脱离实际、脱离群众，等于自动放弃舆论引导的主动权，给别有用心之人打开方便之门，这次广东"非典"疫情事发初期的情况就是深刻的教训。

总之，媒体要尽责，要保证舆论导向的正确和有效，领导机关和主管部门则要给予大力支持和积极指导，以便共同完成宣传报道任务。党政有关部门作为媒体的管理者，同时作为权威信息的拥有者和发布者，在把握好宣传报道和舆论导向的控制权的同时，要善于协调和引导，尤其要善于控制非正常渠道来源信息的传播，不能让这样的信息放任自流，肆意蔓延，造成不良影响。而解决这个问题的最好办法，就是充分发挥主流新闻媒体作为新闻传播和舆论导向的主渠道作用，既要放手让主流新闻媒体按新闻规律组织报道，又要注意在方向和原则问题上帮助媒体把握好方向。这才是最佳的指导方式和最有效的指导方法。

这次事件中还有一个值得我们研究和重视的问题——群众的心态和心理问题。以广东的开放程度和文明程度看，人们很难想象在已经进入21世纪的今天，还会有那么多市民的心理防线是那么脆弱，心理状态是那么不平稳，稍微的风吹草动，便会激起他们的心灵旋涡和情感浪潮，使自己陷入不能自拔的地步。因此，提高群众对事物的辨别、分析和判断能力，增强群众对突发事件及危机状况的心理承受能力与应变能力也是政府同媒体需要正视和解决的问题。

常言道，"吃一堑，长一智"，这次广东"非典"疫情虽已烟消云散，风平浪静，但它留给我们的经验和教训是深刻的。我们应当很好地从中总结经验，吸取教训，并力求举一反三，在今后的工作中以此为鉴，争取把工作做得更好。

第五编

危机传播

论风险社会与危机传播

> **题注:** "风险社会"与"危机传播"都是近年来学界所关注的热门话题,该文对风险社会及其特征进行了阐释,对风险社会理论在中国社会的应用价值作了探讨,并对风险社会中危机传播的策略和方法展开了论述。该文与中国人民大学新闻学院2009级研究生杨柳合作完成,刊于《新闻记者》2010年第8期。

一、风险社会及其特征

(一)风险社会的内涵

"风险社会"(risk society),最初是由德国社会学家乌尔里希·贝克(Ulrich Beck)提出来的。他在1986年出版的《风险社会》一书中,首次使用了这一概念。20多年来,随着全球范围内,特别是西方一些国家各种社会危机频频出现、社会风险频频发生,人们关于风险社会的探讨在逐步深入,其学术影响也在日益扩大。贝克认为,风险社会是现代社会发展的一个阶段,在这个发展阶段里,由于工业化过程中所出现的一些问题,导致全球性风险开始出现,使人类日益"生活在文明的火山口上"①，面临着越来越多的风险景象。

英国社会学家安东尼·吉登斯（Anthony Giddens）则透过人类社会不断呈现的风险图景，对风险社会理论进行了更加深入的研究。他认为，风险社会实际上指的是随着科学技术的进步和全球化的发展，使现代社会产生了许多不同于传统社会的风险和不确定因素，而这是现代化发展的一种结果。风险社会不仅仅表现为社会中风险的不断涌现，更重要的是它意味着人们需要根据规避风险的原则来组织社会。在吉登斯看来，风险社会是一个关注人类未来，尤其是规避人为风险和追求安全的社会。"我们所有的人都需要抵御风险的保障，但也需要面对风险并以一种积极的方式来对待风险的能力。"②

"风险社会"理论描述和分析了现代风险社会的结构特征，为我们认识当今世界社会发展及现代化进程提供了独特的视角，也为决策部门制定相关社会政策，以便更好地规避社会风险提供了有益的思路。

（二）风险社会的特征

无论是从风险社会的理论描述看，还是从当今世界范围内一些国家出现的社会风险的实际情形看，都可以得出这样一个结论，即世界正处在一个矛盾频现、危机频发、风险丛生的风险社会之中。这个被称作"风险社会"的社会具有以下一些特征。

1. 风险危害的全球性

近年来，不断加快的全球化进程，既给世界各国带来发展机遇，也

① ［德］乌尔里希·贝克：《风险社会》，何博闻译，译林出版社 2004 年版，第 13 页。

② ［英］安东尼·吉登斯：《第三条道路——社会民主主义的复兴》，郑戈译，北京大学出版社 2000 年版，第 176 页。

孕育着许多风险和考验。正如吉登斯所说，现代化的根本性后果之一就是全球化。生活在全球化的时代，就意味着要面对更多的，各种各样的风险。[①]贝克也认为，全球化对资本主义社会的主要影响之一，就是其具有极度的不确定性和高度的风险性，从而使当代发达资本主义社会成为一个"风险社会"。[②]

在全球化背景下，风险的冲突点与始发点往往没有明显的联系，即使生活在远离风险源头的地方，有时也难以避免被风险冲击而不得不承受风险的考验。正如传播学中所说的"蝴蝶效应"，大西洋的蝴蝶一振动翅膀，便会掀起太平洋的汹涌波涛。

2. 风险形成的人为性

贝克认为，风险是人类活动和社会的一种反映，是生产力高度发展的一种表现，人为因素日益渗透到风险之中，成为风险形成的重要因素。而这种人为引发的风险也促进了风险社会的到来。

风险社会存在的一个主要悖论是，风险往往是在试图控制它们的现代化进程中产生的。在现代社会中，人们面对的许多危险往往不是源于自然界，而是源于人类自己。风险犹如一个马力巨大而又失控的引擎，随着它的扩散，人们越来越多地生活在危机状态之中。

3. 风险发生的不确定性

风险社会理论说明，随着风险社会的到来，不仅会有经济、政治方面的风险，也会有文化、生态等方面的风险；不仅有区域性风险的存在，也会有全球性风险的发生，这些风险往往相互交织、相互渗透，呈现出

---

① ［英］安东尼·吉登斯：《现代性的后果》，田禾译，译林出版社2000年版，第152页。

② 俞可平：《全球化时代的资本主义——西方左翼学者关于当代资本主义新变化若干理论的评析》，《马克思主义与现实》2003年第1期。

一幅复杂多样的风险图景，而这些风险的出现，也愈加难以预测和预防。

当然，风险发生的这种不确定性，并不意味着人们在风险面前就必然无能为力，只能任其自然发展。其实，人们可以通过各种努力来预测风险，对未来可能发生的风险未雨绸缪，制定必要的预防与应对方案和策略，从而将风险和损失降到最低限度。这也正是风险社会理论提出者关注风险、研究风险的目的之所在。

4. 风险产生的制度性

贝克认为，"现代制度的建立与运行大大提高了人们认识和应对风险的能力，但因制度系统的复杂性所带来的制度功能部分失效，最终又成为更多、更大的风险不断产生的制度性根源"[①]。

这说明，虽然现代制度为规避风险提供了一定的制度保障，但风险却是与现代制度紧密相连的。风险社会的形成绝不仅仅是简单的某一经济、生态等社会现象所表现出的局部性问题，而是由社会制度、社会组织体系、社会文化、社会实践等综合因素带来的结果，是一种制度性的风险。

5. 风险影响的广泛性

在现代化进程中，由于各种复杂的矛盾因素的作用，风险发生及其影响的领域越来越广泛，可以说涉及经济、政治、文化、社会生活的各个领域。不仅如此，风险还关涉每一个人，如生存状况、食品安全、就业危机等。总之，风险所关涉的领域正在逐渐扩展，其影响越来越广泛，破坏作用也越来越大，引起了人们的深度关切。

6. 风险后果的两重性

在风险社会理论中，对风险后果的认识存在着两种截然不同的观点。

---

① 崔德华、彭哲：《西方风险社会理论及其现代启示》，《长春工业大学学报（社会科学版）》2009年第4期。

一种观点认为，风险会对人类造成灾难性伤害，甚至是毁灭性打击，具有极大的破坏性；而另一种观点则认为，风险通常是人为因素的结果，是文化原因导致的，体现了人与文化之间的矛盾。因此，解决这类矛盾正是应对风险的策略。从这种意义上讲，风险又具有积极意义，因为风险的存在意味着创新，意味着变革，意味着发展的机会。

了解风险社会的上述特征，对我们全面认识和正确评价风险社会具有重要意义。风险社会理论源于对工业文明给现代社会所带来的种种不良后果的冷静审视，源于对资本主义制度"阴暗面"的批判，源于对社会分配逻辑从财富分配逻辑转向风险分配逻辑的基本认识。因此可以说，它是对社会的现代性进行理性反思的结果。

二、风险社会与中国社会现状

（一）风险社会理论的中国应用价值

从风险社会理论产生的情况看，它所反映和要解决的是发达国家在进入后工业化社会后出现的一些社会现象和社会问题。因而有人认为，这种理论只是某些发达国家在较高现代化水平上所形成的一种"现代化焦虑症"，对于其他国家，其参照意义不大。[1]尤其是像中国这样的发展中国家，面临的主要问题是如何更好地生存和发展，而风险社会所涉及的主要问题则是如何消除科学技术和现代化发展所带来的负面影响。因此，如果根据这一理论来判断形势、作出决策和制定发展规划，可能会对发展中国家带来不利后果，因为风险社会所涉及的许多问题在这些国

---

[1] 赵延东：《解读"风险社会"理论》，《自然辩证法研究》2007 年第 6 期。

家还未被提上议程。

从我国社会当前的现状看，虽然经过改革开放 30 多年的努力，我国的经济与社会均获得快速发展，但作为一个后起的发展中国家，经济与社会的发展始终受到资源、环境等因素的严重制约。因此，要想完成发达国家在一个相当长的历史阶段内所完成的社会变迁过程，就需要尽可能缩短发展时间，尽可能加快发展速度。这些年来，我国经济发展的持续高速度，以及经济社会转型的快速推进，就明显地反映和体现出了这种状况。

这种快速的社会变迁致使各种矛盾汇聚交织、相互作用，导致了依然处在转型期的我国的社会结构呈现出断裂性特征[①]，即一方面表现出某些强烈的前现代社会的特征，而另一方面又显现出某些后现代社会的特征。这使我们不仅要面临传统风险的挑战，也不可避免地要应对现代风险的挑战。

为此，风险社会理论可以给我们提供一个观察与思考我国社会发展问题的新视角，有助于我们更好地反思现代工业和科学技术给我国社会发展带来的正反两方面效应，更好地认识社会结构的变迁及其对公众认知与行为产生的影响，同时有助于我们更加有针对性地建立规避风险的社会机制，制定风险治理的社会政策。而这些，也正是近年来我们大力倡导的科学发展观所要解决的重要问题。

（二）中国社会风险的基本特征

1. 风险性质的特殊性

我国社会目前仍然处在改革开放以来的转型时期，因而使得社会风

---

① 童星、张海波等：《中国转型期的社会风险及识别——理论探讨与经验研究》，南京大学出版社 2007 年版，第 131 页。

险也呈现出转型期特有的性质。由于我国的社会转型既有发展方式的转型，也有社会结构的转型，因而其风险也就会表现出这两种社会转型所必然存在的不同特征，呈现出多元化的特点。

这种风险的性质也决定了我国所面临的风险社会问题的特殊性，即当前我国社会的中轴与核心问题依然是生存与发展问题，是发展过程中所呈现出的风险，这与西方国家以分配风险为中轴与核心风险社会状况存在较大差异。

2.风险呈现的复杂性

从目前社会现状看，我国社会既存在贝克所划分的历史阶段风险，即前工业社会风险（自然风险）、工业社会的风险（保险风险）、风险社会的风险等，也存在吉登斯所划分的外部风险和人为风险。

另外，由于我国社会在人口、地域、民族、历史沿革和现实发展条件等方面存在差异，社会问题和社会矛盾具有多样化特征，这使得社会风险呈现出极大的复杂性，需要我们从历史的纵深度和现实的关联度上来进行全面的审视和评价，以得出正确的认识。

3.风险规避的艰巨性

由于我国社会风险所特有的性质，以及风险呈现的复杂性，使得社会风险的规避涉及方方面面的因素，需要政府、公众乃至全社会的努力，因而显得格外艰巨，需要从多方面入手，进行全面应对。

三、风险社会中的危机传播

（一）风险社会与危机传播

在风险社会理论范围内研究危机传播，首先应当理解"风险"与

"危机"之间的区别与联系。有学者认为，风险，指的是损失的可能性，而"危机"，则指的是已经明确发生的损失；风险如果任其发展，最终必然会演变成危机。风险与危机之间存在着实践上的因果关系，风险是前期形态，危机是后期表现。

不管"风险"与"危机"之间是否存在这种因果关系，风险社会的到来增加了危机出现的可能性是显而易见的。从当前世界范围内的社会现实看，风险社会实际上是一个充满危机的社会。"危机四伏""危机频现"和"危机爆发"是这种社会的重要特征。所以，应对风险在很大意义上就是应对危机。

要化解和规避风险与危机需要利用各种资源，运用各种手段，采取多种方式。其中，大众传媒由于其在信息沟通、新闻传播、舆论引导和社会服务等方面的特殊功能，自然成为解决风险社会各种问题的重要资源，成为化解和规避社会风险与危机的重要手段和方式。

由此看来，危机传播是当前风险社会中需要掌握的一项基本能力，也是应对社会风险的一种重要手段。

（二）风险社会中危机传播的策略和方法

总结国内外近年来在应对社会风险与公共危机方面的经验和教训，要搞好风险社会中的危机传播需要掌握以下策略和方法。

1. 以人为本，准确定性

风险社会具有人为性，风险和危机常常与社会矛盾冲突及人间灾祸相连，其中必然涉及人们的生命与财产安全。因此，新闻媒介应注意坚持以人为本，体现人文关怀，关注社会风险和危机事件中人民群众的生存状态和生活状况，关注他们的命运与安全；对他们表达同情，传递希望；尊重他们的需求、情感和价值取向；尽可能地为他们提供心理安慰，减少其恐慌和紧张情绪，促进事件妥善、圆满地得到解决。

危机传播的最终目标是化解矛盾，平缓民心，消除危害，稳定局势，使社会恢复正常状态。而在风险社会中，客观事物存在着错综复杂的矛盾形态，因此，新闻媒介在危机传播中必须准确而又深刻地认识客观事物各种矛盾的本质特征及相互联系，理解矛盾与风险的复杂性。

按照不同的分类方法，风险社会中的矛盾可分为内部矛盾与外部矛盾、主要矛盾与次要矛盾、潜在矛盾与现实矛盾、对抗性矛盾与非对抗性矛盾等。分清不同的危机事件属于哪类性质的矛盾和风险，不仅可以对症下药，积极化解矛盾，使事件发生有利的变化，更能增强社会的凝聚力，使民众对未来充满信心和希望，从而尽快摆脱危机事件带来的消极影响。

2. 及时传播，掌握主动

在风险社会中，具有预警、告知和培育公众风险意识的新闻媒介，天然地成为风险信息的发布平台。但是，风险发生的不确定性不仅考验着新闻媒介的预警能力，还与其危机传播的准确性和及时性紧密相关。

公众往往对权威信源具有依赖性，因此权威主流媒体能否及时提供充足、可信的信息，在当风险产生，危机突现，公众感觉孤立无助、心理脆弱之时显得尤为重要。这时民间舆论强度较弱，发展的方向也不是十分明确，公众还处在迷茫、不知所措的状态，如果此时新闻媒介能够及时提供相关事实信息，并作出正确的分析和判断，就能够帮助公众弄清事实、了解真相、平稳心态，从而形成有利的舆论环境。因此，在危机事件发生之初，新闻媒介应及时反映和报道事件的真实情况，并尽快形成正确的判断，迅速表明自己的立场和态度，以有效地表达和引导舆论。

"先入为主"是受众接受信息传播的普遍规律，因此，社会风险和危机事件发生时，只有及时传递信息才能赢得主动。2010 年年初，山西地震流言传播中正反两方面的经验，以及兰州石化爆炸事件中手机短信安定人心的成功案例都表明，及时发布信息才能迅速地化解危机、掌握舆论引导的主动权。

3. 真实客观，实事求是

真实客观、实事求是地报道社会上发生的各种新闻事件，向亟待了解信息的民众提供事实真相，这是危机传播的基本要求。在危机传播中，新闻媒介能否为公众提供真实的危机信息，直接关系到公众是否有足够的信息安全保障，关系到社会能否保持稳定。只有真实的信息才能正确引导公众在危机事态中保持理性，不致产生过激反应和失态行为。而如果危机信息传播失真，必然会导致危机事件中人们的思想混乱和社会失序。

因此，新闻媒介在危机传播中一定要做到信息准确、内容真实。当然，由于危机事件发生时的复杂情况，一开始对事件相关信息的了解和把握会受到一定限制，要做到完全真实地反映全面情况会有困难，这时新闻媒介可以随着事件的进展和采访的深入，逐渐充实报道内容，通过后续报道来全面反映事实的真相。例如在危机事件出现时，新闻媒体可以先通过发布简讯来告知事实，随着对事件的深入调查和了解，再进一步介绍背景，阐释原因，预测事件的发展趋势。在此过程中，应尽量避免由于报道的不准确而进行过多更正的情况，以免造成群众因为信息内容的反复修正而难断真伪，无所适从。

4. 巧设议程，引导舆论

不少公共危机事件最初引发的往往是公众激烈的情绪表露，这属于一种"潜舆论"状态。然而，这种"潜舆论"并不是纯粹个人情绪的表现，它预示着多数人的预存立场，并且有可能进一步发展成为"显舆论"。对媒体来说，如果能在公众意见还处于"潜舆论"阶段时就巧妙地设置议程，进行适当的引导，效果会比"潜舆论"转化为"显舆论"时要好得多。

新闻媒介通过议程设置，可以吸引公众关注议程所设置的内容，引导其按照社会公共利益的需要，齐心协力地应对危机事件，共同维护社会的稳定。这种议程设置可以强化新闻媒体在危机传播中的舆论引导作用，增强政府凝聚人心、团结群众抵御和应对危机事件的能力，同时有利于维护社会的和谐、稳定与发展。

5. 注意平衡，把握好"度"

"度"，是质和量的统一，也是情与理的统一。在危机传播中，如何使传播适度，既是一种策略，也是一门艺术。

适当控制报道的流量和流向，是新闻媒介在危机传播中首先需要考虑的"度"的问题。一家成熟的媒体应该是稳重的和冷静的，在危机事件发生时，新闻媒介应注意从大局出发，在保证及时报道危机事件、满足民众知情需要的同时，注意保持多方面信息的平衡，通过对流量和流向的控制，使其他内容的稿件也能在恰当的版面和时间与受众见面，以适当纾缓公众的思想压力。其次要考虑报道对象和报道观点的平衡。在危机传播中，新闻媒介需要全面掌握事件各个方面的信息，善于运用平衡报道的方式，给事件中所涉及的矛盾各方以平等运用媒体表达意见的机会。同时，媒体自身也要注意反映不同利益群体的意见，以达到公众的心理平衡和心灵慰藉，从而实现舆论的平衡和社会的稳定。

论公共危机事件中的新闻传播及其策略

▌题注： 本文阐释了公共危机事件的内涵及特点，探究了公共危机事件应对与新闻传媒的关联，并就新闻传媒在危机管理中如何进行危机传播提出了具体建议。该文与中国人民大学新闻学院 2005 级博士研究生邹晶合作完成，刊于《新闻爱好者（理论版）》2008 年第 1 期。

近年来，公共危机事件频频发生，给社会造成很大冲击，也给政府管理能力带来严峻挑战。作为党、政府和人民的耳目喉舌，作为社会的舆论机构，我国新闻传媒如何在公共危机事件中发挥好社会功能与作用，促使公共危机事件圆满解决，以维护国家和人民的利益，维护社会的和谐与稳定，这是一个亟待研究和解决的重大理论与实践课题。

一、公共危机事件的内涵及特点

公共危机事件，是指突然发生的危及群众生存与生活以及社会安全与稳定的重大紧急事件。公共危机事件不但带有突发性，而且演变迅速，冲击力强。它会严重威胁社会系统的基本结构、价值规范和共同利益，造成巨大的破坏。

根据事件发生的原因，一般可以将公共危机事件分为以下四类。

一是自然灾害引起的重大突发性事件。如自然火灾、地震、台风、雨雪、干旱等。这类事件破坏性严重，而且难以避免。

二是人为或其他因素造成的重大灾难性事件。如人为火灾、矿难、核泄漏、质量事故等。这类事件因为多是人为所致，因而具有可控性。

三是社会人群之间的利益和矛盾冲突导致的社会秩序陷入混乱的重大社会性事件。如战争、暴力对抗、恐怖主义事件等。这类事件往往是由各种利益和矛盾长期积累、激化而引发的，解决起来难度较大。

四是食品和药品安全等问题造成的重大公共卫生事件。如食物中毒、药品造假、食品中致病性物质含量超标等引发的社会恐慌及危害等。这类事件因为直接涉及群众的生命安全，社会冲击力和危害性极大。

在现实生活中，由于各种主客观因素的交织和影响，往往会促使一些突发性事件迅速恶化，进而发展成为社会公共危机事件。而公共危机事件一旦发生，会给国家、社会和公众个人的生命财产造成重大损失，从物质和精神两个层面对社会和公众造成以下几类伤害和影响。

一是会扰乱正常社会秩序。公共危机事件往往会打破人们社会生活的常态，中断原来正常运转的社会机器，在一定范围内造成社会秩序的混乱。

二是会造成重大人员伤亡、财产损失、生态环境破坏和严重社会危害。公共危机事件由于其突发性，人们往往预先缺乏必要的思想和物质准备，因而破坏性极大，给社会造成的损失较为严重。

三是会给人们造成极大的心理伤害。公共危机事件往往牵涉不同利益群体，包括危机事件相关人员（危机事件受害者、危机事件责任人和参与危机事件救助人员）以及社会公众。在公共危机事件中，当危机还没有消除时，社会公众中的每一个成员都可能在特定时刻卷入危机，成为危机事件中的相关人员之一。公共危机事件不仅会危及人们的生命、健康和财产安全，而且会使人们的心灵遭受重创，蒙上心理阴影。

四是会影响执政者的公信力。公共危机事件与普通社会事件的主要不同，就在于其影响的负面性。在公共危机事件中，由于社会和公众受到一定的冲击与震荡，容易导致极端意见的出现并会迅速汇集成舆论，而这些舆论反过来又会影响公众的情绪和思想。此时，政府如果引导和处理不当，就会对自身公信力造成负面影响。而一旦自己的形象受到损害，政府就要花更大的力气去进行"修复"工作。

总之，无论哪一类的公共危机事件，都会对社会组织系统，尤其是执政者应对和处理事件的体系及能力提出严峻挑战。因此，需要政府及各种社会组织在尽可能短的时间内控制事态发展，适时做好与民众的沟通，千方百计降低可能带来的损失，这样才能有效地维护政府形象及其公信力，保障国家、社会和公众的利益。而其中，借助新闻传媒进行危机传播是关键而有效的环节。

二、新闻传媒在危机管理中的作用

所谓公共危机事件传播（以下简称"危机传播"），是指运用大众传媒及相应手段，对公共危机事件进行有效控制的信息传播活动。其目的在于，通过及时、有效的信息传播对公共危机事件进行干预和影响，使其向好的方向转化。

危机传播是政府部门进行危机管理的重要组成部分。它是把人际传播、大众传播、组织传播等一系列传播理念和方法运用到危机管理过程中的一种传播活动，也是在危机事件中，政府部门、社会组织、新闻媒体和公众的内部，以及彼此之间进行信息交流的一种过程和行为。

面对公共危机事件，通常政府都会从国家和社会公共利益出发，在危机发生前充分利用新闻发布机制对危机事件进行快速回应，平息公众的恐慌情绪；在危机发生后，通过媒体把事件的相关信息及时传递给公众，以正视听，从而维护社会的稳定和正常秩序，并通过一定的传播技巧说服媒体和公众接受政府采取的措施，创造对政府有利的舆论环境。

2006 年 1 月，我国政府发布的《国家突发公共事件总体应急预案》就对新闻媒体的危机传播作出了许多明确规定。如信息发布要积极主动，准确把握，避免猜测性、歪曲性的报道；政策规定可以公布的，要在第一时间向社会公布；授权发布、散发新闻稿、组织报道、接受记者采访、举行新闻发布会等发布形式可以视具体情况灵活采用；要保证在整个事件处置过程中，始终用权威、准确、正面的舆论引导公众；等等。

新闻传媒所具有的传播及时准确、覆盖面宽、影响范围广等优势，特别是其长期以来在公众心目中所积累和形成的权威性印象及社会影响力，使之易于在公共危机事件发生的特殊时期成为公众的心理依靠。

经验说明，面对公共危机事件，公众最信赖的通常是新闻传媒，最希望获知的是新闻传媒所提供的相关信息。也正因如此，当公共危机事件发生时，在时间紧迫、情况危急、社会秩序可能会出现混乱的情况下，信息传播就成为危机管理中不可或缺的重要组成部分，而新闻媒体自然也就会被运用到危机传播当中，成为一支重要的力量。总之，新闻传媒在危机管理中扮演着无可替代的重要角色，能够发挥不可估量的积极作用。

及时传播信息。危机管理的实质是对信息的管理，而信息往往有先入为主的特点。出于安全的需要，人们都希望在第一时间获取各种关于危机事件的准确信息。所以，作为信息传播工具的新闻媒体有责任、有义务把危机事件的相关信息及时、准确、充分地传达给公众，以减少和消除他们对危机事件认知中的不确定性。

适时引导舆论。危机管理需要正确的舆论引导，而新闻传媒天然具有引导舆论的功能和作用。实践证明，如果新闻媒体在危机事件中能够适时、有效地进行正确的舆论引导，往往能够引导群众处变不惊，从而有利于缓解矛盾、平息事件、化险为夷，最大限度地减轻危机所造成的负面影响。

有效沟通思想。危机管理离不开政府与公众上下的信息与思想沟通，通过沟通，扫除信息盲区，保证信息通畅，形成思想共识。在危机时刻，信息与思想沟通的作用尤为明显和突出。新闻传媒要把危机事件带来的危害和影响，以及人们的反应及时报告给管理者，同时要把管理者应对和处置公共危机事件的决策意见迅速传达给公众，这样不但有利于统一公众的思想，形成应对危机事件的共识，也有助于政府和社会建立反应灵敏、指挥有序、运转高效的应急机制，促使危机事件得到妥善解决。

积极化解矛盾。危机管理的最终目标是化解矛盾，平缓民心，消除危害，稳定局势，使社会恢复正常状态。新闻传媒在公共危机事件中可以通过新闻手段来实现上述目标，帮助政府和公众摆脱负面影响。

大量事实证明，面对破坏性极大的公共危机事件，各国新闻传媒通常都会从其社会职能出发，承担起帮助政府和公众度过危机的责任，以维护国家、社会和公众的利益。例如，美国遭受"9·11"恐怖袭击之后，其国内各大媒体发布的报道和营造的舆论都高度统一，从而形成了举国上下共同打击恐怖主义的思想共识，使民众的思想得以统一，社会秩序得到及时而有效的控制，国内没有发生较大的混乱，社会体系能够正常运行。

显而易见，新闻传媒在危机传播中不仅可以有效统一民众的思想，而且可以积极化解矛盾，使事件发生有利的变化，还可以增强社会的凝聚力、使民众对未来充满信心和希望，从而尽快摆脱危机事件带来的消极影响。

在我国，新闻媒体作为党、政府和人民的耳目喉舌，作为联系党、政府和人民的桥梁与纽带，担负着上情下达、下情上达的任务。面对突如其来的各种公共危机事件，新闻传媒唯一正确的选择是帮助政府牢牢掌握危机传播的主动权，通过营造良好的舆论环境，为化解危机、平息事态、稳定局势发挥积极、有效的作用。

三、公共危机事件中的新闻传播策略

公共危机事件往往与人们的实际生活和切身利益息息相关，在社会上和民众中容易产生重大影响，因而新闻传媒在进行危机传播时要十分谨慎，要坚持正确的原则，实施有效的策略。

坚持以大局为重原则。"坚持团结稳定鼓劲、正面宣传为主"，是党和政府对新闻媒体提出的工作原则，在危机传播中贯彻好这一原则尤其重要。在公共危机事件发生时，新闻传媒的首要使命和责任是从团结稳定的大局出发，协助政府及时、有效地发布准确信息，说明实际情况，在复杂的环境中牢牢掌握新闻传播的主动权，为化解危机、稳定秩序、安定民心发挥自己的积极作用。事实表明，危机传播既是新闻媒体的重要传播内容和方式，也是其实现社会功能、发挥社会影响力的重要方式和手段。然而，由于危机传播的敏感性与特殊性，一旦传播出现失误或失当，可能会导致负面影响，造成社会混乱。所以，新闻传媒在危机传播中要牢记自己的社会使命，坚持以大局为重，始终把公共利益和社会价值放到首位，而不能仅仅考虑新闻价值，要理性地考察信息环境，衡量信息价值，对危机事件进行适时、适当的负责任的报道。

坚持以人为本理念。公共危机事件常常与矛盾冲突和灾祸相连，其中必然会涉及人们的生命与财产安全。因此，新闻传媒在进行危机传播时要注意坚持以人为本，体现人文关怀，不能为了追求一时的轰动效应，而忽视对人的应有的关怀。坚持以人为本，就是新闻传媒在危机传播中要关注危机事件中人民群众的生存状态和生活状况，关注他们的命运与安全；要注意对他们表达同情，传递希望；要尊重他们的需求、情感和价值取向；要尽可能地为他们提供心理安慰，减少其恐慌和紧张情绪，促进事件妥善、圆满地得到解决。

把握好危机传播的时机。"先入为主"是受众接受信息传播的普遍规律，一般情况下，谁的新闻报道发在前面，谁就可能先发制人，从而赢得主动。因此，新闻传媒在危机传播中要尽可能抢占先机，掌握舆论引导的主动权。在危机事件发生之初，新闻传媒要及时、充分、准确地了解和掌握事件的真实情况，并尽快形成正确的判断和认识，同时迅速表明自己的立场和态度，从而有效地引导舆论，赢得舆论引导的控制权和主动权。事实证明，广大群众在突发性危机事件面前，对主流媒体的权威资讯有着特殊的依赖。特别是在危机初发时，舆论强度较弱，发展的方向也不是十分明确，公众还处在迷茫、混沌、不知所措和无所适从的状况中，如果此时能够及时提供简明而又易于为公众所接受的价值判断或行动选择信息，给民众以适当引导，就能够为舆论的发展框定正确的方向，使舆论的发展方向更好地与政府所主导的方向统一起来，收到良好的传播效果。

增强危机传播的策划意识。危机传播是一项十分严肃而又复杂的工作，需要进行周密的策划。首先，需要做好有关危机事件报道的议题设置。新闻媒体要注意精心选择和突出报道公共危机事件中那些含有积极思想意义和舆论引导价值的事实或问题，使之成为公众议论的焦点，并促使其达到媒体所预期的舆论效果。如果新闻媒体不注意进行及时、主动的议题设置，那么公共危机事件一旦发生，公众也会自发地将它设置为议题，进行议论和交流，形成各种不同的意见、观点，汇成各种舆论，并且会四下传播蔓延。在这种情况下，那些消极、负面的舆论往往更容易得到传播，其影响力也更大。因此，新闻媒体应当增强政治敏锐性和社会责任感，积极主动地对公共危机事件设置恰当的议题，并且及时地因势利导，以争取实现舆论引导的预期效果。其次，要善于运用专家和舆论领袖人物的权威意见来引导舆论。专家和舆论领袖人物的意见往往更具有影响力，对公众能够起到特殊的引导作用。因此，新闻媒介要善于借助他们的意见形成舆论，并发挥其示范和引导作用。

强化危机传播的舆论引导功能。对公共危机事件的舆论引导能力，应当是新闻媒体最重要的一种舆论引导能力。因为这类事件舆论引导的结果如何关系重大，因此，新闻传媒应当善于从国家和社会公共利益的高度组织好公共危机事件的舆论引导工作。

在近年来我国发生的许多公共危机事件中，新闻传媒都发挥了很好的作用，产生了积极的影响。如孙志刚事件、重庆杨家坪拆迁事件、厦门 PX 项目事件和山西的"黑砖窑"事件等，媒体不仅仅满足于发现新闻线索，报道新闻事件，更注意通过营造舆论氛围，为促进问题的解决提供建设性力量，从而与政府形成良性互动，推动事件朝着良好的方向发展，最终不仅有效地化解了危机，而且成功地把危机转化成推动社会发展的良好契机。

强化新闻传媒在危机传播中的舆论引导作用，一方面可以增强政府吸纳社会意见和应对突发事件的能力，使国家朝着法治化目标前进；另一方面也可以推动社会的民主进程，有利于实现社会的和谐、稳定与发展。

新闻传媒作为信息沟通和公共讨论的平台与渠道，能够使公民、政府与媒体之间形成一种建设性的互动关系，从而有效地推进公共政策的制定、执行与修正，并且使这些过程和环节本身也日趋走向透明与公开，最终促进社会主义政治文明和社会文明的建设。而这种作用在公共危机事件传播中表现得尤为明显和有效。

后危机时代世界媒体格局变化与
中国新闻传播策略

题注：本文是作者应邀参加美国马萨诸塞大学阿默斯特分校主办的主题为"后危机时代美中新闻传播与公共外交的未来"研讨会时撰写的论文。文章阐释了后危机时代的内涵及其特征，以及当前世界媒体格局变化的状况，并在此基础上论述了中国新闻传播的策略，提出要用时代要求审视新闻传播，要统筹国内国际两方面的传播，要加强同世界各国同行的沟通与合作，要提升国际话语权和影响力等观点。该文与新华社姜秀珍教授合作完成，刊于《现代传播（中国传媒大学学报）》2011 年第 10 期。

如今，我们正处在信息化时代和媒介化社会之中。新闻传播在国家政治、经济、社会、文化生活中的地位和作用日显重要。在国际领域，围绕新闻传播开展的竞争也日趋激烈。

作为一个发展中国家，自 1978 年实行改革开放以来，中国传媒业获得了长足发展，在传播信息、报道新闻、引导舆论、服务社会等多方面发挥了重要作用，为国家的改革与发展，为社会的文明与进步，为民族的和谐与团结，为世界的和平、发展与合作作出了积极贡献。

当今的世界正进入后危机时代，国际政治、经济和外交格局处在不断调整和重组的过程之中，世界的媒体格局也发生了重大变化。在这一背景下，各国新闻传媒如何重新认识自己所处的环境，找准自己的定位，是一个十分急迫的问题。本文将对后危机时代的内涵及特征、后危机时代世界媒体格局的变化以及这种变化对中国新闻传播提出的要求、中国新闻传播应对世界媒体格局变化的策略和方法等问题展开论述。

一、后危机时代与世界媒体格局的变化

（一）后危机时代的内涵及特征

所谓"后危机时代"，指的是危机得以缓和后，国际社会在一段时间里所出现的一种较为平稳的状态。这种状态带有不确定性和不稳定性，因为造成危机的根源并没有消除，国际经济、政治等仍存在着许多不确定因素，动荡依然存在，危机随时都有可能卷土重来，甚至还可能会加剧，从而可能引发新一轮的衰退，因此，这时的"缓和"是相对而言的。

在"后危机时代"，国际社会在经济、政治等方面都会发生许多变化，呈现出与往常不同的一些特点。

在经济领域，后危机时代的国际经济环境会发生一些变化。比如，全球性流动过剩将持续相当时间；美元汇率及其国际地位将会长期波段性地下降；全球经济再平衡以及新型贸易保护主义出现抬头；新兴市场国家将成为经济发展的火车头；绿色环保主义盛行及绿色产业革命兴起；掌控自然资源成为制高点[①]；等等。这些变化会带来世界经济的许多不确

---

① 汪进、尹兴中：《流动性过剩、全球经济再平衡——后危机时代国际经济金融新格局分析》，《经济学动态》2010年第6期。

定性，引发市场不规则的起伏与波动。

在政治领域，后危机时代的国际政治环境也会发生一些变化。比如，原有的国际政治体系受到剧烈冲击，国际政治格局出现新的变化与调整；国际治理机制改革迈出重要步伐，但建立国际经济新秩序的目标依然任重道远；大国关系转型，但权力竞争仍较激烈；经济全球化步伐放缓，世界政治多元化趋势加强；非传统安全因素上升，但传统安全问题依旧突出[①]；等等。这些变化导致了国际关系的复杂化和国际政治的多极化，会引发许多新的国际矛盾与冲突，当然它也为各国调整原先的相互关系提供了契机。

美国战略与国际问题研究中心全球安全与地缘战略专家西蒙·瑟法蒂，2011 年年初提出了一个"后西方世界"的概念。他认为，冷战结束之后，世界迈进了一个"后西方世界"，原先美国一国独大的"单极"已让位于"零极"，即"非极"（"没有一个能够并愿意争取举足轻重地位的，或者与一个合作伙伴甚至竞争对手共享这种地位的国家"）。当然他也指出，在此情况下，美国的地位依然优越，因为"没有任何别国能够比得上美国国力的完整性"，其无论硬实力或是软实力还是巧实力，都依然处于领先地位。在作出上述判断后，他指出，有三组关系将决定着未来的世界，即美国与欧盟、中国与印度、俄罗斯与中国。[②]

可以说后西方世界同后危机时代有着一定的联系，对于我们认识当前世界的政治和经济格局，认识当前的时代特征具有同样重要的意义。

我们看到，受各种内外因素的影响，当前的世界经济与政治形势正

---

① 刘飞涛：《后危机时代的国际政治格局与趋势》，《国际问题研究》2010 年第 3 期。

② ［美］西蒙·瑟法蒂：《迈进一个"后西方世界"》，《华盛顿季刊》2011 年春季号，转引自新华社《参考消息》2011 年 5 月 2 日第 10 版。

在发生急剧变化，特别是经历了国际金融危机风波之后，这种变化更加剧烈，也更加扑朔迷离。这已为近年来美国出现的新的金融动荡和欧洲一些国家出现的经济与社会问题所印证。而最近英国出现的以债务为爆发点的经济问题和以人口为爆发点的社会问题的矛盾冲突，更是为后危机时代的社会特征与时局变化提供了真实纪录和典型案例。

总之，在后危机时代，国际经济和国际政治都面临许多新的矛盾和问题，呈现出危机与缓和并存、机遇和挑战同在的状况，这就为世界媒体格局的变化和传媒业发展路径的调整提供了机会，也带来了动力。

（二）后危机时代媒体格局变化的状况

自 20 世纪末开始，世界传播领域正经历着一场巨大的变革。这场变革以互联网的出现为标志和契机，迅速改变了原有的传媒环境，整合了传统的媒体格局。可以说，媒体格局变化已经成为一个世界性课题。2009 年在北京召开的世界媒体峰会，众多世界传媒界领军人物齐聚一堂，其主题就是分析新媒体出现后世界媒体格局发生的变化，以及应对这种变化的策略和方法。

所谓"媒体格局"，是指媒体间各种力量对比与组合的结构。由于发展上的不平衡，媒体间各种力量对比与组合的结构总是处在不断变动之中。而当量变积累到一定程度，达到某一临界点时，各种媒体相互之间的力量对比与组合的结构就会发生序列易位和要素重组，直至形成新的媒体结构。

纵观历史，世界传媒业经历了由报纸"一枝独秀"，到报纸与广播"并驾齐驱"，再到报纸、广播、电视"三足鼎立"，然后是报纸、广播、电视、互联网"四强相争"，如今又进入了报纸、广播、电视、互联网、手机等各种媒介形态相融共生的"多媒体融合并存"发展阶段，而在这个发展过程中，媒体的格局也在不断调整和变化。

考察世界传媒业的发展历程说明，媒体格局的变化是技术、市场和制度合力作用的结果。是以数字技术为代表的现代传播技术为传媒市场的扩展提供了物质手段；传媒市场的需求又是催生传播技术更新发展的原动力；而相应的制度安排则是保证技术和市场发挥作用，取得效果的必要条件。总之，媒体格局变化与技术、经济（市场）、政治（制度）等诸多因素有着不可分割的联系，正是它们促进了世界媒体格局的变化。

近年来，受国际金融危机的影响，世界传媒业的生存环境也在发生深刻变化，世界媒体格局正面临一系列重大调整和变革，呈现出许多新的特征。

这种格局的调整和变化一方面表现在全球报业、广播、电视等传统媒体受到巨大冲击，许多媒体机构纷纷调整经营策略和业务格局，剥离那些经营状况不好的业务，集中发展优势业务，以求生存和自保。例如近年来，美国有多家老牌知名报纸杂志停刊，500 多家日报发行量锐减，新闻集团出售了星空卫视等 3 个频道的控制权，英国广播公司关闭了 5 种语言的广播，美联社先后出售了其荷兰语和德语线路，日本一些报纸开始出现经营赤字，韩国一些电视台采取缩短电视剧单集长度的方法控制电视剧制作成本以减少经营压力，中国香港一些传统媒体开始用裁员、停建项目等方式减少经费开支。不过，虽然传统媒体的一些市场被新媒体分割和挤占，但是其生存和发展的空间依然存在，在有些方面还占据着一定优势。据中国人民大学新闻与社会发展研究中心所做的一项调查显示，如今在中国，传统媒体在受众覆盖率、受众媒介接触时间、经营总收入等方面依然占据优势[1]。

---

① 郑保卫、李洋、郭平：《试论当前我国媒体格局变化的现状及特点》，《国际新闻界》2008 年第 3 期。

另一方面则表现在，同以前由少数大国完全主导和垄断国际新闻信息与文化语言传播的媒体格局不同，当今世界开始形成"一国独大""多强争雄"和"新兴传播国家群体兴起"的新的媒体格局。"一国独大"，指的是美国在新闻传播领域的超强地位。虽然在金融危机中，美国的经济受到一定冲击，传媒业也受到某些影响，但是作为超级传媒大国，美国发达的传媒业、娱乐业和其他文化产业目前依然主导着全球的信息与舆论传播方向。《纽约时报》、《华盛顿邮报》、《洛杉矶时报》、CNN以及三大电视新闻网凭借其实力，长期主导国际话语权，控制着全球新闻传播的议题设置。据前些年学者提供的一份世界各国国际传播实力对比分析材料显示，美国排名第一[①]。

"多强争雄"，指的是英、法、德等一些西方发达国家近年来都在竞相提升自己的新闻传播竞争实力，它们相互之间，以及它们与美国之间的国际传播竞争日益激烈。例如英国的路透社、BBC和《卫报》，法国的法新社和全球频道，德国的《明镜》周刊等，无论是报道质量，还是媒体公信力，都足以与美国的主流媒体相抗衡。在上述所提及的中国学者的调查中，英国、德国、意大利、法国和西班牙等欧盟国家的传播实力分居世界第二、三、五、七、八位。另外，近年来，俄罗斯、日本等国也开始充分利用各自的文化、历史传统以及强大的硬实力优势，加强跨地域传播，扩大了自己国际传播的影响力，与西欧国家一同进入"多强争雄"传播国家的行列之中。

"新兴传播国家群体兴起"，指的是一些处在发展中的新兴国家群体在新闻传播领域的兴起与迅速发展，及其在世界媒体与舆论格局中的日

---

① 胡鞍钢、张晓群：《中国传媒迅速崛起的实证分析》，《战略与管理》2004年第3期。

益显著作用。拉美、非洲、中东，以及亚洲等地区一些经济上相对落后的国家，近几年随着国家意识的增强和国内政治经济力量的成长，开始重视信息资源的开发和利用，在一些重大国际事件中，它们依靠自身在地域、语言等方面的优势获得第一手新闻素材，从而先于美英等传播强国发出新闻消息，在特定领域的信息与舆论传播中体现出鲜明特色，显示出独特的力量。其中最为典型的例子当属卡塔尔在国际新闻传播领域的迅速崛起。"9·11"事件之后，卡塔尔的半岛电视台凭借多次独家播发本·拉登的电视录像，在全世界声名鹊起，被誉为"海湾的 CNN""阿拉伯的 BBC"。它凭借自身作为阿拉伯和伊斯兰电视台的优势，以积极发出阿拉伯世界声音并改善其国际形象为目标，与西方国家强势大牌媒体 CNN、BBC 等展开直接较量，积极抢占舆论阵地，并已形成一定影响力。此外，韩国也凭借它特有的文化优势，在亚洲信息与文化传播中占有一席之地。近年来兴起的"韩流"，使韩国声音在亚洲地区越来越有影响力。而中国作为新兴传播国家的一员，其传播力和影响力也在逐步提升。特别是在国际金融危机之后，中国在国际传播方面拓展的力度在加大，速度在加快，影响也在不断扩大，成为世界上一股不可忽视的重要传播力量。这种既多元并存，又不同程度相互竞争、相互作用、相互影响的世界媒体格局，与过去少数国家处于核心位置，而绝大多数国家处于边缘或半边缘位置的状况相比，可以说发生了显著的变化。

新的世界媒体格局为广大发展中国家传媒业改变以往落后状况，实现跨越式发展提供了难得的历史机遇。但是，由于在世界新闻信息与文化语言传播领域依然存在着深深的"数字鸿沟"，存在着综合发展严重不平衡的状况，使得发展中国家的文化传统和文化安全依然面临巨大挑战。从总体上看，目前"西强东弱"的世界媒体格局和新闻信息与文化语言传播状况并没有从根本上得到改变。这一状况突出表现在以下 3 个方面。

一是新闻媒体的分布依然不平衡。绝大多数有影响力的媒体依然为少数发达国家所掌控，广大发展中国家拥有的媒体较少，特别是具有一定影响力的媒体更少。例如 FOX 所属的美国新闻集团在美国、英国、澳大利亚等国就拥有数百家有影响力的报纸、电视台和互联网业务，构筑起了一个强大的"传媒帝国"。这种状况严重阻碍了发展中国家同发达国家在平等的基础上进行新闻信息与文化语言的传播和交流。

二是新闻信息的流通依然不均衡。据统计，全球至少有 70% 的消息来源于占世界人口 1/7 的发达国家。美联社、合众社、路透社、法新社主宰了全球 80% 以上的国际新闻的报道，发展中国家的国际新闻大多是转载它们的新闻。这实际上造成了发达国家对新闻信息流通的事实上的垄断。

三是新闻传播的内容依然不客观。从目前世界新闻传播的状况看，绝大多数国际新闻的内容还是按照一些发达国家制定的标准和设置的议题来筛选与编制，对发展中国家的报道依然不够客观公正，有时甚至会出现严重歪曲事实的新闻信息传播，误导国际舆论，伤害发展中国家人民情感的情况。

在后危机时代，这种在总体上依然没有改变的"西强东弱"的媒体格局和传媒生态，不符合广大发展中国家的意愿，也不符合世界和谐发展的潮流，因此需要人们有清醒的认识，并作出客观的评价。

二、世界媒体格局变化中的中国新闻传播策略

在宏观改革开放环境的带动和新媒体技术的促进下，中国传媒业近年来发生了重大变化，其市场日趋成熟，改革不断深入，特别是以互联网为代表的新媒体的出现，使得传统的媒体格局被打破，一个报纸、广

播、电视、互联网、手机等"多媒体融合并存"的媒体格局在中国已经形成，并逐渐呈现出良性发展的趋势，形成了一定的传播力和影响力。

可以说，仅就技术环节上说，这一波以新传播技术为核心要素的传媒竞争和媒体格局变化，中国作为发展中国家，与美国和欧洲一些发达国家之间的差距不像之前那样大，这得益于国家对信息高速公路建设和包括互联网、手机在内的新媒体发展的宽松政策和有效投入。

但实事求是地说，无论是从硬件上看，还是从软件上看，特别是从整体实力上看，中国传媒业与世界传媒强国间的差距仍然很大，其信息传播力和辐射力依然不强，话语控制力和影响力严重不足，在国际舞台上的声音仍然较微弱，国家形象被国外媒体歪曲的现象依然存在。因此，中国要在国际传播领域赢得话语权和扩大影响力还有很长的一段路要走。

面对当前世界媒体格局变化的现状，中国传媒业需要进一步明确定位，把握机遇，确定正确的策略和方法，要在科学发展上加大力度、加快速度，以尽快提升自己的传播力和影响力，尽可能占据有利位置，为使中国新闻传播真正融入国际传播领域，并且真正形成自己的渗透力和影响力作出积极贡献。

（一）用时代要求审视新闻传播

当今的时代是变革发展的时代，也是风险丛生的时代，国际风云突变，国内形势日新，人们对关系自身生存与发展的各种信息的需求越来越迫切，越来越强烈，因而每天都面临着对信息的获取、选择和判断，可以说信息已经成为人们生活中须臾不可缺少的东西，我们的社会已经进入了信息化时代。

而随着经济社会的快速发展和科学技术的不断进步，媒体格局发生了根本性变化，互联网等新兴媒体的出现，使得信息传递和获取越来越快捷，信息传播的影响也越来越大，在这种情况下，作为信息传播主要载体的新闻媒体，其功能更加多样化，影响也更加广泛和深刻。

新闻传播处在社会文化和意识形态的前沿，做好新闻传播，关系国家经济社会发展大局，关系社会和谐稳定与国家长治久安，关系民众福祉及其生存生活的质量，关系世界和平、发展与合作的前景与效果，可以说新的时代赋予新闻传播前所未有的重大责任和崇高使命。

用时代要求审视新闻传播，确定新闻传播的准确地位，明确新闻传播所应担负的历史使命和社会责任，是当前新闻界的一项重要工作。

2010 年 9 月，中国国家主席胡锦涛在考察中国人民大学新闻学院时就提出了"研究信息化时代新闻传播新特点新规律"的任务。

只有认真研究新媒体出现后新闻传播呈现出的传播环境更加复杂、传播功能更加完善、传播手段更加齐全、传播形式更加多样、传播内容更加丰富、传播效果更加多元等新特点，掌握当前新闻传播的一些新规律，才能更好地适应时代变革发展和国际风云变幻的需要，积极、主动、有效地做好新闻传播，才能更好地提升自己的传播力和竞争力，在今后的国内与国际新闻传播中有所作为，获得更大发展。

（二）统筹国内国际两方面的传播

改革开放 30 多年来，中国经济获得快速发展，如今已成为仅次于美国的世界第二大经济体，国家的整体实力在不断提升，国际影响力在不断扩大，世界对中国的关注度也越来越高。这使得中国作为一个负责任大国走向了国际政治舞台的中心，成为当今世界一支不可忽视的力量。

另外，随着中国对外开放的不断扩大和国际形势的发展变化，中国与世界的联系越来越紧密，关联度也越来越大，中国的国内问题与世界的国际问题常常是"你中有我，我中有你"的关系。发生在中国的一件小事往往很快便会演化为世界性话题，在这种情况下，世界各国希望更多地了解中国，而中国也需要更多地了解世界。

正是在这样的背景下，胡锦涛总书记近年来多次强调要统筹国内国际两个大局，即在观察和研究中国国内问题时要考虑到世界的情况，而在观察和研究国际问题时也要考虑到中国的国情。而在新闻传播领域，他也提出了要"统筹国内国际两个方面"的任务。所谓"统筹国内国际两个方面"，就是要从中国国内和国际两方面的大局去观察、审视和认识事物的变化，去组织相关的新闻报道，去实现对外传播和国际传播的最佳效果。

事实说明，如今的新闻传播，对内传播与对外传播和国际传播已经相互交叉，相互融合，相互影响，真正体现出"你中有我，我中有你"。因此，中国新闻传媒需要立足国内，放眼世界，既熟悉国情，又有国际视野，始终注意将国内新闻报道和国际新闻报道放在一盘棋中作统筹考虑、统筹安排，即在进行国内新闻报道时兼顾国际新闻报道，在进行国际新闻报道时兼顾国内新闻报道，这样才能取得新闻传播的主动权，赢得新闻传播的好效果。

（三）加强同世界各国同行的沟通与合作

尊重世界多样化的现实，尊重各国不同的文化传统和价值观念，尊重国外新闻同行的传播理念与新闻选择，加强同国外媒体在信息采集、报道业务、传播技术和人力资源等方面的交流与合作，对于加强世界各国同行对中国的了解，巩固和发展其同中国人民和新闻界的友谊，创建一个和谐的国际传播环境有着重要意义。

加强同世界各国同行的交流与合作，首先需要创造良好的交往环境和合作条件，找到双方都能够理解和接受的话语表达方式。其中，在新闻专业基本理念的基础上寻找共同话语，搭建沟通平台，尽可能地在专业领域求同存异，是一种有效的手段。

西方新闻专业主义的一些基本理念，如报道真实、客观公正、新闻自由、社会责任等，都是新闻传播中的一些基本要求，也是新闻从业的基本准则，是体现新闻传播一般规律的东西。虽然各国在社会制度、意识形态、文化传统和价值观念等方面存在着差异，在不同的文化语境下，对这些基本理念会有一些不同的认识和解读，但其中的一些基本内容是相通的，是可以求得共识的，一些行动理念和行为方式也是相似的，是可以共同切磋交流的，而且在一些国际事件的报道中，还可以开展合作，共同去完成所承担的使命。因此可以说，中国新闻工作者与国外同行在新闻传播领域的交流、沟通与合作有着广阔的空间。

（四）提升国际话语权和影响力

新媒体的出现，打破了信息沟通和文化交流原有的时空限制，开始向全球拓展。各国之间在经济、文化、政治等方面的沟通与联系日益紧密，在思想文化、意识形态、价值观念等方面的相互影响和渗透日益加深。

在这种情况下，人们不但能够越来越方便地获得发生在世界各地的各种新闻信息，而且越来越容易受到隐藏在新闻信息背后的不同思想文化、意识形态和价值观念的影响，这使得舆论形态变得更加多样化，舆论环境变得更加复杂化，国际舆论竞争也日趋激烈。

对一个国家来说，其信息和舆论传播已不再是孤立的和单向度的，它总是会或多或少，或直接或间接地受到外部信息和国际舆论的影响。新媒体的出现，完全打破了信息和舆论传播原有的地缘壁垒与政治壁垒。它可以使某一区域性的舆论热点迅速传到世界各地，造成舆论影响的国际化。正如"蝴蝶效应"理论所形容的那样——大西洋彼岸蝴蝶翅膀的振动可能会在太平洋掀起一场海啸。在这样的信息环境和舆论环境中，一个国家的新闻传播话语权及舆论调控能力不仅关系到国家的信息安全，也深刻影响着国内民众的民族自尊心和自信心。

这就要求中国新闻传媒要及时、有效地对各种国内外的重要信息和舆情、舆论作出反应，加以引导，要尽可能掌握对外传播和国际新闻传播的话语权，在对国际性重大事件的报道中发出中国的声音。

在当前世界政治多极化、经济一体化和信息传播全球化的潮流中，作为一个谋求更大发展的国家，中国需要进一步加强同世界的联系和沟通，争取较好的外部环境，塑造良好的国家形象，争取更多的国际支持。这些也要求中国新闻传媒积极掌握对外传播和国际新闻传播的话语权，并且善于借助长期积累的新闻传播技巧和舆论引导艺术，积极、主动、有效地影响国际舆论，以维护国家的利益，提升国家的影响力。

为此，中国新闻传媒需要把握当前新闻传播全球化、数字化、融合化的趋势，加强传播渠道建设，壮大传媒产业实力，加快技术改造进程，推进媒介融合发展，提高整体传播能力，扩大在国际重大事件中的话语权，提升在国际舆论中的影响力。

总体看来，中国新闻传媒应在正确分析和把握当前世界媒体格局变化的基础上，明确自身定位，承担历史责任，不断改革创新，为营造有利于中国改革开放与民族复兴伟业、世界和平发展与合作事业的全球新闻传播环境作出积极的贡献。

论汶川地震报道的经验与启示

┃题注： 2008 年我国新闻媒体"5·12"汶川特大地震报道获得了巨大成功，为夺取抗震救灾的胜利发挥了重要作用，同时受到了国内外舆论的高度评价。本文从报道及时、信息透明、事实准确是制胜法宝，报道客观、评论公正、感情真挚是取信前提，政府支持、制度保障、社会配合是成功基石等几方面，总结了汶川地震报道的成功经验以及带给我们的有益启示，并提出应当很好地总结这次抗震救灾报道的经验，这对我国新闻媒体今后深化改革，提升新闻宣传水平和舆论引导能力是一种有益的镜鉴。该文刊于《西南民族大学学报（人文社科版）》2008 年第 12 期。

　　"5·12"汶川大地震，以其震级之高、破坏性之大在中华民族灾难史上留下了深深的印迹。然而在地震发生后，灾区群众的消极情绪很快便得以缓解，并迅速转化为众志成城抗震救灾的积极行动，其中新闻媒体可谓功不可没！事实证明，这次我国新闻媒体的震灾报道获得了巨大成功。李长春同志指出，"汶川大地震以来，新闻单位和广大新闻工作者坚决贯彻中央决策，统一部署、迅速行动，及时、准确、权威、生动、丰富地宣传报道抗震救灾斗争，唱响了'万众一心、众志成城、迎难而上、百折不挠'的主旋律，掌握了社会舆论的主导权，积极影响了国际舆论，得到了党和人民的高度赞誉，得到了国际社会的普遍好评"①。

汶川特大地震的报道留下了许多成功的经验，带给我们很多有益的启示。

一、报道及时、信息透明、事实准确是制胜法宝

汶川特大地震发生后，我国新闻媒体果断快速地作出反应，及时透明地公开信息，真实准确地报道新闻，从而成功地把握了宣传报道和舆论引导的主动权，迅速地组织起了举国上下众志成城、抗震救灾的强大舆论，形成了良好的社会局面。因此可以说，"报道及时、信息透明、事实准确"是这次震灾报道的制胜法宝。

5月12日14时45分，即在大地震发生17分钟后，在当时对震中、震级和损失情况尚未完全掌握的情况下，新华网便开始滚动发布震灾消息。紧接着，各大网站也在第一时间转发此条新闻。新华社播发的英文快讯领先于所有外电，比法新社早6分钟，比美联社早8分钟。第一张地震图片也由新华社在地震发生28分钟后迅速发出。

而地处灾区的成都广播交通台在14时55分就已进入直播状态。

中央电视台在15时即地震发生32分钟后，在新闻频道口播第一条新闻；15时2分插播"突发事件"片头，并播报了汶川地震的消息；15时20分，打破原有节目安排，推出汶川地震直播；22时，新闻频道和第一套综合频道并机直播"抗震救灾"特别节目，滚动播出抗震救灾有关消息和工作进展。

---

① 《李长春主持召开中央主要新闻单位负责人会议　部署近期抗震救灾宣传报道工作》，《人民日报》2008年5月24日。

中央人民广播电台从 19 时起在"中国之声"中推出特别节目《汶川紧急救援》，反映和报道灾情与救灾工作。

地震发生后，新华社、人民日报、中央电视台、中央人民广播电台等中央媒体都在第一时间派出多路记者，排除各种困难进入灾区，发回第一手信息。最多的时候，中央电视台派往前线的记者超过 150 名，新华社派出超过 100 名记者，而在一周时间内，记者们播发的稿件达 4600 多条。而四川当地的媒体更是倾所有之力投入震灾报道，及时、充分、全面、准确地反映和报道灾情。

这次我国新闻媒体能够对如此巨大的地震灾害迅速作出反应，并且抢在第一时间及时公开灾情信息，准确提供震灾情况，充分报道事实真相。比照 1976 年的唐山地震报道，当时新闻媒体只报救灾而不报灾情的做法，此次汶川地震无论是在报道理念，还是在新闻实践上都是一次具有划时代意义的重大突破。

这次汶川地震由于震级高，危害大，波及面广，一开始灾区民众的焦虑与消极情绪明显，所以当时的舆论环境十分复杂。如果不能有效地加以引导，社会舆论就可能转向消极方面，各种负面的东西就会迅速传播蔓延。

面对如此复杂的情况，我们的新闻媒体不封锁消息，不回避灾难，不推卸责任，而是在第一时间对灾情作出如实报道，并不断跟进作深入报道。媒体及时发布最新信息，提供最新的死亡人数、失踪人数等情况，报道最新的援救行动。这些多渠道、全方位、透明、准确的信息传播和新闻报道，使得群众在较短时间内对地震情况有了总体了解，从而止住了可能蔓延的谣言。

特别是灾区的群众通过媒体能够及时了解灾情信息，充分把握灾区情况，因而稳定了情绪，同时切身感受到了新闻媒体在重大突发事件面前的作用并对其产生了强烈的依赖感，这就为新闻媒体实施有效的舆论引导奠定了基础。

有人说，这次汶川地震，"真相跑在了谣言的前面"，媒体成了群众消除恐慌的"定心丸"。这些比喻不但形象，而且准确。也正因为报道的及时、信息的透明和事实的准确，新闻媒体牢牢地把握住了舆论先机，赢得了舆论引导的主动权，同时，也有助于政府借助舆论的支持，迅速、有效地控制灾区局面，顺利地实施抗震救灾计划。

值得一提的是，在这次震灾报道中，以往善于借机炒作的一些西方媒体难得平静。究其原因，同我国新闻媒体及时、充分的报道有着密切关系。正是由于我们报道的及时与充分，信息的公开与透明，灾情信息与灾区真相完全公之于世，使得某些西方媒体失去了寻觅"缝隙"的机会和进行炒作的由头。

而为了及时报道震灾情况，许多境外媒体不得不大量采用我国媒体的报道。据统计，在 5 月 12 — 16 日的短短 5 天时间内，共有 113 个国家和地区的 298 家电视机构转播或部分使用了中央电视台有关节目信号。文字报道则大量采用新华社的新闻稿件。这不但有助于震灾信息传播的准确与规范，而且有助于震灾报道议题的集中和统一，提升了我国媒体报道的影响力。

事实证明，新闻报道特别是重大突发事件的新闻报道一定要"先声夺人"，要靠"先发制人"来抢占先机、赢得主动，这不但是新闻传播的基本原则，而且是舆论引导的普遍规律。

二、报道客观、评论公正、感情真挚是取信前提

对这次汶川地震的报道，新闻媒体力求做到客观、评论公正，而且

媒体和记者与灾区群众心灵相通、感情相系，这是新闻媒体取信于民进而获得报道成功的基本前提和重要保障。

"客观"，是新闻报道的一个基本理念，也是一种有效手段。新闻报道只有做到客观，才更加真实可信，才更具说服力量。"内容客观"，是指新闻报道的事实应当是现实发生和存在的，而不是主观臆测和任意想象的，更不是无中生有和凭空捏造的。

这次震灾报道，我国媒体通过大量真实、客观的报道，向人们展现和揭示了灾区发生的那一桩桩、一件件事情的真实情景——倒塌的房屋、垮溃的堤坝、塌陷的道路，以及在废墟下等待救援的幸存者、奋不顾身救人的解放军官兵和普通群众……通过媒体的报道，人们不但感受灾害、认识灾害，并为最终战胜灾害做准备。

新闻报道要做到客观，首先要有一个开放的心态，要客观、公正、全面地反映和报道新闻，特别是要用一种平常心正确看待和处理负面新闻。以往面对灾害性事件，一些媒体的报道总要想办法回避其中的消极因素，以增强舆论引导的效果。事实上，消极因素并不会因为回避而消失，有时回避反而会引起更多的非议，甚至可能会激化矛盾，导致一些群众出现非理性行为，从而不利于帮助群众理智、客观地看待存在的问题。

这次震灾报道，新闻媒体在做好正面报道的同时，也适时地报道了一些负面信息，比如，《那些倒塌的校舍：水泥空心预制板功过》《四川灾区破获一批趁灾抢劫盗窃案件》《中学教师地震时率先跑出　称绝不会先牺牲自我》等。这些报道所反映的都是在抗震救灾过程中出现的一些消极的、负面的问题，虽然不是主流却是客观存在的。及时地反映和揭露这些问题，不但不会影响整个抗震救灾工作，反而能使群众感到新闻媒体是敢于正视矛盾，敢于揭露问题的，从而增强对媒体的信任度，也更有利于引导社会舆论。

在这次震灾报道中，新闻媒体非常注意对地震中发生的各种问题和现象进行理性的分析和公正的评论，在感性与理性的把握上可谓恰到好处。新闻媒体在报道和评论中，没有一味地报道和渲染悲情和泪水，也没有过多地说教该如何面对天灾，而是抓住群众关注的问题进行细致的思想疏导和心理抚慰。无数群众被媒体亲切得体的报道和评论感动，自觉自愿地投入到抗震救灾的行列之中。

这次突如其来的、破坏性极大的地震带给灾区人民的肉体痛苦和心灵创伤是巨大的，灾区现场的场面惨不忍睹，遇难者需要掩埋、受伤者需要治疗、幸存者需要安抚，整个灾区在痛苦中呻吟。此时此刻，此情此景，需要新闻媒体和新闻工作者真正做到以人为本，充分体现人文关怀精神，需要他们密切关注灾区群众的生存状况和生活状况，把党和政府、全社会的关爱及时地传达给灾区群众，用爱心去抚慰灾民，去激励群众。

而也正是新闻工作者在笔下、镜头里和实际行动中所表达出来的真挚感情，打动了灾区群众和全国亿万民众的心，唤起了全民族的真情大爱。

在灾难报道中，新闻媒体要通过自己的报道和记者的言行，让人感受到人性的温暖和人的崇高与尊严，唤醒人类的良知与道德，彰显人性善良的共性。这次震灾报道，我们的新闻媒体和新闻工作者在这些方面表现得非常出色，涌现出许多感人的典型事迹。

在震灾报道中，看着那些埋在瓦砾之下等待救援的群众，看着那些顽强与死神抗争的生命，我们的记者哭了，主持人哭了，这种真情实感的流露令人感动！许多电视节目主持人在播报和主持节目时眼圈发红，声音哽咽，这在中国电视史上是从未有过的现象。

在全国哀悼日当天的直播节目中，主持人康辉的那段慷慨激昂的话语打动了多少人的心："公元 2008 年 5 月 12 日 14 时 28 分，为了数万个在瞬间集体陨灭的生命，华夏山河呜咽，神州大地悲泣，悲伤的泪水，汇流成河。这无尽的悲怆，这一声声汽笛，这长鸣的警报，是我们对所有逝去同胞不舍的呼唤，是我们对所有遇难亲人不忍的告别，是整个民族无限的痛楚和创伤，更是共和国对汶川特大地震所有遇难者最后的庄严敬礼！"

地处灾区的四川卫视在震灾报道中成为一面旗帜，其电视节目被海内外许多媒体选用，收视率不断攀升。特别是《四川新闻》主持人宁远更是成了为公众所熟知与认可的新闻人物。通过她主持的节目，人们切实感受到了新闻工作者与人民群众心心相印的浓浓真情。她在播报节目的过程中，真正将自己融入其中，倾注全部身心去传播新闻、去评述事件，其真实情感给人们留下了深刻的印象。人心换人心，真情换真情，始终与灾区群众同呼吸，共命运的四川电视台得到了群众的真心认可。观众用"向四川台致敬，我爱你们"来表达自己的感激之情。

客观的报道、公正的评论、真挚的感情，换来的是人民群众的信赖和支持，这是汶川地震报道的又一成功之道。

三、政府支持、制度保障、社会配合是成功基石

这次汶川地震报道的成功，首先有赖于党中央和国务院关于抗震救灾的正确决策和有力领导。

地震发生后，党中央、国务院迅即作出抗震救灾的决策和部署，以温家宝总理为总指挥的指挥部随即成立并立即在灾区一线投入工作，对

整个抗震救灾过程进行全面部署和有效领导，提出了包括做好新闻宣传和舆论引导工作在内的一系列工作要求。

温总理在事件发生后两个小时便飞赴灾区，亲临指挥，他那挺拔的身影、坚定的语气和真挚的关怀不但振奋了民心，鼓舞了士气，而且形成了强有力的一线领导，这对于新闻媒体紧跟中央部署，有效引导舆论起到了至关重要的作用。

从中央到地方，特别是灾区所在地的各级政府，在这次地震灾害中对新闻宣传和舆论引导工作都给予了全力支持，尽可能地为新闻媒体提供现有条件下能够提供的各种采访报道条件，保障新闻媒体较为顺利地完成报道任务。从及时、主动召开新闻发布会第一时间向媒体提供准确信息，到为媒体提供进入灾区采访的交通工具、通信设备、人员配合、生活保障等条件，中央和各级政府，特别是灾区所在地的政府都做到了尽心尽力。新闻媒体在自然环境最艰险、最恶劣、最困难的条件下却获得了相对最宽松、最充足、最自由的采访条件。

另外，制度保障也是这次地震报道能够获得成功的关键。近年来党和政府通过的一系列法令法规和规章条例，对加强和完善突发事件应对机制作出了明确规定。如2006年国务院发布的《国家突发公共事件总体应急预案》、2007年11月1日起施行的《中华人民共和国突发事件应对法》、2008年5月1日起施行的《中华人民共和国政府信息公开条例》等。这些法令法规和规章条例都为各级政府处理突发事件和实行信息公开提供了法律蓝本和制度要求。这些法令法规和规章条例中的一些涉及媒体采访报道的内容，为新闻媒体搞好震灾报道提供了制度上的保障。

例如在地震前11天，即5月1日刚刚开始正式生效实施的《中华人民共和国政府信息公开条例》就明确规定，要重点公开"突发公共事件的应急预案、预警信息及应对情况"以及"抢险救灾、优抚、救济、社会捐助等款物的管理、使用和分配情况"，同时要求"行政机关应当将主动公开的政府信息，通过政府公报、政府网站、新闻发布会以及报刊、广播、电视等便于公众知晓的方式公开"。

这个条例2007年便已获得通过并公开颁布，政府、民众和媒体都进入了正式实施前的准备阶段，特别是在2008年年初的抗击冰雪灾害中，政府和民众都有了一次实际的体验和感受，所以这次汶川地震发生后，有这一条例的规制，各级政府对媒体报道都给予了积极的配合与支持。

地震发生后，中央和地方政府都在第一时间发布灾情信息，此后，国务院新闻办和四川省政府新闻办每天都举行新闻发布会或情况介绍会，通报最新灾情。民政部、中国地震局、交通运输部、铁道部、卫生部等10余个相关中央部委办的负责人及有关专家相继在国务院新闻办举办的新闻发布会上通报情况、发布信息，中组部，四川省委、省政府的有关负责人也走进了新闻发布厅。一些重大新闻与信息，像震灾中的伤亡人数、损失数额等都统一发布，而且及时提供精确到个位的数字，这就为媒体对灾情信息进行真实、客观、充分、全面的报道提供了重要依据。

这些由政府部门提供的各类权威信息，通过媒体及时、准确的发布，不仅满足了群众的知情需要，消解了群众的恐慌情绪，也得到了国内外舆论的普遍认可与好评，从而为我国新闻媒体地震报道赢得了好的声誉。总之，在这次汶川地震中，政府实行的新闻开放政策，为地震报道创造了良好的环境和氛围。

这次汶川地震报道的成功，还得益于全社会的积极配合，这使得新闻媒体有了坚实的基础和强大的后盾，从而能够顺利地完成报道任务。

汶川地震的震波震动了大半个亚洲，灾情牵动着全国亿万群众的心，上至国家最高领导，下至基层普通群众，举国上下都在关注着灾情，牵挂着受灾的群众，全社会瞬间就展开了一场动人心魄的抗震救灾斗争。

10多万名解放军、武警、公安、消防员排除各种困难奋力挺进灾区，投入抗震救灾斗争；各省区市医疗救护队伍急速赶往灾区，全力救治伤员；各地组织的抢险救援队伍带着物资、设备支援灾区抢修受损设施；中央各部门、各省区市及社会各界组织的救灾物资源源不断地运往灾区；民众自发组织的志愿者队伍活跃在抗震救灾的现场。

"一切为了灾区，全力援助灾区群众"，成了全国民众的共同心声和行动指向。在这样一种全社会服务灾区的强大舆论氛围和行动热潮中，媒体和记者作为灾情信息的提供者、灾民心声的反映者、灾区情况的报道者，自然得到了社会与公众的关注和支持。

新闻工作者们在灾区采访，时时都会感受到这种来自社会的关注和支持：送记者进灾区采访却拒绝收费的出租车司机；不顾个人安危为记者采访带路的灾区群众；自愿为记者提供新闻报道服务的志愿者；等等。全社会的广泛支持给新闻媒体创造了难得的工作氛围和采访条件，使得震灾报道能够顺利进行，并取得圆满成功。

总之，这次汶川地震报道的成功离不开党和政府的坚强领导，离不开全社会和广大民众的大力支持，同时离不开全国新闻媒体自身的努力奋斗。可以说，全国各级、各类媒体（无论是中央媒体，还是地方媒体；也无论是机关报刊、台，还是都市类媒体和新兴媒体）的顽强奋斗和通力合作，也是这场抗震救灾报道取得胜利的重要因素。

虽然这次震灾报道还存在一些问题和教训，但总体看应当说是十分成功的，可以作为我国新闻媒体宣传报道和舆论引导的一个历史性的成功范例。我们应当很好地总结这次抗震救灾报道的经验，这对我国新闻媒体今后深化改革，进一步做好宣传报道和舆论引导工作，特别是做好突发事件和灾害性事件的报道，提升新闻宣传水平和舆论引导能力将是一种有益的镜鉴。

舆论引导：变被动为主动

——"东方之星"沉船事件舆论引导的经验及启示

▌**题注**：在新的媒体格局及舆论格局下，被动式的舆论引导已很难承担起有效引导舆论的重任，因而主动舆论引导显得更加重要。在"东方之星"沉船事件报道中，媒体主动舆论引导取得成功，受到普遍认可。该文通过对该事件的经验总结，阐述主动舆论引导的原则和方法，以期对提高舆论引导能力有所帮助。该文与中国人民大学新闻学院 2013 级博士生叶俊合作完成，刊于《当代传播》2015 年第 6 期。

当前，我国改革进入深水区，各种利益关系日益复杂化，各种深层次问题所引发的矛盾冲突时有发生，社会风险频频出现，突发事件时有发生，舆论引导工作至关重要。在这种情况下，被动舆论引导已无法满足新形势的需要，研究主动舆论引导的原则和方法已是当务之急，2015年 6 月 1 日发生的"东方之星"沉船事件就为我们认识主动舆论引导的功效提供了范例。这个案例启示我们，要善于变被动引导为主动引导，以争取舆论引导实现好的效果。

"东方之星"沉船事件的舆论引导呈现出以下 3 个特点：一是整个

救援行动得到社会舆论肯定，质疑声音少；二是事件中网上舆论大多是真实有效的声音，谣言传闻少；三是救援行动受到西方媒体的积极评价，负面报道少。灾难事故过后，我国党和政府的形象非但没有受到负面影响，反而在国内外展现出对人民高度负责的形象。应当说这起灾难事件是主动舆论引导的典范，对我们做好主动舆论引导有着重要启示作用。

一、及时公开：主动舆论引导的第一准则

主动舆论引导与被动舆论引导的最大区别是，前者以积极主动态度面对突发事件，及时公开有关信息；后者往往等舆论四起且质疑不断时，才开始着手新闻发布。实践证明，在舆论引导中，及时公开应是第一准则。

（一）快速反应，彰显政府负责态度

灾难性事件发生后，政府有关部门如果能够立即启动应急机制，迅速及时作出反应，不仅可以体现党和政府对事件的重视，还能彰显党和政府对人民群众生命财产安全高度负责的态度。对党和政府来说，可以将被动的突发危机事件变成检验自己执政能力和水平的契机。

"东方之星"沉船事件发生后，国务院立即成立救援和处置工作组开展现场指挥。交通运输部于6月2日凌晨启动一级应急响应，连夜召开应急领导小组第一次会议，迅速成立应急处置领导小组，作出工作部署；公安部紧急调集治安、消防、交警等警种，协调海警、交通公安等各方力量立即行动；国家卫计委立即组织事件周边地区卫生救援力量，紧急驰援；水利部、气象局、安监总局、民政部、旅游局、保监会等部门纷纷实施相关应急处置工作。这些消息第一时间通过媒体传播出去，使"东方之星"船上游客家属、沉船事件发生地区群众和全国人民看到了党和政府高度负

责的态度，稳定了情绪，积极的舆论迅速占据了舆论的制高点。

（二）信息公开，满足群众信息需求

及时公开相关信息，可以提高政府应对突发事件信息的公开性和透明度，这不但有利于政府应对危机事件，而且有利于稳定群众心理，迅速动员全社会力量共同参与事件应对，以缩短危机时间。灾难性事件发生后，群众最关切的是伤亡人数、人员名单，以及事故发生原因等信息。这些信息如果不在第一时间及时公开，群众就会对事故存在认识上的不确定性，因而产生各种猜测与臆想，从而使得舆论引导陷入被动回应的状况，甚至陷入"塔西佗陷阱"，致使后续新闻发布都被疑为是在说假话，隐瞒实情，致使舆论引导丧失主动权。

"东方之星"沉船事件发生后，相关信息的公开是及时有效的。6月2日下午5点半，救援指挥部在监利县举行了第一场新闻发布会，交通运输部有关负责同志亲临会场。当天，新华社第一时间披露了"东方之星"翻沉前的最后影像，公布了船员名单，以及重庆东方轮船公司及"东方之星"客轮的有关信息。更难能可贵的是，6月5日，沉船船体扶正允许媒体全程公开直播，第一时间报道了救援现场的实况，体现了公开、透明，不藏、不掩的积极态度。整个事件总共召开了15场新闻发布会，所有事件处理的最新进展情况均在第一时间公开，牢牢掌握了舆论引导的主动权。

二、回应关切：主动舆论引导的基本要求

以往一些突发事件发生，常常是社会关切的焦点急剧高涨，甚至达到无法控制时，政府和媒体才予以回应，这时舆论引导已基本失去了主

导权。主动舆论引导，就要及时了解和把握社会关切，并主动作出回应。

（一）释疑解惑，消除谣言传播空间

新媒体给新闻传播提供了更加快速有效的平台，但也给谣言传播提供了更为广阔便捷的渠道。灾难性事件发生后，群众对事故发生原因、救援行动进展、事故调查处置等信息总是格外关切。一旦这些关切得不到及时解答，各种谣言就会趁机传播和扩散。当谣言四起之时，舆论引导工作就变成了被动的"辟谣"工作，给舆论引导造成极大困难。要跳出"大灾之后必有大谣"的困局，主动释疑解惑就是一门必备功课。

"东方之星"沉船事件发生后，社会关切主要集中在以下 3 点。一是事件本身及救援。例如救援面临哪些困难？船舱中的空气垫可以维持几个小时？哪个部位空气最充足？是否需要往沉船输氧？对此，各大媒体纷纷予以解答。如新华网把这些疑问都统一整理，并借用网友的留言给予回复，使得答案更加中立可信。二是伤亡人数。一旦官方对伤亡人数的报道出现问题，那么整个事件的舆论引导就会陷入被动状态，政府部门的公信力也会大打折扣。此次事件中，"东方之星"游轮上的人员为 454 人，最早公布的是 458 人，但随后数据减至 456 人。针对这一变化，有关部门负责人在第一时间对数据变化的原因作出了有说服力的解释。三是灾难原因。在 2011 年的温州高铁脱轨事故中，有关部门在没有对事故作出调查的情况下便掩埋车头的行为，被怀疑是掩埋证据，受到了舆论的强烈质疑，致使事件舆论导向十分被动。而此次事件发生后，有关事故原因的调查不断通过官方新闻发布会和新闻媒体及时呈现。与此同时，习近平总书记明确要求，要坚持以事实为依据，不放过一丝疑点，彻底查明事件原因。党中央、国务院对事件调查工作高度重视的相关信息得以及时传播，使大家消除了疑虑，对查明事故原因、告慰遇难人员充满了信心。

（二）权威解读，解答社会核心关切

在灾难性事件中，对事故发生原因及救援情况等社会核心关切的回应和解读非常关键，而要回应和解读好这些核心关切，信息发布人员的选择与回应方法的重要性就不可忽视，因为通常情况下，信息发布者和解读者的行政职务级别、专业知识水平以及对事件了解的程度等，都会影响回应和解读的效果。

如果只有党和政府的一般表态和相关工作人员的说明解释，那就很难让群众信服。因此，要尽量让熟悉情况的、行政职务级别高的、相关专业知识丰富的有关人员来担负新闻发布会的信息发布和舆论回应工作。特别是在一些专业性较强的问题上，应该让懂行的专家作权威性解释，这也有利于彰显第三方的客观与公正。在回应方法上，应多用事实和数据说话，而不是作"拍胸脯式"的保证。

"东方之星"沉船事件中，社会核心关切问题基本上得到了权威解读。一方面，中央对科学救援的强调，本身就是一种权威信息。6月5日，船体扶正前，中央领导要求要科学有序开展船体扶正作业。同时，国务院事件调查组组织船舶结构、航行安全、气象水文等方面的专家，就事件原因、救援情况、事故调查、善后事宜等准确发布信息，做到了及时、公开、透明，解答了社会的核心关切。对于这样一起较为特殊的灾难性事件，救援是否科学是牵动社会神经的敏感点，如果救援采取的方式不科学，可能就会增加伤亡人数，而且会引发社会的质疑和不满。中央对科学救援的强调，使得舆论对救援科学性的质疑有了消解。另一方面，针对网友中存在的种种质疑，各媒体和网站毫不回避，在第一时间作出回应。如针对很多民众缺乏船舶知识、不懂救援技术的情况，人民网、新华网讲解了"沉船救援的步骤"，回答了"为何不直接把船翻过来"等问题；针对网友质疑为什么不能在第一时间破拆船身救人，新华网转载网友的观点：客船倾覆以后，第一要务绝对不是破船救人；针对"东方之星"在恶劣天气下为何不返航的质疑，《新民晚报》邀请海事专家，解读了"东方之星"在头重脚轻的状况下，遇极端风浪全身而退是困难的；对于船长弃船逃生算不算失职，《新闻晨报》组织法学和航海专家作出解释。这些深度解释避免了群众和网友对事件的误读、误解和误会，使舆论朝着正面方向发展，降低了谣言出现的可能性。

三、议题设置：主动舆论引导的解释框架

"议题设置"是舆论引导第一个阶段就必须解决的重要问题。通过议题设置可以把公众的注意力和关注点引导到特定的方向，为下一步舆论引导打好基础。在以往一些被动性舆论引导实践中，新闻发布和回应社会关切的相关议题，往往是由媒体来进行的，政府的主动性很低。主动舆论引导，要求党政部门有关人员要熟知事件原委和新闻传播规律，主动发现问题、提供线索、设置议题，为以后的舆论引导提供解释框架。

（一）加强舆情监测，做到适时主动出击

议题设置需要依据社会关切度和自身所掌握信息的情况，适时设置话题，而不是按照主观意志，想当然地决定话题。有的政府部门及相关领导，在新闻发布时往往急于作出解释，甚至急于表达自己的功绩，而全然不顾社会舆论关注的焦点。这种在主观意志驱使下所设置的议题，难以成为媒体议题，进而也难以成为社会议题。

做好议题设置，关键是要加强舆情监测。只有通过舆情监测，了解

社会舆论关注的焦点，再根据掌握的信息在新闻发布中设置议题，才能取得好效果。在"东方之星"沉船事件的新闻发布会上，很多议题，特别是一些舆论焦点问题，都是由新闻发布方主动提供的，而不是媒体追问后才被动回应，这就牢牢掌握了舆论引导的主动权。如6月3日，交通运输部新闻发言人徐成光在新闻发布会上主动表态，事件的调查工作将坚持按照"决不护短、决不掩饰"的原则开展，引发媒体对中央调查决心的关注。6月5日，沉船打捞当晚，水下打捞救援专家罗小云在发布会上主动解答了为什么第一时间没有割舱救援、为什么沉船不往岸边拖移、为什么最后要扶正沉船抽水起浮、为什么船体看上去没有太大损伤四大疑问，在媒体质疑之前就提供了答案，掌握了舆论引导的主动权。

（二）发挥主流媒体作用，把握好"时度效"

随着新媒体的发展，舆论的形成及传播模式都发生了深刻变化，传统的舆论引导方式已无法适应舆论引导工作的新要求。因此，在新媒体环境下，主动舆论引导显得尤为重要，这就需要充分发挥主流媒体的主渠道、主力军作用，同时一定要把握好"时度效"。

首先是发挥好主流媒体的作用。事件发生后，新华社、人民日报、中央电视台、中新社、中国日报等中央主流媒体及其网站，第一时间以文字、图片、视频、动画、图表等各种形式，报道事故现场情况、事故发生原因、救援情况等。新华网、人民网等中央重点新闻网站相继开辟了专题页面，滚动报道救援进程及中央决策，积极引导舆论。有关事件进展的许多要闻信息都是第一时间通过主流媒体发布，因而取得了舆论引导的主动权。境外媒体报道的新闻源大多出自新华社、人民日报、中央电视台等主流媒体。

其次是把握好"时度效"。"时"和"度"是方法，"效"是目的。要增强舆论引导的效果，就要把握好"时"和"度"，而且一开始就要有明确的"效"的意识。随着救援和调查工作的开展，群众关注的相关事实信息要尽可能及时发布，但有些事实信息如果没有搞清楚，就不宜急于公布。例如此次"东方之星"翻沉事件中的死亡人数先后发生了多次变化，大多数主流媒体考虑到传播效果没有盲目炒作，而是待数据最终确定后再予以报道。"时度效"的恰当把握，使得主流媒体没有因伤亡数据的变动而陷入被动局面。

（三）注重新媒体作用，实现全方位立体发声

习近平总书记强调，要把网上舆论工作作为宣传思想工作的重中之重来抓。在主动舆论引导中，除主流媒体之外，还要注重发挥新媒体、市场化媒体、地方媒体乃至外国媒体的作用，以实现立体发声，牢牢把握舆论引导的主动权。

新媒体在此次事件舆论引导中发挥了重要作用。6月2日2时52分，央视新闻微博客户端发布快讯"一载有400多人客轮在长江湖北段倾覆"，首次在网络上进行报道。7时左右，人民日报微信公众号推送汇总后的信息"【突发】一艘载有400余人的客轮在长江沉没 搜救正在进行"，成为微信朋友圈中最早的权威来源，点击量高达40多万次。新华网制作"3D还原翻沉瞬间""3D还原水下营救65岁老人细节"等多个动画，以可视化的形式呈现复杂的救援过程。"长江客轮倾覆""长江客船沉没"等成为微博热门话题，产生了40亿人次的阅读量和170万余次的讨论①。

---

① 卢永春、陈晓冉：《"东方之星"翻沉事件抢险救援报道阶段性分析》，人民网，2015年6月8日。

　　此外，一些市场化媒体、地方媒体，包括外国媒体在事件中也都发挥了重要作用。这就形成了一个全方位的立体发声格局，能够更加全面、深入地反映情况、报道新闻，产生舆论引导的整体效果。

　　而在这次事件中，BBC、CNN、路透社、半岛电视台等一些国外媒体也以中国媒体报道为信息源，进行了较为客观的大篇幅、多角度的报道，其效果总体上是积极的，这对我们的舆论引导也起到了一定的配合作用。

四、人文关怀：主动舆论引导的价值引领

　　灾难性事件发生后，能否做到以人为本，对生命予以尊重和关切，对在舆论引导中赢得主动地位具有关键意义。因此，灾难事件中的主动舆论引导，须坚持以人文关怀为导向的价值引领。

（一）弘扬人文精神，实现灾难报道价值引领

　　新闻学是一门具有人文学科性质的社会科学，新闻工作者应具有崇高的人文精神。随着突发灾难性事件的增多，灾难报道越来越受到社会关注，然而我国的灾难性事件报道在坚持人文精神方面还存在许多问题，常常受到舆论质疑和批评，这需要我们认真总结相关经验和教训。

　　这次"东方之星"沉船事件报道在这方面有许多可圈可点之处。首先在报道选题方面努力体现人文关怀。事件发生后，各媒体在选题上注重打"感情牌"，并注重对生命和尊严的尊重，拉近了与群众的心理距离，从而赢得了舆论引导的主动权。如新华社《惊恐、坚持与希望："东方之星"沉没事件中的自救与搜救》《"我打开了那扇窗！"——"东方之星"客船翻沉事件幸存游客口述》《生命，在"东方之星"翻沉的80多个小时》《"东方之星"客船幸存者口述：一个救生圈，救了两条命》

《为了生命的尊严——"东方之星"沉船 24 小时出水全记录》《我们默哀，为了"东方之星"遇难者》《逃生记——"东方之星"游轮 3 名幸存游客生死瞬间》等一系列报道，从选题上完美地体现了对生命的尊重。同时，记者以参与者身份介入事件，传递爱心。在此次事件中，许多记者带着真情实感，以实际行动有效地配合了救援行动，不少人成了救援队伍中的一员，收到积极的社会评价。

在此次事件的舆论引导过程中，新闻媒体奉行"以人为本""生命至上"的理念，在情感上赢得了人民群众的认可和信赖，也得到了西方媒体的积极评价，可以说成功实现了价值引领，这是有效引导舆论取得效果的一个明显表现。

（二）实行人性化发布，引发社会情感共鸣

灾难性事件中的人文关怀还体现在具体的语言表达之中。在新闻发布会上，人性化的语言表达能够彰显官员综合素养和政府姿态。面对灾难，群众特别是遇难者家属的心情是悲痛的，新闻发布的用语、用词，包括语气等都须格外注意，要尽可能体现人文关怀，进行人性化发布，这将有助于引发社会情感共鸣，使得舆论引导能够占据主动和有利地位。

细观"东方之星"沉船事件的 15 场发布会，新闻发言人对此是较为注意的。在发布会上，新闻发言人表情凝重、话语真诚、表达真切，多次强调对逝者的尊重和对家属的关切，强调政府将"争分夺秒全力进行搜救"，并表示"前期调查工作按照决不护短的原则开始展开"，这些都体现出新闻发言人浓浓的人文关怀，收到了很好的效果。

（三）救援与舆论引导并进，强化主动舆论引导效果

在灾难性事件中，做好救援本身就是人文关怀的集中体现，而积极

的救援行动也是实现主动舆论引导的基础。任何一起灾难事件，如果救援行动滞后，无论后续舆论引导工作如何开展，都很难挽回被动的局面，因此，救援行动与舆论引导齐头并进是主动舆论引导的一种有效手段。

在"东方之星"沉船事件中，这一点做得也较好。一是体现了对人民生命安全高度负责的态度。中央始终把救人放在第一位，要求各有关方面以对人民生命安全高度负责的态度，动员一切可以动员的力量，采取一切可以采取的措施，争分夺秒抓紧做好各项工作，要把"不放弃任何一丝救援希望，给逝者最大尊严"贯穿在整个应急救援全过程。二是体现了尊重习俗和尊重逝者。按照传统习俗，6 月 7 日是"东方之星"号客船遇难人员的"头七"祭日，新华社等中央媒体均对此作了报道，体现出对逝去生命的尊重。三是做好善后工作，充分体现对遇难人员遗体的尊重。中央政治局常委会会议特别强调，组织协调好承担殡仪服务的监利、洪湖、江陵 3 个县级殡仪馆和湖南岳阳市殡仪馆，以做好殡仪服务工作、最大限度维护逝者尊严、抚慰遇难者家属为工作目标，认真细致地做好遇难者遗体转运、接收、入殓、保存、告别、火化等每个环节的工作，真正体现了对逝者的尊重和对遇难者家属的体恤。

五、结语

"东方之星"沉船事件舆论引导的成功，与党中央、国务院的领导和各部门、各级政府的共同努力，与媒体及时有效的报道密切相关。但也有一些问题值得进一步研究。

其一，媒体联动能够起到很好的舆论引导作用，但此次媒体联动属于自发性的联动，以后的类似事件是否可以复制，如何才能使得自发性联动变成自觉行为；其二，此次事故涉及的是企业单位，从责任主体看没有政府部门责任，这就减少了调查和报道的阻力，今后一旦发生涉及政府部门的此类事故，如何面对涉事政府部门或官员的阻力值得思考；其三，此次外媒报道的权限放开是个案特例还是一种常态做法，今后能否推广，能否使"放开成为常态，限制成为例外"；其四，此次事故中有关部门负责人都在第一时间出席新闻发布会，这能否作为基本要求予以机制化。

这次主动舆论引导的成功，带给我们很多经验。但以往的案例表明，多数突发事件的舆论引导尚难以按照这些原则和要求去做。因此，我们需要认真总结，深入研究，精心提炼，把经验上升到理论层次，这样才能使主动舆论引导模式逐步固定化、机制化，让成功经验真正发挥示范作用。

论复杂性突发事件的舆论引导策略

——基于天津爆炸事故舆论引导的反思

▌题注： 本文以 2015 年天津"8·12"爆炸事故为例，探讨面对复杂突发性灾难事件如何做好舆论引导，提出应从转变思想观念、调整运行结构、综合各种要素、改进引导方式等方面入手。该文与中国人民大学新闻学院 2013 级博士生叶俊合作完成，刊于《新闻爱好者》2016 年第 2 期。

在社会转型期，各种矛盾交织，使得社会风险不断发生，而且呈现出日益复杂化的趋势，近年来时有发生的灾难性突发事件就是一个例证。每当此类事件发生时，舆论引导工作总会面临严峻考验，一旦引导不当，便会陷入被动局面，引发舆论质疑，产生负面影响，损害党和政府的形象和公信力。

因此，面对复杂突发性灾难事件，该如何做好舆论引导工作，成了一个需要我们深入研究的重要课题。本文以 2015 年 8 月发生在天津港的爆炸事故为例，对复杂性突发事件舆论引导的特点及策略进行探讨。

一、天津港爆炸事故的舆情走向及其复杂性

2015 年 8 月 12 日 23 时 30 分左右，位于天津滨海新区塘沽开发区的天津东疆保税港区瑞海国际物流有限公司所属危险品仓库发生爆炸，这起重大爆炸事故造成的伤亡人数多、财产损失大、环境破坏严重，因而引发了国内外舆论的高度关注。

（一）天津港爆炸事故的舆情走向

事故发生后，党中央、国务院高度重视。习近平总书记在第一时间作出重要指示，要求尽快控制消除火情，全力救治伤员，确保人民生命财产安全。

天津港"8·12"爆炸事故，其整体舆情先后经历了两个阶段。每个阶段舆论引导面临的形势和处理的方式有所不同：第一阶段，舆论引导处于被动回应状态，整体舆论以质疑为主，许多谣言开始传播，事件不断升温；第二阶段，舆论引导以主动为主，质疑声逐渐消解，谣言逐一澄清，事件逐步平息。

第一阶段：被动回应阶段。天津市在事件发生初期处于舆论引导的被动地位，主要体现在以下几个方面：一是本地媒体失语。爆炸事故发生的第二天，天津市本地媒体集体处于失语状态，从报刊到广播、电视，有关事故的报道十分有限，有的媒体还在按原先的安排播放节目，这与公众对重大事故的高度关注极不相符，导致了社会舆论对天津媒体的质疑，从而在舆论引导的第一个节点就陷入被动、处于劣势。二是阻挠记者采访。事故发生后，当地多次出现工作人员阻挠记者采访事件，使舆论引导工作陷入被动。三是信息公开不及时透明。事故发生后，当地政

府没有及时公开有关信息，瑞海公司环评报告、天津港的归属等基本问题均未能在第一时间公开。四是新闻发布会操作不当。8月16日前举行的6次新闻发布会，出席领导代表性不强、回答记者提问保守等，使得舆论引导一直处于被动"接招"状态。

第二阶段：主动引导阶段。8月16日，李克强总理代表习近平总书记抵达事故现场，看望慰问消防队员、救援官兵、伤员及受灾群众，并就下一步救援救治、善后处置和安全生产工作作出部署。李克强总理强调，这次事故伤亡重大，教训极其惨痛，国务院立即成立事故调查组，要彻查事故原因，依法严格追责、严厉问责、严肃查处，对涉及玩忽职守、失职渎职、违法违规的，要一究到底，坚决处理，决不姑息。此后，天津市逐渐掌握了舆论引导的主动权，信息公开力度加大，并正面回应有关质疑。

（二）天津港爆炸事故的复杂性分析

与以往一般性突发灾难事故不同的是，这次天津港爆炸事故十分复杂，这是导致事故发生之初舆论引导没能及时掌握主动权的重要原因之一。

1. 爆炸事故本身的复杂性

此次发生爆炸的危险品仓库，事故现场有危化品40余种。其中氰化钠约700吨，硝酸铵约800吨，硝酸钾约500吨，能确定的危化品数量约3000吨。而化学品爆炸不能用普通灭火方式，会引起化学品本身反应而发生再次爆炸，如遇降雨就可能产生爆炸。就连在消防战线工作40多年的公安部消防局有关负责同志也表示："像此类的危险品仓库，这还是经历的最复杂的一次灾害事故。"事故的复杂性，不仅增加了抢救工作的难度，也给媒体及公众带来了很多未知信息，舆论引导工作陷入困局。

2.爆炸事故利益主体的复杂性

此次事故发生在天津港，舆论一开始便质疑天津港与瑞海公司的关系，并对天津港的归属问题表示关注。然而，相关信息却迟迟未能公开，导致舆论引导工作十分被动。甚至在 8 月 19 日的发布会上，天津港有关负责人出席发布会时还强调，天津港是个区域的概念，与瑞海公司之间没有关系，并回避了天津港直接归属问题。而此次灾难事故涉及交通运输、口岸管理、安全生产等诸多领域，进一步加大了舆论引导工作的难度。

3.爆炸事故舆论环境的复杂性

新媒体环境下，如果主流媒体不能及时发出权威声音，小道消息就会占领舆论阵地。由于事故发生后信息公开不及时不透明，在网络上出现了很多谣言，这些谣言一方面混淆了公众对事件的认识，另一方面也影响了政府的公信力，使得舆论引导工作举步维艰。

二、复杂性突发事件的舆情特点

复杂性突发事件的舆论引导相对难度较大，如何应对此类事件，怎样做好这类事件的舆论引导工作值得关注和重视，天津港爆炸事故为我们提供了一个总结经验教训和进行反思的机会。

反思复杂性突发事件的舆论引导工作，首先需要全面了解此类事件的舆情特点，从而提出解决方案。从此次事件看，复杂性突发事件的舆情具有以下几个特点。

（一）社会关注度高

当前社会环境纷繁复杂，公众需借助媒体及时了解外部环境不断变化的信息，从而减少认识上的不确定性，并据此作出判断和调适，增强安全感。

突发事件，特别是突发安全事故，与人民群众的生命财产安全密切相关，是最受公众关注的社会风险之一。此类事件的发生，会在第一时间引发公众的关注。在复杂性突发事件中，事件的不确定性给公众造成了疑惑和诸多不安全感，必然更会成为其关注的焦点。因此，公众关注度高是此类事件最明显的特点。

天津港爆炸事故中的舆情就充分体现了这一点。事故发生后，相关信息第一时间在各大网站、微博、微信中迅速传播，并立即在全国乃至世界范围内引发关注。公众很快将关注焦点集中在了危险化学品上，这是因为危险化学品使事故救援工作难以开展，且会给事故带来次生灾难。

更为重要的是，公众急于知道危险化学品爆炸后是否会给当地的空气、地下水、土壤带来污染，污染的程度有多大，未爆炸的危险化学品是否依然存在危害人们健康和生命安全的隐患，自己居住地周边是否也存在此类潜在的危险等。这显然已经突破了一般性突发事件中公众的"旁观者"心态，许多人都是事故灾害的直接关联者。因此，此类事件的社会关注度高，是舆论引导工作需要特别重视的。

（二）舆论质疑声多

舆论质疑是突发事件发生后普遍存在的一种现象，这是因为突发事件往往事发突然，公众对事件发生的原因一时无从知晓，希望尽快了解真相，因而出现质疑声音在所难免。

通常情况下，对一般性突发事件，舆论质疑主要集中在事故发生原因及如何追责等问题上，只要相关部门实事求是地及时公开信息，质疑声相对较为容易平息。但在复杂性突发事件中，由于情况复杂，公众又难以全面获知真相，因而舆论质疑会更多。如果有关部门不能以坦诚的态度对相关信息及时、充分地公开，质疑声非但不会消失，还可能会更多，从而使得舆论引导的难度加大。

在天津港爆炸事故中，因为涉及许多公众无法获知的复杂情况，舆论质疑点多且相对集中。如这样一家危险化学品仓库是如何通过环评报告的？事故主要责任所涉及的瑞海公司归哪个部门管理？天津港与天津市的关系是什么？爆炸对当地环境造成了何种程度的污染？危险化学品会不会引发次生灾害？公众对瑞海公司总经理只峰的身份也产生了质疑。

这些质疑开始时是公众面对突发事件的正常反应，但由于有关部门回应不及时，丧失了把握舆论引导主动权的最佳时机。随后，一些恶意中伤的谣言开始出现，扰乱了舆论环境，使得舆论引导变得更加被动。

（三）不确定性因素多

不确定性因素多是风险社会的一大特点，也是突发事件中普遍存在的一个问题。尤其是在复杂性突发事件中，不确定性因素更多。

常言道："大灾之后必有大谣。"这种现象之所以存在，就是因为重大突发事件往往情况复杂，其中的不确定性因素多，人们如果不能及时了解真相，就会受到谣言干扰，以"宁可信其有不可信其无"的心态接触谣言、传播谣言，从而产生不良后果。在这种情况下，如果主管部门不能及时回应，极易给谣言提供传播空间。

此次天津港爆炸事故最大的不确定性，是危险化学品的数量及危害。因为瑞海公司已经被炸毁，指挥部没有仓库的相关记录，只能初步估算有 40 余种约 3000 吨危险化学品。同时，危险化学品因品种不确定，爆炸后会不会由于化学反应再次发生爆炸也很不确定，以至于指挥部不得不停止救援，派防化部队进入救援现场勘察。

对当地群众而言，更是有许多不确定的因素，例如，爆炸对周边水质、土壤、空气的污染程度如何？瑞海公司有约 700 吨氰化钠的说法是否确有其事？而后来在确定瑞海公司确有约 700 吨氰化钠后，群众对这些化学品的潜在危害依然存在许多不确定性认识。

之所以说天津港爆炸事故是典型的复杂性突发事件，最重要的就是整个事件充满了不确定性，使得救援工作遇到阻碍，公众心理遭受煎熬。

（四）问题专业性强

专业性强的安全领域，一旦发生突发事件，必然会出现很多专业性问题。公众对事件的质疑在很大程度上源于一些过于专业的问题干扰了他们的认知，公众心理的不确定性大多源于此。只有对这些专业性强的问题在第一时间，通过相关专家进行深入解读，让公众消除心中的疑惑，才能获得舆论引导的主动权。若专家介入不及时，导致公众质疑声四起，这时舆论引导就已陷入被动状态，再找专家解读，效果会大打折扣。在复杂性突发事件舆论引导中，所涉问题的专业性强是其突出特点，需要特别予以重视。

2015 年 6 月 1 日发生的湖北监利"东方之星"号沉船事件同样面临这一问题。当时交通运输部和国家海洋局、中国气象局等部门立即邀请相关领导和权威专家，对沉船原因、打捞措施等专业问题进行了详细解读，降低了公众认知上的不确定性，减少了舆论质疑，扼杀了谣言的源头。

在天津港爆炸事故中，有关部门举行的新闻发布会，也邀请了天津市环保局专家对环境污染及检测情况进行了实时报告，新闻媒体也采访了公安部消防局、危险化学品有关专家，对消防问题和危险化学品处置问题进行了专业解读。但由于事故现场情况过于复杂，相关信息的公开度相对不足，所以这些信息的发布仍然未能消除公众疑虑，质疑声始终难绝，舆论引导还是显得有些被动。

三、复杂性突发事件的舆论引导策略

复杂性舆论引导因为其特殊性，尤其需要讲求策略和方法，要在转变思想观念、调整运行结构、综合各种要素和改进引导方式上下功夫，从而形成有效的运行机制，实现预期的引导效果。

（一）转变思想观念：变被动引导为主动引导

正确观念的形成，是对事物科学认识的结果，它有助于人们更加全面、系统地认识和把握事物，处理和解决问题。形成和掌握正确的舆论引导观念，可以使我们在舆论引导工作中更好地把握时机、掌握方法，以求实现好的效果。

在舆论引导实践中，目前仍有不少政府官员和新闻媒体，在面对突发事件时，习惯于采用"你问我答"的被动舆论引导方式，引导的效果往往难以让社会和公众满意。因此，变被动引导为主动引导是当前急需解决的一个思想观念问题。在复杂性突发事件的舆论引导中，尤其需要把被动引导变为主动引导。

所谓"主动引导"，其关键就是要增强舆论引导的主动性，掌握舆论引导的主动权，以积极主动的态度面对舆论事件，及时公开有关信息，准确把握社会关切，主动回应舆论质疑，以争取舆论引导的积极效果。为此，需要掌握以下基本观念。

1.信息观念

信息的作用在于减少和消除公众原先认识上的不确定性。在突发事件中，应该注意及时、公开、透明地把关于这一事件的相关信息在第一时间让公众知晓，以减少公众认识上的不确定性，这样质疑的声音就会减少和消除，舆论引导也就掌握了主动权。

2. 受众观念

在舆论引导过程中公众作为受众的角色十分重要，要取得好的引导效果，就须牢牢确立受众观念，要以满足受众的信息需要作为舆论引导的基本前提和根本要求，新闻发布和媒体报道都必须充分考虑并尽可能地满足他们对突发事件中各种信息的知情需求，这样才能争取他们的认可，实现主动引导。

3. 议题设置观念

议题设置是传播活动中常用的一种通过选择"于己有利"的合适议题，经过精心传播而达到影响受众意识和行为的方式，其实它也是舆论引导的一种有效方式。突发事件的舆论引导，确立议题设置观念十分重要。在突发事件舆论引导过程中，新闻发布会和媒体的报道要主动设置议题，积极引导公众的意见走向和关注焦点。当然，议题设置也不能一厢情愿，要同受众的关注点结合起来，以争取主动引导的效果。

4. 沟通观念

政治沟通作为现代政治行为的一种方式已越来越受到重视，成为政府决策、形象塑造及危机管理的必要手段。舆论引导的本质是一种宣传和传播方式，以往那些单向灌输式的宣传理念和传播方式已无法适应信息化时代和民主政治前提下的形势需要。在新形势下，舆论引导需要确立一种基于平等关系的沟通观念，要善于在同一平台上与公众展开平等对话，而不是依然使用以往那种居高临下的说教方式，唯此，才能争取主动引导的效果。

（二）调整运行结构：政府主导的立体式发声

在一种有效的舆论引导机制中，各参与主体不是孤立的，而是彼此关联的，它们相互之间存在系统性的结构。在这个结构中，政府是主导者，在新闻发布、议题设置、政策解读、思想疏导、资源整合、统筹协调等方面均起核心主导作用。而舆论引导的各参与方都是该结构系统中不可缺少的成员，需要各负其责、相互配合，以形成立体式发声的运行结构，要避免发生各自为营、互不相干的情况。

在这个舆论引导运行结构中，媒体是参与者中的关键性一方，因此要善于发挥各媒体机构在信息采集、新闻发布、议题设置、释疑解惑、反映民意、化解矛盾等多方面的作用，使其成为舆论引导的中坚力量。

在突发事件的舆论引导中，中央主流媒体是权威消息的发布者，因此事件发生后，应尽力发挥主流媒体在权威信息发布和稳定民心方面的作用，以使主流舆论迅速扩大，负面舆论逐渐式微。

由于传统媒体的版面、时段有限，其信息发布被公众接受需要一个过程。而新媒体可以在第一时间发布动态消息，公众可以随时随地接收到这些信息。因此，在突发事件舆论引导中要注意发挥新媒体在动态消息发布方面的优势。

复杂性突发事件通常持续时间较长，信息变动大且快，全国性媒体及其他地区媒体在持续关注和深入报道事件方面会存在一定困难，而当地媒体在这方面有其独特优势。它们不仅在事件爆发时可以凭借其地域优势，第一时间及时发布信息报道新闻，而且在持续报道事件方面也有优势，因此应该充分发挥当地媒体在舆论引导方面的作用。

在政府主导的立体式发声体系中，实现多个舆论场及各种媒体形态的有机融合，并使之朝正确的方向发展，是复杂性突发事件舆论引导的目标。为此，作为主导者的政府需要善待、善用和善管媒体，从而使各类、各级媒体都能够很好地发挥作用。

（三）综合各种要素：准确把握舆论要素内在联系

舆论是利益关系相近的人们对其所关注的某一现实问题的共同意见，事件、公众、意见是舆论的三大基本要素。在复杂性突发事件中，需要综合各种舆论要素，准确把握其内在联系，以使之形成良性运行状态，取得好的效果。

1. 事件是舆论形成的关键要素

舆论引导要始终围绕事件本身，不能偏离事件，为引导而引导。在复杂性突发事件中，由于事件是由众多事实构成，情况十分复杂，如果对事实把握不准，很容易在舆论引导过程中走偏方向。这就需要把握"事件"这一关键要素，掌握事件中的每一个关键性事实，避免因其他因素的干扰而偏离舆论引导方向。

2. 公众是舆论的行为主体

舆论引导要有强烈的公众意识，充分重视其在舆论引导中的关键作用，而不能仅仅将其视为被动的信息接收者。在新媒体时代，公众的参与意识迅速提升，参与水平普遍提高，这是舆论引导面临的现实情况。因此，要把公众作为舆论引导的出发点和归宿，时时以满足其信息需要作为舆论引导工作的中心。

3. 意见是舆论的核心要素

舆论引导的关键是要让正确的意见形成主流舆论，并且为公众所接受和认可。因此要根据舆情动态，及时、充分地表达党委和政府的正确意见，以引导舆论。当然，公众的意见也不能忽略，因为在此类事件中，公众的态度和关注点决定着舆论的走向，因此不能只根据自己的意愿说自己想说的话而不顾及公众的意见，否则舆论引导不仅不能取得预期效果，还会起到反作用。

在新媒体时代，任何一起突发事件发生后都会迅即引爆舆论，公众参与的积极性高，各种意见掺杂在一起，形成复杂的舆论态势。因此，要有效应对和化解舆论危机，做好舆论引导工作，在把握舆论要素关系的基础上，还要处理好"收"与"放"、"堵"与"疏"、"静"与"动"的关系。

总之，舆论引导是一种机制化、系统性，而且有着自身规律的工作，并非用临时应急的方式就能够实现预期效果，因此需要准确把握舆论要素的内在联系，综合各种舆论要素，使其发挥积极作用，以实现预期的舆论引导效果。

（四）改进引导方式：积极主动、及时公开、释疑解惑

舆论引导需要讲究科学方法，采用有效方式，而不是仅凭引导者的主观愿望就能实现预期目标。因此，改进舆论引导方式，提高舆论引导水平十分重要。在复杂性突发事件中，积极主动、及时公开、释疑解惑，是保证实现舆论引导效果的重要方法。

"积极主动"，指的是要采取积极主动的态度。态度决定行动，好的态度是取得成功的关键。有些政府部门及相关官员往往担心突发灾难性事件的发生会影响其政绩和仕途，因此常常会采取消极态度，对事件信息采取一压（压下不报）、二拖（拖延不报）、三瞒（隐瞒不报）的方式来应付，结果贻误信息发布时机，造成舆论引导被动，引起媒体和公众的不满。政府要有效地做好舆论引导工作，就要采取积极主动的态度，要充分发挥媒体的作用，借助媒体搭建起政府与公众沟通的桥梁。同时要尊重公众的知情权，满足其知情需要，以积极的态度面对事件、面对

媒体、面对公众。

"及时公开"，指的是及时公开地发布信息，让公众尽快获知事件的真相，这是在突发事件中对政府及相关部门的基本要求。及时公开发布信息既可以第一时间表明政府态度，也可以第一时间介入并引导舆论，把握舆论引导的主动权。

"释疑解惑"，指的是要主动回答公众对事件的疑问，消除公众的疑惑和疑虑。通常，在突发事件的信息发布中，我们都强调要"回应社会关切"，这在一般性突发事件中很重要，可是回应本身带有一定的被动成分。在复杂性突发事件舆论引导中，我们更强调信息发布要"释疑解惑"，即把事件的复杂性、相关专业问题，以及事件中的一些未知因素主动地向公众解释说明，这不仅能消除公众认识上的不确定性，消除公众的疑惑和疑虑，也是一种议题设置方式，有助于更好地把握舆论引导的主动权。

第六编

网络传播

从印刷、电报到互联网

——论马克思主义媒介技术观的历史演变

题注：马克思主义媒介技术观是马克思主义新闻观的重要组成部分。从马克思恩格斯所处的现代报刊发轫时期，到如今我们所处的以互联网为基础的多媒体融合并存时期，媒介技术经历了从印刷和电报时代到互联网时代的多次跨越。在这一演进过程中，马克思主义关于媒介技术的思想也得以不断丰富发展。本文结合每一时代的社会背景，全面论述马克思恩格斯、列宁及以毛泽东为代表的中国共产党历代领导人在不同时代的媒介技术思想。通过对马克思主义媒介技术观的全面回顾与总结，勾勒出媒介技术形成发展的路径，为更好地理解其在整个传媒业改革发展中的作用提供一个可供参考的历史视角。该文与中国人民大学新闻学院2013级博士生叶俊合作完成，刊于《新闻大学》2016年第2期。

科学技术是社会变革与发展的推动力。在人类传播史上，媒介技术在信息传播及传媒业的改革发展中始终扮演着基础性的重要角色，新的媒介技术不断改变着传媒形态及媒体格局。从最初报刊、通讯社的出现，到广播、电视的问世，世界传媒业在媒介技术的演进过程中得以不断发展。而当前以互联网技术为基础的新媒介技术，正推动着新一轮的媒体变革和传媒业发展，以报刊、广播、电视为代表的传统媒体正面临一场实现技术转型、融合发展的重大选择。

从马克思、恩格斯到列宁，再到中国共产党领导人，都始终十分强调发挥新媒介技术的作用，并在实践中借助新媒介技术推动传媒业的改革与发展。然而，从现有研究看，作为马克思主义新闻观重要组成部分的马克思主义媒介技术观尚未引起足够重视，研究成果寥寥可数。本文将全面梳理媒介技术的相关论述，力图描绘出马克思主义媒介技术观的历史演进过程及其主要观点。

一、印刷：让思想插上展翅高飞的翅膀

造纸术与印刷术是我国古代的重大发明，可以说是媒介技术史上的第一个里程碑。在人类信息传播的历史演进过程中，它们的出现，对于手抄媒介和印刷媒介的产生与发展都起到了至关重要的作用。

马克思把印刷术、火药和指南针称为"预告资产阶级社会到来的三大发明"，是"科学复兴的手段"和"对精神发展创造必要条件的最强大的杠杆"。①这是马克思对科学技术在促进人类精神发展与社会变迁中的重大作用的高度概括。

恩格斯曾用诗歌来赞美印刷术给人类思想与文化传播所带来的福音："你在数百年前给予思想和言语以躯体，你用印刷符号锁住了言语的生命，要不它会逃得无踪无影。"他还比喻说："思想冲破了藩篱，在褴褛时代就长久地限制着它的藩篱，终于展翅飞向遥远的世界，在那里，正

---

① 《马克思恩格斯全集》第四十一卷，人民出版社 1982 年版，第 359 页。

进行着郑重的对话，这就是过去和未来。"①在恩格斯的眼里，印刷让思想插上了展翅高飞的翅膀。

正是造纸术的发明，使语言文字的物质载体有了极大的改进，为信息传播手抄媒介和印刷媒介的产生与发展奠定了物质基础。而印刷术的发明，则使印刷媒介中的主要品种——报纸具备了产生的条件。从此，人类拥有了报纸这种延续使用数百年的新的媒介形态。同时，它也使近代传媒业由此走上了自己的发展道路。

17 世纪初，西方国家凭借德国人古腾堡发明的金属活字印刷术，出版了世界上最早的一批印刷报纸。1609 年德国出版了《报道或新闻报》。随后，英国、法国、美国、俄国等国家也相继出现了近代印刷报纸。

作为近代文明标志之一的报纸在生产力发展水平较高、科学技术相对较为发达的欧美国家的相继出现，标志着以报纸为主要传播方式的传媒业已经开始走向成熟。

二、电报：用时间消灭空间

马克思和恩格斯所处的 19 世纪，从媒介技术上看已进入了"电报时代"。19 世纪 30 年代，在工业革命浪潮下，英国人库克和惠斯通第一次设计出了有线电报，这项技术于 1844 年由美国人莫尔斯改进后开始风靡全球。随后，电报技术促进了通讯社的发展和报刊消息时效性的提升。在写作《共产党宣言》时，马克思把电报与轮船、铁路一道，视为资产阶级所创造生产力的主要标志，足见他对电报技术的重视。

不仅如此，马克思还在第一时间意识到电报发明对欧洲乃至世界

---

① 《马克思恩格斯全集》第四十一卷，人民出版社 1982 年版，第 42 页。

市场形成的重要作用。此时，电报的发明已使得欧洲大陆的消息可以迅速地传遍英国。为此，马克思写道："电讯立刻闪电般的传遍了大不列颠"，"各种电报象雪片一般飞来"。马克思认为，"电报已经把整个欧洲变成了一个证券交易所"。恩格斯也把电报与轮船、铁路、运河一道，视为近代交通工具的惊人发现，而这些发现"第一次真正地形成了世界市场"。

事实表明，马克思和恩格斯的判断是超前的。随着电报的产生和发展，欧洲大陆与英国以及全世界各个国家之间的联系更加便利，信息从此得以迅速传播。

马克思还注意到了电报技术对传媒业发展的促进作用。他认为，这些技术的出现缩短了人们之间的距离和交往所需的时间，促进了报刊、通讯社、电报局的发展，"顷刻之间就可以把自己的发明传遍全世界的报刊和电讯，在一天所制造的神话，比以前一个世纪内制造的还要多"。

从 1832 年世界上第一台电报机，到 1839 年世界上第一条商用电报线路的开通，信息传播一改过去传统的以人和物为载体的实体传播，成为以电波信号为载体的电子传播，大大简化了传播程序，提高了传播效率。

电报技术的出现给通讯社的建立和发展带来了福音，正是它成为一批现代通讯社发展的助推器。1850 年，保罗·朱利叶斯·路透在德国亚琛创办了路透社（次年迁往英国伦敦）。他用电报取代了信鸽，在德国与比利时之间传递信息，从此开启了通讯社的辉煌时代。这是电报对传媒业最为直接的贡献。

得益于电报，报刊上所刊发信息的时效性有了很大改观。这些都发生在马克思恩格斯革命活动的早期，他们对电报的重视在其后来的办报

活动中亦有体现。他们十分注重借助电报和利用电讯来提高新闻报道的
时效性。

更为可贵的是，在那个媒介技术魅力尚未完全展现的年代，马克
思已经洞察到了电报对人类文明进展的深刻影响。他指出："机车、铁
路、电报、走锭精纺机等等，它们是……人类的手创造出来的人类
头脑的器官；是物化的知识力量。"①把电报视为一种"物化的知识力
量"，马克思的这一发现，对我们全面认识媒介技术的本质有着重要
启示。

马克思恩格斯关于媒介技术的论述独到且颇具预见性。从其相关论
述中，我们似乎可以发现 20 世纪中叶伊尼斯、麦克卢汉等传播学技术流
派关于媒介技术观点的影子。

这一时期，马克思还发现了技术发展对时间和空间的深远影响。他
指出："用时间消灭空间，就是说，把商品从一个地方转移到另一个地方
所花费的时间缩减到最低限度。资本越发展，从而资本借以流通的市场，
构成资本空间流通道路的市场越大，资本同时也就越是力求在空间上更
加扩大市场，力求用时间去更多地消灭空间。"②

"用时间消灭空间"，马克思的这一高度概括与抽象的论断，虽然不
是专门针对媒介技术而言，但其所提及的铁路等交通技术和运输工具，
实际上在现代化进程中对信息传播活动起到了极为重要的作用。笔者认
为，马克思的这一论断同样适用于媒介技术的发展。它可以阐释媒介技
术对人类的观念、行为以及生产方式变化的内在影响，这对我们认识媒
介技术的社会功能及作用极具启示意义。

---

① 《马克思恩格斯全集》第四十六卷（下册），人民出版社 1980 年版，第 219 页。
② 《马克思恩格斯全集》第四十六卷（下册），人民出版社 1980 年版，第 33 页。

三、广播：不要纸张、不受距离限制的报纸

进入 20 世纪后，无线电技术的发明为以广播为先导的电子媒介的出现提供了物质和技术条件。1920 年 11 月，美国匹兹堡 KDKA 成为世界上第一座新闻广播电台。无线电广播的出现是信息传播技术的一场革命，它打破了传播的时空界限，大大加快了信息传播的速度，而且通过声音传递增强了信息传播的效果。正是广播的出现，为世界传媒业带来了一种全新的媒介形态，促使信息传播向更快、更远、更广的方向发展。

科学技术发明是人类文明的成果，它的出现总是以服务社会为旨归，因此它既可以服务于资本主义社会，也可以服务于社会主义社会。"十月革命"后，列宁在领导苏维埃国家进行社会主义经济建设时，对科学技术高度重视。在那个以"电"为基础性技术的年代，列宁提出了一个著名公式："共产主义就是苏维埃政权加全国电气化。"[①]为了能够学习和引进外国的先进科学技术，列宁又提出了一个简明公式："乐于吸取外国的好东西：苏维埃政权＋普鲁士的铁路秩序＋美国的技术和托拉斯组织＋美国的国民教育等等……＝社会主义。"

此时，世界范围内都在研制无线电技术，列宁对此也表现出了高度的关注，从 1918 年到 1922 年，列宁在各种信件、电报、文件中 20 多次提到了无线电技术。这足以说明列宁对广播技术的重视程度。

首先，列宁对广播技术的研发高度关注和支持，这是列宁媒介技术观的现实反映。俄罗斯苏维埃政权建立后，在列宁的重视下，政府科学

---

① 《列宁全集》第三十一卷，人民出版社 1958 年版，第 468 页。

管理部门和一系列科研机构相继成立。与此同时，一批科学技术工程相继启动，其中就包括无线电电话工程和无线电广播的试验与应用。1918年，在列宁的支持下，苏维埃俄国建立起了第一个无线电实验所。1921年1月26日，列宁在一封信中赞赏实验所科学家邦契·布鲁耶维奇，称其为"大发明家"，并明确指出"这件事十分重要（这是不要纸张不要电线的报纸，因为利用扩音器和收音机，整个俄罗斯都可以听到莫斯科所看到的报纸，这种收音机经过邦契·布鲁耶维奇的改进，将很容易地成百成百生产）"[①]。为此，他特意嘱咐相关负责人要特别抓紧这项工作，并每个月报告两次。为了支持这项工作，列宁提出"必须作出某些牺牲"，并要求"掌握美国有关这个问题的全部最新的文献资料"。列宁对无线电技术的重视程度，由此可见一斑。

其次，列宁明确指出了广播技术的媒体属性。1920年，在列宁的支持下，苏维埃俄国正集中力量研制无线电技术。列宁在一封给专家的信中写道："您正在创造的不要纸张、'不受距离限制'的报纸，将是一件大事。"1921年1月6日，他在另一封信件中又强调广播是"不要纸张不要电线的报纸"这一观点。由此可见，在列宁看来，广播技术是报纸印刷技术的延伸，具备了报纸所不具备的更加优越的传播功能。

最后，列宁从宣传鼓动角度阐述了广播的重要价值。强大的科学技术条件是稳固政权的重要条件。对此，列宁有清楚的认识。他强调，无产阶级在取得政权之后，"要建设共产主义，就必须掌握技术，掌握科学"。对无线电技术的重视，正是源于他意识到这项技术对宣传鼓动及稳定政权的重要意义。在他看来，研制无线电广播"有极其重要的意

---

① 《列宁全集》第五十卷，人民出版社1988年版，第90页。

义"，"因为如果试制成功，将会给宣传鼓动工作带来极大好处"①。列宁指出："无论是就进行宣传和鼓动（特别是对没有文化的居民群众进行宣传和鼓动）来说，还是就举办讲座来说，这个计划都是我们绝对必要的。"②

广播对于宣传鼓动工作的重要性使得列宁高度关注这项技术的研发，根据他的提议，1921 年 5 月 22 日，苏维埃中央政治局通过了关于给新设立的下新城无线电实验所拨款的决议，这个实验所由于其在开发广播技术方面的独特贡献，后来在列宁的提议下获得了劳动红旗勋章。

列宁的媒介技术观不仅体现在人们所熟知的对媒介功能的认识上，更体现在他对媒介技术本身的认识上。他对新媒介技术的重视是马克思主义媒介技术观的重要组成部分，在后来传媒业的发展过程中，媒介技术始终备受社会和传媒界关注。

以毛泽东为代表的中国共产党领导人同样高度重视媒介技术的发展和新兴媒体的运用。中国共产党从诞生之日起，就坚持运用各种新的媒介技术和媒体形态宣传马克思主义及共产党的政治主张，以教育发动群众，组织指导斗争，扩大党的影响，服务国家和人民。而在党所运用的媒介技术和媒体形态中除报刊外，也包括广播和电视。

20 世纪初，广播技术开始出现，世界上最早的一些广播机构在西方国家建立，我国也在 1923 年创办了第一家广播电台。鉴于革命斗争和宣传鼓动的需要，刚刚在中国出现的广播技术很快便引起了中国共产党的重视。1929 年，在周恩来的直接领导下，中国共产党创立了第一座秘密电台，并承担起培养广播技术人才的任务。全面抗战期间，国民党政府

---

① 《列宁全集》第五十二卷，人民出版社 1988 年版，第 433 页。
② 《列宁全集》第四十三卷，人民出版社 1987 年版，第 192 页。

加紧对共产党及根据地的信息封锁，为打破国民党的信息封锁，向全国人民传播共产党的抗日主张，创办广播电台成为当务之急。1940 年，周恩来想方设法从苏联运回了一台广播发射机，并成立了广播委员会，负责筹建广播电台。1940 年 12 月 30 日，中国共产党第一座广播电台——延安新华广播电台开始试播音（呼号为"XNCR"），这标志着中国共产党从此拥有了新的信息技术和传播手段。

毛泽东十分重视广播的推广和发展。1941 年 5 月 25 日，他在《中央关于统一各根据地内对外宣传的指示》中，要求"各地应经常接收延安新华社的广播，没有收音机的应不惜代价设立之"。1943 年，他又指出，报纸、广播是教育干部的一种很重要的方式。[①]这说明，毛泽东充分认识到了广播在思想宣传、文化教育以及社会发动等方面的作用。

正因为对广播技术运用的高度重视，使得共产党在战争年代十分艰苦的情况下，能够借助自身数量有限且设备极为落后的广播，在动员教育群众、组织开展斗争、赢得战争胜利方面发挥了重要作用。

四、电视：办好广播电视服务全国人民和世界人民

电视作为 20 世纪人类最伟大的技术发明之一，其出现可以说是人类传播史和媒介技术史上的又一重大事件。它将图像、声音、文字等形式齐集荧屏，让人们同时可以接受声、像和文字传播，从而再次使得新媒介技术受到全世界的关注。

自 1936 年世界上第一家公共电视台在英国诞生之后，电视迅速发展起来。然而，由于长期战争的影响，电视在我国的出现相比广播要晚很

---

① 《毛泽东新闻工作文选》，新华出版社 2014 年版，第 146 页。

多年，一直到新中国成立后，发展电视才被纳入国家计划。

新中国成立之初，党中央就开始重视发展电视。1955 年 2 月 5 日，中央广播事业局就在北京建立中等电视台问题向国务院递交了报告，周恩来批示："将此事一并列入文教五年计划中讨论。"经过 3 年的发展，1958 年 9 月 2 日，"北京电视台"（中央电视台的前身）正式开始试播，同年 12 月，全国电视台基建工作座谈会召开，整体部署电视台建设，到 1960 年，全国已建成 36 座电视台。

毛泽东十分关注电视的发展。1964 年 12 月 27 日，他欣然为我国首家电视台"北京电视台"题写了台名。1965 年 9 月 15 日，他给主管国家广播电视工作的中央广播事业局题词："努力办好广播，为全中国人民和全世界人民服务。"这一寄语表达了他对广播以及当时刚刚起步的电视事业未来发展的殷切期待。

卫星电视与彩色电视的出现，是电视技术发展史上的重大突破。党和政府根据形势需要，提出要发展卫星电视和彩色电视。1958 年，毛泽东提出："我们也要搞人造卫星。"在彩色电视研制方面，我国采取了积极态度。1959 年，彩色电视机的研制被纳入计划，但由于经济困难被耽搁了 10 多年。20 世纪 70 年代初期，中央广播事业局组织的彩色电视攻关试验取得初步成功，毛泽东审阅了试播准备工作的简报。1973 年 5 月 1 日，北京电视台开始试播彩色电视节目。针对彩色电视的发展，毛泽东于 1974 年 8 月批示，"这是重要的事情，要长远打算"，并提出"希望把彩色电视发展起来，让更多的人看到电视"。这说明毛泽东对媒介技术的发展和创新十分关注，对媒介技术可能给社会发展带来的作用抱有很大期望。

一方面，在电视发展初期，党和政府对电视功能的认识主要在其宣传功能和技术手段两方面。由于电视是在电子技术基础上发展起来的，因此各级广电机构"既是新闻宣传机关，又是技术管理机关，但以宣传工作为中心"。当时的基本认识是："技术是为宣传服务的，同时宣传的需要也促进技术的不断发展。"①为了更好地使两者结合，党和政府对宣传和技术实行的是"统一领导和管理"的方式。1956年中央召开的全国广播工作会议指出：两种业务（宣传和技术）之间的任何不协调，都不利于宣传工作的完成，而统一的领导是技术服从于宣传的很好的组织保证。20世纪60年代，电视有了一定发展之后，中央又提出"立足北京，面向世界"的宣传方针。

另一方面，中央高度重视电视的教育功能。1960年，北京、上海等地创办了电视大学，随后在全国许多地方发展起来。对此，时任国务院副总理、中宣部部长陆定一指出，电视"是进行群众教育的好工具"，并强调"我们的电视是教育工具"。因此，在电视发展初期，电视机构非常注重发挥其宣传教育功能，以"宣传政治""传播知识""充实群众文化生活"为宗旨，并强调电视节目要"寓教于乐"。②

由于当时正处于经济困难时期，所以我国电视业在20世纪60年代的发展较为缓慢。另外，这时对电视的认识还基本停留在其宣传和教育功能上，未能考虑到它会对舆论表达以及人们的生活方式带来深刻影响。随着20世纪70年代末"文化大革命"的结束，国家实行改革开放政策，从20世纪80年代开始，我们对电视功能及其影响的认识变得越来越全面和科学，国家大力推进电视发展，使得我国电视业在改革开放的大潮中实现了快速发展。

---

① 方汉奇：《中国新闻事业通史（第3卷）》，中国人民大学出版社1996年版，第395页。

② 郭镇之：《中外广播电视史》，复旦大学出版社2005年版，第240—243页。

五、互联网：使世界形成没有边界的信息空间

自 1969 年计算机诞生之后，特别是在计算机与信息技术走向社会和民间之后，世界媒介技术的发展进入了一个全新的历史阶段，即媒介技术为社会与公众所掌握和运用的阶段。

20 世纪 80 年代，随着经济的发展和科技的进步，信息技术快速发展，信息传播日显重要，此时"信息论"也开始进入中国，这些情况引起了邓小平的重视。1984 年 9 月，邓小平为《经济参考报》作了"开发信息资源，服务四化建设"的题词，表现出他对信息作为一种资源的科学认知，也显示出他的高度智慧与远见。

邓小平对包括信息技术在内的科学技术发展十分重视。1988 年，邓小平第一次明确提出了"科学技术是第一生产力"[①]的观点，强调了科学技术在国家经济社会发展中的重要作用。1989 年 3 月，他还指出："我们最大的经验就是不要脱离世界，否则就会信息不灵，睡大觉，而世界技术革命却在蓬勃发展。"这表明他对新技术在信息传播中功能和作用的敏锐认识。在他看来，要保证信息灵通，发展技术是关键，而要跟上时代潮流，不脱离世界，就必须加快技术革命。

江泽民对信息技术的发展有着独到见解。他看到的不仅是电子等高科技对社会发展的作用，还看到了技术对促进科技、文化、宣传、教育等工作的重要意义。早在 1984 年担任电子工业部部长时，他就指出："大力发展和推广应用电子技术，会有力地推动社会主义精神文明建设，加快提高全民族的科学文化水平。因为电子工业能为科学研究、

---

① 《邓小平文选》第三卷，人民出版社 1993 年版，第 274 页。

文化教育、广播宣传提供多种多样先进的科学实验手段、教育设施和宣传工具，从而促进科学技术和文化的传播，扩大教育面，提高教学质量。"①

1989年江泽民担任总书记主持中共中央工作后，对发展信息技术给予高度重视。1992年美国克林顿政府开始推行"信息高速公路"计划，以江泽民同志为核心的党中央经过准确研判，果断地作出了发展互联网的决策，从而使得我国在以互联网技术为标志的新一轮科技革命中，能够与西方发达国家同步推进，实现了快速、稳步发展。

江泽民还从全球视角对信息与媒介技术在人类社会发展中的作用作出深刻预见。2000年，他在第十六届世界计算机大会开幕式上指出："信息资源已经成为与物质资源同等的资源，其重要作用正在与日俱增。信息高速、广泛传达的特点，使世界形成了一个没有边界的信息空间。"②

互联网出现之后，以其大容量、高速度、超文本、交互性、多媒体形态等独特优势，使得信息传播朝着更加快捷、更加便利、更加多样化和个性化的方向发展，因此很快便成为社会与公众传播信息、表达舆论的一种社会化手段。

互联网从20世纪90年代中期开始走向民间，它一旦与民众的需求相结合，便产生了惊人的发展速度。从1993年到1997年，仅仅5年时间，它的用户已经达到5000万。而作为一种新媒体，要使其受众达到5000万，广播用了38年，电视用了13年，有线电视用了10年。互联网的发展速度由此可见一斑。

我国互联网从1998年开始进入公众传播领域，到2002年年底，用

① 《江泽民文选》，人民出版社2006年版，第7页。
② 江泽民：《论中国信息技术产业发展》，中央文献出版社2009年版，第266页。

户达到 5910 万，也只用了 5 年时间。又过了 4 年，2006 年年底我国互联网用户已经突破 1.3 亿。2010 年年底，在发展到第三个 4 年时，我国互联网用户已达 4.7 亿，成为世界上互联网用户最多的国家。截至 2015 年 6 月底，我国互联网用户已达 6.68 亿，成为世界互联网第一大国。

互联网的爆发性发展，同计算机和多媒体技术的发展，以及信息高速公路的建设紧密相连。正是这些高新技术的运用，使互联网在同传统媒体的竞争中表现出自己的独特优势，获得了前所未有的发展空间。

以江泽民同志为核心的中国共产党第三代领导集体执政期间，正是互联网在世界上快速发展的时期。江泽民对信息与媒介技术和互联网的高瞻远瞩、顺势推进、因势利导，不但推动了我国互联网的发展，也丰富了马克思主义媒介技术观。

互联网的出现，使得信息传播和舆论表达呈现出网络化和多元化的趋势，这给传统的舆论宣传工作带来一定挑战。如何在积极推进信息网络化发展的同时加强对网络传播的管理，是对党和政府的严峻考验。江泽民在 2001 年 7 月 11 日中共中央举办的法制讲座上对此明确提出："对信息网络化问题，我们的基本方针是：积极发展，加强管理，趋利避害，为我所用，努力在全球信息网络化的发展中占据主动地位……并在经济、社会、科技、教育、文化、国防、法律等方面积极加以运用。同时，要高度重视信息网络化带来的严峻挑战……我们的党建工作、思想政治工作、组织工作、宣传工作、群众工作等，都应该适应信息网络化的特点。"

互联网作为一种新的媒介技术对思想文化和社会舆论有着独特的社会功能和作用。对此，党的十六大之后产生的以胡锦涛同志为总书记的第四代中央领导集体有着清醒的认识。2008 年胡锦涛在考察人民日报社时的讲话中就指出，互联网是"思想文化信息的集散地和社会舆论的放大器"，这是对互联网社会功能和作用的高度凝炼与概括。同时，他提出要"高度重视互联网的建设、运用、管理，努力使互联网成为传播社会主义先进文化的前沿阵地、提供公共文化服务的有效平台、促进人们精神生活健康发展的广阔空间"，为互联网的健康发展指出了明确方向。

面对信息化时代互联网等新媒体的快速发展，及其所带来的舆论格局调整和舆论生态变化，胡锦涛十分强调要研究新闻传播的新特点、新规律，要解决党和政府如何运用新的媒介技术和传播手段来改善执政环境，提升执政能力，增强执政效果，促进各项事业科学发展。

例如，他提出要"从舆论多层次的实际出发，把握媒体分众化、对象化的新趋势"，要"以党报党刊、电台电视台为主，整合都市类媒体、网络媒体等多种宣传资源，努力构建定位明确、特色鲜明、功能互补、覆盖广泛的舆论引导新格局"[①]，等等。他还把新闻媒体作为党的执政资源，把舆论引导能力建设作为党的执政能力建设的重要内容，为信息化时代以及新媒介技术与新媒体环境下的新闻传播和舆论引导工作提出了新的思路，作出了新的部署，表现出党和政府运用新媒体和新媒介技术提高执政能力，推进社会主义事业发展的理论自觉与行动能力。

六、融媒体：用互联网思维推动媒体融合发展

互联网的功能开发和技术运用，以及手机、微博、微信、移动互联网等各种新的媒介形态及传播手段和方式的出现，对社会各个领域以及

---

① 胡锦涛：《在人民日报社考察工作时的讲话》，《人民日报》2008 年 6 月 21 日。

人们生产生活的影响越来越大。对此，以习近平同志为核心的党中央有着清楚的认识。

2014 年，在中央网络安全和信息化领导小组第一次会议上，习近平总书记强调："当今世界，信息技术革命日新月异，对国际政治、经济、文化、社会、军事等领域发展产生了深刻影响。信息化和经济全球化相互促进，互联网已经融入社会生活方方面面，深刻改变了人们的生产和生活方式。"①同年，习近平总书记在给在北京举行的首届世界互联网大会的贺信中又明确指出："以信息技术为核心的新一轮科技革命正在孕育兴起，互联网日益成为创新驱动发展的先导力量，深刻改变着人们的生产生活，有力推动着社会发展。互联网真正让世界变成了地球村，让国际社会越来越成为你中有我、我中有你的命运共同体。"②而 2015 年年底习近平总书记在浙江乌镇第二届世界互联网大会开幕式上的讲话中，对信息与媒介技术的作用又作了深刻阐释。他指出，纵观世界文明史，"每一次产业技术革命，都给人类生产生活带来巨大而深刻的影响。现在，以互联网为代表的信息技术日新月异，引领了社会生产新变革，创造了人类生活新空间，拓展了国家治理新领域，极大提高了人类认识世界、改造世界的能力"③。这些都反映出习近平总书记对互联网所带来的巨大社会变革的深刻认识。

如何应对互联网等新技术所带来的深刻社会变革？习近平总书记强调，首先要完善互联网的领导和管理体制，使之适应互联网的发展方向。

---

① 习近平：《总体布局统筹各方创新发展　努力把我国建设成为网络强国》，《人民日报》2014 年 2 月 28 日。

② 《习近平致首届世界互联网大会贺词》，新华网，2014 年 11 月 19 日。

③ 习近平：《在第二届世界互联网大会开幕式上的讲话》，《人民日报》2015 年 12 月 16 日。

2013 年在党的十八届三中全会上，习近平总书记在作《关于〈中共中央关于全面深化改革若干重大问题的决定〉的说明》时指出："从实践看，面对互联网技术应用飞速发展，现行管理体制存在明显弊端，主要是多头管理、职能交叉、权责不一、效率不高。同时，随着互联网媒体属性越来越强，网上媒体管理和产业管理远远跟不上形势发展变化。"而面对传播快、影响大、覆盖广、社会动员能力强的微博客、微信等社交网络和即时通信工具用户的快速增长，习近平总书记指出，"如何加强网络法制建设和舆论引导，确保网络信息传播秩序和国家安全、社会稳定，已经成为摆在我们面前的现实突出问题。"[①]

　　在如何解决这一系列问题，特别是在如何通过增强传统主流媒体的传播力、公信力、影响力和竞争力，进而建立起能够适应当前时代发展需要的现代传播体系的具体实践上，媒体融合逐渐进入顶层设计，而"融媒体"也成为新一轮传媒改革中的一种新的技术形态及表现方式。

　　所谓"融媒体"，指的是集纳与融汇包括互联网技术在内的各种传统的和新兴的媒介技术，所形成的一种全媒体、立体式、多样化的媒介技术形态。这种技术形态只有在媒介技术高度发达的情况下才有可能出现。而媒体融合正是在融媒体技术支撑下传媒业实现创新发展的必由之路。

　　2014 年 8 月 18 日，习近平总书记主持召开的中央全面深化改革领导小组第四次会议对媒体融合问题进行了专门研究。会议审议通过了《关于推动传统媒体和新兴媒体融合发展的指导意见》，为我国媒体融合的战略推进提供了政策保障。在这次会议上，习近平总书记在总结世界媒体

---

① 习近平：《关于〈中共中央关于全面深化改革若干重大问题的决定〉的说明》，《人民日报》2013 年 11 月 16 日。

融合理论与实践的基础上，结合我国国情指出，要强化互联网思维，推动传统媒体和新兴媒体融合发展。[①]这说明，习近平总书记对媒体融合与互联网的关系有着深刻的认识。关于媒体融合的途径问题，习近平总书记强调，要"坚持传统媒体和新兴媒体优势互补、一体发展"，"推动传统媒体和新兴媒体在内容、渠道、平台、经营、管理等方面的深度融合"。他还提出要打造一批具有竞争力的新型主流媒体，建成几家拥有强大实力和传播力、公信力、影响力的新型媒体集团，形成立体多样、融合发展的现代传播体系。这些论述深刻阐释了媒体融合的战略目标及实质性要求，为媒体融合指明了方向。2016 年 2 月 19 日，习近平总书记在党的新闻舆论工作座谈会上又提出，党的新闻舆论工作必须创新理念、内容、体裁、形式、方法、手段、业态、体制、机制。同时，他还强调，要借助新媒体的传播优势，增强工作的针对性和实效性，加快构建舆论引导新格局，推动媒体融合发展。这些都表明媒体融合战略在顶层设计方面有了进一步发展。

媒体融合首先要重视技术的作用，因为正是技术的作用才促成了互联网的发展，才有了媒体融合的前提，也才有了"融媒体"这种新媒介技术形态的出现。因此，如何看待技术在媒体融合中的作用，特别是如何看待传播技术与传播内容的关系，是推动媒体融合的实践中需要解决的一个重大理论与实践问题。

对此，习近平总书记明确指出："坚持先进技术为支撑、内容建设为根本。"这一论断明确回答了新闻与传播学界和业界关于"内容为王"与"渠道为王"的争论。所谓"先进技术为支撑"，就是要顺应互联网

---

① 习近平：《共同为改革想招一起为改革发力　群策群力把各项改革工作抓到位》，《人民日报》2014 年 8 月 19 日。

传播移动化、社交化、视频化的趋势，积极运用大数据、云计算等新技术，发展移动客户端、手机网站等新应用新业态，不断提高技术研发水平，以新技术引领媒体融合发展、驱动媒体转型升级。而所谓"内容建设为根本"，就是要适应新兴媒体的传播特点，加强内容建设，创新采编流程，优化信息服务，以内容优势赢得发展优势。习近平总书记对内容与技术两者之间关系的准确定位，为深入推进传统媒体和新兴媒体的融合发展确定了明确的方向与路径。

习近平总书记对媒体融合的重视，源于其对网络舆论宣传重要作用的认识。随着网络媒体的发展，网络宣传已成为党的宣传体系的重要组成部分。2013 年 8 月 19 日，习近平总书记在全国宣传思想工作会议上的讲话中强调，根据形势发展的需要，"要把网上舆论工作作为宣传思想工作的重中之重来抓"。针对网络媒体迅猛发展的事实，他提出要加大力量投入，"尽快掌握这个舆论战场上的主动权，不能被边缘化了"。这些阐述是在对网络媒体与网络传播有着深刻认知的基础上作出的，既符合网络传播规律，也是指导网络宣传工作的重要指针。

2015 年 3 月，十二届全国人大三次会次上的政府工作报告中提出"互联网＋"的概念，再次表明了我国党和政府对互联网技术的重视。在新媒介技术推动下，"互联网＋"催生了经济社会发展的新形态，它不仅是互联网思维的最新实践成果，更代表了一种先进的生产力，对推动传统产业及经济形态新一轮的增长与演变将起到重要作用。

从造纸术、印刷术，到电报、无线电、电视，再到互联网和融媒体，在数百年中，人类所运用的媒介技术在不断革新、发展。而媒介技术的每一次革新，都推动了媒体格局的深刻变化，同时对人类的生产与生活方式，以及社会的发展进步产生重大影响。特别是作为 20 世纪科学技术最重要发明成果之一的互联网的出现，更是以其内在的巨大力量颠覆性地改变了传统的媒体格局、传播手段以及社会的生存与交往方式，显示出以往不曾有过的技术影响力，引发了人们对科学技术功能、作用及效果的深层思考。

纵观世界传媒业的发展历程，我们可以发现，历史上任何一次传播领域的变革都离不开先进媒介技术的支持，都是以技术为支撑、以市场为引领、以制度作保障的结果。从马克思恩格斯到列宁，再到中国共产党领导人，马克思主义经典作家高瞻远瞩，他们始终站在技术发展的前沿，对媒介技术予以及时关注和高度重视，并且提出了一系列深刻的具有启发意义的思想观点。这些思想观点构成了马克思主义新闻观的重要内容，对于我们认识媒介技术的作用，重视媒介技术的运用，推动媒介技术的发展具有重要的启示意义。

数字化对传媒生态的影响

题注：传媒生态是指在一定时间和空间内传媒内部与外部各要素及其关系的总和。传媒生态受诸多因素的影响，而技术是其中最主要的因素之一。作为人类传播史上最重要的一次技术革命，数字化技术对传媒生态产生的巨大影响正日益显现。本文从传媒内生态和外生态两个视角，考察了数字化对整个传媒生态引发的变化及带来的影响。该文与中国人民大学新闻学院 2006 级博士生王静合作完成，刊于《兰州大学学报（社会科学版）》2008 年第 5 期。

作为人类传播史上最重要的一次技术革命，数字化技术正以其不同于任何传播技术的特性和特点对整个传媒业产生着几乎是全方位的巨大影响。其中主要表现在它对整个传媒生态所引发的变化和带来的影响。

"传媒生态"，是借鉴生态学中生态系统概念而衍生出的一个概念。生态学中的"生态系统"，是指一定时间和空间内由生物群落及其环境组成的一个整体，这个整体内部各组成要素之间保持着相互联系、相互制约的关系，并具有任何系统所必然具有的自我调节功能[①]。在生

---

① 李博：《生态学》，高等教育出版社 2000 年版，第 197 页。

态学的生态系统概念基础上，新闻传播领域提出了"传媒生态"这一概念。

关于"传媒生态"，不同研究者有不同的认识和理解。目前较为一致的认识是，传媒生态是一定时间和空间内各种传媒关系的总和。它不仅包括不同传媒之间的关系，传媒活动各要素之间的关系，而且包括传媒与社会外部环境之间的关系。前者我们称之为传媒的"内生态"，后者称之为传媒的"外生态"。

数字化对传媒生态的影响不仅表现在内生态层面，而且表现在外生态层面。虽然这些影响目前尚处于进行时，但总体来看已相当突出和明显。

从数字化对传媒内生态的影响来看，主要表现为：其一，传媒的介质壁垒开始被打破，原有的、传统的传播特性被改写，各种媒体在数字平台上逐渐融合为一；其二，传受角色开始出现融合，专业人员垄断传播的单极格局受到严重冲击，新闻专业人员和受众共同参与传播过程的多元格局逐步形成，传播者和受众之间的界限渐趋模糊，角色逐渐融合；其三，媒体的内容格局开始发生变化，微内容迅速崛起，各种内容形态及其表现形式出现融合。

就数字化对传媒外生态的影响而言，主要表现为数字化抑制了媒介的传播偏向，重构了传播主体与舆论格局，催生了"三网融合"及产业再造，直接或间接地改写了个人生活和社会生活的组织方式。

当然，影响传媒生态静态构成和动态变化的因素很多，制度和市场也是其中最基本的力量。本文以技术为起点进行研究，并不意味着技术是唯一的、决定性的因素。实际上任何技术的演进都不是孤立的，而是经济、社会综合作用和发展演进的产物，数字技术也是如此。

一、数字化对传媒内生态的影响

（一）媒介的融合与媒介传播特性的改变

数字化对传媒内生态的影响在媒介层面表现为：催生了新的数字媒体；打破了媒体之间旧有的介质边界，使传统媒体和数字媒体融合为一；重新定义了不同媒介的传播特性，在技术上解除了外部力量对信息传播的各种限制，实现了全天候、全球性的信息传播。

1. 数字化催生了"新媒体"

原有系统中出现新成员和新因素是任何生态系统变革的题中应有之义。数字化对传媒生态的首要影响正是使原有传媒生态系统中增加了新的媒体成员，即常说的"新媒体"。

其实，"新媒体"是一个相对的概念。纵观媒介形态的发展演变史，任何一个历史阶段都有该历史阶段所谓的"新媒体"，因为"新媒体"总是与某种传播技术的革新紧密相关，而传播技术的革新几乎贯穿人类传播发展史的始终。这就导致了历史上每一次传播技术革新大都催生过对当时的媒介生态系统而言的"新媒体"。

笔的发明和造纸术成就了手抄报纸这种前现代时期的"新媒体"；古腾堡的印刷机成就了印刷报纸这种近代初期的"新媒体"；电报、无线电技术成就了广播这种 20 世纪初的"新媒体"；光电转换技术成就了电视这种 20 世纪三四十年代的"新媒体"；而 20 世纪 90 年代前后成熟起来的数字技术成就了今天的网络、手机等具有"后现代色彩"的新媒体。即使在今天的数字媒体时代，所谓"新媒体"概念也是处于不断刷新和变动不居状态：数字化之初，"新媒体"主要是指网络媒体，后来包含了手机媒体；到了今天，Web2.0 条件下的维客、博客和播客似乎成了相对而言更新的"新媒体"。

每一个时代的"新媒体"的产生，都必然对所处时代的媒介生态系统产生不可忽视的影响，都会必然改变原有传媒的生态格局，都将改写原有的传媒生态系统的力量平衡，或使原有生态系统增加新鲜血液，或在原有的力量平衡中加入新的力量和砝码。而这种系统内新鲜血液、新的力量与砝码的增加正是传媒生态发生变化的具体表现。也正是在这个意义上，我们把数字化背景下的数字媒体看成今天传媒生态变化的最明显表现。

2. 数字化消弭了媒介的介质边界

数字化时代之前，因信息所依附的载体不同而形成了不同的媒体形式，而不同的媒体形式之间的介质边界十分清晰。报纸在物理意义上是纸介质，符号意义上以文字为主，虽然在摄影技术出现后，图片与文字融合成为报纸常用的符号形式，但报纸上的图片最终仍脱不了平面媒体的介质特点。广播电视在物理意义上是电子介质，其中，广播诉诸声音符号，电视综合了文字、图片、声音和图像等不同符号，但受介质限制，其特性仍属于电视媒介所独有。

进入数字化时代后，不同媒介形式之间的界限被消弭了。不同媒体之间不再泾渭分明，所有媒体的信息都可以被转化为由 0 和 1 组合而成的字符串，并在不同介质和通道中传播和存储，各种信息之间在根本上变得同源同质了，只是在信息的终端呈现上有一定的不同特点。如电子杂志、数字报纸，除没有使用纸张之外，和纸质杂志、纸质报纸几乎没有本质区别。在这种情况下，判断一个"报纸"是否属于我们一直以来认为的报纸，变成了一个多少显得有些困难的事情，因为无论是纸介质报纸还是数字报纸，其前端的信息采集和加工传送基本都在数字介质和平台完成了——难道仅仅因为内容的最终呈现介质的不同就可以把其中一些判别为"报纸",而认为另一些不是"报纸"吗?介质的融合还体现在报纸、广播电视、网络等跨媒介的媒体之间。因为无论是报纸、广播还是电视,在数字化时代都已离不开各种数字化的信息处理、传输和存储设备。

麦克卢汉认为,一种媒介的内容是另一种媒介:"报纸的内容是文字表述,正如书籍的内容是言语、电影的内容是小说一样。"①麦克卢汉描述的这种情况其实也是一种因技术和新的符号表现形式的出现而催生的不同媒体之间介质融合的现象,只不过麦氏所说的这种介质融合现象存在于个别媒体之间,不像今天的数字时代,媒体介质边界的消弭与融合几乎是全方位、立体化的。

数字技术几乎消解了所有媒体之间的边界,它使得传统媒体之间、传统媒体与新媒体之间在媒介形态结构、技术功能、业务流程乃至组织机构等各方面均出现了全方位的、双向的融合趋势。传统媒体在未来可能仍会保留一些特有的信息呈现方式,但太过分明的边界将不复存在了,因为,在未来,所有的媒体在本质上都将是数字化的了。

3. 数字化改写了媒介的传播特性

数字化使报纸、广播、电视原有的传播特性被改写。在信息采集加工方式、信息传播能力及信息的接受和使用方式等方面,今天的报纸、广播、电视与以往相比均发生了巨大变化。数字化技术解除了传统媒体在信息传播的时间和空间等方面的各种限制,在理论上实现了全天候、全球性的信息传播。

---

① 〔加〕马歇尔·麦克卢汉:《理解媒介:论人的延伸》,何道宽译,译林出版社2003年版,第376页。

　　传统意义上的报纸，其内容传播是在一定的版面空间内展开的，这种版面空间一般都不是无限的。数字时代，储存和发布信息内容的网络空间一般来说都是无限的，很多无法被纸质报纸选择刊登的内容在数字空间中重新获得了展现的可能，很多没有被版序等版面语言评价为重要或者非常重要的内容，也很有可能因大量的受众自行选择而显现出重要性来。从传播、覆盖的范围来看，传统时期的报纸传播范围是有限的，它既受到报纸自身的目标地域和定位的限制，也受到地形、交通、天气等自然因素的限制，还受到国家疆界、语言文化等社会因素的限制。数字化技术在理论上解除了这一切自然的和人为的传播限制，任何一个地方的报纸都可以在全世界的任何地方得到传播。

　　就广播电视来说，传统的广播电视的内容传播是在一定的时间内展开的，其信息传播和接收行为均受到线性规律的严格限制。数字化条件下，受众的收听收看不再被广播电视的播出时间表限制。20世纪80年代经常出现的一部热播电视剧在其播出时段内收视率暴增的情况早已经成为历史。数字化使受众的信息接收时间完全可以和节目播放时间相分离，甚至可以做到由受众来点播自己喜欢的电视节目。总之，数字化时代，广播电视的传播特性在很大程度上已被改写，数字化技术完全可以使广播电视变成一个不分时段、不分地域、不分国家的全球性的传播空间，从而体现出与传统广播电视的许多不同的传播特性。

（二）传受要素的融合与传播权利的共享

　　由于数字化技术及其数字媒体的出现，职业传播者对传播权的垄断被打破，其在传播中的绝对优势地位被消解，传播者和接受者的角色区隔不再泾渭分明，传播者和受众趋于融合。"人人都是传播者"和"我们就是媒体"的传播平权时代开始降临。

1. 传播不再为专业人员所垄断，而是扩散到了普通公众

传统媒体时期，信息传播活动基本上由特定的专业人士所垄断。之所以会如此，主要原因之一在于专业人士对传播技术和技能的娴熟掌握。数字化时代的到来，使得传播的技术门槛大大降低，技术因素不再成为限制普通公众传播活动的主要门槛，专业传播者因技术而获得的传播优势逐渐被拉平。这一切，使得传播不再为专业人员所垄断，而是扩散到了最普通的公众。

应该说，过去职业新闻工作者因对传播新技术的最早接触和熟练掌握，而获得传播上的制高点和一定程度上的垄断，有其存在的历史必然性和合理性。求新求快天生就是新闻传播的内在要求和特点，而要想在新闻传播中求新求快，掌握最新的传播技术是必需的。然而，数字化技术产生之前的各种人类传播新技术往往是十分稀缺的和昂贵的，往往不是一般的个人和普通机构所能支付和愿意支付的。在这种情况下，自然就出现了传播技术、设备仅掌握在少部分专业传播人员手中的情况。虽然历史上普通公众从来没有停止过对传播权利的追求，但是在数字化技术产生之前，由于技术本身所存在的壁垒，普通公众很难大规模掌握专业化程度较高的传播技术和设备，因此导致与强大的专业人员相比，公众的传播参与非常有限。

数字化时代，由于数字技术天生具有全民性和共享性，因此使得信息传播活动不再为记者等少数专业人士所专属，专业传播者在技术上的优势被数字技术本身的平民性削弱了，普通公众在很短的时间内就可以掌握基本的数字传播技术，从而在信息传播方面做到与专业传播者平起平坐。这方面最突出的例子是，那些恰好处于突发事件现场的公众，常常通过随身携带的手机、数字摄像机进行现场记录，然后把记录的素材通过传统媒体的平台发布，或直接利用网络平台进行发布，实现真正的

"草根传播"。在实现普通公众的信息发布权方面，目前最为有效的是博客、播客等最新的数字媒体形式，这些媒体形式已使无数公众在技术上完全实现了自由、方便地传播信息。

2. 受众摆脱被动状况成为主动传播者

在传统媒体的技术条件下，信息经由层层把关，按照特定的标准被甄别、采集、加工、整合，最后集中到各个媒体，由各个媒体进行传播发布。在这种从点到面的单向的传播模式中，专业传播工作者居于信息传播的优势地位。在数字化条件下，这种情况发生了改变。受众作为信息的接收方得到更多的赋权，获得了更多的主动，受众多种多样的需求均得到更多的尊重和满足。公众不再仅仅作为接受者和反馈者而存在，而是成为主动的信息使用者，他们按照自己的需要主动选择信息，过滤掉不需要的信息。同时，许多受众还借助各种数字信息工具和发布通道变成了原创信息内容的制作者和传播者。

另外，由于在数字化背景下传播技术对普通公众传播权利的制约已经消除，因此在未来，传者和受众之间的角色融合必然会出现。当然，技术所提供的可能性和该种可能性在社会现实中的实现之间是会有一定差距的。专业新闻工作者之所以能够成为专门从事传播活动的主体，不仅因为他们掌握了媒介技术，还因为他们往往经过相应专业培训，有新闻采写编辑等方面的业务技能和经验。此外，新闻从业者已经得到的在采访、报道、传递和新闻批评等方面的不同程度的社会赋权也是其成为专业传播者的原因之一。而这一切却并不是每一位普通公众都能够拥有的。因此，对数字时代的公众来说，在技术上取得与专业传播者的平等可能相对容易，但是，要想取得与传统媒体同样的社会赋权和完全的平等权还有很长的路要走。

（三）微内容的崛起和各种内容的多媒体融通

媒体产业是内容产业，媒体往往通过对不同内容的选择和传播来生产意义、传递价值、建构秩序，因此，内容是传媒产品的核心；内容的构成和媒体内容的总体结构是传媒生态的重要层面之一。在数字化时代到来之前，媒体的内容上往往以巨内容、宏内容为主，体现出宏大叙事、严肃正式、中规中矩的特点，主要表现在关注重大题材，关注具有普遍需求的、共同性的东西，意识形态色彩较浓，意见和声音的多元化色彩较弱。在数字化时代到来后，媒体的内容格局和结构出现了许多新的变化，内容的总体结构层次变得越来越丰富多样，内容领域开始融进来自社会不同层面的多种声音。同时，微内容这种与关注重大题材和共同性的东西反向为之的内容形态开始崛起。

微内容，讲求的是个性化和细分化。这些个性化、细分化的信息内容若放在传统媒体时期巨内容的语境中大多数可能会被视为垃圾信息，但在数字时代的内容生态和结构层次中，却成了媒体之间进行内容竞争的新的增长点。

数字化时代最有代表性的微内容载体是博客。博客是个人创作与收集微内容并进行集中展示的最便捷的平台之一。任何人都可以通过免费的方式完成个人博客的创建、发布和更新，将个人工作经历、生活故事、思想历程、闪现的灵感等及时记录和发布，从而为数字时代的媒体内容产业贡献无穷丰富和无限多样的微内容。另外，利用博客所具有的超文本链接、互动、动态更新等特点，可以精选并链接全球互联网中最有价值的信息、知识与资源，而这同样也是一种微内容的生产与积累过程[①]。

---

① 汤雪梅：《微内容对互联网的价值重构》，《国际新闻界》2006年第10期。

　　除微内容的崛起外，数字化所带来的内容领域的生态变化还体现在任何信息的多媒体表现方面。传统媒体时期，同一种媒体内部的信息内容往往只有较为单一的表现形式；而数字时代，单一的内容存在形式为集文字、声音、图像、图表等多种符号于一体的多媒体信息所取代，这种内容生态的变化带给受众的是完全不同的全方位、立体化的信息消费体验。

二、数字化对传媒外生态的影响

（一）数字化抑制了媒介的传播偏向

　　媒介的"传播偏向"，是传播学者伊尼斯最先发现并予以学理化论述的。他认为传播媒介的性质往往会在文明中产生一种"偏向"，这种偏向或者有利于时间观念，或者有利于空间观念。根据传播媒介的特性，某种媒介可能更加适合知识在时间上的纵向传播，而不适合知识在空间中的横向传播，尤其是该媒介笨重而耐久、不适合运输的时候；它也可能更加适合知识在空间中的横向传播，而不适合知识在时间上的纵向传播，尤其是该媒介轻巧而便于运输的时候[①]。按照伊尼斯的观点，任何媒介都存在传播偏向，或倚重空间或倚重时间，究竟是倚重时间还是倚重空间，主要是根据该媒介在时间上是否可以长久保存或在空间上是否可以便利运输来判断的。媒介的传播偏向又是相对的，相对于此种媒介来说倚重空间的媒介，在相对于其他媒介时又可能是倚重时间的。

---

　　① ［加］哈罗德·伊尼斯：《传播的偏向》，何道宽译，中国人民大学出版社2003年版，第27页。

　　根据伊尼斯的理论，报纸在与报纸之前的媒介相比时基本上是有空间偏向的，但是相较于广播电视传送信息的转瞬即逝来说它又具有某种意义上的时间偏向，而广播电视则几乎完全是空间偏向的。也就是说，数字化之前的传统媒体都存在偏倚时间或偏倚空间的问题，或者说不是存在时间偏向，就是存在空间偏向。

　　数字化时代的来临，使这种人类传媒发展史上一直存在的传播偏向问题基本解决了。数字媒体几乎同时解决了时间上的长久保存和空间上的便利传递问题，使媒体的传播偏向第一次被消解了。也就是说，数字媒体似乎并未体现出明显的传播偏向，它既不特别倚重时间也不特别倚重空间。这种变化意味着时间和空间在数字传播中的消失，意味着媒介的传播偏向因为数字化而得到抑制，意味着达到空间观念和时间观念之间平衡的一个特殊历史时期的到来。

　　传播偏向的消失或者说相互抵消，使得数字媒体时代的传媒生态似乎又回到了麦克卢汉所说的"重新部落化"时代，因为人类社会脱离部落文化以来长期失落的"感觉总体"和"感官平衡"因这种传播偏向的消失而重新恢复了。数字化时代，倚重传统、等级、宗教的时间文化与倚重行政和法律、现在和未来的空间文化之间达到了平衡。

（二）数字化重构了传播主体和舆论格局

　　在数字化条件下，任何有传播意愿和传播能力的人都是现实的传播主体。因此可以说，数字化重构了媒体传播活动的主体，使得传播主体在很大程度上变得多元了。这一点，前文在论述传受要素的融合与传播权的共享问题时已经有较详细深入的介绍和分析，此处不再赘述。

　　这里要着重分析说明的是由这种传播主体的重构和多元化而引发的舆论主体的多元化及舆论格局的变化——既然数字化时代的传播主体已

经多元化了，即所有公众都可以成为数字化时代现实的传播主体，那就必然会带来舆论格局的变化，最主要的就是舆论格局的"去中心化"。

在数字传播的情境下，专业媒体对舆论的主导权和控制权由于传播主体的多元化而被消解，专业媒体舆论传播的代表性和权威性因更多的草根传播平台的产生和"自媒体"的流行而受到挑战。

在专业媒体的舆论主导权和代表性遭遇弱化的同时，直接来自公众的意见和舆论通过各种便捷、畅通的数字媒体通道被直接传达出来。这些直接来自公众的意见由于社会利益的多元化和当今社会价值观念的多元化而表现出鲜明的去中心化特点。而公众意见的去中心化反映的正是舆论格局的去中心化。

纵览数字化时代的这种舆论格局变化，完全可以用"你方唱罢我登场""各持己见，众声喧哗"来描述。当然，这种舆论格局中不可避免地会出现泥沙俱下的情况，但这正是数字媒体时代舆论格局与舆论生态最有魅力之处。

这种情况的出现势必会对舆论引导造成一定变数和困难，但也要看到，民间意见的自由传播总会伴生着民众凭借自觉意识所形成的"自我修正"过程，使得正确意见得以张扬，而错误意见得到一定抑制。

数字化引发的舆论格局的多元化并不会否定舆论形成过程中主导意见的产生；只是这种主导意见获得一致性的程度和产生影响力的时间相对于以前会大打折扣。

（三）数字化催生了"三网融合"及产业再造

数字化在技术上提出了广电网、电信网和计算机网络相互融合的要求，在产业上沟通了以往分立的大众传媒业、电信业和信息（计算机）业三大领域，在实践中引发了这些行业领域的业务交叉与融合，并随之引发跨领域企业间的机构融合。可以说，"三网融合"是数字化时代不可逆转的趋势，也是数字化对传媒外部生态带来重要影响所产生的又一结果。

基于数字化给"三网融合"带来的技术上的可能性和"三网融合"明显具有的多重效益与好处，近两年来我国政府制定和颁布了不少推进"三网融合"的政策和法规，试图从政策与法律层面推进"三网融合"。如2008年1月1日，国务院办公厅转发国家发展改革委等六部门《关于鼓励数字电视产业发展的若干政策》的通知，其第六部分就明确提出了推进"三网融合"的原则和具体要求：在确保广播电视安全传输的前提下，建立和完善适应"三网融合"发展要求的运营服务机制；鼓励广播电视机构利用国家公用通信网和广播电视网等信息网络提供数字电视服务和增值电信业务；在符合国家有关投融资政策的前提下，支持包括国有电信企业在内的国有资本参与数字电视接入网络建设和电视接收端数字化改造。这一文件的出台对推动我国"三网融合"的进程产生了积极的促进作用。

"三网融合"意味着媒体间的地域分割将被打破，传媒业与电信业之间的行业分割也将被打破。同时，也意味着未来的传媒业与电信业一样都将作为一种信息行业、信息节点或者信息集散地而存在，从而扮演起信息（内容）服务（平台）提供商的角色。当然，与"三网融合"相关的许多政策问题依然存在，需要在发展中逐步解决，如行业利益的协调、内容的监管、公民隐私权的保护以及知识产权保护等。

（四）数字化对社会生活方式的影响

数字化对人们的社会生活方式也将产生重大影响。这种影响简单地说就是，使得我们的生存完全变成了"媒介化生存"。

"媒介化生存"，与尼葛洛庞帝所说的"数字化生存"是同义词。数字化生存亦即媒介化生存，因为数字化技术主要服务于媒介信息的传播和流通。同时，在数字化时代，媒介基本上都已数字化了。

在数字化时代到来后，任何人在任何地点、任何时间都可以通过数字媒体或数字介质与其他任何人进行任何形态信息的沟通交流。人们的工作、学习、娱乐、交往等全部社会生活都时时、处处离不开媒体，尤其是数字化媒体。今天谁若不会利用电脑处理生活和工作中的问题，没有学会利用各种数字媒体的数据库资料辅助学习，那几乎是不可想象的。人们的工作、学习都离不开数字媒体，娱乐、休闲、人际交往等更是离不开数字媒体。如世界上第一个虚拟新闻主播安娜诺娃、韩国的"流氓兔"、日本的寺井有纪、人见人爱的台湾儿童动画形象阿贵等数字明星以及各类数字化新产品，均已成为"新人类""新新人类"生存方式的一部分①。

社会生活方式的变化与传媒生态之间的联系在于，它构成了传媒活动的新的情境，而这种情境必然对传媒产品提出新的要求，如信息的种类、样式、呈现和获取方式的个性化，意见和情绪表达的个性化等。也就是说，个人和社会生活组织方式的变化既是数字化带来的传媒生态变化的一个结果，又反过来改变着传媒活动和传媒生态。

综上所述，数字化对传媒生态的影响是全方位的、整体性的，又是非常深刻的。当然，在对数字化给传媒生态各个层面的影响进行认识方面，又必须保持理性的、清醒的头脑。

首先，必须强调数字化并不意味着传统媒体的终结，传统媒体在数字化时代仍将长期存在。虽然传统媒体的权威面临着数字媒体的全面挑

---

① 闵大洪：《数字传媒概要》，复旦大学出版社2003年版，第6页。

战，但是就目前而言传统媒体仍然具有不可替代的优势，而且仍会保持一定的时间。即使技术上的优势被削弱，它还会继续拥有社会赋权等方面的优势。从这个意义上说，数字化只是改变了媒体生态内部的力量对比格局，并不会引起某种媒体的完全消亡。

其次，数字化对传媒生态各层面的影响目前看更多地只表现为一种可能性，而具体的变化还会受到各种现实的社会因素的制约和影响。就受众的平等参与性和主动性来说，数字化时代的受众虽然具有了直接参与传播、成为传播者的技术可行性，但受众借助数字媒体及其通道进行的传播终究是个人化的、有限的、分散的；即使考虑到公众有可能作为整体来参与社会公共事务和信息传播事务，但相对于严密组织化的、具有专业优势的媒体来说，这种参与在总体力量对比上仍然属于较为弱势的一方。虽然"多种声音"总比"万马齐喑"好，但是这些多元化的声音不可能均匀分布，在交流碰撞的过程中，它们必然会产生某种主导的声音；同时，虽然数字化降低了表达观点的门槛，使更多的意见进入"观点的公开市场"，但这并不意味着进入"公开市场"的意见都会自动成为有影响力的意见。总之，数字化技术本身尚处在发展变化之中，我们现在看到的可能只是数字化带来的传媒生态变化的桅杆。

论传播科技与世界传媒业的发展

题注： 本文在论述科学文化技术与传媒业的相互关系基础上，概括了20世纪以来新闻传播领域发生的三次技术革命。在此基础上，提出了传统媒体面对互联网这一新兴媒体应当采取的生存与发展策略。该文刊于《中国传媒科技》2004年第7期。

科技发展是人类发展进步的永恒主题之一。几千年来传播科技不断地发展变化，使人类的信息传播方式和生活方式发生了根本性变化，也推动了世界传媒业的日益壮大和发展。

一、科学文化技术与传媒业的产生和发展

一定的物质基础是新闻事业产生和发展的必要条件，而社会生产力和科学技术的进步则决定着新闻事业的具体形式及传播手段的发展水平。

在文字发明之前，人类的新闻传播仅限于口头形式，或是运用简单的信号、符号等手段。然而，文字的产生，纸和笔的发明，使新闻传播进入手抄媒介阶段。

在人类信息传播的历史演进过程中，造纸术和印刷术的发明是两个重大事件，它们对手抄媒介和印刷媒介的产生与发展都起到了至关重要

的作用。造纸术的发明，使语言文字的物质载体有了极大的改进，为新闻传播的手抄媒介和印刷媒介的产生与发展奠定了物质基础。印刷术的发明，使印刷媒介中的主要品种——报纸具备了产生的条件。从此，人类拥有了一种延续使用数百年的媒介形态——印刷媒介。同时，它也使近代新闻事业由此走上了自己的发展道路。

科学技术的进步为新闻事业提供了越来越先进的传播手段，展现了越来越光明的前景。继印刷技术之后出现的电子技术为新闻传播插上了翅膀，使传媒之鹰飞得更高、更远。

电报技术的发明，实现了信息的远距离传递，它使信息传播一改过去传统的以人和物为载体的实体传播，变成以电波信号为载体的电子传播，大大简化了传播程序，提高了传播效率。电报技术的出现还给通讯社的建立和发展带来了福音，正是它成为一批现代通讯社发展的助推器。

对通讯社的发展起到促进和推动作用的，还有海底电缆的发明和运用。

无线电技术的发明为以广播为先导的电子媒介的出现提供了物质和技术条件。无线电技术发明后，先是被人们用来播放音乐，直到20世纪20年代才正式用于新闻广播。无线电广播的出现是新闻传播的一场革命，它打破了传播的时空界限，通过声音传递大大加快了新闻传播的速度，增强了新闻传播的效果。特别是在第二次世界大战中，无线电广播所发挥的强大的舆论宣传作用，使人们对新闻传播的威力和影响有了深切的体会。

在新闻传播媒介演进的历史过程中，20世纪是个关键性的时期。新闻传播媒介的四大形态——报纸、广播、电视、互联网中的3种都产生于这百年之中，即广播、电视、互联网。而这三种电子传播形态媒介的出现都得益于相关的电子科技发明。

追随广播出现的电子媒介是电视。作为 20 世纪人类最伟大的发明之一，电视将图像、声音、文字等形式齐集于荧屏，让人们同时可以接受声、像和文字传播。它的出现使新闻传播进入了一个全新的时代。

20 世纪最后一个登场的传播媒介是被联合国称作"第四媒体"的互联网。它出现得最晚，但其发展速度却最快、最惊人。它的出现引发了传播领域的一场深刻的革命，其大容量、高速度、超文本、交互性、多媒体形态的特点，使新闻传播朝着更加快捷、更加便利、更加多样化和个性化的方向发展。

诞生于 20 世纪 60 年代的互联网，起初主要用于军事目的。互联网真正渗入民众社会生活，对公众全面开放是 20 世纪 90 年代以后。这种新媒体一旦与民众的需求相结合，便产生了惊人的发展速度。从 1993 年到 1997 年，仅仅 5 年时间，它的用户已经达到 5000 万。而作为一种新媒体，要使其受众达到 5000 万，广播用了 38 年，电视用了 13 年，有线电视用了 10 年。互联网的发展速度由此可见一斑。

我国互联网从 1998 年开始进入公众传播领域，到 2002 年年底，用户突破 5900 万，也只用了 5 年时间。如今，我国互联网的用户已超过 8000 万。

互联网的爆发性发展，同计算机和多媒体技术的发展，以及信息高速公路的建设紧密相连。正是这些高新技术的运用，使互联网在同传统媒体的竞争中表现出自身独特的优势，获得了前所未有的发展空间。

综上所述，整个新闻事业从拥有的规模、影响的范围到产生的作用也都依赖于社会生产力和科学文化技术的进步。例如，蒸汽机的发明、轮船的行驶、铁路的运行、海底电缆的铺设、电子技术的更新、通信卫星的使用等，使新闻传播的网络迅速蔓延，新闻传播的技术手段不断地改进和更新。

二、现代传播科技与世界传媒业的大发展

20 世纪可以说是传播科技突飞猛进、传播领域发生翻天覆地变化的 100 年。这 100 年中，新闻传播领域发生了 3 次技术革命。

第一次是无线电技术的广泛运用及电波调制技术和图像传输技术的改进。这次技术革命使人类发明了两大电子传播工具——广播和电视。

第二次是计算机技术和卫星通信技术的运用。这次技术革命使广播、电视、报纸的传输速度迅速提高、范围迅速扩大，广播和电视更是迅速普及，覆盖人群超过了印刷传媒。

第三次是互联网的出现、信息高速公路的建设和多媒体技术的运用。这次技术革命使广播、电视、报刊等传统媒体向全新的国际信息互联网络传播方式转变。

在席卷全球的科技革命中，新的传播媒体和传播手段不断涌现，原有的传播结构被打破，传统媒体面临重大调整与变革。机遇和挑战并存，世界新闻事业必须应对新的形势，争取新的发展。

自 1450 年开始，活字印刷术应用于印刷业已有 500 年的历史。新技术革命，尤其是电子计算机和网络传播技术的广泛运用，迅速改变着印刷媒介传统的工作方式。"现代报业综合了计算机、电子、机械、光学、化工、通讯技术等多方面的成果，形成了跨学科的高技术产业。迈向 21 世纪的报纸所追求的目标应是每一个环节都用计算机及有关高科技产品装备起来，且全部环节形成一个有机的系统，每时每刻不间断地全自动化运作。"①

①　闵大洪：《传播科技纵横》，警官教育出版社 1998 年版，第 113 页。

近几十年来，现代高新科学技术引发了印刷传媒的两场大革命。

第一场革命是告别"铅与火"。计算机编辑、激光照排技术的运用，使印刷业告别了"铅与火"——熔铅、铸版、浇版等原始、低效的印刷工艺。发达国家在20世纪70年代便将计算机编辑照排系统用于报纸出版。

第二场革命是告别"纸与笔"。先进的综合新闻采编网络系统使编辑部的工作全部计算机化，采编工作告别了纸与笔。信息高速公路建设进一步使编辑部内部网络系统成为世界网络系统的一部分，信息的传输更为快捷和方便，无纸化办公更为普及。

总之，高新科技对印刷传媒的整个运作流程起到了巨大的促进作用。信息源和资料库的扩大使印刷传媒成为现代化网络信息产业的组成部分；作者的写作、稿件的编排采用计算机手段，使编辑效率大为提高；精美的纸张、先进的印刷工艺降低了出版物的成本，提高了出版物的质量。

传播新科技的出现在给传统媒体带来发展机遇的同时，也会对其形成压力，带来挑战。对印刷传媒来说，20世纪就面临两次大的挑战。

第一次是来自电子传媒（广播、电视）的挑战。广播出现以后，有人预言报纸将面临困境。但报纸却以其深层次的报道顶住了被喻为"心灵剧场"的广播的冲击。紧接着，集声音、图像、文字于一屏的电视更是来势汹汹，以不可阻挡之势挟风而来。报纸面临挑战，毫无惧色，发挥自身优势，依靠其深入而又有说服力的解释性报道、评述性报道和调查性报道等特殊优势再次渡过了难关，在激烈竞争的传媒市场上站稳了脚跟。

第二次是来自互联网的挑战。以新兴传媒"第四媒体"的身份亮相的互联网，一开始就显示出咄咄逼人的气势，引发了传播领域的深刻变革。曾有人断言，"互联网将取代传统媒体"，特别是纸质印刷媒体。互联网的优势的确很多，而且有不少是传统媒体无法与之相比的。

其一，互联网是一种多媒体的传播主体。所谓"多媒体"，是指使用数字压缩技术将各种传统信息传媒联成一体，对声音、影像、文字、数据等进行一元化的高速处理，并为用户提供双向传播信息系统。互联网将声音、影像、文字、数据等各种信息符号交织于同一传播过程。这种传播形式和传播手段无疑具有极大的优势。其二，互联网是一种高效、灵活的传播方式。通过互联网，人们可以迅速甚至同步进入网络，实时地获取信息。其三，互联网拥有超文本、大容量、开放性的传播内容。互联网提供了品种齐全、容量极大的数据库，信息的容量几乎可以说是"无限"的。同时，互联网上的内容还是开放的，信息资料可以自由获取或调阅。其四，互联网是一种双向互动的传播过程。互联网上的传播是双向互动的，网络的使用者既是受传者，又是传播者；既可以进行大众传播，也可以进行分众传播和小众传播。

互联网的这些传播优势，无疑使其具有了强大的竞争力，这不能不令人为传统媒体，特别是存在了几百年的报纸担忧。如果传统媒体面临挑战，纹丝不动，当然只能坐以待毙。但从历史和实践看，传统媒体总是会迎难而上，主动迎接挑战，在竞争中争取自己的生存和发展。

三、传统媒体面对新兴媒体的生存与发展策略

在 20 世纪的最后几年中，无论是报纸，还是广播、电视和通讯社，这些传统媒体都在思考和研究面对互联网这一新兴媒体，自己应当采取怎样的生存方式，寻找怎样的发展空间。

（一）继续发挥自身传统优势

继续发挥自身优势是传统媒体首先应当选择的迎战策略。其实，传统媒体的自身优势还存在很大的展示和发挥的空间。

报纸的传统优势有：廉价及阅读、使用和保留的便利性，报纸信息的可靠性和可确认性，报纸对新闻事实信息的深度开掘能力及所作解释和评述的权威性，读者对纸质媒体油墨芳香和精美版面长期形成的依恋性，读报作为一种文化现象的特有魅力，等等。

广播的传统优势有：听众覆盖率的广泛性，传播速度的快捷性，收听方式及观众参与的便利性，节目种类和服务功能的多样性，特别是对处在流动和运动状态下的听众特有的吸引力，等等。

电视的传统优势有：视听兼备、声情并茂、现场感强的传播特点，与观众广泛、传播迅速、功能齐全的传播优势及几十年来形成的受众依赖性，等等。

通讯社的传统优势有：采编队伍庞大，信息品种齐全，信息网络广泛，信息汇聚迅速，信息发布权威，传媒用户普遍，综合实力明显，等等。

传统媒体虽然存在着劣势和不足，但上述优势依然是其进一步发展可以继续借助的重要条件。扬长避短，取长补短，历来是竞争取胜的重要法宝。报纸在几十年中能先后经受住广播、电视和互联网的冲击，其绝招即在此。近几年，虽然世界上一些报纸受网络媒体的冲击，发行量和广告受到一定影响，但总体看，报纸仍然会在竞争中不断前进。特别是我国的报业，恰恰是在网络媒体快速发展的这几年，获得了前所未有的扩充和发展，成为一种生机勃勃的朝阳产业，成为我国文化和信息产业中的主导性产业。

（二）借助网络技术发展网络传播

这是传统媒体可以选择的另一个迎战策略。在技术运用上的"取其所长"和"拿来主义"，也是竞争取胜屡试不爽的法宝。

近年来，传统媒体纷纷"触网"，报纸、广播、电视都建立了自己的网站，设置了"电子版"，借助网络技术开拓自己新的传播领域，在网络中占据一席之地。通讯社则可以直接运用互联网传稿、收稿和发稿建立自己的网站，实现新闻信息直接落地，直接同受众见面的效果。而此前要做到这一点是很困难的。

以美国为例，大多数报纸都实现了网上传播。《纽约时报》《华盛顿邮报》《洛杉矶时报》《今日美国报》《华尔街日报》等著名报纸的网站都具有很大影响力，每日访问量都在百万人次以上。电台、电视台和通讯社的网站也都形成一定规模。美国之音每天使用 20 多种语言，从内存向终端发送约 4 万字的信息。美国的无线电视和有线电视也都借助互联网实现了网上传播。受众可以在同一时间有选择地接受电视和网络传播。美国全国广播公司（NBC）与微软公司在 1996 年联合开办了微软—全国广播公司电视频道（MSNBC），这是一个有线 + 在线电视频道。借助它，受众既可以通过电视机收看有线电视的 MSNBC 节目，也可以通过电脑上网获取在线的 MSNBC 信息。美联社则在 1995 年建立了互联网服务部，开始通过网络向用户发布新闻。我国的传统媒体在借助和利用网络技术开拓新的发展空间方面也取得了重大进展和积极的成果。

（三）实行传媒整合发挥多媒体优势

这是传统媒体可以选择的第三个迎战策略。

从长远看，传统媒体毕竟存在着自己的局限，在未来的传播领域，一些传统媒体可能不再是主要的传播形态和传播手段。因此，传统媒体的未来发展应当是与新兴媒体相互融通、整合，以发挥综合、整体的优势，从而创立新的发展模式，开辟新的发展道路。在整合过程中，无论是传统媒体，还是新兴媒体，经过整合，应当相互取长补短，融通汇聚成为一种多媒体、多样化的传播形态。为达到这一目的，相互间的联合、兼并、重组是媒体整合可以选择的一种方法和趋势。

在世纪之交的 2000 年初春，拥有报纸、杂志、出版、音乐、电影和有线电视等多种传播媒介并具有很大影响力和竞争力的时代华纳公司、被称为世界上最大的互联网服务提供商的美国在线携手，当时被喻为"世纪撼天雷"。虽然后来他们的实践结果不太理想，但是其行动本身却为新世纪的传媒整合提供了一种新的发展思路和运作模式。

实行传媒整合的目的在于资源的合理重组和有效利用，在于发挥传媒整体的综合优势，以增强自身的竞争力。在未来新闻事业的发展中，这无疑是传统媒体与新兴媒体携手并进的一种方式。

展望未来，政治多极化、经济全球化的世界形势给媒体提出了许多新的课题；社会与人类发展的需要给媒体提出了许多新的要求；科技的进步与世界范围内信息传播领域的激烈争夺给媒体带来了许多新的考验。如何在复杂多变的形势面前审时度势，如何在未来社会与人类发展的进程中发挥更加积极、有效的作用，如何在激烈的传媒竞争中扬长避短，抓住机遇，谋求发展，世界各国传媒都应当冷静思考，统筹计划，从容应对，努力交出一份令世人满意的答卷。

网络媒体及其社会责任探讨

题注： 增强社会责任，保证信息传播的有益性和有效性，是网络媒体必须时时思考的问题。本文就网络媒体社会责任的主要内容与基本原则展开了论述，提出把好事实关、防止虚假信息，追求高品位、抵制低俗信息，注重思想性、坚持正确导向等，以期为推动网络媒体走上良性发展轨道提供一定参考。该文刊于《信息网络安全》2008 年第 4 期。

相对传统的三大媒体（报刊、广播、电视）来说，网络媒体是一种新兴媒体，在 1998 年 5 月举行的联合国新闻委员会年会上，被正式称为"第四媒体"。网络媒体的优势很多，例如，具有多媒体的传播形式；具有超文本链接的无限信息范围；具有高效灵活、方便的传播方式；具有超文本、大容量、开放性的传播内容；是一种双向互动的传播过程；等等。网络媒体的这些优势使得它具有了比传统媒体优越得多的传播条件，成为对社会与公众具有巨大影响力的传播媒介。网络媒体的这些优势如果运用得好，可以为社会与公众提供丰富、有效的信息服务；而如果运用得不好，则会产生消极作用，带来许多负面影响。因此，增强社会责任，保证信息传播的有益性和有效性，是网络媒体必须时时思考的问题。

任何媒体，不管是传统媒体还是新兴媒体，都必须承担社会责任，这是传媒作为社会公共媒介必须承担的义务。因为媒体传播直接关系到国家的经济发展、政治稳定和社会进步，对受众的思想和行动会产生直接或间接的影响。因此，每一个传播工作者都应当以高度负责的精神做好自己的工作。也就是说，必须担负起一定的社会责任，为社会的稳定和发展发挥积极的作用。传媒要讲社会责任，这是世界各国对大众传媒的共同要求，也是新闻传播应当遵循的一项工作原则。

20 世纪 40 年代，美国学者率先提出了大众传媒的社会责任理论。社会责任理论强调大众传媒要履行社会责任，要对社会与公众负责，而当其不能履行这一责任的时候，其他社会机构可以加以干预，必要时，政府也可以借助法律手段对其进行干预。社会责任理论是对西方自由主义新闻理论的修正。它不再把新闻自由看作一种与生俱来的、人人都可享有的、并且不受剥夺的、绝对的权利。

我国新闻界历来强调传媒的责任意识，将承担和履行社会责任作为自己的行为规范。1991 年 1 月，全国记协通过的《中国新闻工作者职业道德准则》第一条就提出，新闻工作者要"坚持对党，对国家负责和对广大群众负责的一致性"。1999 年 12 月由中国报业协会通过的《中国报业自律公约》，在其自律条款的第一条中就规定："严格遵守国家各项新闻活动管理法规，忠实履行报纸的社会责任，不以任何有损社会和国家利益的、格调低下的或未经核实的报道内容作为报纸参与市场竞争的手段。"

自社会责任理论产生之后，国际传播界对大众传媒的社会责任问题有了越来越深刻的认识，基于这一理论形成的社会责任原则也成为各国传播界都认可的一项基本行为规范。虽然各国在对社会责任原则的理解和认识上还存在着一些区别和差异，但有些内容及实施要求是带有共性的。

真实而公正地报道和评述新闻，满足公众的知闻需要。大众传媒的一项重要职责就是向社会与公众提供新闻信息，满足公众的知闻需要，而保证新闻信息的真实、准确是社会与公众对媒体传播最基本的要求。由此，世界上大多数国家都把真实而公正地报道和评述新闻作为新闻传媒应当向社会与公众承担的首要的职业责任。按照这一要求，任何违背新闻报道真实公正原则、无视公众知闻需要的做法都是有悖大众传媒的职业责任和要求的。如果当公众急于获悉关涉其切身利益的重大事件的信息时，而媒体或者知而不报，或者有意隐瞒事实真相，提供虚假信息，这些显然是背弃社会责任的行为。

维护社会公共利益，做社会与公众的耳目喉舌。在现代社会，大众传媒作为一种社会舆论机关和公众舆论手段，理应成为社会与公众的耳目喉舌，自觉维护社会公共利益，这是其不容忽视和不可推卸的社会责任。世界上许多国家的传媒都把维护社会公共利益作为新闻职业行为的崇高标准与神圣使命。而在我国，更是把全心全意为人民服务作为职业道德的基本准则与基本要求。这说明，传播媒介不能将信息传播的公共权力变成一种媒介私权，去"谋求个人便利及争取任何有违大众福利的私利"，这是媒体必须承担的最基本的社会责任。

维护国家安全，促进社会稳定。维护国家安全和促进社会稳定也是大众传媒的一项重要的社会责任。许多国家都通过各种形式对媒体提出类似的要求，或作出相应的规范，以保证其在这方面承担起责任。特别是在遇有战争或紧急状态的情况下，更会作出一些强制性的规定和要求，以确保媒体在关键时期履行维护国家安全及社会秩序的责任。

尊重公民人格尊严，维护公民合法权益。每个公民都有自己的人格尊严，国家法律保护公民基本的人格权利及其他各种合法权益，大众传媒应当把尊重公民的人格尊严和维护公民的各种合法权益作为自己必须严格履行的社会责任。滥用信息传播权力侵犯公民的合法权益，导致公民的人格尊严及其他各种正当权利受到侵害，是社会与公众对传媒产生反感，从而导致新闻传播诉讼出现的重要原因。

发挥媒介社会监督作用，做社会的捍卫者。有人把传媒称作"社会监视器"或"环境监测者"，是说它具有预警和监督的功能，可以对社会起到一种监测、预警和调适、护卫的作用。马克思称之为"社会的捍卫者"，其含义也在于此。大众传媒的社会监督作用体现在对政府的监督，对社会不良现象的监督，对违法、违纪和违反社会公共道德者的监督。实行这些监督，是大众传媒所应当承担的社会责任。而承担这些社会责任的目的，就在于维护社会与公众的利益不受到侵害，保证社会这部大机器不出偏差，实现良性运行。

履行社会公共文化的使命，不传播低俗不雅的信息。作为一种社会信息媒介，大众传媒担负着传播社会公共文化的使命，应当自觉地传播内容积极、健康、有益的社会公共文化，自觉抵制消极、不健康和有害的文化垃圾，这也是媒体一项不容忽视的社会责任。世界上许多国家对传媒都有这方面的要求，强调新闻与信息传播的内容要庄重、高雅、健康、有益，而对那些低俗不雅的内容则持批评态度，并加以必要的道德规范。

大众传媒的社会责任与其道德责任是紧密相连的。社会责任理论的提出，其初衷就是从增强媒体的道德责任的角度来规范新闻传播行为。因此，实行严格的行业道德规范是保证媒体实现其社会责任的重要条件。许多国家都制定了专门的行业道德规范条例及相关文件，用以规范媒体的行为，特别是确保其履行社会责任。在社会主义国家，特别强调新闻传媒要将社会责任与政治责任、道德责任结合起来，要坚持做到讲党性、讲政治、讲道德、讲诚信，以便更好地履行自身的社会责任。

相较于传统传播，网络传播具有许多特殊性：首先，由于网络传播速度的快捷性和传播范围的广泛性，使得它传播的效果和作用更加直接，因而一旦出现不良传播，其消极影响也就会更大。其次，由于网络传播的内容和形式更具有开放性和随意性，其传播的自由度也更大，因而对其传播者责任意识和道德意识的要求也就更高。最后，由于网络传播主客体的交互性，使得其传播过程是通过网络媒体传播者同网民交互传播共同完成的。因此，对网络传播来说，讲究社会责任不仅仅是网络媒体传播者的事，每一个参与传播过程的公众都应当增强社会责任感，以保证自己传播的内容健康、有益，履行好自己的社会责任。这些特殊性决定了网络媒体在履行社会责任方面应当有更高的要求，具体可以从以下几个方面加以重视。

一是把好事实关，防止虚假信息。虚假信息，指的是那些违反真实性原则，失实、失真的信息。网络传播中大量存在的虚假信息已成为影响网络媒体公信力的重要因素。有些网络媒体不顾客观事实，仅凭道听途说、捕风捉影便任意编造新闻，传播不实信息，使得网络媒体上的虚假信息频频出现。要改变这种状况，关键在于要以高度负责的精神把好事实关，凡是未经核实的信息一定不要轻易传播，特别是一些文体娱乐等方面的信息，要注意弄清事情的来龙去脉，不要只求市场卖点，不顾事实真相，作不负责任的报道。

二是追求高品位，抵制低俗信息。低俗信息，指的是那些迎合低级趣味、品位低下、粗俗不雅的信息。网络传播中大量存在的低俗信息已使网络媒体的社会形象受到严重损害。有些网络媒体为了迎合某些人的需要，热衷于传播一些荒诞、变态、色情、暴力等方面的有害信息，严重污染了社会风气，损害了人们的身心健康，这是极不负责任的做法。任何一个具有社会责任感的传播者都应当审慎处理此类信息，要追求信息传播的高品位，坚决抵制品位低下、粗俗不雅的信息。

三是注重思想性，坚持正确导向。在社会主义国家，大众传媒不仅是信息传播媒介，还是党、政府和人民的耳目喉舌，是社会的舆论机关。包括网络媒体在内的一切新闻传播媒介都应当注重思想性，坚持正确的舆论导向，以为人民服务、为社会主义服务的基本方针，完成好党和人民所赋予的信息传播和宣传报道任务。

网络语言暴力现象的法律治理与道德规范

▌**题注**：该文分析了网络语言暴力现象的产生原因和表现形式，并就网络语言暴力行为的法律治理提出了对策建议。该文与中国新闻出版研究院研究人员、人大新闻学院 2009 级博士生李文竹合作完成，刊于《新闻研究导刊》2013 年第 5 期。

2011 年 6 月 21 日，在新浪微博上，一个名为"郭美美 Baby"的账号引起了网民的关注。这个自称"住大别墅，开玛莎拉蒂"的 20 岁女孩，其认证身份是"中国红十字会商业总经理"，并有网友认为她是中国红十字会副会长的女儿。此事一出，引发了众多网友对中国红十字会的非议。

8 月 3 日，郭美美母女做客宁夏卫视第一财经节目《解码财商》，接受郎咸平的访问，节目抛开网上对她们的谩骂，给了她们一个中立的平台。然而，郎咸平对郭美美的访谈激起了广泛的社会关注，郎咸平也因采访郭美美母女而被媒体和网民骂了个狗血淋头。

对此，郎咸平在微博中表达了他的愤怒："你们可以不赞同我的采访风格，也可以合理地怀疑她们的诚信，但是你们有什么权力以低俗的语言霸占舆论平台，散播人身攻击。"

"郭美美事件"是近年来我国网络媒体出现的语言暴力现象的一个典型案例。郎咸平所表达的对网络语言暴力行为的不满，引发了人们的思考。到底应当怎样正确看待这种现象，如何才能有效治理这种现象，成为摆在我们面前的一个亟待解决的实践与理论问题。

一、网络语言暴力现象的产生原因

20 世纪 90 年代中期，互联网开始走向民间，为社会与公众所掌握和利用。它的出现为人们提供了一个较为自由的传播空间和言论平台，人们借助它可以自由地传递信息、表达观点、参与社会讨论。然而，网络传播的开放性、自主性、虚拟性和匿名性，也导致一些网民在利用网络对各种社会现象进行议论和评价的时候呈现出较大的随意性，有时甚至会出现一些非理性行为。网络语言暴力现象就是众多网络传播非理性行为中的一种。

所谓"网络语言暴力"，指的是传播者借助网络手段对特定对象采取辱骂性语言攻击的做法，侵害其合法权益的行为方式。网络语言暴力是网络传播中的一种非理性行为，是新媒体环境下信息传播领域出现的一种特殊现象。网络语言暴力现象的产生有一定的社会背景和现实原因，它与一些网民的道德修养有密切关系，同时涉及传播者、管理者等多方面的因素。

（一）传播者理性缺失

2007 年，网络上流传一张 6 岁女童遭后妈毒打口吐鲜血的图片，愤怒的网友纷纷指责"这样的后妈简直禽兽不如"，网络上一时间骂声一片。后来，这位当事人跪求媒体洗冤，后经公安机关的调查和医院的会诊，并未发现该女童受后妈虐待的证据。女童的主治医生说，女孩确诊患了血友病，吐血和身上出现淤青是血友病的常见症状。公安部门也称，网帖夸大了事实。虽然这起"女童被虐事件"事后被证明是人为炒作，但在真相出来之前，那位后妈却被骂得狗血淋头，甚至被一些"正义之士"威胁生命，其精神与名誉受到极大伤害。这一行为显然已经偏离了正常社会理性。

从社会认知过程来看，人们头脑中往往先验性地存在着各种不同的社会图式，当其获取某一信息之后，通常会按照头脑中已有的图式来进行解读和分析。由于客观条件的限制，大多数网民无法亲身参与或经历现实事件发生和发展的过程。所以他们主要是借助媒体来获得相关的事件信息，然后再根据自己头脑中已有的社会图式加以理解和认识。

在"女童被虐事件"中，网络上充斥着"没人性""禽兽不如"等字眼，这些都离不开中国人头脑中"后妈"这一角色图式的影响。在许多人的眼里，"后妈"往往与"心狠""歹毒"等字眼联系在一起，其评价往往是负面的。人们将从网上获得的相关信息，不假思索地按照头脑中已有的图式进行分析和解读，所得出的结论难免会呈现出片面性。

另外，从社会心理形成过程来看，网络语言暴力的产生也与人们在接受信息过程中的"情绪化盲从"心理有关。古斯塔夫·勒庞在《乌合之众：大众心理研究》一书中对个人在群体中的盲从心理有非常深刻的剖析：个人一旦进入群体中，他的个性便湮没了，群体的思想占据统治地位，而群体的行为表现为无异议、情绪化和低智商[1]。

网络本身是一个高度匿名、自由和低度控制的平台，这使得网络集群中的个体，更容易沉溺在一种集群冲动之中，其行为更易于表现出偶发性、匿名性、情绪性等特质，更易于形成集群的盲目冲动。因此，一

---

① ［法］古斯塔夫·勒庞：《乌合之众：大众心理研究》，戴光年译，新世界出版社2011年版，第35页。

些网络语言暴力实施者往往都会表现出盲从、情绪化、缺乏正常判断力等特征。

（二）把关人职能缺位

网络语言暴力现象的产生，往往源自某件事或某个人的行为引起了公众的关注。由于公众所看到的许多信息都是通过媒体平台发布的，因此媒体的传播常常会引导受众按照传播者的意图去认知、思考和行动。所以，网络媒体把关人的职责非常重要。但由于网络传播具有传播主体多、去中心化等特征，导致作为传播主体的把关人的把关地位被极大削弱。

从网络媒体机构角度看，目前一些网络媒体机构的把关意识严重弱化。有的网站片面追求商业利益，为了提高访问量、制造轰动效应，有意无意地把未经核实的传闻编发上网，有的甚至毫无顾忌地转发、引用虚假新闻和有害信息，误导公众。由于目前我国网络媒体还缺乏有效的传播内容审核机制，很多新闻只经过网络编辑一道关便可以上网传播。因此，与传统媒体相比，在网络媒体上出现虚假新闻、语言暴力等违背传播伦理与道德，有悖媒体职能与责任情况的概率要大得多。

从网络个体传播者角度看，传统媒体中的传播主体比较单一，而网络媒体的传播主体则更加多元化。在当下的"大众麦克风"时代，可以说"人人都是传播者""人人都是评论员"，互联网大大拓展了公众的信息传播和言论表达空间。与此同时，它也给不实传言乃至恶意谣言流传提供了土壤，网络信息的把关面临着严峻挑战。

网络传播的虚拟性、匿名性等特征，使一些网民忽略了在享受传播权利的同时，承担起相应的责任和义务。他们往往只注意内容的吸引力和刺激性，而不去对信息的真实性进行考证，只是一味地盲目跟从，却缺少对相关事实的质疑和分析。

一些参与传播的网民在对事件本身没有全面了解的情况下，只是依据自己单方面甚至是完全片面的信息来源，便靠着主观臆断对信息进行复制、修改和传播，从而导致"以讹传讹""据讹猜评"的情况出现。

（三）管理者制度疏漏

网络空间信息更新的速度非常快，侵权性信息一旦传播出来，便会被迅速扩散。尽管网站可以使用网络技术对传播活动进行把关，但在迅速更新的网络信息海洋中，这些措施往往显得被动且效率低下，并很容易被传播者采用一些技术手段避开。因此，传播技术的发展对网络管理制度提出了严峻挑战。

在网络管理的法治建设方面，我国先后出台了《中华人民共和国电信条例》《互联网信息服务管理办法》等行政法规；《互联网站从事登载新闻业务管理暂行规定》《互联网电子公告服务管理规定》等部门规章，以及其他一些规范性文件。这些相关法治措施对规范网络媒体运作，促进网络传播健康发展起到了一定作用。但这些网络传播的相关法律法规文件缺乏明确的侵权判定标准和法律细则，具体的规制效果不尽如人意，常常会造成一些制度性的疏漏。

例如2008年发生的被称作"人肉搜索第一案"的王菲诉网站侵犯隐私权、名誉权就是一个典型案例。该案件于2009年1月被《南方周末》评为"2008年十大影响性诉讼"案件。2009年12月23日，该案二审终结，法院判决王菲胜诉。判决书指出，王菲的行为（指其婚外恋）违反了我国法律规定、违背了社会的公序良俗和道德标准，应当受到批评和谴责。但是，对王菲的批评和谴责应在法律允许的范围内进行，不应披露、宣扬其隐私，否则构成侵权。

在此案件中，当事人确有一定过错，但网络加之于他的谩骂和侮辱远远超过其过错的性质，使其受到的精神伤害远远超过了其过错所应承担的责任。

二审法院同时向工业和信息化部发出司法建议，建议对"人肉搜索"等新生网络乱象加以引导。该案推动了网络立法的进程，具有里程碑意义。

2010年7月1日，《中华人民共和国侵权责任法》正式施行，第一次明确了网络侵权中网络用户与网络服务商的连带责任，但是在具体操作层面上，尚需进一步出台相关法律或者司法解释。

2011年，网络新媒体实名制开始推开。2011年12月16日，北京市发布《北京市微博客发展管理若干规定》，首次提出微博用户的个人注册需要使用真实身份信息。自2011年12月22日起，腾讯等7家微博网站也开始实行用户真实身份信息注册。作为对网络新媒体的管理方式，微博实名制能增强对网络空间的管控，有利于制约传播者在网上发表侵权言论，也有助于较快地查找侵权者，提高对侵权行为的管理效率。但是，实施网络实名制给政府管理方式和网络信息安全也带来巨大挑战，这种管理方式的效果如何目前尚存争议，还须进一步研究和完善。

二、网络语言暴力现象的表现形式

网络语言暴力是一种会产生负面影响的暴力心态和有害的行为方式，这种行为方式往往会侵害到特定语言表达对象的隐私权、名誉权等合法权益。网络语言暴力现象通常主要有以下表现形式。

（一）实施人肉搜索

"人肉搜索"，是指未经他人同意和知悉在互联网上公开他人个人信息和私人活动的行为方式。它是在互联网技术背景下通过网民互动完成的问答式搜索。"人肉搜索"作为搜索引擎的一种特例，通常是以每一个网络社区论坛内网民之间的交流为主要形式，具有社会化的特点，因此也被称为"社会化搜索"。它能够汇聚网民的力量，通过网民的广泛参与，从不同的途径搜索各方面的信息，并将其曝光，使被搜索的对象被置于网络舆论的压力之下。

一般意义上的"人肉搜索"只是人机结合的一种搜索手段，并没有是非之分。从近年来的一些案例中，我们看到了一些出于维护公共利益的需要而进行的"人肉搜索"所发挥出的强大舆论监督功能，看到了这种通过网民、媒体、官方之间达成的良性互动所形成的正面作用。但是，"人肉搜索"的恶意滥用也会产生严重后果，在一些网民无节制、非理性的传播冲动中，它渐渐发展为网络语言暴力行为的一种表现形式。

（二）使用辱骂语言

网络语言暴力是社会暴力在网络上的延伸。在网络上，粗暴谩骂和攻击性言论的泛滥成为网络语言最受人非议的问题。网民对一些未经证实或已经证实的事件，在网络上发表具有攻击性、煽动性和侮辱性的过激言论，会对当事人造成极大的名誉损害：有的当事人没有任何过错却在网上受到攻击和诽谤；也有当事人确有一定过错，但网络加之于他（她）的谩骂和侮辱远远超过其过错的性质，其受到的精神伤害也远远超过了应承担的责任。

在网络媒体上，我们不时会看到一些过激的言论，看到对他人的恶意诽谤，看到对公民权利的肆意践踏。在这种有如洪水猛兽般的网络语言暴力乱象中，有些网民的语言超越了正常的理性范围，也超越了道德和法律的界限。

《最高人民法院关于贯彻执行〈中华人民共和国民法通则〉若干问题的意见（试行）》第140条规定："以书面、口头等形式宣扬他人的隐私，或者捏造事实公然丑化他人人格，以及用侮辱、诽谤等方式损害他人名誉，造成一定影响的，应当认定为侵害公民名誉权的行为。"由此可见，网络世界虽然是虚拟的，但法律责任是现实存在的，如果网民的语言超越了法律的底线，侵犯了公民个人的合法权益，便要为自己的行为付出代价。

（三）散布虚假信息

谣言通常都是一些毫无根据或未经证实的虚假信息，通过传播者不负责任的传播在社会上得以流传。谣言不仅会侵害当事人的名誉和人格，还常常会成为触发公共事件以致影响社会稳定的重要因素。网络传播的匿名性、随意性、快捷性等特点，给谣言及一些虚假信息在网络上的快速流行提供了条件。

目前我国正处在社会转型期，剧烈的社会变迁和利益格局重组，造成了社会整体心态的焦虑和浮躁。同时，社会的高速发展和快节奏的都市生活，会给人们带来多重压力。因此，很多在现实生活中难以找到情感宣泄途径的人们，往往会将虚拟的网络平台视为其情绪的发泄地。

网络传播作为现实世界的一部分，与人们的社会生活息息相关。网络使用者是社会成员，对社会与他人都要承担相应的社会责任与道德责任。每个人在使用网络时，其言行须遵循法律和道德。如果仅是打着正义的幌子，只讲目的而不顾所采用的实现目的的手段，以自由为名侵犯他人的合法权益，其自由自然要受到相应的限制。

网络语言暴力就是一种借助网络这种现代传播手段侵犯他人合法权益的行为方式。从一定意义上说，网络语言暴力的多寡是评价社会文明程度的重要标准之一，因此对网络语言暴力行为加以限制，既是维护公民合法权益的需要，也是维持社会公序良俗、促进社会文明发展的必然要求。

三、网络语言暴力现象的法律治理

互联网大大拓展了民众的言论空间，使各种利益诉求可以得到自由表达，各种意见可以展开平等讨论。保障公民的表达权和言论自由，既是现代民主的基本准则，也是构建社会主义和谐社会的基本前提。但是表达权和言论自由都要以符合法律规范、不侵犯公共利益和公民个人合法权益为前提。要加强网络社会管理，推进网络依法规范有序运行。

因此，加强对网络媒体的依法管理，是规范网络传播行为、治理网络语言暴力现象的重要措施。网络语言暴力是由多种内外主客观因素综合造成的，对其治理也须多管齐下，综合整治。

（一）明确网络立法的规范原则

网络语言暴力现象的背后总是伴随着大量的民事侵权行为，因此完善互联网的立法规范至关重要。在网络传播立法中，应当明确规定不能损害社会公共道德和侵犯公民和法人的合法权益，这是网络传播中的伦理底线。

1. 不得损害社会公共道德

所谓"损害社会公共道德"，是指那些有伤社会风化和损害群众身心健康的东西，包括宣扬淫秽、赌博、暴力、迷信，教唆犯罪等行为。凡是新闻传播中出现上述情况都在法律限禁之列。

在网络事件中，不论当事人是否违反道德或者是否应受惩罚，网民都不应该借助网络这个平台对其进行人身攻击，发表恶意言论。网民的非理性表达往往会超越普通公民的基本权利，踩到法律的边界，演变为有违道德甚至触犯法律的行为。

2. 不得侵犯公民和法人的合法权益

所谓"侵犯公民和法人的合法权益"，是指那些侵犯公民和法人的名誉权、荣誉权、隐私权、肖像权、姓名权等权利的行为。凡是新闻传播中出现上述情况都在法律限禁之列[①]。在"人肉搜索"中，很多当事人的姓名、职业、住址，甚至与之亲密的友人的个人信息都会被直接公布于网络媒体上，这是一种侵犯当事人隐私的行为。

另外，在基本事实真伪不明的情况下，网民运用自己的道德标准对搜索对象的行为作出判断，用以价值判断为主的非道德话语对搜索对象作出整体性评价，会导致被搜索人的社会评价降低，造成其名誉权的损失。

由于信息在网络媒体上传播速度极快、影响范围较大，一旦出现侵权行为，往往会造成不可挽回的后果。

公众人物的一些隐私权由于与社会公共利益密切相关，其范围会比普通人有一定程度的克减。网络社会中"高官无隐私"现象一再被实践证明。"手表门""微笑门""香烟门""裸照门"等各种现象就是最好的例证。但是，从法律意义上说，对公众人物的隐私权等合法权益的克减是限定在一定范围之内的，对其合法权益仍须保护。

（二）完善网络立法的实施细则

网络立法能够为公民的合法网络传播活动提供法律保障，有利于保

---

① 郑保卫：《权力·责任·道德·法律——兼论新闻媒体的属性、职能及行为规范》，《国际新闻界》2005 年第 4 期。

护公民的合法权益，促进互联网的良性发展，是推动政府依法管理网络媒体的重要手段。目前我国已经建立起有关网络侵权的基本法律规范体系，可以做到有法可依，但尚需深化相关法律实施细则，以加强法律法规的有效性和执行力。

1. 明确网络传播各方的权利义务

目前，我国尚未对大众传媒的权利义务进行法律层面的明确界定，个人隐私权、新闻出版自由权、社会舆论监督权之间的界限仍处于自由裁量的状态，这就影响了对网络传播中的侵权行为进行有效的法律认定。因此，网络立法应当明确界定网络传播各方的权利与义务，在充分保障新闻媒体传播权利的同时，确定新闻媒体应当承担的相应法律义务和责任，使其在法律方面自觉规范自己的职业行为，坚决防止新闻传播权力的滥用，防止作为"公权力"的媒体传播权异化为小集团或个人的"私权"。

2. 细化网络侵权主体的责任范围

网络立法须进一步精细化，使互联网上的博主、网络服务提供者、监管部门更加明确各自所应承担的责任和义务，特别是明确作为把关人的职责。

《中华人民共和国侵权责任法》第三十六条规定了网络服务提供者和网络用户对侵权行为应承担责任，并对网络服务提供者规定了提示规则和明知规则。但《中华人民共和国侵权责任法》未能明确界定网络监督与网络侵权的区别，难以有效平衡网络监督与网络侵权。

公民通过网络进行舆论监督，与利用网络进行恶意诽谤有着实质性区别。如果笼统地规定网络传播者，尤其是网络服务提供者的侵权责任，无疑会使刚刚兴起的网络舆论监督受挫，危害公民的言论自由和舆论监督空间。因此，需要尽快出台司法解释或实施细则，使相关法律更具有可操作性。

四、网络语言暴力现象的道德规范

在对新闻传播活动的规范中，法律作为他律的规范和道德作为自律的规范是互相结合、相辅相成的。网络传播者要行使好自己的传播权利，履行好自己的社会责任，需要具备一定的道德素养，承担一定的道德责任，遵守相应的道德规范。

（一）推行网络媒体职业规范

当前我国网络界有不少加强网络自律的公约文件，如《文明上网自律公约》《互联网站禁止传播淫秽、色情等不良信息自律规范》《互联网搜索引擎服务商抵制淫秽、色情等违法和不良信息自律规范》《博客服务自律公约》等。这些文件为网络传媒行业的健康发展起到了一定的推动作用。

为减少网络语言暴力现象，网络媒体要建立相应的职业道德规范体系，在道德规范方面须遵循下面几项要求。

1. 强调责任意识，维护社会公共利益

网络媒体及其从业者需要认清并且高度重视自己在维护社会稳定方面所应承担的重大责任，自觉为社会的稳定做好新闻传播和舆论导向工作，这应当成为其重要的道德责任。

无论是职业网络媒体、非职业网络媒体，还是个人借助网络手段建立的"自媒体"，都应该树立责任意识，遵守相关法律法规，传播先进文化与主流价值观，为社会的发展和进步作出积极贡献。

网络媒体要站在宏观和全局的高度，从大处着眼，改变自身在践行社会责任方面与传统媒体的不平衡态势，构建适于全媒体时代各种媒体

共同遵循的社会责任规范的制度框架。

网络媒体需要牢固树立责任意识，自觉承担对公众的思想启迪与行为引导责任，认真履行社会公共文化使命，坚持传播积极、健康、有益的公共文化，抵制消极、不健康和有害的文化垃圾，防止网络语言暴力现象泛滥成灾，造成不良社会影响。

2. 提高维权意识，保障公民合法权益

新闻媒体应当时时把维护公民合法权益当作自己的道德责任，坚决不做侵害公民个人合法权益的事情。当下有些网络媒体为追求传播的轰动效应，极尽所能挖掘新闻，寻找"亮点"，而不去考虑自己使用的方式手段是否会侵犯到公民的合法权益。

网络媒体从业者在新闻传播中要把维护公民合法权益置于首位，要防止出现只求眼前利益、放纵自己行为、损害公民合法权益的情况。

（二）提高网民媒介素养

据中国互联网络信息中心（CNNIC）公布的第 31 次《中国互联网络发展状况统计报告》显示，截至 2012 年 12 月底，我国网民规模已达 5.64 亿。如此庞大的网络传播人群，在网络传播中发挥着越来越重要的作用。由于网民媒介素养水平的高低直接影响网络传播的效果，影响整个传播环境和舆论环境的优劣。因此，在互联网时代，媒介素养越来越成为一个公民必须具备的基本素质。

所谓"媒介素养"，指的是人们对媒介信息的判断、选择、理解、评价及应用和创造能力。今天，各种不理智、不规范的网络传播事件频频发生，反映出我国公民在媒介素养方面还存在许多问题。加强公民的媒介素养教育，提升公民媒介素养水平应是政府和社会的当务之急。

公众要想利用网络媒体获取自己所需的信息和知识，传播自己的意

见和观点，不仅要掌握一定的互联网知识和计算机操作技能，还必须具备对各种信息进行判断、选择、理解、评价，以及应用和创造的能力。

公众媒介素养水平的提高将意味着他们对媒介信息鉴别和应用能力的提高，也意味着公众媒介专业知识与职业道德水平的提高。在公众媒介素养水平提高的基础上，处在激烈行业竞争中的媒介传播的整体水平也将得到提高，从而为减少网络语言暴力现象提供社会支持。

政府和社会组织可以通过普及教育等手段来提高公众文明上网、文明使用网络和识别网络信息真伪的鉴别能力，以及准确、客观、全面理解网络信息的能力。只有这样，才能净化网络语言环境，遏制网络语言暴力现象的发生。

网络文明关乎社会文明，在某种意义上，网络语言暴力的多寡应该成为评价社会文明程度的标准之一。因此，文明上网，杜绝网络语言暴力是网络媒体从业者和每位网民应肩负的一份责任。

当每家网络媒体和每位网民都能够从自身做起，积极践行文明上网和文明用网，自觉远离网络语言暴力，以理性的心态交流和讨论社会事件，发表观点的时候，人们期待的共建和谐文明网络环境的目标就能够实现了。

大数据时代的政府传播模式变革与理念创新

▌题注： 本文主要探讨了面临全新的传播环境和舆论格局，政府机构如何依靠以大数据为代表的新技术，在恰当的时间和恰当的地点，实现对目标人群的精准传播，提出在大数据时代，政府传播应该创新传播模式和传播理念，通过"数据驱动"的智能化传播达到畅通的信息传播和社会互动。此文与中国人民大学新闻学院 2010 级博士生李鹏合作完成，刊于《现代传播（中国传媒大学学报）》2016 年第 12 期。

　　虽然大数据时代的帷幕刚刚拉开，人们对其认知与实践还处在初级阶段，但大数据已开始引发一场巨大的商业变革，同时在引领着一场巨大的国家治理变革。国务院 2015 年 8 月印发的《促进大数据发展行动纲要》指出：大数据成为提升政府治理能力的新途径。

　　政府传播作为国家治理的一部分，在大数据时代面临着重大挑战，同时面临新的机遇。大数据时代的来临，意味着政府机构有望通过大数据等新技术手段，实现畅通的信息传播和社会互动。

　　依托大数据技术，政府可以迅速获知社会舆情的变化，预测社会舆论波动的轨迹，进而采取有针对性的应对方案。借助大数据，政府传播有了更多有效的传播渠道和传播手段来引导舆论。

更重要的是，在大数据时代，传统的数据处理、信息传播、政府管理等面临颠覆性变革，因此，我国政府须及时因应这一变化，重新厘定政府传播的理念和模式，改进政府传播的方法与策略。

一、"数据驱动"成为信息社会创新发展的新引擎

进入 21 世纪以来，学界、业界和政界对大数据的关注度日渐升温。"大数据时代"逐渐进入人们的视线，成为各方进行话题讨论的时代背景。

（一）大数据的时代已经到来

联合国 2009 年正式启动一个名为"全球脉动"的倡议项目，希望利用数据分析来了解人们的生存状况，对可能发生的危机进行预警。2010年，大卫·博利尔在给阿斯彭研究所的分析报告《大数据的承诺与危险》中，首次提出"一种全新的知识基础设施正在实现，一个新的大数据时代正在出现"。[①]

大数据之所以从一个技术热词成为席卷全球的社会浪潮，得益于 3个方面：一是根据摩尔定律，人类保存数据的成本快速降低，从而有条件大规模地存储海量数据；二是社交媒体及移动智能终端的大量使用，使得人人都在生产数据；三是数据挖掘及人工智能技术，使得处理及使用数据的速度大幅提高。

大数据的出现，标志着"信息社会"终于可以名副其实了。在信息

---

① David Bollier, "The Promise and Peril of Big Data", Aspen Institute, 2010, https：//www.aspeninstitute.org/publications/promise-peril-big-data.

爆炸的时代，最直接的结果是数据呈几何级数的爆炸性增长。研究报告称，全球数据以 40% 的高速度急剧增加。根据一项统计，人类历史上90% 的数据都是过去两年产生的。数据潮汹涌而来，每两年数据总量就会增加一倍。①依靠传统的技术手段，如何处理分析这些与日俱增的数据，如何存储这些不断累积的"大数据"，成为学界、业界和政府都必须面对的重大挑战。

通过对大数据的研究与应用，人们发现数据可以从量变转化为质变，大数据不仅意味着巨大的资源，更意味着大知识、大价值。

（二）大数据对"人类集体行为"的革命性理解

大数据时代的最大变化在于，人在现实世界中的几乎所有行为，如生命活动、生产劳动、社会交往、行动轨迹甚至情感情绪都能以数据的形式被记录、储存和处理，这意味着我们对人类社会的研究将有全新的方法手段，对人类社会将有全新的洞察。

麻省理工学院教授埃里克·布伦乔尔森认为，大数据出现的意义，如同人类几百年前发明显微镜。通过显微镜，人类可以深入细胞级别的自然界微观世界进行观察和测量，自然科学的研究因此有了历史性的进步。在大数据时代，社会科学研究也将迈入新的历史阶段。雅虎首席科学家顿肯·沃茨 2007 年在《自然》杂志发表文章认为，如果处理得当，基于互联网的交流与互动数据将使我们对"人类集体行为"有革命性的理解。他认为个人在现实世界的活动，将以前所未有的方式得到全方位记录，而这些全面而丰富的数据也为社会科学研究的定量分析提供了基

---

① ［美］史蒂夫·洛尔：《大数据主义》，胡小锐、朱胜超译，中信出版社 2015 年版，第 7 页。

础。他认为，由于能测得更准、计算得更加精确，社会科学将脱下"准科学"的外衣，在 21 世纪全面迈进科学的殿堂。[①]

（三）"数据驱动"成为政府治理的新思维方式

大数据应用能够揭示传统技术方式难以展现的关联关系，推动政府数据开放共享，促进社会数据融合和资源整合，将极大提升政府整体数据分析能力，为有效处理复杂社会问题提供新的手段。在迈尔－舍恩伯格看来，大数据是人们获得新的认知、创造新的价值的源泉；大数据还是改变市场、组织机构，以及政府与公民关系的方法。[②]

借助大数据手段，电商网站可以主动推送消费者喜欢的商品；搜索引擎可以根据网民的搜索关键词预测流感疫情；安全机构可以通过分析爆炸案现场的数据锁定并逮捕嫌疑人；影视公司可以精准把握用户喜好制播热门剧集；交管部门可以预测未来 1 小时的交通拥堵状况……数据驱动、数据思维已经在全球范围内推动企业创新、改变政府治理。

大数据时代之所以能成为一个"时代"，一是数据的增长从量变到质变之后，大数据带来"生活、工作与思维的大变革"；二是这种变革会深刻地影响到人类经济、政治、文化、科技、教育乃至社会生活的几乎所有领域。有大数据采集和分析技术作支撑，"数据驱动"的实证方式逐渐进入政府的公共决策过程，成为政府治理的新思维方式。

[①]　Duncan Watts.A, Twenty-first Century Science, http://www.nature.com/nature/journal/v445/n7127/full/445489a.html.

[②]　[英] 维克托·迈尔－舍恩伯格、肯尼思·库克耶：《大数据时代》，盛杨燕、周涛译，浙江人民出版社 2013 年版，第 9 页。

二、大数据时代我国政府传播面临的困境与挑战

大数据时代，我国政府传播面临的困境与挑战，主要体现在两个方面：技术层面和社会层面。

（一）技术层面：政府传播面临全新传播环境

因为数字技术、网络技术和移动通信技术的日新月异，传统的一对多的大众传播模式被分散化、多元化的多对多的网络传播方式取代。传统的一对多的大众传播是单向的和线性的，而移动互联网络环境下的传播是双向的和非线性的，传者和受者在交互式传播环境中成为共同的参与者。

基于移动互联网的传播呈现出复杂性、多变性，作为一个去中心化的信息传播网络，互联网上的每一个个人和组织都会成为信息传播源，因此互联网意味着传播过程中的传受关系发生了颠覆性改变——每个人都是受众，每个人也都有可能是传者。而随着移动互联网的普及则极大地扩大了传播的时空边界，传播过程可能在任何时间和任何地点都可以迅捷地实现。个人及社会组织的信息和观点都有可能得到迅捷且广泛的扩散。

因为信息传播技术的进步，不断创新的新媒体可以迅速获得海量受众，普通人可以便捷地实现超人际的传播。当传播呈现出平民化、草根化和多元化特征时，传播过程中"把关人"的功能越来越弱化，社会舆论场越来越具有巨大的不确定性，在这样的背景下，政府传播的舆论引导、形象建构、议程设置、社会动员、效果控制等都面临着巨大挑战。

依靠移动通信和互联网技术，借助微博、微信等便捷的社交媒体平

台，社会舆论热点的议程设置不再是政府和政府背景的官方媒体的专利。在这一背景下，政府传播如果对民间社会舆论场的演变规律缺乏足够了解与认知，会导致传统的舆论引导手段在新媒体传播时代难以有效发挥作用，各级政府的传播工作会因此面临重大挑战。

（二）社会层面：政府传播面临舆论格局重大调整

当前，我国正处于"社会转型""矛盾凸显"和"结构重建"并存的关键时期，引发社会舆情动荡的触发点与导火索频现，致使"舆情动荡""传播活跃""议题创生"和"话语辩争"成为这一时期舆论生成和传播的重要特征。同时要看到，我们不仅面临着传统风险的挑战，还要面对现代风险的挑战。近年来发生的一系列社会事件表明：其实风险社会距离我们并不遥远。①

在此形势下，舆论格局发生了巨大变化，面临着重大调整，政府原先所拥有的舆论把控和引导优势受到新媒体的严重挑战，网络舆论的传播力和影响力日益显现。面对这种状况，政府传播如何更好地适应新形势，适时地改变传播理念和传播策略，进而为政府工作创造有利的舆论环境，需要各级政府加强对社会舆论生成机制与演变规律的科学认知，同时加强对舆论场域环境的认知与掌控。

而当下，在面临汹涌的突发舆情时，一些政府部门不仅不能有效地化解舆论压力，还往往因为应对不当而引火烧身或是火上浇油，导致舆论环境进一步恶化。一些天灾人祸等重大突发事件往往会引发舆论浪潮，某些偶发的矛盾冲突有时可能会由于未经证实的传闻和谣言积聚成舆论风暴。

---

① 郑保卫、杨柳：《论风险社会中危机传播的策略与方法》，《新闻前哨》2010年第10期。

　　层出不穷的舆情常常使政府面临复杂的舆论环境。一些政府机构往往缺乏化解危机舆情的有效策略与手段，或是束手无策、消极应对，或是粗暴封堵、激化矛盾，其结果都是使自己陷入困境。这说明，面对大数据时代传播环境和舆论格局的变化，我国政府机构传播观念滞后、传播手段落后，同时缺少有效的应对之策。为此，要改善传播现状、提升传播质量、增强传播效果，就须认真研究信息化时代的政府传播策略，要进行"新闻宣传—舆论引导—政府传播"的传播模式变革，要实现数据驱动的智能化传播，而且要因应大数据时代传播格局的变化，创新传播理念、改进传播方式和方法。

三、政府传播模式变革：数据驱动的智能化传播

　　近年来，政府传播在我国已逐渐成为学界和业界共同关注的一大热点问题。究其原因，首先，在我国，政府不仅制定大众传播的规则，而且直接或间接掌控着主要传播渠道；其次，通过 2003 年"非典"疫情和 2008 年汶川特大地震等重大突发事件的传播实践，我国政府在建立新闻发言人制度、推动信息公开等方面已经取得一些经验；最后，伴随着网络媒体、社交媒体等新媒体的诞生，政府在面临巨大挑战的同时，也开始主动开通政务微博微信，与网民直接在线互动，从而使得政府传播呈现出前所未有的主动性。

　　我们理解，政府传播是一种政府机构及其成员对内对外传递、交流和共享信息的传播行为，并通过信息传播达成内外沟通和社会互动。据此我们可以对政府传播的性质和内涵作些分析。

　　政府传播的主体是公共权力机关，这意味着它属于一种特殊的传播行为，既属于传播范畴，也属于政府社会治理范畴。从功能上看，政府

传播具有四大主要任务：一是收集舆情民意。政府传播的对象是公众，政府与公众之间是一种交流互动的关系，政府需要及时准确收集社情民意，以了解公众的需求与关切，增强传播的针对性和有效性。二是提供公共信息。作为一种特殊的组织传播，政府传播需要向社会发布公共政策，提供公共信息服务。三是引导社会舆论。政府传播需要增进社会认同，引导社会舆论，为政府施政创造良好舆论氛围。四是塑造政府形象。政府传播需要塑造好政府自身形象，以维持政府公共权力的合法性和权威性。

在大数据时代，政府可以借助大数据所提供的丰富信息迅速获知社会舆情的变化，甚至能预测社会舆论波动的轨迹，进而采取有针对性的应对方案。总之，借助大数据，政府传播有了更多、更有效的传播渠道和手段来引导舆论。

同时要看到，在大数据时代，传统的数据处理、信息传播、政府治理等都面临重大调整和变革，政府传播需要因应这一变化，重新厘定传播的功能，适时变革传播的模式，以实现有效的信息沟通和社会互动，更好地改进政府工作，顺应人民需求。

（一）传播路径从单向宣传到互动传播

我国政府传播的传统路径主要是借助报纸、电视、广播等新闻媒体的"耳目喉舌"角色和功能开展新闻宣传。这种传播方式通常存在一些弊端。一是政府缺乏对民众心理需求的了解，使得传播的针对性不强；二是在传播过程中政府与民众之间缺乏交流互动，使得下情难以顺利上达；三是传播内容缺乏民意基础，不易为民众所接受，传播也就难以达到预期目的。而这其中，政府与民众之间缺乏交流互动，下情上达不畅通是主要问题。因为无论是依靠政府的内部信息报送渠道，还是借助新闻媒体的信息反馈机制，都难以及时准确地把握民众心理需求和了解社会舆论动向。

如今，借助大数据，通过对海量数据的采集、挖掘和整理，政府部门既可以实时监测内部行政信息，也可以监测行业管理信息；既可以监测网络信息，也可以收集线下的非结构性数据；等等。这样的数据，来源多元而多样、准确而及时，通过分析这些"能反映人与物、人与人的关系"的大数据，个体信息和需求可以被精准感知，这既能使政府及时准确感知社会舆情变化，又能使政府对特定区域、特定人群和特定舆情有细分而准确的感知。

另外，政府可以通过自身的网络传播平台，如政府门户网站、手机APP应用、社交媒体账号等，根据用户在这些平台的使用地点、时间、习惯、频率、需求、反馈等全方位数据，获取政府传播所需要的第一手用户信息，而这些在大众传播媒体时代，都是不可想象的。

政府除利用自己掌握的管理渠道和借助自身的媒体平台采集数据之外，还可以借助各种互联网平台，如政府可以同各种网站和搜索引擎合作，植入调查问卷等。政府传播可以通过与各种媒体、网站、搜索引擎合作的方式，定向投放调查问卷；也可以采用分析技术对调查对象进行详细分析，了解每个群体的特性和状况，预测未来动态。

正是因为借助大数据，社会舆情特别是在网络上所体现的社会舆情得以及时准确地被收集，政府传播才在整体上而不是在局部上成为"双向互动的传播"。

（二）传播控制从经验驱动到数据驱动

在大数据时代，政府传播的控制决策机制来源于数据提供的实证模型，而非传播主体根据自身的经验与判断。数据驱动的传播控制使传播过程更能符合科学传播的规律，更能实现传播的预期效果。

大数据的高速性在现实生活中体现为数据的实时性，主要表现为数据信息的实时流动。比如，数据瞬息万变、快速增长，收集和分析数据的能力尤其重要，从海量的数据中提取有效信息、辨别虚假信息，为正确的决策提供参考成为政府的重要能力之一。

大数据使政府可以在第一时间把握重要事件的信息，有助于在海量数据中快速发现异常情况，进而准确定位，寻找线索，并在第一时间处置问题。这样就可以提高数据处理能力，协助有关部门对紧急事件快速处置，甚至可以建立第一时间解决问题的机制。因为高效的大数据挖掘能够快速发现海量数据中的内在关联及其规律，帮助人们高效地分析和解决疑难问题。

依托大数据的技术支持，我们可以在政府部门间建立综合数据管理系统，推行电子化行政记录和统计信息的共享，让合作部门既保持独立性，又能实现底层的数据和架构共享，这不仅可以避免同类数据的重复调查，相关数据的相互印证也可提高数据的准确性。

（三）传播效果从模糊传播到精准传播

传统的传播模式，其传播效果是模糊而难以测定的，而运用大数据技术，政府传播可以实现智能化精准传播，从而克服传统传播方式难以监测传播效果的缺点。

精准的智能传播，是指传播者可以在恰当时间、恰当地点实现对目标人群的有效传播，其核心是基于受众的个体特征、兴趣需求、活动规律、地理位置、社会关系网络等多维信息，来设计传播内容和规划传播途径，通俗地说就是"量身定制"。正如前文所述，"大数据"为多维度的受众认知提供便利，自然也能为传播的精准化创造各种想象空间。

　　基于大数据的精准传播已经广泛运用到营销传播领域，并逐渐应用于政治传播领域，所取得的成效也是有目共睹的，如电商购物推荐对销售量的促进作用，以及智能化的行政服务对提高政府治理能力的作用等。

四、大数据时代的政府传播理念创新

　　如今，大数据时代的政府传播已成为政府行政和公共服务等政府职能的重要组成部分。随着大数据的运用，政府传播应在传播理念上坚持创新，不断探索新的理念、思路和方法。

（一）创新管理理念：服务即传播

　　大数据时代，如何抓住机遇、迎接挑战，需要拓展政府传播思路，改变政府传播理念。其中，管理理念创新是政府传播理念创新的重点和基础。这种创新集中体现在转变政府职能，打造服务型政府，树立"服务即传播"的理念。

　　不可否认，一些政府部门"权力"意识浓厚，把各种权力揽于手中。随着新媒体的发展和公众参与意识的提高，这种理念和作风已无法适应新的政治环境、媒介环境和舆论环境的需要。大数据技术为政府服务提供了有力的工具，政府必须回到"服务型政府"上来。政府应充分利用大数据技术，为公众提供迅捷方便并且精准的服务，而非处处设"卡"，给人民群众办事制造困难和麻烦。

　　可以说，传播贯穿了政府行为的始终，从意见征集，到讨论、决策、执行及反馈，各个阶段都有传播的存在。行政不能缺少传播，传播贯穿于行政行为的始终。行政即服务，而服务本身就是传播。随着政治、经济、社会、文化环境的变化和媒介技术的发展，"服务即传播"将更为明显，政府必须加强对这一理念的认识。

无论是哪一级政府，也无论是哪一个行政部门，都必须意识到其行政行为本身就是在传播，在树立形象。因此，政府需要认识到增强传播意识是实现有效管理和科学治理的需要。习近平总书记提出的"大宣传"工作理念，在这种理念下，所有的政府部门，以及社会组织、行业协会的行为都是在做传播和宣传工作，都需要考虑大局、注意自身形象。

与此同时，"服务即传播"的理念，要求政府在传播过程中增强行政服务意识。政府传播本身就是行政行为，在"服务型政府"理念下，政府传播需要坚持服务理念，打破传统的单向的、自上而下的传播和宣传模式，在工作中增强沟通意识。

在"服务即传播"的理念下，需要统筹与协调行政与传播的关系，更需要建立和完善政府传播的体系。在新形势下，要建立和完善政府传播体系有以下方法。

首先，要明确政府传播的目标。政府传播的目标是多元的，包括信息公开、认知提升、形象塑造、身份建构、态度转变、价值认同等多个方面。这些目标具体到政府传播中，会表现在行政服务的方方面面。政府传播必须充分考虑这些因素。

其次，要形成政府传播的具体策略。政府传播要充分了解受众需求和心理变化，尊重传播规律，恰当使用传播技巧，精心设计传播方案。具体包括：一是受众选择策略，即要确定受众的范围和传播的层级；二是媒体选择策略，注意区别不同媒体类型的不同功能；三是语言、文字、图片、视频等表达形式的选择，不同的形式会产生不同的传播效果。

最后，要加强政府传播的评估与问责。为保障政府传播体系的有效构建并发挥作用，应建立科学、可操作的评估机制以及基于评估的问责机制。评估是检验政府传播效果的最佳办法，也是改善政府传播方式的有效路径。其对象应包括整个政府传播体系，也包括具体的策略和方案、政府行政行为等一系列要素。评估应纳入政府的组织管理和人事考核中，作为工作绩效考核和问责的依据，并建立相应的奖惩机制。

（二）创新渠道理念：平台即传播

大数据时代，对政府传播而言，多层次、全方位的数据平台不仅是收集获取大数据信息的工具，也是政府对民众进行舆论引导的渠道，是能否利用好大数据的关键所在。随着政府传播的大数据平台不断延伸与扩大，除了要运用好媒体的传播渠道，还有政府公共服务平台、新闻发布平台、信息管理平台和社会数据平台这四个大数据平台，亟待整合成政府传播的高效工具与渠道。

首先，要建立政府公共服务平台。在传统媒体环境下，政府与公众之间的沟通大多依靠媒体发布和收集反馈信息的功能，政府自身的传播平台十分有限。而互联网的出现，使这一局面得到改变，如今电子政务逐渐成为党政机关工作的新平台，几乎每级政府、每个政府部门都开通了官方网站、微博、微信和客户端，一些部门还设立了网络办事大厅等相关工作平台。

作为公共服务平台，现有的电子政务平台，基本是以信息发布为主。大数据时代，政府自身拥有的传播平台功能，不应局限于提供"办事服务"或"信息发布"。互联网具有时效性的优势。便于政府与公众之间及时沟通，同时，互联网还具备其他许多优势。比如，用户资源、信息资源等。由于互联网的后台可以开发出详细的用户分析功能，政府部门可充分利用这些用户数据，通过对用户进行分析，发现用户的特征及信息发布方面的不足。这样，政府部门就可以有针对性地发布信息，回应公众呼声，提供能够满足用户需求的内容。

大数据时代的政府传播需要建设好公共服务平台，要突破传统思维，高度重视各类数据的作用。相比以往大规模的调研，这种数据既可靠，又可以省却很多人力、物力和财力。这种平台的建设，需要根据政府部门各自的职能和服务对象，有针对性地开发一些软件，而不是简单地套用一些软件后台。在这方面，仍有很大的改进空间。

其次，要建立政府新闻发布平台。在这个平台上，不仅要进一步完善新闻发布制度，充分发挥新闻发布会的功能，更要建立一个可以系统搜集、分析各种相关信息和意见的数据、新闻报道数据、公众反馈数据的平台。通过这样的平台，可以运用大数据技术对舆论动态进行实时监测。

再次，要建立政府信息管理平台。面对庞大的数据，政府需要建立一个高效的信息管理平台。在这个信息管理平台中，一切数据都可以录入、保存、搜索、统计、分析。这样既可以为决策提供科学的依据，也可以第一时间搜集反馈信息，修改完善各项政策。政府传播的信息管理平台，应该是一个信息集纳、统计和反馈平台。在这个平台中，不仅可以集纳一切相关信息，还可以自动记录与分析相关信息的使用痕迹、汇集各种反馈信息，从而实现数据处理的自动化、系统化，提高政府管理行为的效率和科学性。

最后，要建立政府社会数据平台。政府传播的信息管理体系构建，并不完全通过政府自身来完成，还可以利用一些公共信息服务产业，如公共信息和数据的搜集、加工、存储产业、公共信息管理与服务软件产业、公共信息开放与开发服务产业等来实现。这些产业可以通过公共生产、公共提供，或由第三方机构提供各种信息服务，或由市场来提供信息服务。

五、结语

在我国，一方面，信息传播技术的日新月异使政府传播的环境、载体、手段、效果等都发生了急剧而深刻的变化，传统的传播格局被打破，传统的传播方法会失灵；另一方面，我国正处在"社会转型期"，社会舆情动荡的触发点和导火索频现，政府如何适应新的传播环境、营造有利的舆论环境，是当前政府传播的当务之急。

在大数据时代，政府传播应当是一种数据驱动的智能化传播。具体来说，依靠以大数据为代表的新技术，政府机构可以在恰当的时间、恰当的地点，实现对目标人群的精准智能化传播。

我国政府应充分认识目前传播格局的巨大变化，真正实现从"政府宣传"到"政府传播"的理念转变，充分依靠大数据和移动互联技术，努力实现理念、方法和手段上的创新，以实现高效的智能化传播。